JN234418

Building
Construction
Hand Book

［建築携帯ブック］

工事写真

ものつくりの原点を考える会［編］

井上書院

発刊にあたって

　構造計算書(耐震)偽装，大臣認定(防耐火材)偽装，品質問題など，建築界は平成19年を象徴した「偽」の文字をいまだに引きずっている。こうした不正が後を絶たない背景には，過度のコスト削減や工期の短縮要求，建築技術者・技能員の絶対的な人員不足などがあげられるが，これらのせいにするだけでなく，今こそ「変」わるべく原点に立ち返り，真に襟を正してものつくりにまい進するときである。

　私たちは，公正・公明で，かつ誠実に，を常に念頭におき，社会の秩序や規範にのっとって行動しなければならない。当然，コンプライアンス(法令遵守)は最も大切なことであるが，その一方で，そのことだけが強調され過ぎて，「基(規)準さえ合っていればよい」という思考停止の風潮だけは絶対に避けなければならない。

　平成19年6月20日施行の改正建築基準法に「建築確認・検査の厳格化」が盛り込まれ，工事を適切に実施・確認したことを示す必要があり，特に工事の進捗にともなって隠れてしまい，検査時に目視確認できない部分は，工事記録写真による工事内容の説明が不可欠となった。また，前述のような不祥事を受け，品質管理情報開示のニーズ・重要性が社会的に高まっており，施工管理，工事監理を適切に実施した「証」を残すなど，つくり込みプロセスのトレーサビリティを確保することが重要である。

　本書はこうした状況を踏まえ，品質を保証するために欠かせない建築および建築設備の工事記録写真の撮り方を通して，品質管理のポイントを図解したものである。本書を常に携帯し日常業務で活用することによって，偽りのない工事記録のいっそうの充実が図れることを切に願っている。

　　　　　2009年3月　ものつくりの原点を考える会

CONTENTS

- 1章 **本書の見方・使い方** ... 8
- 2章 **工事写真撮影対象** ... 10
- 3章 **撮影準備** ... 12
  - 1 撮影準備 ... 12
  - 2 撮影計画 ... 14
  - 3 撮影 ... 16
- 4章 **工事写真撮影計画** ... 18
- 5章 **着工準備** ... 20
  - 1 調査・準備工事(1) ... 20
  - 2 調査・準備工事(2) ... 22
- 6章 **仮設工事** ... 24
  - 1 共通仮設 ... 24
  - 2 仮設電気 ... 26
  - 3 直接仮設 ... 28
- 7章 **地業工事** ... 30
  - 1 場所打ちコンクリート杭(1) ... 30
  - 2 場所打ちコンクリート杭(2) ... 32
  - 3 既製コンクリート杭・鋼管杭 ... 34
  - 4 掘削・埋戻し・地下水処理 ... 36
  - 5 地盤改良・砂利地業・捨てコンクリート ... 38
- 8章 **躯体工事** ... 40
  - **鉄筋工事**
    - 1 材料 ... 40
    - 2 基礎・耐圧版 ... 42
    - 3 柱・梁 ... 44
    - 4 壁・スラブ・開口補強 ... 46
    - 5 鉄筋継手 ... 48
  - **型枠工事**
    - 1 型枠の組立て ... 50
  - **コンクリート工事**
    - 1 試し練り・受入れ検査 ... 52
    - 2 打込み管理 ... 54
    - 3 出来形・補修 ... 56
  - **鉄骨工事**
    - 1 材料・製品検査 ... 58
    - 2 建方準備・建方 ... 60
    - 3 高力ボルト ... 62
    - 4 現場溶接 ... 64
- 9章 **仕上工事** ... 66
  - 1 コンクリートブロック(帳壁)工事 ... 66
  - 2 ALCパネル工事 ... 68
  - 3 押出成形セメントパネル工事 ... 70
  - 4 空胴プレストレストコンクリートパネル工事 ... 72
  - 5 アスファルト防水工事 ... 74

  6 シート防水工事・塗膜防水工事………………………………… 76
  7 シーリング工事………………………………………………… 78
  8 石工事 …………………………………………………………… 80
  9 タイル工事 ……………………………………………………… 82
  10 木工事 ………………………………………………………… 84
  11 屋根・樋工事 ………………………………………………… 86
  12 金属工事 ……………………………………………………… 88
  13 左官工事 ……………………………………………………… 90
  14 建具工事 ……………………………………………………… 92
  15 ガラス工事…………………………………………………………94
  16 PCカーテンウォール工事 …………………………………… 96
  17 メタルカーテンウォール工事………………………………… 98
  18 塗装工事……………………………………………………… 100
  19 仕上塗材工事………………………………………………… 102
  20 内装工事／床………………………………………………… 104
  21 内装工事／壁・天井………………………………………… 106
  22 耐火被覆工事………………………………………………… 108
  23 ユニット・その他工事……………………………………… 110

10章 設備工事 ……………………………………………………… 112

電気設備
  1 接地工事 ……………………………………………………… 112
  2 スリーブ工事………………………………………………… 114
  3 電気配管工事／合成樹脂可とう電線管 …………………… 116
  4 建込み配管…………………………………………………… 118
  5 間仕切り配管………………………………………………… 120
  6 幹線工事／金属電線管……………………………………… 122
  7 幹線工事／ケーブルラック………………………………… 124
  8 防火区画貫通処理／ケーブルラック……………………… 126
  9 防火区画貫通処理／金属電線管・金属ダクト…………… 128
  10 屋外埋設ケーブル…………………………………………… 130
  11 電線の接続／アウトレットボックス内 ………………… 132
  12 電線の接続／プルボックス内 …………………………… 134
  13 ケーブル配線………………………………………………… 136
  14 OAフロア内配線 …………………………………………… 138
  15 天井取付け照明器具／蛍光灯……………………………… 140
  16 天井埋込み照明器具／ダウンライト……………………… 142
  17 床・壁埋込み照明器具／誘導灯…………………………… 144
  18 テレビ共聴設備……………………………………………… 146
  19 避雷設備……………………………………………………… 148
  20 キュービクルの設置………………………………………… 150
  21 外灯の設置…………………………………………………… 152
  22 ハンドホールの設置………………………………………… 154

機械設備
  1 スリーブ工事………………………………………………… 156

2 配管施工／給水設備	158
3 配管施工／給湯設備	160
4 配管施工／排水設備	162
5 配管施工／冷温水管	164
6 配管施工／冷媒管	166
7 水圧・気密・満水試験	168
8 ダクト工事	170
9 保温材料	172
10 保温施工	174
11 塗装施工	176
12 機器類の基礎	178
13 大型設備機器の搬入・据付け	180
14 小型設備機器の保管・据付け	182
15 衛生器具の取付け	184
16 パネル水槽の組立て	186
17 消火設備	188
18 自動制御設備	190
19 配管・ますの敷設	192
20 ガス設備	194
21 さく井設備	196
22 し尿浄化槽設備	198
23 昇降機設備	200
24 機械式駐車場設備	202
25 総合試験・調整	204
26 消防検査	206

11章 外構工事 ………………………………… 208
　1 雨水排水・舗装工事 ………………………… 208
　2 擁壁・塀・柵工事 …………………………… 210
　3 植栽工事 ……………………………………… 212

12章 解体工事 ………………………………… 214
　1 アスベスト(石綿)の撤去 …………………… 214
　2 ダイオキシン類の除去 ……………………… 216

13章 総合評価落札方式 ……………………… 218
　1 技術提案 ……………………………………… 218

14章 付録 ……………………………………… 220
　1 撮影対象チェックリスト／着工準備 ……… 220
　2 撮影対象チェックリスト／仮設工事 ……… 221
　3 撮影対象チェックリスト／地業工事 ……… 222
　4 撮影対象チェックリスト／躯体工事 ……… 226
　5 撮影対象チェックリスト／仕上工事 ……… 231
　6 撮影対象チェックリスト／電気設備工事 … 247
　7 撮影対象チェックリスト／機械設備工事 … 257
　8 撮影対象チェックリスト／外構工事 ……… 268
　9 撮影対象チェックリスト／解体工事 ……… 270

索引 ………………………………… 272

1章 本書の見方・使い方

1 構成

本書は、着工準備から仮設工事、地業工事、躯体工事、仕上工事、設備工事、外構工事までの工事の流れに沿って、工事写真の撮影例を示しながら撮影のポイントを図解した。さらに、解体工事におけるアスベスト撤去およびダイオキシン類の除去に関する事例を加え、収録した記録必須項目ならびに記録推奨項目500点について、撮影対象をより明確にするために撮影例を全点イラストで表現した＊。

また、建築および建築設備における100の工事をそれぞれ見開きで構成し、左ページには複雑な施工箇所、広範囲を撮影するもの、黒板記入事項が多い事例を、右ページには使用材料や部分を撮影する施工状況、検査状況の事例を中心に掲載した。

＊本書では、撮影対象をできる限り詳細に表現するため、撮影例には特別な項目を除いて立会者、黒板等を省略した。

2 撮影準備

3章では工事写真の撮影目的や黒板記入事項、撮影に必要な用具類、撮影計画書の作成例と撮影計画立案から整理・保存、提出までの流れについて、基本事項を解説するとともに、デジタルカメラによる撮影ミスを防ぐためのアドバイスを紹介した。また、本書に収録した各工事の最初の項目の右ページ上段には、撮影前に押えておきたい要点を工種ごとに示した。

3 工事写真記録のポイント

必要な写真の撮り忘れをなくし、要求に対して適切な内容を記録するためのポイントを簡潔に示した。「工事写真記録のポイント」の内容をよく理解して手戻りやムダのない工事写真の撮影を実践しよう。

4 付録

本書に収録した事例は、建築・建築設備において最低限必要と思われる基本的な内容を示している。本書に収録した事例以外にも、施工品質を証明するために必要な項目があることは言うまでもない。巻末には、建築・建築設備に関する本書の収録事例も含めて、記録必須項目および記録推奨項目について「撮影対象チェックリスト」として工種別にまとめた。工事写真撮影計画立案の際や工事の進捗に合わせて活用しよう。

⑤ 見方・使い方

■工事写真の品質向上に!

工事写真は、契約書に基づく建築・建築設備の施工品質を証明するものであると同時に、建築主や監理者に対して仕様書の品質を保証するたいへん重要な役割を担っている。したがって、工事写真の撮影目的を十分に理解し、実際の撮影においては、撮影対象の狙いとする点が明確となっているかどうかを常に意識して撮影しなければならない。特に、隠ぺい部の写真は、施工中に問題が発生した場合の解決の糸口となるだけでなく、竣工・引渡し後の維持管理、将来のリニューアル工事においても重要な資料となる。また、現場での撮影は、必ずしも好条件下での撮影とは限らない。雨天や暗い場所、高所など悪条件下での撮影もあり注意が必要である。撮影時には周囲の安全点検を行い、工事写真記録の品質向上に努めよう!

■自分専用の工事写真ハンドブックとして!

本書は、代表的な内容を示している。個々の施工物件の設計図書とは仕様が異なる場合があるので、着工前に監理者と十分な打合せを行うことが必要である。また、自治体によっては工事写真の撮影基準を定め、工種別撮影箇所や撮影方法、整理方法、提出方法が規定されている。工事写真撮影計画立案の際には要求されている内容を十分に把握し、必要に応じて本書に書き込むなどして常に携帯しよう!

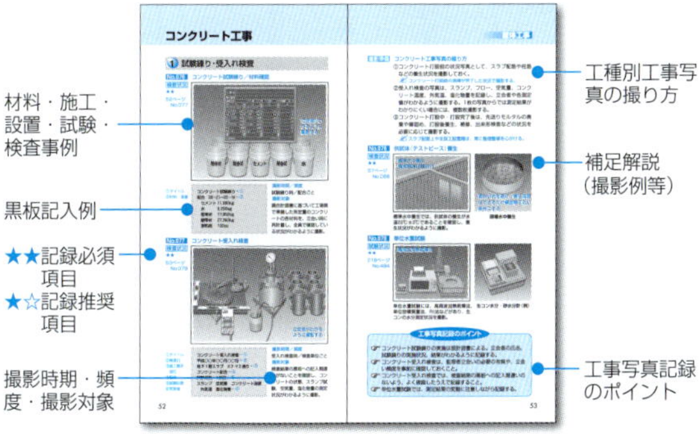

- 材料・施工・設置・試験・検査事例
- 黒板記入例
- ★★記録必須項目
- ★☆記録推奨項目
- 撮影時期・頻度・撮影対象
- 工種別工事写真の撮り方
- 補足解説（撮影例等）
- 工事写真記録のポイント

「設計図書の確認・打合せが大原則」

各工事の適用仕様書は、設計事務所、官公庁によって異なる場合が通常で、工事写真に要求される内容は本書とも相違点がある。まずは契約図書により要求される内容を確認し、疑義がある場合には、発注者・設計者・監理者と事前に十分な打合せを行うことが大原則である!

胸ポケットには「建築携帯ブック」
これが、品質向上への第一歩。

2章 工事写真撮影対象

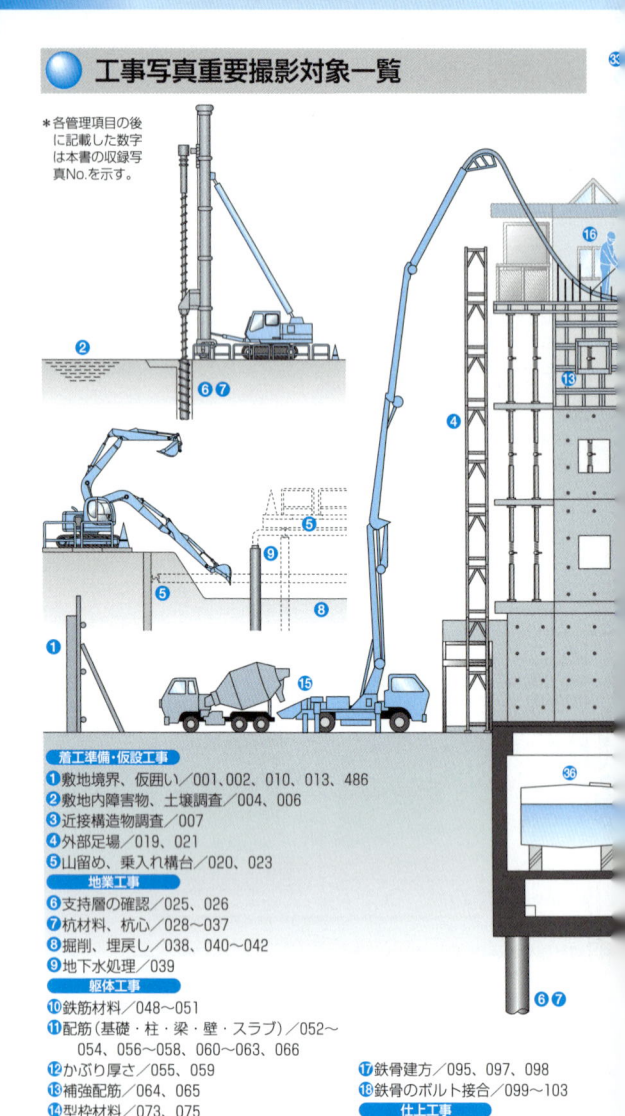

🔵 工事写真重要撮影対象一覧

＊各管理項目の後に記載した数字は本書の収録写真No.を示す。

着工準備・仮設工事
① 敷地境界、仮囲い／001、002、010、013、486
② 敷地内障害物、土壌調査／004、006
③ 近接構造物調査／007
④ 外部足場／019、021
⑤ 山留め、乗入れ構台／020、023

地業工事
⑥ 支持層の確認／025、026
⑦ 杭材料、杭心／028～037
⑧ 掘削、埋戻し／038、040～042
⑨ 地下水処理／039

躯体工事
⑩ 鉄筋材料／048～051
⑪ 配筋(基礎・柱・梁・壁・スラブ)／052～054、056～058、060～063、066
⑫ かぶり厚さ／055、059
⑬ 補強配筋／064、065
⑭ 型枠材料／073、075
⑮ コンクリート試験／076～079、088、089、484
⑯ コンクリート打込み／047、080～084
⑰ 鉄骨建方／095、097、098
⑱ 鉄骨のボルト接合／099～103

仕上工事
⑲ ALCパネル建込み／113～117
⑳ 防水下地／128、129
㉑ 防水層の施工／132、133、136、13

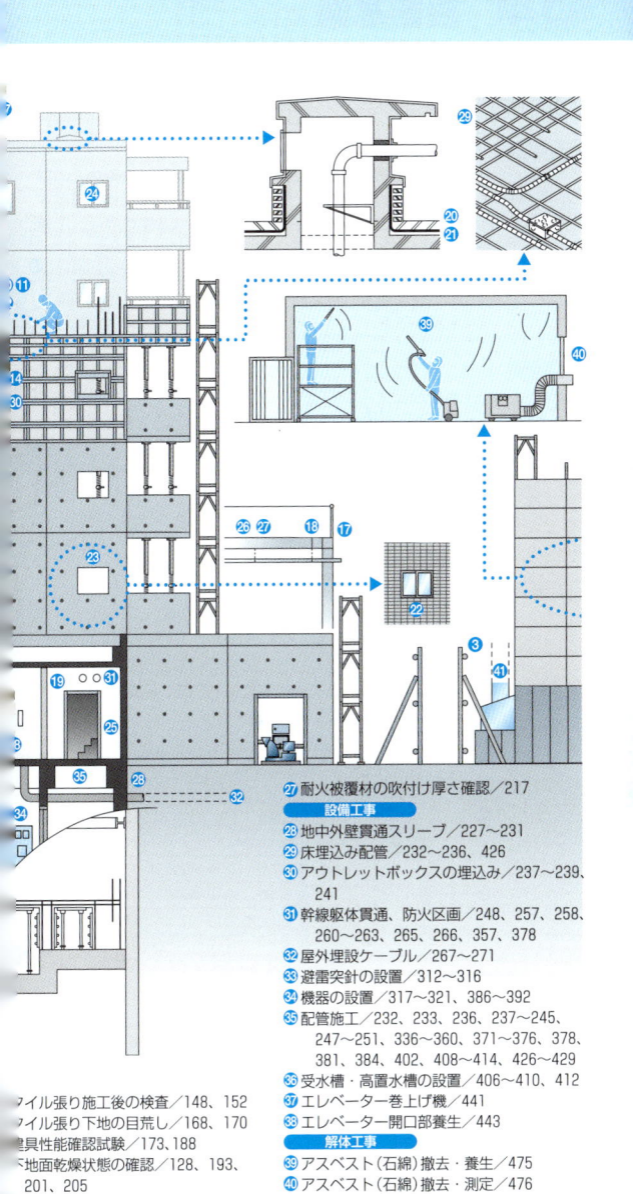

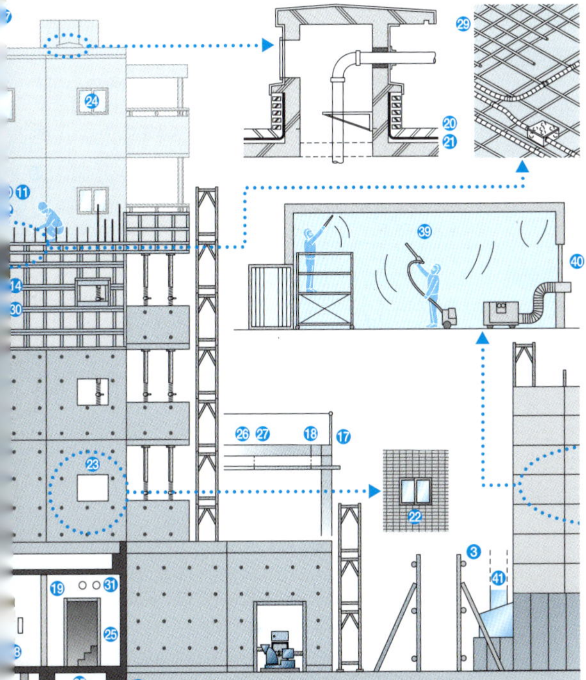

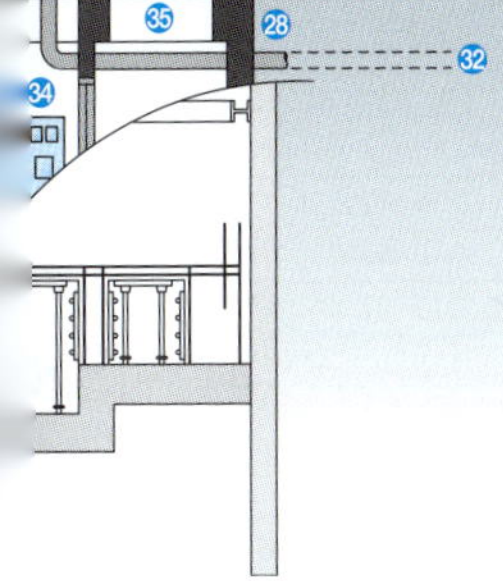

㉗ 耐火被覆材の吹付け厚さ確認／217

設備工事
㉘ 地中外壁貫通スリーブ／227〜231
㉙ 床埋込み配管／232〜236、426
㉚ アウトレットボックスの埋込み／237〜239、241
㉛ 幹線躯体貫通、防火区画／248、257、258、260〜263、265、266、357、378
㉜ 屋外埋設ケーブル／267〜271
㉝ 避雷突針の設置／312〜316
㉞ 機器の設置／317〜321、386〜392
㉟ 配管施工／232、233、236、237〜245、247〜251、336〜360、371〜376、378、381、384、402、408〜414、426〜429
㊱ 受水槽・高置水槽の設置／406〜410、412
㊲ エレベーター巻上げ機／441
㊳ エレベーター開口部養生／443

解体工事
㊴ アスベスト（石綿）撤去・養生／475
㊵ アスベスト（石綿）撤去・測定／476
㊶ 煙突解体／479、480、482、483

タイル張り施工後の検査／148、152
タイル張り下地の目荒し／168、170
建具性能確認試験／173、188
下地面乾燥状態の確認／128、193、201、205
耐火被覆材の施工／213、214、216

11

3章 撮影準備

① 撮影準備

計画 1 工事写真の撮影目的を理解しているか？

14ページ
計画1
15ページ
計画2

工事写真は工事の経過や使用材料、各種試験・検査などの施工記録として撮影・整備・保存され、施工の適切性を証明するためのものである。特に、隠ぺい部となる部位では、工事写真記録は重要である。

また、工事に関連して必要となる写真には、工事進捗の報告のための定点写真、近隣建物や付近道路状況などの事前調査写真などがある。

計画 2 撮影しなければならない工事写真の内容を把握しているか？

14ページ
計画1
15ページ
計画2

①工事の施工によって隠ぺいされるなど、後日の目視による検査が不可能または容易ではない部分の施工を行う場合。
②一工程の施工を完了した場合。
③設計図書に定められた施工の確認など、施工が適切であることを証明する必要がある場合。
④監督員が必要であると認め指示した場合や、特に問題となるおそれのある施工の場合。

計画 3 黒板には必要事項が間違いなく記載されているか？

どのような工事写真においても撮影目的を明確にし、5W1H（誰が、いつ、どこで、何を、なんのために、どうやって）がわかるように記載する。これらが明確でない写真は記録として不適切である。また、雨天時の撮影において、記載事項が濡れて不明瞭にならないよう注意する。

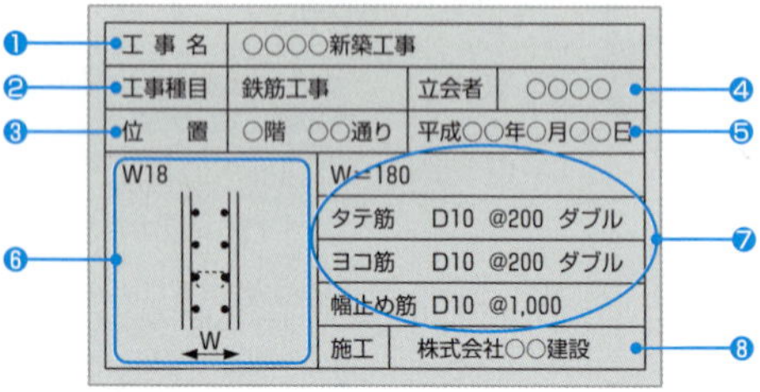

❶	工事名	○○○○新築工事		
❷	工事種目	鉄筋工事	立会者	○○○○ ❹
❸	位　置	○階　○○通り	平成○○年○月○日 ❺
❻	W18 図	W=180 タテ筋 D10 @200 ダブル / ヨコ筋 D10 @200 ダブル / 幅止め筋 D10 @1,000 ❼
		施工	株式会社○○建設 ❽

❶工事名称
❷黒板タイトル（工事種目）
❸位置・部位・使用箇所・施工箇所
　＊位置は明確にわかるように記録する。
❹立会者・撮影者氏名
❺撮影時期
❻施工状況・説明図
❼撮影対象の情報等
　＊規格、表示マーク、寸法等、撮影に必要な情報は漏れのないように記録する。
❽請負者名

工事用黒板記入例（配筋）

計画 4 撮影に必要な用具類に不備はないか?

工事写真の撮影に必要な用具類は、カメラ・フィルム・黒板・スタッフ・リボンテープ・マグネットなどがある。
黒板の書式やデジタルカメラの使用の可否などは、仕様書などをもとに確認を行うこと。

計画 5 工事写真の撮影ミスを防ぐための対策を講じているか?

17ページ
計画2

工事写真でよく起きる問題と対策

問題点	対策
事前調査写真、着工前写真の撮影を忘れてしまい、後で近隣や建築主との間で問題が発生した。	工事開始前に事前調査写真や着工前写真は必ず撮影しておく。
着工から竣工までの進捗状況について定点写真撮影をしていたが、建物が完成に近づくにつれて全体が入らなくなった。	あらかじめ建物の最終像を想定し、撮影位置を決定しておく。
黒板への記載内容不足や記載間違い、写真と黒板記載内容の不整合があった。	撮影時に注意を払うほか、写真整理を早期に行い、問題があった場合には撮影し直す。
逆光や斜光線、日影、日光の反射や手ぶれ、ピンボケなどで写真が不鮮明であり、黒板の文字も見えにくかった。	撮影の向きやストロボ使用など工夫して撮影する。オートフォーカスによる接写撮影時は接写モードに切り替える。基本的には黒板はカメラに正対させるが、反射している場合は黒板の角度を変えるなど、反射を防止して撮影する。
配筋の撮影において、鉄筋の本数やピッチがわかりにくい。	鉄筋に色付きビニルテープやマグネットを使って、本分け表示したうえで撮影する。
梁筋の撮影時で上筋はわかるが、下筋が確認できない写真になってしまった(梁底付近が暗く、下筋が写らない)。	ストロボ撮影や撮影角度を変えることによって梁下筋もわかるように撮影する。色付きビニルテープやマグネットの使用も有効である。
検査状況の写真で、検査指摘事項や箇所がわかりにくいものとなってしまった。また、是正前写真の撮り忘れがあった。	是正前の写真は必ず撮影するのが鉄則である。そのうえで、是正後の写真は是正前の写真と同じアングルで撮影する。
設備工事で、建築の不具合が写っている写真や、アウトレットボックスの取付けで配筋が変形している写真を撮ってしまった。	建築工事との取合い部分では、設備担当者は建築担当者または監理者と十分に打合せを行ったうえで施工を行い、当該箇所・部位が適切であることを確認してから撮影する。

工事写真記録のポイント

☞ 工事写真は、工事の経過や使用材料、各種試験・検査など、施工の適切性を証明するものであるということを認識し撮影する。
☞ 着工から竣工・引渡しまでの撮影計画を事前に立てておくこと。
☞ 写真整理は早期に行い、撮影した写真に問題がないか確認する。問題があった場合には速やかに再撮影を行うこと。
☞ 写真の構図は、その写真で「何を説明するためのものか」が明確になるよう心がけて決めること。

撮影準備

② 撮影計画

計画 1 工事写真撮影計画立案から提出までの流れを理解しているか？

15ページ 計画2
16ページ 計画1
18ページ 工事写真撮影計画

工事写真の果たす役割を十分認識し、必要な写真の撮り忘れや要求品質を満たしていない写真の提出を防止するため、工事写真撮影計画を立案する際には、あらかじめ工程表に撮影時期をプロットしておくとよい。

仕様書・設計図書の理解
建物用途・種類・規模・仕様・工種を理解する。

撮影者の決定
①撮影者を工種別にするのか、選任とするのかを決定する。
②提出書類作成者および写真保存担当者を決定する。

撮影対象項目の決定
仕様書の指定や官公庁への提出内容を調べ、何を撮影するのかを決める。

撮影時期・頻度の決定
工程表から撮影対象項目や必要枚数、撮影の頻度をあらかじめ決めておく。

撮影計画書の作成
①上記内容を撮影計画書としてまとめ、監理者へ提出する。
②建築主や監理者などの立会者が必要な撮影項目がある場合には、あらかじめ撮影計画書に盛り込んでおく。

撮影用具類の準備
カメラ・フィルム・SDカード等の記録メモリー(デジタルカメラ使用の場合)・黒板の製作・スタッフ・リボンテープ(必要数量)・マグネット等を準備する。

撮影の実施
立会者(建築主・監理者等)がいる場合には、顔が確認できるように撮影する。

写真内容の確認
①プリントされた写真で内容をチェック、あるいはデジタルカメラの場合にはその場で液晶モニターによって確認する。
②写真担当者だけではなく上司とのチェック方法も決めておく。

写真の整理・保存
①現像を外注する場合、フィルムの集配方法や焼き増し方法、保存方法(ネガかベタか、プリントか)を決めておく。
②デジタルカメラの場合、USB接続ケーブルを使用してパソコンに写真データを取り込むため、カメラのバッテリーが十分に充電されているか確認する。また、場合によっては工事写真管理専用ソフトを使用して保存・整理する。出力する際には、カラープリンターが必要である。

写真の提出
工事写真を建築主や監理者、官公庁に提出する際には、仕様書に指定されている方法に従って提出する(提出先と事前に打合せを行い決定しておくとよい)。

工事写真撮影計画の立案から提出までの流れ

撮影準備

計画 2 　**工事着工前に工事写真撮影計画書を作成しているか？**

12ページ
計画1
計画2

工事写真撮影計画書は、各工事における搬入材や施工状況、試験・検査に関する撮影の基本方針をまとめたもので、工事着工前に立案し監理者の承認を得ておくことが望ましい。

```
┌─────────────────────────┐   ┌─────────────────────────┐
│ ❶──○○○○新築工事       │   │        目 次            │
│                         │   │ 1.工事写真撮影体制──❸ │
│   工事写真撮影計画書(案) │   │   ①組織図              │
│                         │   │   ②作業所内のチェック体制│
│                         │   │ 2.撮影準備──────❹ │
│      平成○○年○○月    │   │   ①撮影に用いる用具    │
│                         │   │   ②黒板の記載例        │
│      株式会社○○建設    │   │ 3.全体撮影計画────❺ │
│                         │   │   工事工程表と撮影時期  │
│ ┌──┬───┬───┐ │   │ 4.工種別撮影箇所と枚数─❻ │
│ │工事監理者│作業所長│撮影担当者│ │   │ 5.整理・保存方法───❼ │
│ ❷ │     │     │     │ │   │ 6.写真撮影時の安全対策─❽ │
│ └──┴───┴───┘ │   │                         │
└─────────────────────────┘   └─────────────────────────┘
```

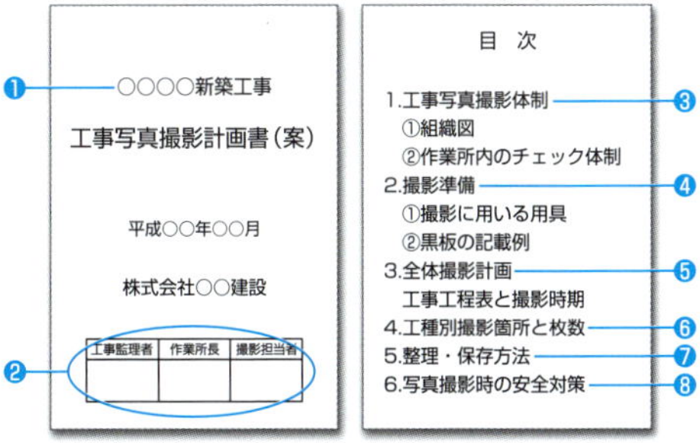

❶工事名称を記載。
❷各責任者の押印および承認印欄。
❸組織の中での撮影担当者を示し、撮影方針を記載。
　＊撮影方針は、請負者の撮影に対する基本方針を記載する。
❹黒板記載例と撮影対象ごとに用いる用具類を記載。
　＊12ページ「計画3」、13ページ「計画4」参照
❺全体工程表を用いた撮影計画の作成。
　＊18ページ「ネットワーク管理における工事写真撮影計画」参照
❻工種ごとに撮影対象とする内容と枚数を記載。
❼工事写真の整理・保存の方法を記載。
　＊14ページ「計画1」、16ページ「計画1」参照
❽撮影に関する基本的な安全対策を記載。
　＊15ページ「計画3」参照

工事写真撮影計画書（表紙・目次）例

計画 3 　**工事写真撮影時における安全・環境対策は周知徹底しているか？**

①撮影対象物周辺のごみ等の清掃および整理・整頓をする。
②黒板を持つために人が写り込む場合には、服装、ヘルメットの着用、安全帯の着用を確認のうえ撮影する。
③脚立の最上段や高所での撮影時には、ヘルメットの着用や安全帯を使用し、不安全行動を禁止する。

工事写真記録のポイント

☞ 工事写真撮影計画書は、各工事における搬入材や施工状況、試験・検査に関する撮影の基本方針をまとめたもので、工事着工前に立案し監理者の承認を得ておくことが望ましい。
☞ 撮影時期は、工事の進捗状況によって変更を余儀なくされることがあるので、常に工事工程に注意を払うこと。
☞ 使用材料に関する撮影は、作業所の受入れだけでなく、工種によって工場や加工場での撮影もあるので事前に計画しておくこと。

撮影準備

③ 撮 影

計画 1　デジタルカメラでの撮影方法を理解しているか？

13ページ
計画5
14ページ
計画1

始業点検・撮影準備

①有効画素数は、黒板の文字および撮影対象が確認できることを指標とし、100〜300万画素程度とする*1。
②バッテリーの充電状態を確認する。
③記録メモリーの容量を確認する。
④カメラの時計機能を確認する。
　＊日付や時間に狂いはないか。
⑤撮影モードはAUTOとする。
⑥ISO感度を設定する*2。
　　ISO＝200：晴天時の外部撮影に適している。
　　ISO＝400：曇りの外部撮影や内部の撮影に適している。
　　ISO＝800：照明が暗い内部の撮影に適している。

撮　影

①構図を決める。
②被写体をセンターに、黒板をサイドに配置する。
③シャッタースピードは1/100以上で撮影し、手ぶれを起こさないように両手で固定して撮影する。
④シャッターを半押しし、露出・ピントが固定したらシャッターを押し込む。
⑤フラッシュ使用時に、黒板等に反射光がカメラに写らないよう、黒板に角度をつける。
⑥室内ではフラッシュを使用する。フラッシュの届く範囲は3m程度までなので注意する。
⑦カメラの操作に慣れるまで複数枚撮影し確認してみる。
⑧全景を撮影する際には、絞りを絞り込み、シャッタースピードを遅くする。
⑨被写体の背景が明るいときには被写体が暗くなるため、撮影モードがAUTOの場合は、被写体と同程度の明るさをもった仮物体にピントを半押しして目標を決めるとよい。
⑩外部であっても必要に応じてフラッシュ撮影を行う。

写真データの整理・保存

①撮影終了後は、撮影計画に従ってファイル名をつけてパソコンに保存する。
②写真データを保存する際には、5W1Hがわかるように撮影情報を入力しておく。
③写真データを保存する場合には、既存ファイルへの上書きによるデータの消去を防ぐため、既存ファイル名と異なるファイル名をつけて保存する。
④撮影の終了ごとに写真データを整理する。また、パソコンの容量を確保するために不要な写真は消去しておく。
⑤工事写真の信ぴょう性を考慮するため、写真編集は行わない*1。

＊1）国土交通省「デジタル写真管理情報基準」（令和5年3月改定：令和5年4月1日以降に契約を締結する工事・業務から適用開始）による。
目的物や要求に応じて画素数を大きくする必要はあるが、画素数を大きくすればデータサイズも大きくなり、データの保存や処理に時間がかかるため適度なものとする。
　　2）ISO感度によってフラッシュ撮影可能範囲に限界があるので注意する。

デジタルカメラ使用による工事写真の撮影方法とデータ処理

撮影準備

計画 2 撮影対象別に撮影のポイントを理解しているか？

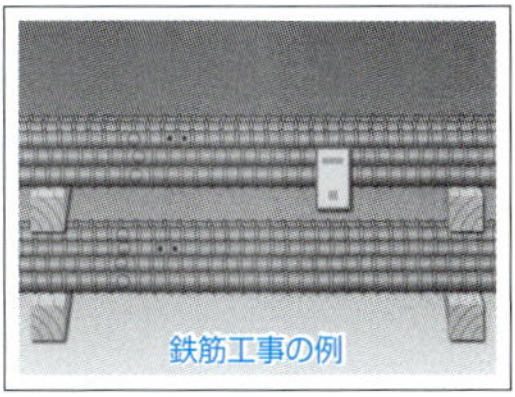

使用材料
使用する材料の形状・寸法・材質・表面処理等、製品の表示やJIS規格・等級等がわかるように撮影する。

> 鉄筋等では同径でも種類が異なる場合があり、混同しないように圧延マークやメタルタグ等がわかるように撮影する。

鉄筋工事の例

施工状況
施工工程が指定仕様のどの工程なのか、また、要求されている寸法(例えば、重ね寸法等)が確実に確保されていることがわかるように撮影する。

> 施工状況における必要寸法を確認し、スケールを当てたり墨表示等、その状況がわかるように撮影する。

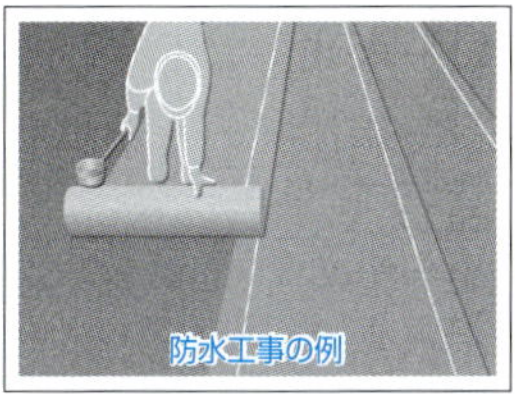

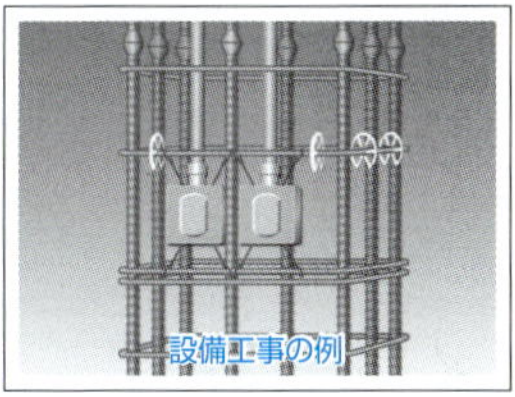

防水工事の例

施工状況／隠ぺい部
形状・材質がわかるように被写界深度を考慮して撮影する。

> 被写界深度とは、被写体にピントを合わせたときに、被写体前後の範囲の中でピントが合っている幅のこと。被写体より奥から手前までピントが合っている状態を被写界深度が深い、被写体以外がぼやけた状態を浅いという。

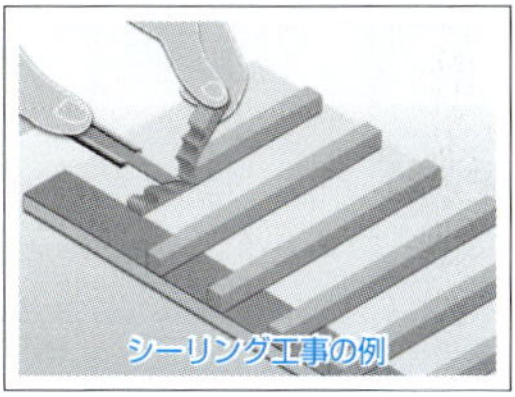

設備工事の例

試験・検査状況
試験状況においては、試験方法とその状況および判断基準、試験結果等がわかるように撮影する。
検査状況においては、検査の種類、測定機器類とその表示、検査立会者等がわかるように撮影する。

シーリング工事の例

工事写真記録のポイント

☞ デジタルカメラを使用する場合には、バッテリーの充電状態、記録メモリーの容量、時計機能が正常かどうか確認しておくこと。

☞ デジタルカメラによる撮影後は、計画に従って写真データにファイル名をつけ、5W1H等の情報を入力してパソコンに保存する。

☞ フラッシュを使用する場合には、黒板等に反射光が写らないよう、黒板に角度をつけて撮影する。

☞ 全景撮影は、絞りを絞り、シャッタースピードを遅くするとよい。

4章 工事写真撮影計画

ネットワーク管理における工事写真撮影計画

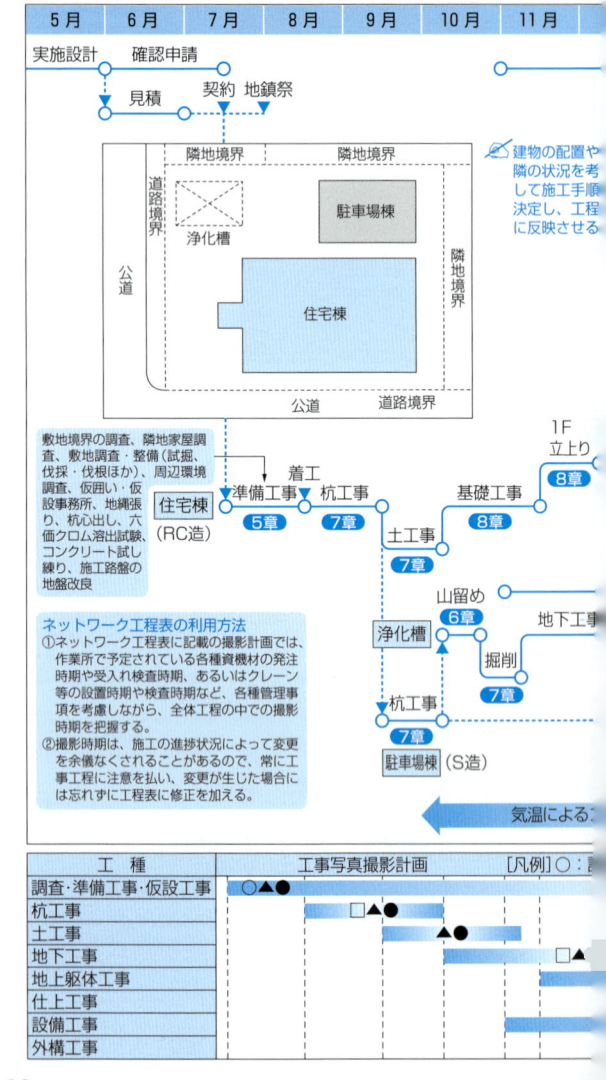

| 5月 | 6月 | 7月 | 8月 | 9月 | 10月 | 11月 |

- 実施設計 — 確認申請
- 見積 — 契約 — 地鎮祭

建物の配置や隣の状況を考慮して施工手順を決定し、工程に反映させる

敷地境界の調査、隣地家屋調査、敷地調査・整備(試掘、伐採・伐根ほか)、周辺環境調査、仮囲い・仮設事務所、地縄張り、杭出し、六価クロム溶出試験、コンクリート試し練り、施工路盤の地盤改良

住宅棟(RC造) → 準備工事【5章】 → 着工 → 杭工事【7章】 → 基礎工事【8章】 → 1F立上り【8章】
土工事【7章】

浄化槽 → 山留め【6章】 → 掘削【7章】 → 地下工事

杭工事【7章】 → 駐車場棟(S造)

気温による…

ネットワーク工程表の利用方法
①ネットワーク工程表に記載の撮影計画では、作業所で予定されている各種資機材の発注時期や受入れ検査時期、あるいはクレーン等の設置時期や検査時期など、各種管理事項を考慮しながら、全体工程の中での撮影時期を把握する。
②撮影時期は、施工の進捗状況によって変更を余儀なくされることがあるので、常に工事工程に注意を払い、変更が生じた場合には忘れずに工程表に修正を加える。

工 種	工事写真撮影計画 [凡例]○:
調査・準備工事・仮設工事	○▲●
杭工事	□▲●
土工事	▲●
地下工事	▲
地上躯体工事	
仕上工事	
設備工事	
外構工事	

	1月	2月	3月	4月	5月	6月	7月

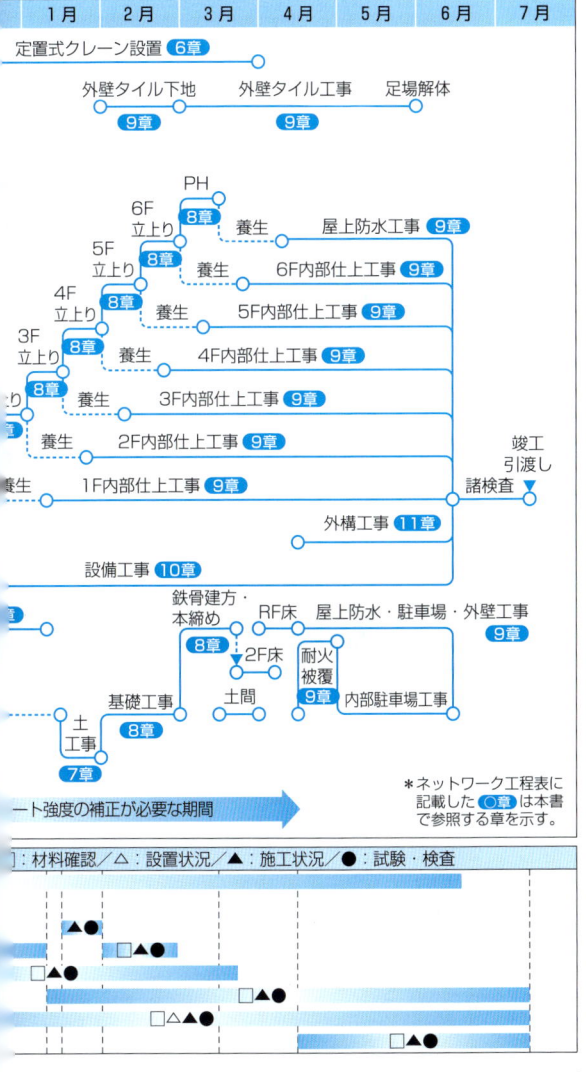

- 定置式クレーン設置 **6章**
- 外壁タイル下地 **9章** — 外壁タイル工事 **9章** — 足場解体
- PH **8章**
- 6F立上り **8章** — 養生 — 屋上防水工事 **9章**
- 5F立上り **8章** — 養生 — 6F内部仕上工事 **9章**
- 4F立上り **8章** — 養生 — 5F内部仕上工事 **9章**
- 3F立上り **8章** — 養生 — 4F内部仕上工事 **9章**
- **8章** — 養生 — 3F内部仕上工事 **9章**
- 養生 — 2F内部仕上工事 **9章**
- 養生 — 1F内部仕上工事 **9章**
- 外構工事 **11章**
- 設備工事 **10章**
- 鉄骨建方・本締め **8章** — RF床 — 屋上防水・駐車場・外壁工事 **9章**
- 2F床 — 耐火被覆 **9章** — 内部駐車場工事
- 基礎工事 **8章** — 土間
- 土工事 **7章**
- 竣工引渡し 諸検査 ▼

ート強度の補正が必要な期間 →

*ネットワーク工程表に記載した **○章** は本書で参照する章を示す。

]:材料確認／△:設置状況／▲:施工状況／●:試験・検査

5章 着工準備

① 調査・準備工事（1）

No.001 敷地境界の確認
確認状況
★★

22ページ
　No.005
　No.006
23ページ
　No.007

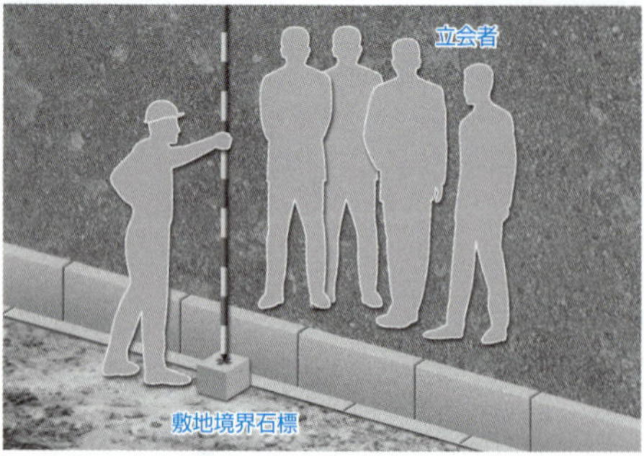

①タイトル
②立会確認者

```
東南角敷地境界確認状況←①
立会者
　隣地所有者（○○）○○様←②
　道路管理者（○○市役所）○○様←②
　当工事敷地所有者○○様←②
　当工事設計監理者○○様←②
　請負者○○建設 ○○←②
```

撮影時期／頻度
敷地境界確認時／敷地境界石標すべて
撮影対象
黒板には立会確認日時、立会確認者、敷地の略図、方向を記入。敷地境界石標がわかるように撮影。

No.002 地縄張りによる建物位置の確認
確認状況
★★

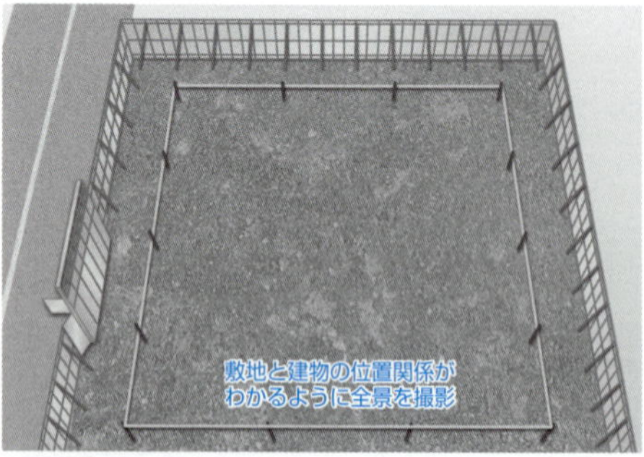

①タイトル
②確認日

```
地縄張りの状況←①
定点撮影
　○○年○○月○○日←②
```

撮影時期／頻度
地縄張り検査終了時／地縄張り全景、各計測点（詳細）
撮影対象
黒板には地縄張り確認日時、立会確認者、敷地と建物位置の略図、方向、撮影場所を記入。確認状況を撮影。

撮影準備 **着工準備工事写真の撮り方**

①関係者の立会確認を要するものについては、事前に関係者と協議・調整し、漏れの生じないように計画する。

　　🛈 後日でも確認できるように、立会確認日時・立会確認者がわかるよう、かつ、立会全箇所を撮影しておく。
　　　①敷地境界確認：隣地所有者、道路管理者、当工事敷地所有者、当工事設計監理者、施工者
　　　②建物位置確認：当工事建築主、当工事設計監理者、施工者
　　　③ベンチマーク確認：当工事建築主、当工事設計監理者、施工者
　　　④環境調査：当工事建築主、当工事設計監理者、施工者
　　　⑤近接構造物調査：近接構造物所有者、当工事建築主、当工事設計監理者、施工者。

②歩道切下げ等にともなう復旧時にも立会確認を要する。

No.003 **ベンチマークの確認**
確認状況 ★★

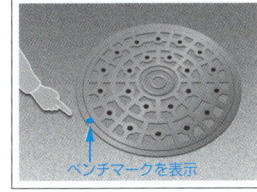

黒板にはベンチマーク位置と敷地の関係、設計GLとのレベル関係および立会確認者氏名を記入。

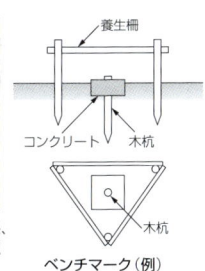

ベンチマーク（例）

No.004 **敷地内の障害物の確認**
確認状況 ★★

敷地内の障害物
敷地内の障害物には樹木や石、浄化槽類のコンクリート構築物等さまざまなものが考えられ、過去に建物が建っていた土地では、設備関係の埋設物が障害になる場合が多い。その他の土地では、樹木や石等の自然物が障害になる場合がある。

黒板には障害物の種類・大きさを記入（設計変更時の資料となる）。スケールを当て、形状・寸法がわかるように撮影。

工事写真記録のポイント

☞ 敷地境界の確認は、敷地境界石標すべてについて立会確認日および立会確認者氏名を記録する。
☞ 地縄張りによる建物位置の確認は、地縄張り全景のほかに各計測点詳細も記録する。
☞ ベンチマークの確認は、ベンチマーク位置と敷地との関係、設計GLとのレベル関係および検査立会者氏名を記録する。
☞ 敷地内障害物の確認は、数量がわかるように形状・寸法を記録する。

着工準備

② 調査・準備工事(2)

No.005 環境調査／騒音・振動

[調査状況]
★★

20ページ
No.001
22ページ
No.006
23ページ
No.007
214ページ
No.476

①タイトル
②調査箇所
③調査日時
④立会確認者

```
敷地境界騒音・振動測定(着工前)←①
東南角敷地←②
○○年○○月○○日←③
立会者　当工事建築主　○○様←④
　　　　当工事設計監理者　○○様←④
　　　　調査会社　○○○○←④
　　　　請負者　○○建設　○○←④
```

撮影時期／頻度
調査中／調査箇所すべて

撮影対象
黒板にはタイトル、調査箇所、調査日時、調査方法、立会確認者、敷地の略図、方向を記入。調査・測定状況がわかるように撮影。

No.006 環境調査／土壌

[調査状況]
★★

20ページ
No.001
22ページ
No.005
23ページ
No.007

①タイトル
②調査箇所
③調査日時
④立会確認者

```
敷地南側調査A点土壌サンプリング
　状況←①　敷地南側A点←②
○○年○○月○○日←③
立会者　当工事建築主　○○様←④
　　　　当工事設計監理者　○○様←④
　　　　調査会社　○○○○←④
　　　　請負者　○○建設　○○←④
```

撮影時期／頻度
調査中／調査箇所すべて

撮影対象
黒板にはタイトル、調査箇所、調査日時、調査方法、立会確認者、敷地の略図、方向を記入。調査・測定状況がわかるように撮影。

着工準備

No.007 近接構造物の現状調査
調査状況
★★
20ページ
No.001
22ページ
No.005
No.006

近接構造物の調査
本工事着手前に、近接構造物の現況を調査し記録する。本工事終了時において、工事の影響を受けたかどうかを確認するためや、近隣トラブルの発生時の資料としても役立つ。

黒板には調査対象物・箇所・部位、調査日時、調査確認者、調査立会者を記入。調査状況がわかるように撮影。

No.008 周辺道路状況の確認／街路樹
確認状況
★★

道路自費工事
道路管理者以外の者が道路管理者の承認を得て行う道路に関する工事。
①車両乗入れのための歩道・L型・縁石の切下げ、車止め・植樹ますの移設や撤去。
②カーブミラー・街路樹等の移設。
③傷んだ舗装の補修・復旧等。

黒板には道路標識、電柱、マンホール、街路樹等の公共施設物の概略図と位置・番号等を記入。

No.009 歩道切下げ工事
施工状況
★★

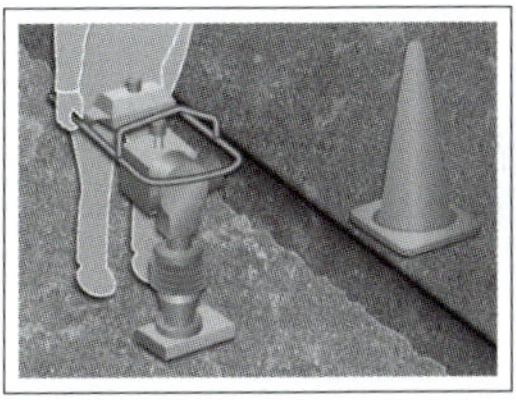

歩道切下げ
道路管理者以外の者が道路に関する工事を行う場合には、道路法第24条により、道路管理者の承認を得る必要があり、自費工事となる。

黒板には施工状況の仕様に対する位置づけを記入。全体の様子がわかるように撮影。

工事写真記録のポイント

☞ 騒音・振動・土壌の環境調査は、調査箇所すべてについて調査日時、立会確認者氏名を記録する。
☞ 近接構造物の調査は、調査対象物・箇所、調査状況、調査立会者がわかるように記録する。
☞ 道路公共施設物は、道路標識、電柱、マンホール、街路樹等を指す。
☞ 歩道切下げ工事は、施工状況の仕様に対する位置づけおよび全体の状況がわかるように記録する。

6章 仮設工事

① 共通仮設

No.010 仮囲いの設置

設置状況
★★
25ページ
No.013

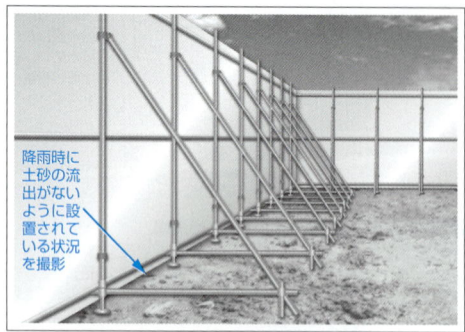

降雨時に土砂の流出がないように設置されている状況を撮影

①タイトル
②設置箇所・部位

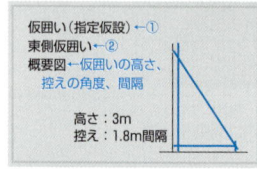

仮囲い(指定仮設)←①
束側仮囲い←②
概要図←仮囲いの高さ、控えの角度、間隔

高さ：3m
控え：1.8m間隔

撮影時期／頻度
着工前／設置完了時
撮影対象
黒板には設置箇所・部位、概要図(高さ、控え角度・間隔)を記入。仮囲いの高さ、敷地周辺との関係、全体の仮設状況がわかるように撮影。

No.011 工事用機械／揚重機

施工状況
★☆
97ページ
No.185
180ページ
No.391

玉掛けワイヤーおよびフックの安全確認を行う

重機の旋回範囲内立入禁止表示を行う

①タイトル
②使用機種

揚重機施工状況←①
50tクローラークレーン←②
吊り荷重 8t
作業半径 10m

撮影時期／頻度
施工中／代表機種ごと
撮影対象
黒板には施工重機の名称、吊り荷重、作業半径を記入。施工重機の周囲に障害物がないことを確認のうえ、作業状況がわかるように撮影。

撮影準備 仮設工事写真の撮り方

①工事を進めるうえで必要な仮設工事全般に関する設備等の配置が記されている総合仮設計画図を利用し、事前に撮影計画を立てる際に、撮影箇所の確認を行うとよい。
②仮設工事は、工事期間全体にわたって設置される仮囲いや仮設事務所、仮設電気、仮設水道等のほか、地下工事では山留め支保工などがあり、躯体工事ではおもに外部足場や揚重機等、仕上工事では作業内容に応じた内部足場などがある。仮設設備が設置される時期と設置期間などを考慮して、漏れのないように撮影する。
③指定仮設がある場合には、設計図書と整合性を確認し、撮影の最適時期を逃さないように注意する。

No.012 仮設事務所／全景
設置状況 ★★

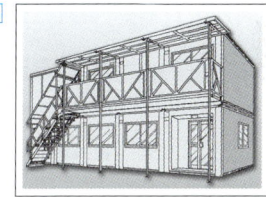

黒板には仮設事務所の設置場所(概要図)と規模、敷地外に設置する場合は、その旨を記入。建物全景を撮影。

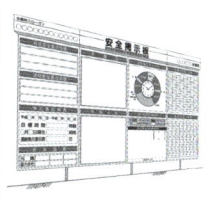

仮設事務所とともに安全関連の掲示板も撮影。

安全掲示板（例）

No.013 透明板仮囲いの設置
設置状況 ★★
20ページ No.001
219ページ No.486

透明板仮囲い
①透明板の取付けによって、周囲の状況がわかりやすくなっているか確認する。
②透明板の取付けが強固で、かつ、突起物がないなど、安全対策に配慮されているか確認する。

黒板には透明板を使用する位置、規模、採用目的を記入。施工箇所・部位、仮設状況がわかるように撮影。

工事写真記録のポイント

☞ 指定仮設は、位置、規模、構造がわかるように記録する。
☞ 仮囲いは、高さ、敷地周辺との関係、全体の仮設状況がわかるように記録する。また、透明板を採用する場合は、その目的も記録する。
☞ 自走式クレーンは施工地盤の概要断面を、定置式クレーンは基礎部分の概要も記録する。
☞ オーバーブリッジ上に仮設事務所を設置する場合は、オーバーブリッジの構造についても記録する。

仮設工事

② 仮設電気

No.014　仮設電力引込み（低圧架空引込み）

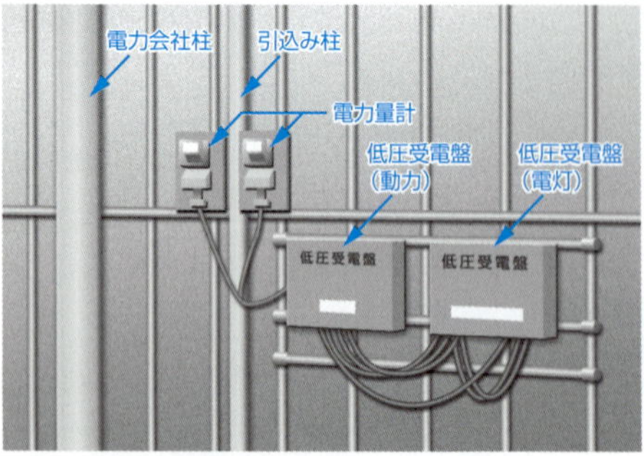

設置状況
★★
27ページ
No.017

　電力会社柱／引込み柱／電力量計／低圧受電盤（動力）／低圧受電盤（電灯）

①タイトル
②仕様

```
仮設電力引込み状況←①
電力会社柱 コンクリート柱 12m←②
引込み柱 鋼管ポール 6.5m←②
電力量計（動力用、電灯用）←②
低圧受電盤（動力用、電灯用）←②
```

撮影時期／頻度
仮設電力引込み時／設置箇所
撮影対象
黒板には仮設電気の各仕様を記入。電力会社の電柱位置、仮設引込み位置、現場と仮設電力引込み位置が確認できるように全体を撮影。

No.015　仮設キュービクル（高圧引込み）

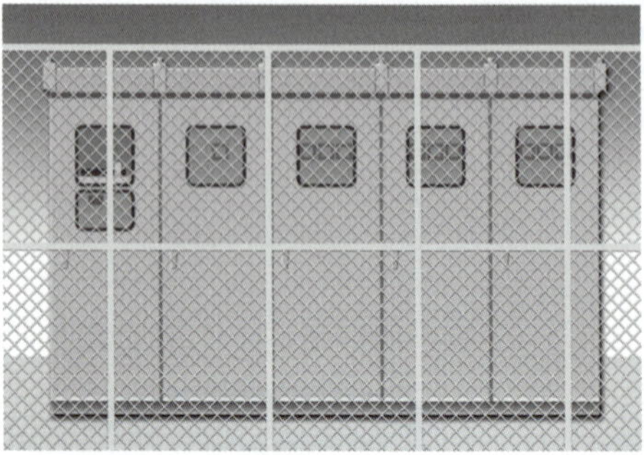

設置状況
★★
151ページ
No.321

①タイトル
②設置箇所
③容量
④メンテナンススペース
⑤操作責任者

```
仮設キュービクル設置状況←①
作業所北側外構部分←②
キュービクル容量 150kVA←③
メンテナンススペース←④
　前面側・後面側 1.2m
操作責任者 ○○○○←⑤
```

撮影時期／頻度
設置完了時／設置箇所
撮影対象
黒板には設置箇所、仮設キュービクル容量を記入。設置状況、メンテナンススペース、フェンスの高さ等がわかるように全景を撮影。

仮設工事

No.016 仮設用発電機
設置状況
★★

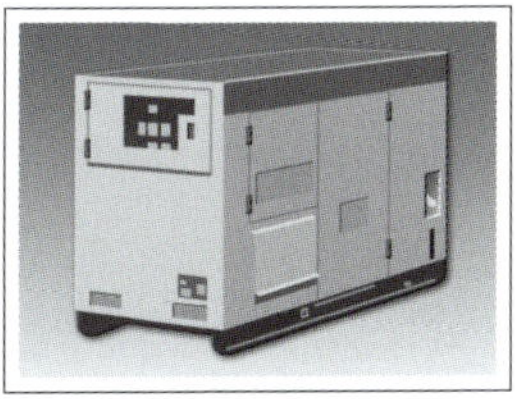

黒板には容量、供給負荷名称、使用期間等を記入。仮設用発電機の使用状況がわかるように撮影。

仮設用発電機の設置
現場の工事条件により、仮設電気を引き込むことができない場合や、屋外の夜間作業等、工事期間が比較的短い場合に使用されることが多い。使用する照明器具の台数や電動工具の容量等から発電機容量を選定する。

No.017 仮設分電盤
設置状況
★★
26ページ
No.014

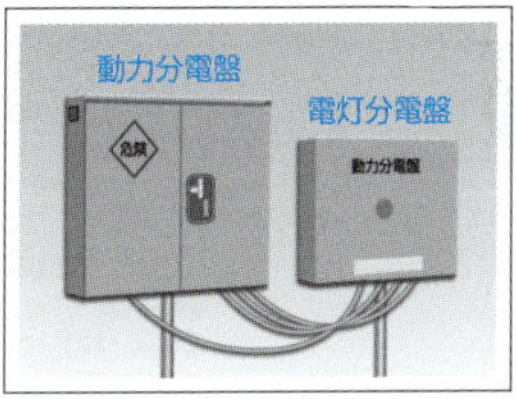

動力分電盤　電灯分電盤

黒板には仮設用分電盤の設置箇所を記入。作業所の縦幹線部分に設置されている状況がわかるように撮影。

仮設分電盤の設置
一般的に動力用と電灯用に分けて設置する。使用する電動工具の容量・数量、照明器具の数量等から分電盤の回路数・台数を決定する。
仮設分電盤の使用の際には、1台の盤への集中使用を避け、また、屋外に設置する場合は、屋外対応型を採用する。
工事中は感電防止等の安全対策を周知徹底する。

No.018 仮設用照明（吊り下げ型）
設置状況
★★
142ページ
No.297

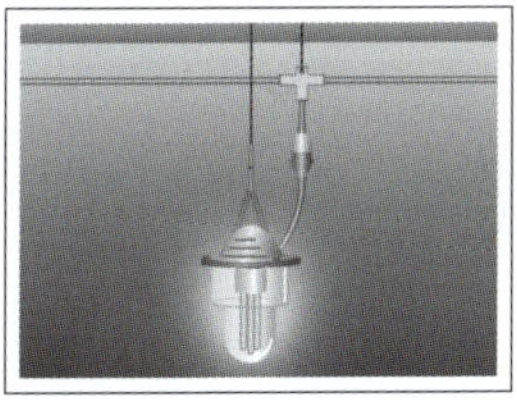

黒板には照明の種類（蛍光灯36W等）、設置箇所（安全通路天井等）を記入。設置状況がわかるように撮影。

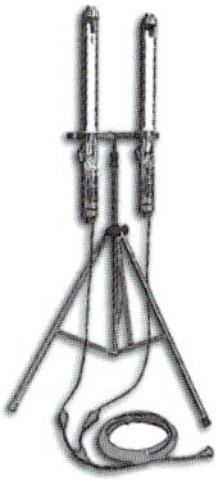

仮設用照明（スタンド型）

工事写真記録のポイント

☞ 仮設電力引込みは、電力会社の電柱位置、仮設引込み柱位置、現場との位置関係がわかるように記録する。
☞ 仮設キュービクルは設置状況、容量、メンテナンススペースがわかるように記録する。
☞ 仮設用発電機の容量、供給負荷名称、期間等が確認できるよう、黒板に記入し記録する。
☞ 仮設用照明器具は、設置状況がわかるように記録する。

仮設工事

③ 直接仮設

No.019 外部足場
設置状況 ★★

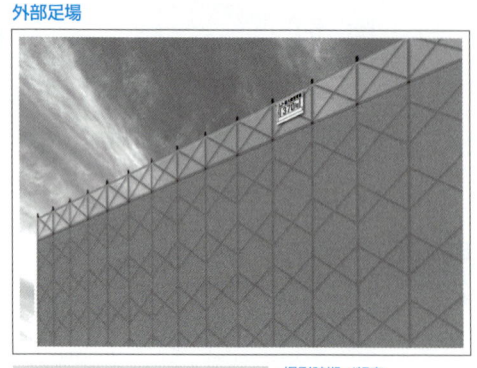

①タイトル
②設置箇所・部位
③仕様
④設置概要

```
外部足場 ←①
 東側 ←②
 鋼製枠組足場 W900 ←③
 高さ15.05m ←④
 壁つなぎ
  水平方向 3.6m
  垂直方向 3.4m
```

撮影時期／頻度
着工時／設置箇所・部位ごと
撮影対象
黒板には設置箇所・部位、養生材の種類、建地間隔、壁のつなぎ間隔、手すりの高さ等を記入。作業床の最大積載荷重表示がわかるように撮影。

No.020 切梁支保工
施工状況 ★★

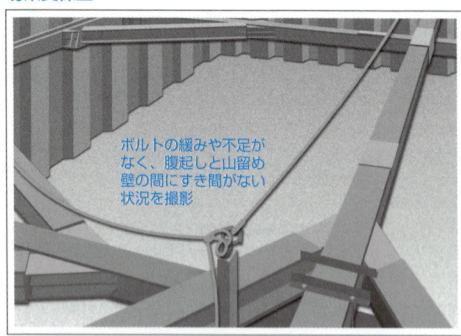

ボルトの緩みや不足がなく、腹起しと山留め壁の間にすき間がない状況を撮影

①タイトル
②設置概要
③概要図

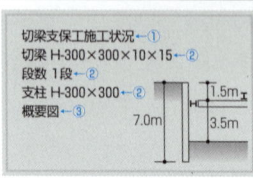

```
切梁支保工施工状況 ←①
切梁 H-300×300×10×15 ←②
段数 1段 ←②
支柱 H-300×300 ←②
概要図 ←③
    1.5m
7.0m  3.5m
```

撮影時期／頻度
設置完了時／工区ごと
撮影対象
黒板には切梁段数、切梁支柱の部材、切梁位置、山留め壁の仕様、掘削深さを記入。全体の状況がわかるよう、また、親綱など安全設備も撮影。

仮設工事

No.021 朝顔
設置状況 ★★

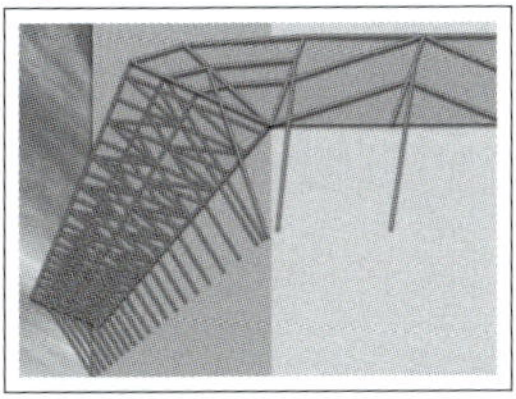

黒板には設置箇所・部位、仕様等を記入。道路占用許可申請が必要。許可基準内であることがわかるように撮影。

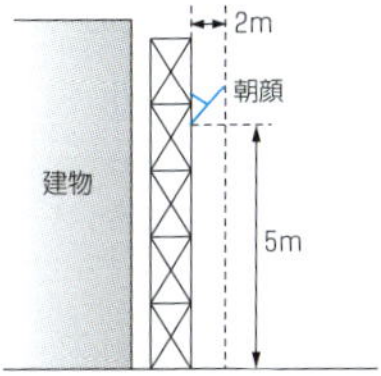

朝顔は、車道上にかかる場合は地上から5m以上、歩道がある場合は4m以上の高さから出すこと。
朝顔の設置基準（例）

No.022 架設通路
施工状況 ★★

黒板には架設通路の幅、手すり高さを記入。通路であることを示す表示板がわかるように撮影。

架設通路
安全通路であることを表示し、つまずき、滑り、踏抜き等のない状態に保持し、通路上に障害物を置かないこと。地足場などで高さ1.5mを超えるときは、昇降設備を設けること。

No.023 乗入れ構台
施工状況 ★★
28ページ
No.020

黒板には乗入れ構台の構成材および構台幅を記入。切梁および乗入れ構台の全景がわかるように撮影。

構台組立図（例）

工事写真記録のポイント

☞ 防炎シート、メッシュシート、ネットフレーム等、飛来・落下防止設備である養生材についても記録する。

☞ 足場は種類が多く、労働安全衛生規則に細かく規定が設けられているため、法令を順守していることがわかるように記録する。

☞ 朝顔は、足場の高さが10m以上では1段以上、20m以上では2段以上、また、突き出す長さは足場から水平距離で2m以上、下部の斜材角度は20度以上となっていることがわかるように記録する。

7章 地業工事

1 場所打ちコンクリート杭(1)

No.024 掘削径
検査状況 ★★

リボンテープは読み取れるように当てる

①タイトル
②施工箇所
③部位
④杭No.・杭符号
⑤杭径

```
バケット径の確認←①
X2-Y1通り←②
軸部←③
No.10 P3←④
1,800φ←⑤
```

撮影時期/頻度
施工前/杭径ごと

撮影対象
杭頭、軸部、拡底の径が異なる場合はそれぞれを撮影し、拡底バケットは掘削径まで広げた状態で寸法を確認しリボンテープを当てて撮影。

No.025 掘削深さ
検査状況 ★★

31ページ No.026

①タイトル
②施工箇所
③杭No.・杭符号
④杭径
⑤ケーシング高さ・掘削深さ

```
掘削深さの確認←①
X2-Y1通り←②
No.10 P3←③
1,800φ←④
ケーシング天端 GL+1.2m←⑤
ケーシング天端からの深さ 21.2m←⑤
掘削深さ GL−20.0m←⑤
```

撮影時期/頻度
施工中/すべての杭

撮影対象
ケーシング天端とGL、掘削深さとの関係、検尺状況、支持層から根入れ深さを確保した掘削深さがわかるように撮影。数値の記入ミスに注意。

撮影準備 地業工事写真の撮り方

①リボンテープやスタッフ、検尺テープのほか、場所打ちコンクリート杭の鉄筋かごの配筋写真撮影用にマグネットを用意しておくと、鉄筋の本数を確認するのに役立つ。
②杭工事の写真撮影のための道具類は、汚泥などで汚れることが多いため、拭き取りの準備をしておくとよい。
③杭工事では、施工の進捗に合わせた写真撮影が多いため、撮り忘れのないように事前に作成した工事写真撮影計画書に従って撮影対象を管理すること。
④撮影頻度は、施工計画書において監理者に承認を得ておく。
⑤杭工事では、撮影枚数が多くなるため、撮影後は遅延なく写真内容の確認を行うとともに、整理しておくこと。

No.026 支持層の確認
検査状況
★★
30ページ
No.025

試験杭は1mごとに採取し、対比する

黒板には支持層採取時の深さを記入。
支持層採取土と地質調査資料との対比
確認状況がわかるように撮影。

支持層の確認（礫）

No.027 スライム処理
施工状況
★★

底ざらいバケット

黒板には杭番号を記入。底ざらいバケット等による1次スライム状況を杭種ごとに撮影。

2次スライム処理状況

工事写真記録のポイント

☞ 杭心セットでは、黒板に杭No.、杭符号、杭径、通り名を記入し、杭心が確認できるように杭種ごとに記録する。
☞ ケーシングの建込みでは、黒板には施工箇所、ケーシングの径、長さを記入し、杭種ごとに記録する。
☞ 孔壁測定状況では、黒板には杭No.、杭符号、杭径、杭長を記入し、測定状況がわかるように記録する。
☞ 拡頭杭や拡底杭では、拡頭・拡底のバケット径を確認し記録する。

地業工事

② 場所打ちコンクリート杭（2）

No.028 鉄筋かご継手長さ
施工状況
★★
33ページ
No.030

①タイトル
②施工箇所
③杭No.・杭符号
④杭径
⑤鉄筋かごの部位
⑥継手長さ

```
鉄筋継手状況の確認 ←①
X2-Y1通り ←②
No.10  P3 ←③
1,500φ ←④
中：12-D29＋下：12-D29 ←⑤
45d×D29＝1,305mm ←⑥
```

撮影時期／頻度
施工中／杭径・杭長・杭種ごと

撮影対象
黒板には杭No.、杭径、杭のどの部位（上・中・下等）の継手か記入。杭の部位により鉄筋かごの配筋が異なるので注意して撮影。

No.029 杭頭処理完了・杭心ずれの測定
施工状況
★★
33ページ
No.032

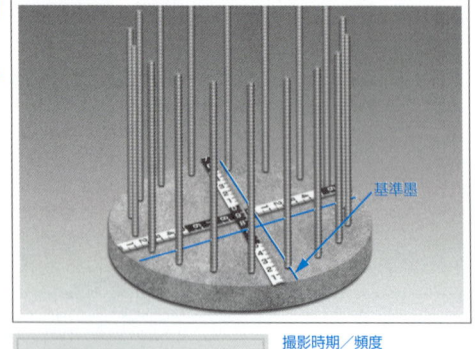

基準墨

①タイトル
②施工箇所
③杭No.・杭符号
④杭径
⑤杭心のずれ

```
杭心ずれ測定 ←①
X8-Y2通り ←②
No.7  P1 ←③
1,800φ ←④
X方向＝＋40mm ←⑤
Y方向＝－30mm ←⑤
＊説明図を記入するとわかりやすい。
```

撮影時期／頻度
施工後／すべての杭

撮影対象
杭頭もしくはその周囲の墨出し後、杭頭のずれをX方向、Y方向それぞれについてスケールを当てて測定している状況がわかるように撮影。

地業工事

No.030 鉄筋かごの配筋／側面
施工状況 ★★
32ページ No.028

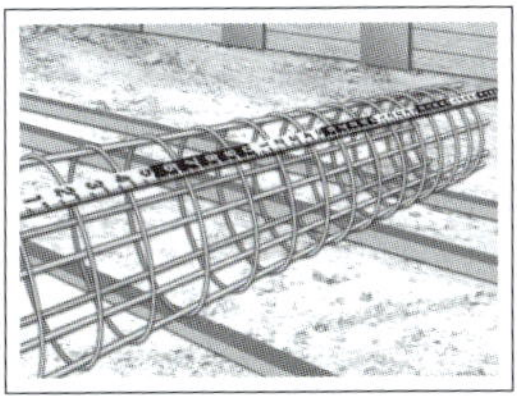

黒板には杭No.、杭径、主筋の径と本数、フープ径、ピッチ、かごの位置を記入。配筋状況とスペーサーを撮影。

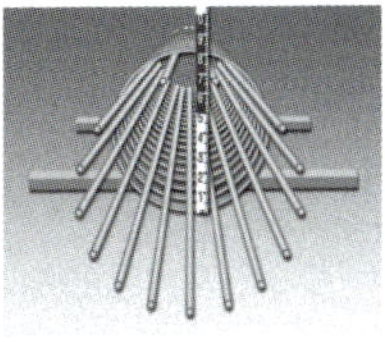

主筋の径、本数、かごの部位（上・中・下）がわかるように撮影。

鉄筋かごの配筋／断面

No.031 安定液試験
試験状況 ★★

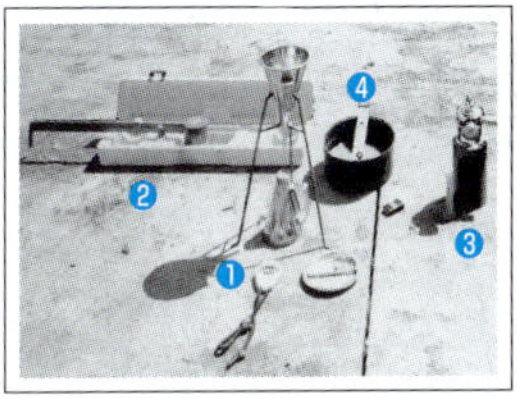

黒板には比重、粘性、pH、砂分の試験結果を記入。試験項目ごとに測定器を使った試験状況がわかるように撮影。

安定液試験状況
粘性 25秒 ← ①
比重 1.05 ← ②
砂分 0.5% ← ③
pH 10.1 ← ④

黒板記入（例）

No.032 余盛り
施工状況 ★★
32ページ No.029

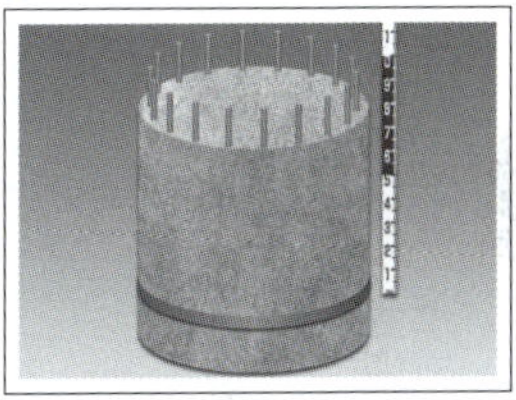

黒板には杭No.、杭符号、杭径、杭の位置、余盛り高さの設計値と実測値を記入。スケールを当てて測定状況を撮影。

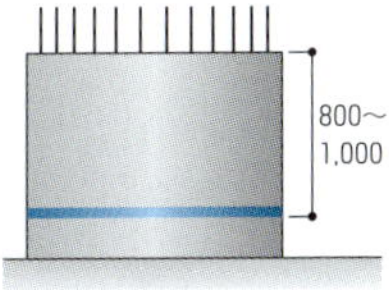

設計図書の余盛り高さが確保されているか確認すること。一般には、800～1,000mmの設計が多い。

余盛りコンクリートの高さ 800～1,000

工事写真記録のポイント

☞ 断面および長手方向の鉄筋組立て状況は、黒板に杭No、杭径、主筋の径と本数、フープ径、ピッチ、かごの位置を記入し、鉄筋のピッチの計測が読み取れるように記録する。

☞ 建込み中の鉄筋かご継手状況は、継手の重ね長さや建込み部位（上・中・下等）がわかるように記録する。

☞ コンクリートの受入れ検査は、黒板に配合、スランプ、空気量、コンクリート温度、外気温度、塩化物量を記入し記録する。

地業工事

③ 既製コンクリート杭・鋼管杭

No.033 杭心確認
施工状況
★★

仮杭(杭心)
逃げ杭(逃げ心)
逃げ杭(逃げ心)

①タイトル
②施工箇所
③杭No.・杭符号
④杭径

杭心確認 ←①
B-2通り ←②
No.12 P14 ←③
800φ ←④

撮影時期／頻度
施工中／杭径・杭長・杭種ごと
撮影対象
黒板には杭No.、杭符号、杭径等を記入。杭心から逃げ杭の距離を確認している状況や、アースオーガーの据付けなど杭の工法に合わせて撮影。

No.034 建入れ測定
施工状況
★★

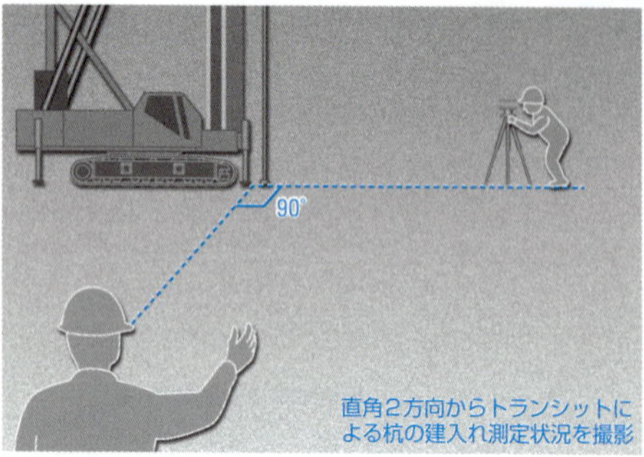

90°

直角2方向からトランシットによる杭の建入れ測定状況を撮影

①タイトル
②施工箇所
③杭No.・杭符号
④杭径
⑤工法

建込み測定状況 ←①
A-9通り ←②
No.38 P11 ←③
800φ ←④
プレボーリング根固め工法 ←⑤

撮影時期／頻度
施工後／杭径・杭長・杭種ごと
撮影対象
黒板には杭No.、杭符号、杭径等を記入。直角2方向からトランシットによる杭の建入れ測定状況を撮影。杭と測定者が重ならないように注意。

地業工事

No.035 現場継手
施工状況 ★★

現場継手
既製コンクリート杭、鋼管杭には溶接継手工法と無溶接継手工法があり、溶接部の確認はJIS A 7210による。
また、無溶接継手については特記によることが多い。継手に適した写真撮影を行う必要がある。

黒板には施工箇所、杭No.、杭符号、杭径、部位(上+下など)、溶接者、資格等を記入。適切な施工状況を撮影。

No.036 根固め液サンプル採取
試験状況 ★★

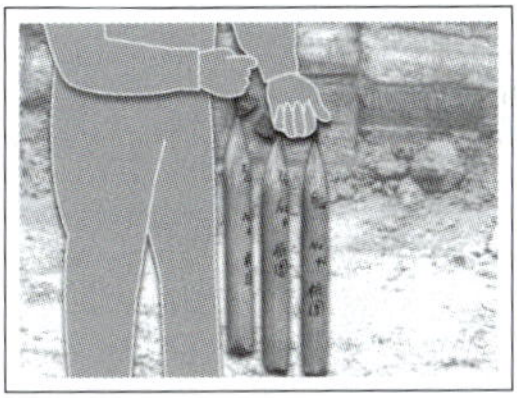

黒板には採取日、杭No.、杭符号等を記入。根固め液は、配合と供試体の採取個体数、採取状況がわかるように撮影。

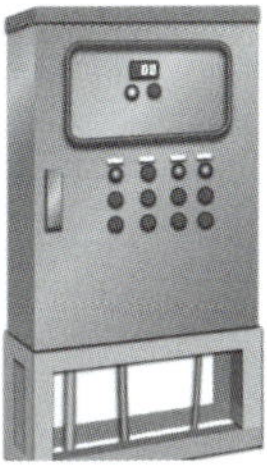

根固め液配合確認／計測機器

No.037 既製コンクリート杭
使用材料 ★★

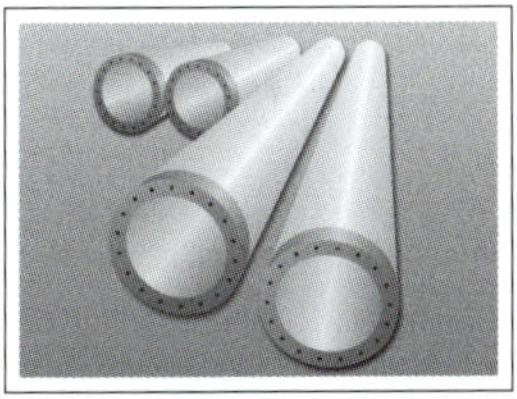

黒板には施工箇所、杭No.、杭符号、杭径、杭種、部位(上・中・下等)を記入。JIS規格表示がわかるように撮影。

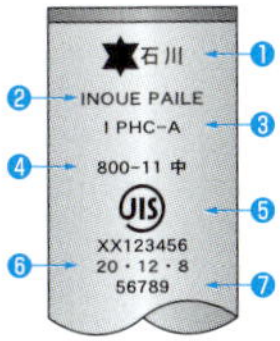

❶商標、工場名／❷社名／❸JIS区分、杭種、種別／❹形状、寸法、区分／❺新JISマーク、認証番号／❻製造年月日／❼製品番号

JIS規格表示(例)

工事写真記録のポイント

☞ 杭材の現場搬入時には、杭種、種別、外径寸法、長さ、JIS規格表示、ひび割れの有無を確認し記録する。
☞ 同径・同種の杭を複数本使用する場合が多いため、撮影する本数と項目については事前に計画し、監理者の承認を得ておくこと。
☞ 既製杭は工法により杭の継手がさまざまあり、その継手に合った管理を行い記録する。
☞ 根切り、墨出し後は、杭心のずれを確認し記録する。

地業工事

④ 掘削・埋戻し・地下水処理

No.038　埋戻し
施工状況
★★

39ページ
No.045

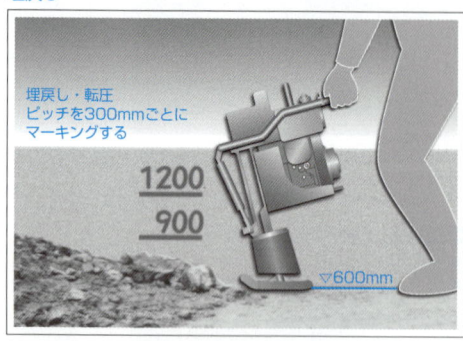

埋戻し・転圧
ピッチを300mmごとに
マーキングする

1200
900

▽600mm

①タイトル
②施工箇所
③転圧ピッチ
④埋戻し高さ
⑤埋戻し土
⑥転圧機器・型式

埋戻し・転圧状況←①
東棟南面基礎部←②
@300mm 2回目←③
埋戻し高さ 600mm←④
掘削残土←⑤
タンピングランマー XX-60←⑥

撮影時期／頻度
施工中／施工箇所・転圧ピッチごと

撮影対象
スプレー等によるマーキングを行い、転圧時の埋戻し高さを明確にする。埋戻し・転圧のピッチごとに撮影。

No.039　地下水処理／ディープウェル工法
施工状況
★☆

排水管

ノッチタンク

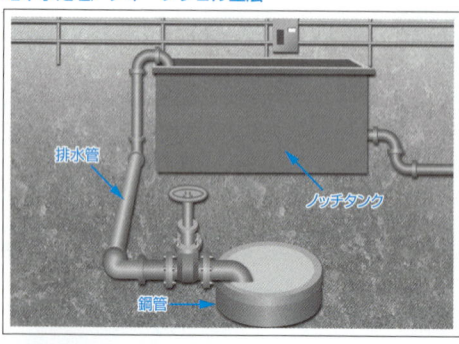

鋼管

①タイトル
②施工箇所
③工法
④排水処理深さ
⑤排水処理方法

地下水処理状況←①
A工区←②
ディープウェル工法←③
水中ポンプ設置深さ 18m←④
排水処理 ノッチタンク（3m³）←⑤

撮影時期／頻度
施工中・後／必要に応じて

撮影対象
ノッチタンク等により適切な排水処理が行われている状況がわかるように撮影。必要に応じて、掘削、鋼管設置、砂利充填状況も撮影。

地業工事

No.040 根切り
施工状況
★☆
37ページ
No.042

過積載にならないよう確認

黒板には使用している重機やダンプカー等の種類を記入。根切り状況がわかるように撮影。

トラックスケールは、過積載の防止や管理目的の計量用に利用する。

トラックスケール

No.041 根切り底検尺
検査状況
★★

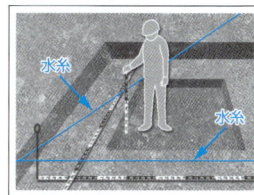

水糸　水糸

黒板には通り心による計測位置と設計GLとの関係を記入。根切り完了後、根切り底等の検尺状況を撮影。

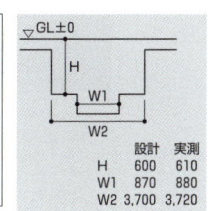

▽GL±0

	設計	実測
H	600	610
W1	870	880
W2	3,700	3,720

黒板記入（例）

No.042 掘削機械
施工状況
★☆
37ページ
No.040

黒板には標準バケット容量や、低騒音型であることなどを記入。掘削開始前に使用する重機の仕様等を確認して撮影。

低騒音型ステッカー／国土交通省

工事写真記録のポイント

☞ 地中障害物の撤去工事が発生した場合には、障害物名やその大きさを黒板に記入し、撤去中および撤去後の状況を記録する。障害物の撤去にあたっては、監理者等の立会いが必要な場合もあるので注意する。

☞ 根切り完了時、地山の状態や全体の状況がわかるように記録する。

☞ 根切り底の掘りすぎ、または乱した場合には、不良部への砂等の入れ替えや、砂地盤の転圧処置状況を記録する。

37

地業工事

⑤ 地盤改良・砂利地業・捨てコンクリート

No.043 地盤改良材受入れ
施工状況 ★★

1車両分の積載がわかるように撮影

①タイトル
②施工箇所
③材料名
④数量
⑤製造者名

- 地盤改良材受入れ状況 ←①
- 中央棟土間部 ←②
- セメント固化材 XX型 ←③
- 1t×10袋 ←④
- ○○工業 ←⑤

撮影時期／頻度
搬入・受入れ時／施工箇所ごと

撮影対象
納品された材料および数量が、発注と間違いのないことを確認したうえで撮影。水に反応するため、受入れ後は雨水がかからないよう養生する。

No.044 地盤改良杭
施工状況 ★★

工法や敷地条件、用途等に合わせた機種とする

①タイトル
②施工箇所
③工法
④杭No.

- 地盤改良杭施工状況 ←①
- 南棟 X2-Y2通り ←②
- 深層混合処理工法 ←③
- 杭No.25 ←④

撮影時期／頻度
施工中／施工箇所ごと

撮影対象
目的や範囲、条件を考慮のうえ適した地盤改良工法を設定する。杭心セットの状況や攪はん中の状況、機械、地盤改良材調合状況などを撮影。

地業工事

No.045 砂利地業
施工状況 ★★
36ページ No.038

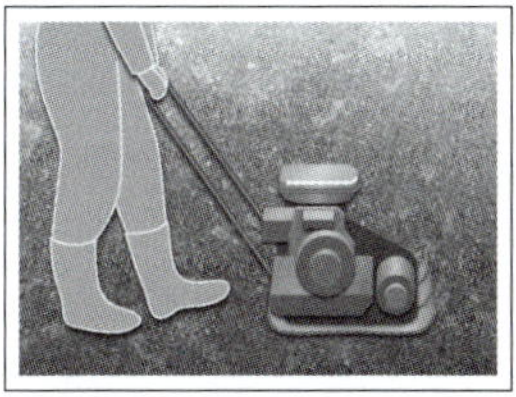

黒板には転圧材料、転圧状況、転圧機械、転圧回数を記入。転圧中の状況と、転圧後の砕石厚の計測状況を撮影。

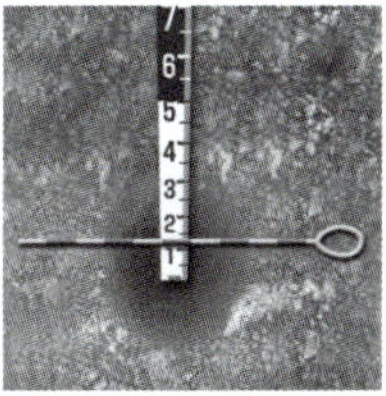

転圧後の砕石厚の計測状況

No.046 防湿シート・断熱材の敷込み
施工状況 ★★

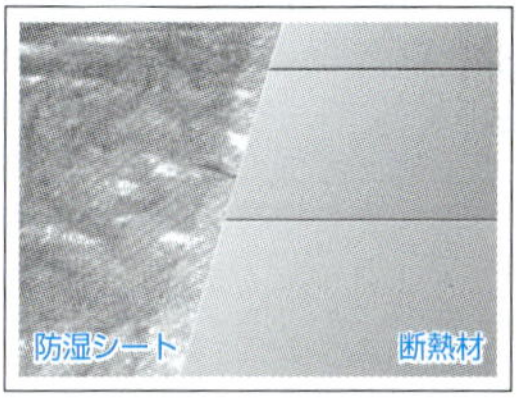

黒板には防湿シート・断熱材の品種、厚み、重ね寸法、のみ込み寸法を記入。仕様どおりであることを確認し撮影。

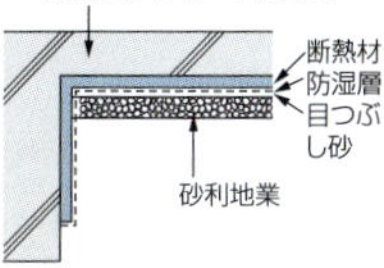

床下防湿層の納まり(例)
断熱材のある場合
スラブ(土間コンクリートを含む)
断熱材
防湿層
目つぶし砂
砂利地業
基礎梁

No.047 捨てコンクリート打込み
施工状況 ★☆
52ページ No.077
56ページ No.085

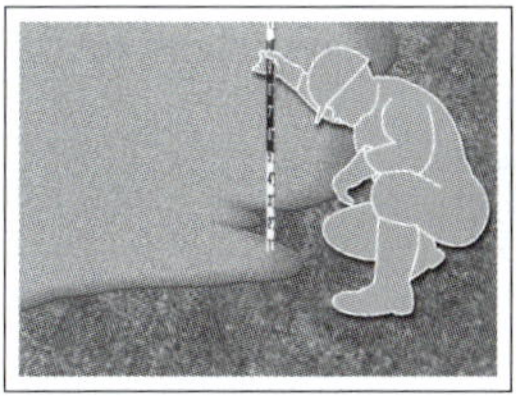

黒板にはコンクリートの規格(強度、スランプ、粗骨材最大寸法)と厚さを記入。計測値がわかるように撮影。

捨てコンクリート端部で、コンクリート厚の測定値がわかるように撮影。
捨てコンクリート出来形

工事写真記録のポイント

☞ 地盤改良にはさまざまな工法があり、工法に合った管理を行うとともに、施工状況や貫入試験等の試験方法、試験状況を記録する。

☞ 地盤改良材や砂利、防湿シート、断熱材の受入れ時は仕様通りの材料で計画通りの数量が搬入されたかを確認し、記録する。

☞ 地盤改良が固化工法の場合、改良材の所定量に対する施工範囲や深さを明確に記録する。改良材1袋に対する施工範囲をライン引きなどにより示すとわかりやすい記録になる。

8章 躯体工事 鉄筋工事

1 材料

No.048 鉄筋材料

使用材料
★★
41ページ
No.050
No.051

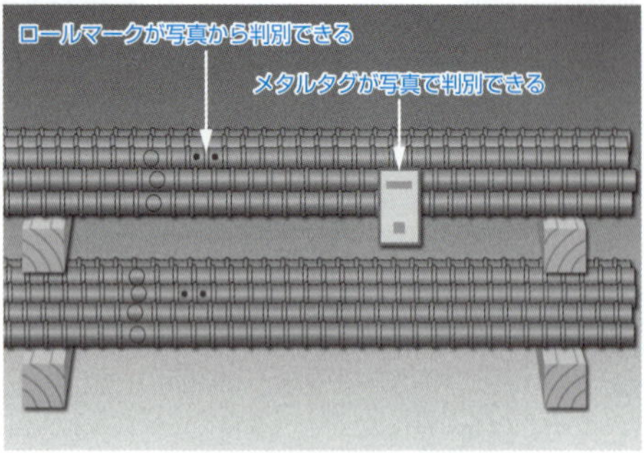

ロールマークが写真から判別できる
メタルタグが写真で判別できる

①タイトル
②施工箇所
③種類・数量
④ロールマーク

鉄筋材料の確認 ←①
A-2工区 ←②
SD390 D41(85t) ←③
ロールマーク "・・" ←④

撮影時期／頻度
搬入時／工区ごと
撮影対象
鉄筋は同径でも種類が異なる場合があるので、混同しないように注意し、ロールマーク（圧延マーク）やメタルタグが確認できるように撮影。

No.049 鉄筋の現場内保管

使用材料
★★
41ページ
No.050
No.051

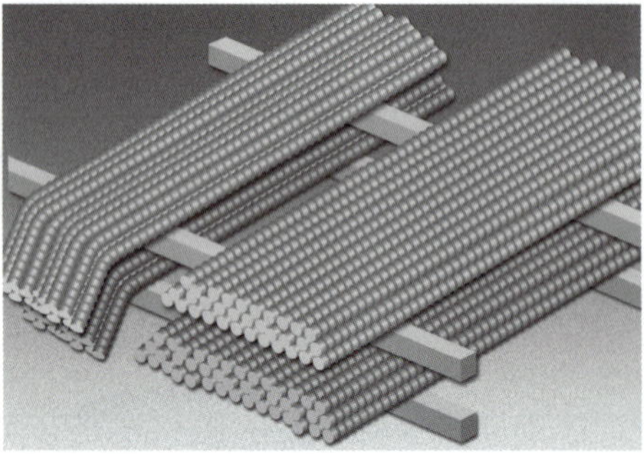

①タイトル
②施工箇所
③種類・数量

鉄筋の保管状況 ←①
A-1工区 ←②
SD390 D41(85t) ←③
SD345 D25(40t)
SD295 D16(15t)

撮影時期／頻度
搬入時／工区ごと
撮影対象
敷き端太などで鉄筋が地面から離れており、種類や径、形状ごとに整然と保管されている状況を撮影。全景も撮影。長期保管はシート養生とする。

撮影準備　**鉄筋工事写真の撮り方**

①工事現場外の鉄筋加工場の状況を事前に撮影しておくほか、配筋作業の工程に合わせて、鉄筋加工材の現場搬入時期と保管場所をあらかじめ決めておいて受入れ準備を整え、受入れ時の撮影を円滑に行う。

②配筋写真は、撮影箇所、撮影枚数が膨大となるため、事前に各階の撮影部位を設計図書で定めておき、設計図書の配筋リストを利用して各撮影部位の配筋詳細を別紙で用意し、撮影時にはその用紙を黒板に貼るなどして対応するとよい。

③梁筋などの撮影では、上筋だけでなく下筋もわかるように、マグネットを利用したり、フラッシュ撮影や撮影角度を変えるなどの工夫が必要である。

No.050　**鉄筋の加工場保管**
使用材料
★☆
40ページ
No.049

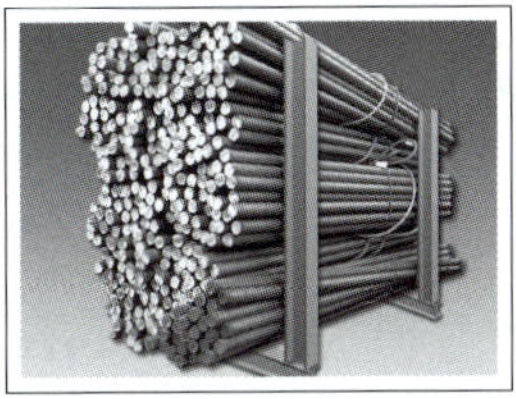

黒板には「鉄筋加工場検査　鉄筋保管状況」と記入し、鉄筋の種類を確認しながら撮影。

鉄筋コンクリート用棒鋼
（JIS G 3112）

種類の記号	ロールマーク（圧延マーク）による表示
SR235	適用しない
SR295	
SD295A	圧延マークなし
SD295B	1または｜
SD345	突起の数1個（•）
SD390	突起の数2個（••）
SD490	突起の数3個（•••）

No.051　**鉄筋の加工**
使用材料
★☆
40ページ
No.049

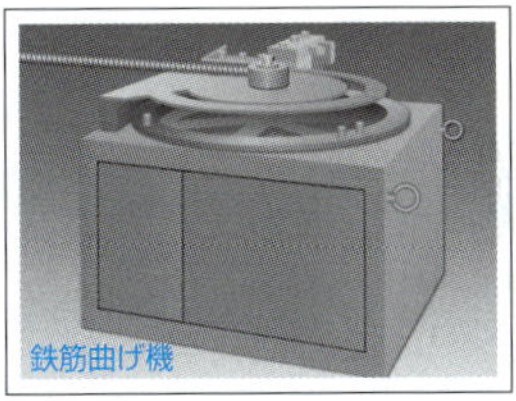

鉄筋曲げ機

黒板には「鉄筋加工場検査　鉄筋加工状況」と記入し、鉄筋の加工精度だけでなく、鉄筋の保管状況も撮影。

鉄筋コンクリート用棒鋼
（JIS G 3112）

種類の記号	色別塗色による表示
SR235	赤（片断面）
SR295	白（片断面）
SD295A	適用しない
SD295B	白（片断面）
SD345	黄（片断面）
SD390	緑（片断面）
SD490	青（片断面）

■工事写真記録のポイント■

☞ 設計図書および施工計画書から階別、部位別、工区別の仕様・数量を把握し、工事工程に合わせた材料を納入し記録する。

☞ 材料搬入は、敷地が狭い場合は特に、納入時間を決めて手配する。

☞ 工事現場外の鉄筋加工場で加工する場合は、材料の保管方法・状態の確認も含めて、加工が始まる前に加工場を確認しておく。

☞ 納入された鉄筋材料や工事現場内で加工された鉄筋材料の保管方法等を、鉄筋業者と事前に打合せておく。

鉄筋工事

② 基礎・耐圧版

No.052 基礎
施工状況
★★
43ページ
No.054
No.055

①タイトル
②施工箇所
③部位
④基礎符号
⑤配筋

基礎配筋←①　A-1工区←②
X1-4 × Y2-4通り←③
F2←④
上筋 13-D19(X、Y方向とも)←⑤
下筋 13-D19(X、Y方向とも)←⑤
はかま筋
横筋 D13-@250←⑤

撮影時期／頻度
施工中／工区別に符号ごと
撮影対象
黒板には施工箇所・部位、基礎符号、鉄筋径、ピッチ、配筋説明図を記入。マグネットを用いて、方向・径別に表示して撮影。

No.053 耐圧版
施工状況
★★
43ページ
No.054
No.055

①タイトル
②施工箇所
③部位
④版符号
⑤配筋

耐圧版配筋←①　A-1工区←②
X1-4 × Y2-4通り←③
FS2←④
　　　　短辺　　　長辺
上筋 D13-@200 D13-@250←⑤
下筋 D13-@200 D13-@250←⑤

撮影時期／頻度
施工中／工区別に符号ごと
撮影対象
黒板には施工箇所・部位、耐圧版符号、鉄筋径、ピッチを記入。マグネットを用いて、方向・径別、上下筋の識別ができるように表示して撮影。

躯体工事

No.054 基礎底盤の配筋とかぶり厚さ
[施工状況]
★★
42ページ
No.052

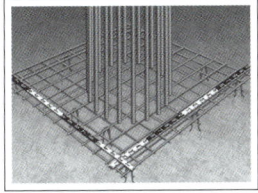

黒板には施工箇所・部位、符号、径、ピッチ、かぶり厚さ、配筋説明図を記入。

鉄筋サポート・スペーサー等の種類および数量・配置の標準

部位	種類	数量または配置
基礎	鋼製コンクリート製	面積：4m² 程度、8個

No.055 耐圧版の鉄筋かぶり厚さ
[施工状況]
★★
45ページ
No.059

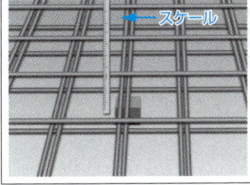

黒板には施工箇所・部位、符号、径、ピッチ、かぶり厚さを記入。スケールを当てて鉄筋のかぶり厚さを撮影。

設計かぶり厚さの規定

部位	設計かぶり厚さ(mm)
土に接する部分	柱・梁・床スラブ・壁・布基礎立上り	50以上
	基礎・擁壁	70以上

No.056 耐圧版／定着
[施工状況]
★★

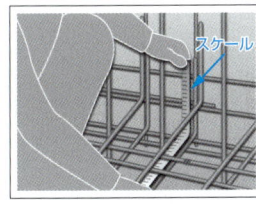

黒板には施工箇所・部位、符号、径、ピッチ、端部定着長さを記入。スケールを当てて測定状況を撮影。

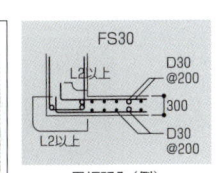

FS30

黒板記入（例）

工事写真記録のポイント

☞ 設計図書および施工計画書から部位別、工区別の仕様・数量を把握し、工事工程に合わせた撮影計画を立てる。
☞ はかま筋のある基礎配筋を撮影する際には、下筋と上筋の状態がわかるように記録する。
☞ 基礎、耐圧版ともに、スペーサーの設置間隔が所定通りであることがわかるように記録する。
☞ 外周部の撮影では、立上り鉄筋のかぶり厚さを確認する。

鉄筋工事

③ 柱・梁

No.057 柱

施工状況
★★

41ページ
No.050

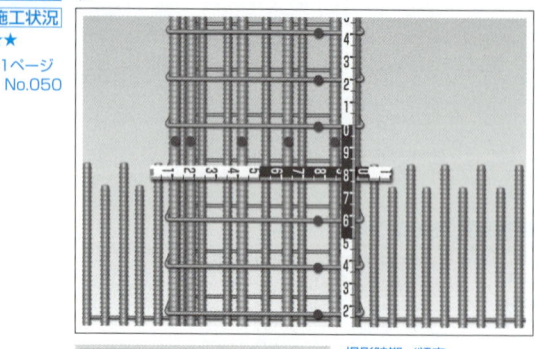

①タイトル
②施工箇所・柱符号
③柱寸法
④配筋

```
柱配筋←①
A-2工区  C1(X3-Y6)←②
DX × DY  1,050×950←③
主筋 22-D41←④
HOOP
D16@150←④
```

断面図: 1,050 × 950

撮影時期／頻度
施工中／工区別に符号ごと

撮影対象
黒板には断面寸法、X方向・Y方向主鉄の径、本数がわかるように配筋説明図を記入。マグネットを用いて、位置、間隔がわかるように撮影。

No.058 地中梁

施工状況
★★

41ページ
No.050
43ページ
No.055

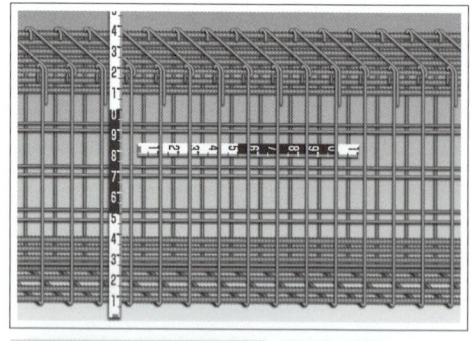

①タイトル
②施工箇所・梁符号
③梁寸法
④配筋

```
梁配筋←①
A-2工区(X15-16、Y6)←②  FG4C
(X16端)←②  B×D 800×1,800←③
         1段目    2段目
上筋 5-D35  5-D35←④
下筋 5-D35  5-D35←④
あばら筋 D16@150、腹筋 8-D13←④
```

撮影時期／頻度
施工中／工区別に符号ごと

撮影対象
黒板には主筋本数、あばら筋間隔がわかるように配筋説明図を記入。マグネットを用いて、上下主筋、あばら筋を表示して撮影。

躯体工事

No.059 鉄筋かぶり厚さ
施工状況 ★★
43ページ No.055

結束線の結び目がかぶり厚さに影響しないように

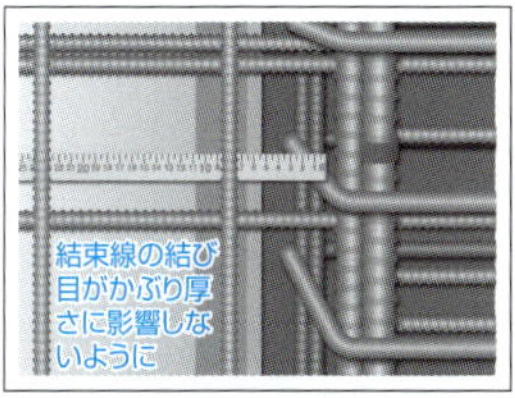

所定のかぶり厚さがわかるように、また、かぶり厚さ別に使用する色付きスペーサーとともに撮影。

設計かぶり厚さの規定

部位			設計かぶり厚さ(mm)	
			仕上げあり	仕上げなし
土に接しない部分	屋根スラブ床スラブ非耐力壁	屋内	30以上	30以上
		屋外	30以上	40以上
	柱梁耐力壁	屋内	40以上	40以上
		屋外	40以上	50以上
	擁壁		50以上	50以上

No.060 小梁
施工状況 ★★
43ページ No.055
45ページ No.059 No.061

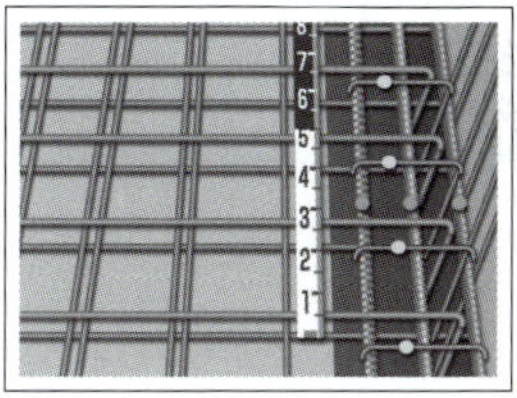

黒板には配筋説明図を記入。マグネットを用いて、位置、間隔がわかるように撮影。

小梁の撮影
① 黒板には主筋本数、あばら筋間隔がわかるように配筋説明図を記入。
② マグネットを用いて上下筋、あばら筋を表示して撮影。
③ 下筋が死角となり、写らないことがあるので注意。

No.061 大梁／上筋
施工状況 ★★
45ページ No.060

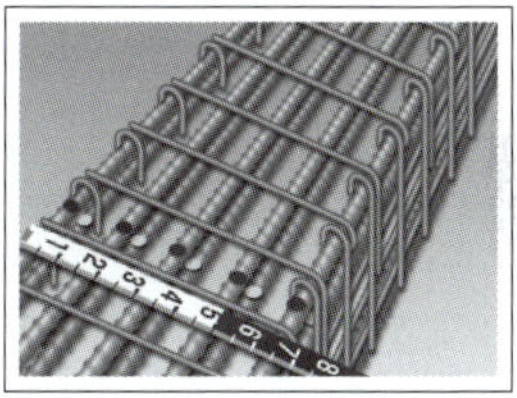

黒板には配筋説明図を記入。マグネットを用いて、位置、間隔がわかるように撮影。

大梁の撮影
① 増し打ち部補強筋がある場合も撮影。
② 梁の端部と中央部で主筋本数が異なる場合は、それぞれの配筋を撮影。
③ 梁成が高い場合は、上端主筋と下端主筋に分けて撮影。
④ 二段筋の場合は、上下筋が見えるように撮影。
⑤ 各階ごとに撮影。

工事写真記録のポイント

☞ 設計図書および施工計画書から階別、部位別、工区別の仕様・数量を把握し、工事工程に合わせた撮影計画を立てる。
☞ 梁の端部と中央部で主筋本数が異なる場合は、全体の撮影のほか、それぞれの部位がわかるように分けて記録する。
☞ 柱、梁ともに、スペーサーの設置間隔が所定通りであることを記録する。
☞ かぶり厚さ別に使用するスペーサーを並べて撮影しておく。

鉄筋工事

④ 壁・スラブ・開口補強

No.062　壁
施工状況
★★
45ページ
No.059

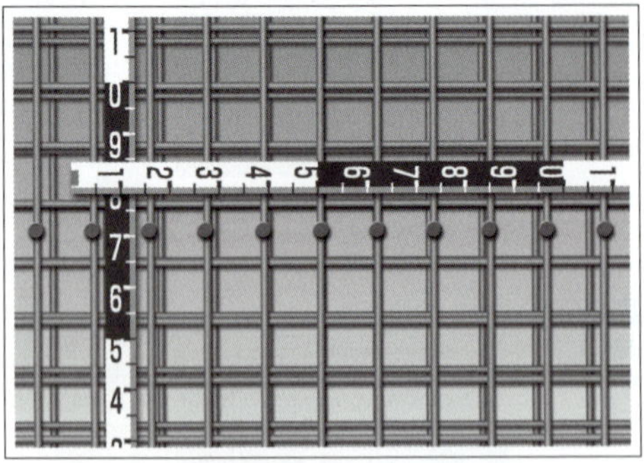

①タイトル
②施工箇所・壁符号
③配筋

```
壁配筋 ←①
A-2工区（X7-8、Y5）←②
WC10 ←②
主筋 D16,19@150ダブル ←③
配力筋 D13@100ダブル ←③
```

撮影時期／頻度
施工中／工区別に符号ごと
撮影対象
マグネットを用いて位置や間隔等の状況がわかるように、また、かぶり厚さや幅止め筋の間隔が所定通りであることが確認できるように撮影。

No.063　スラブ
施工状況
★★
42ページ
No.053
43ページ
No.055
45ページ
No.059

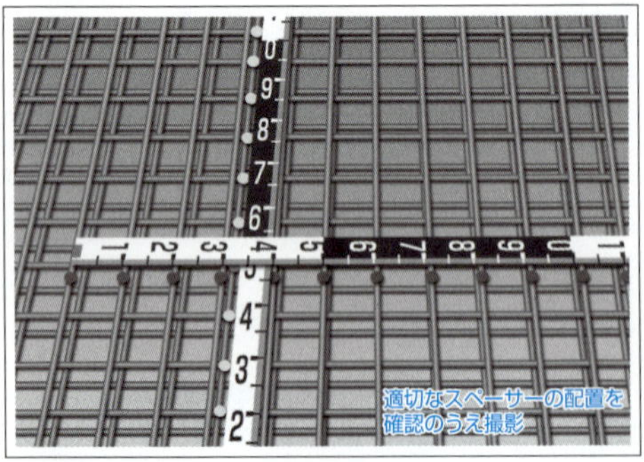

適切なスペーサーの配置を確認のうえ撮影

①タイトル
②施工箇所・スラブ符号
③配筋

```
スラブ ←①
A-1工区（X2-3、Y4-6）←②
S10 ←②
　　　短辺　　　長辺
上筋 D13-@100 D13-@100 ←③
下筋 D13-@100 D13-@100 ←③
```

撮影時期／頻度
施工中／工区別に符号ごと
撮影対象
黒板には版の符号、鉄筋径、ピッチを記入。マグネットを用いて、方向、径別、上下筋の識別ができるよう、工区、各階ごとに撮影。

躯体工事

No.064 開口部補強
施工状況 ★★
45ページ No.059
47ページ No.065

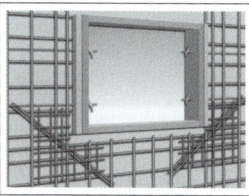

黒板には開口寸法、補強筋の径、本数、長さを記入。壁返し前にマグネットを用いて補強筋の状況を撮影。

貫通孔補強(例)

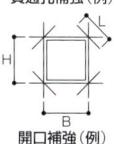

開口補強(例)

No.065 スラブ出隅補強
施工状況 ★★
45ページ No.059
47ページ No.064

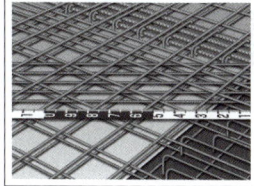

5-D10 (L1 500)

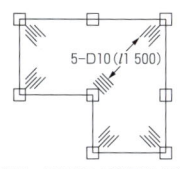

出隅・入隅部の補強配筋(例)

黒板には補強筋の径、本数、長さを記入。マグネットを用いて、補強筋を識別できるように撮影。

No.066 片持ち階段
施工状況 ★★
45ページ No.059

片持ち階段
①受け壁面より50mmのところに第1いなずま筋を配筋する。
②階段受け壁の補強筋は、上下の梁間に通して入れる。
③壁内に段鼻筋の位置を保持するための受け筋を配筋する。

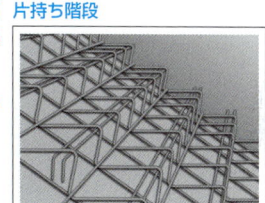

黒板には鉄筋径・本数がわかるように配筋説明図を記入。上げ裏部分のかぶり厚さを確認して撮影。

工事写真記録のポイント

☞ 設計図書および施工計画書から階別、部位別、工区別の仕様・数量を把握し、工事工程に合わせた撮影計画を立てる。
☞ 壁筋やスラブ筋など、柱や梁への定着長さが規定値以上であることを確認して記録する。
☞ 壁筋やスラブ筋だけでなく、開口部補強筋においても、最小かぶり厚さが確保されていることを確認して記録する。
☞ 結束線の結び目も、最小かぶり厚さを確認して記録する。

鉄筋工事

⑤ 鉄筋継手

No.067 圧接端面の処理
施工状況
★★

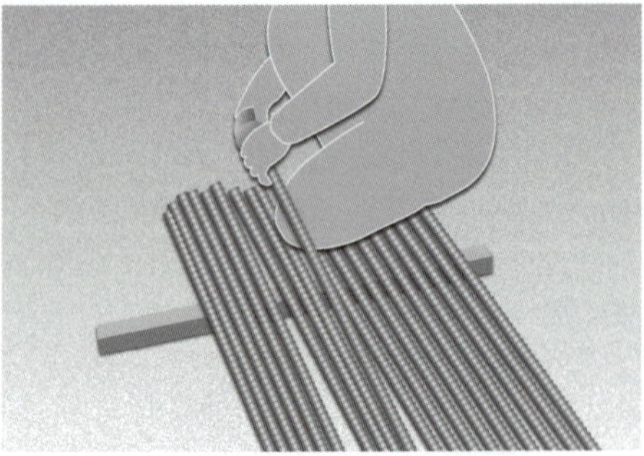

①タイトル
②施工箇所・部位
③符号・鉄筋種類

```
ガス圧接継手
  グラインダーがけ←①
A-2工区←②
G8・D25←③
```

撮影時期／頻度
施工中／部位別に鉄筋径ごと
撮影対象
圧接する端面の錆や汚れをグラインダーで落とし、平滑・清浄な状態とし、鉄筋の軸心に対して直角に仕上げている状況を撮影。

No.068 ガス圧接
施工状況
★★
49ページ
No.069
No.070

①タイトル
②施工箇所・部位
③符号・鉄筋種類
④資格者

```
ガス圧接継手
  圧接状況←①
A-1工区←②
C2・D29-D29←③
資格者←④
  ○○○○
  手動ガス圧接3種
```

撮影時期／頻度
施工中／工区別に符号ごと
撮影対象
加熱器バーナの火口数は鉄筋径に対して適切であること、圧接面のずれ、圧接部の折れ曲がり、中心軸の偏心がないことを確認して撮影。

躯体工事

No.069 ガス圧接部の抜取り試験
試験状況 ★★
48ページ No.068
49ページ No.070

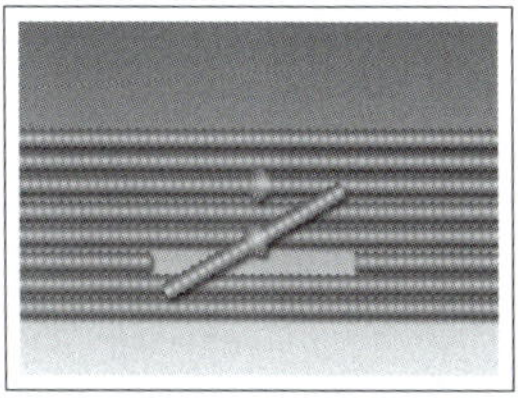

黒板には抜取り位置、圧接する双方の鉄筋径、圧接者名・技量資格を記入。圧接部の状況がわかるように撮影。

- $\delta \leq d/4$ 圧接面のずれ
- $1.4d$、$1.1d$ ふくらみの頂部、圧接面
- $\theta < 2°$ 圧接部の折れ曲がり
- $e \leq d/5$ 中心軸の偏心

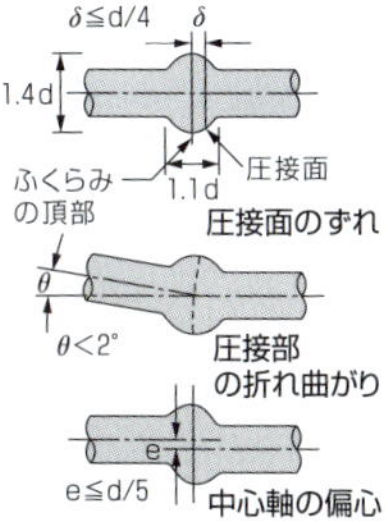

No.070 ガス圧接部の超音波探傷試験
試験状況 ★★
48ページ No.068
49ページ No.069

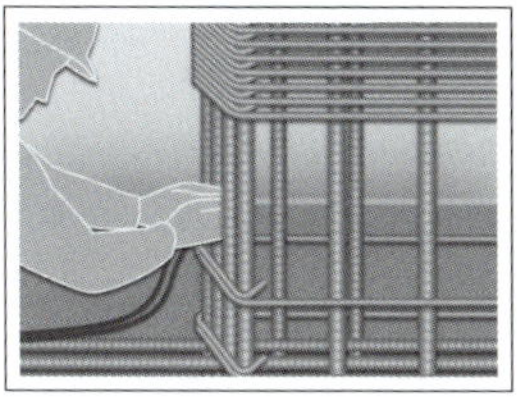

黒板には試験位置・試験技術機関名と検査者名を記入。試験器および試験状況がわかるように撮影。

ガス圧接部の抜取り試験

	再圧接	試験数*1,2
超音波探傷試験	なし	30箇所／ロット
引張り試験	あり	3本／ロット

*1 一般的な試験箇所数であり、引張り試験は、東京都では5本になるなど設計図書等の確認が必要。
 2 1検査ロットの大きさは、1組の作業班が1日に施工した箇所数。

No.071 ねじ節鉄筋継手のグラウト材注入
施工状況 ★★

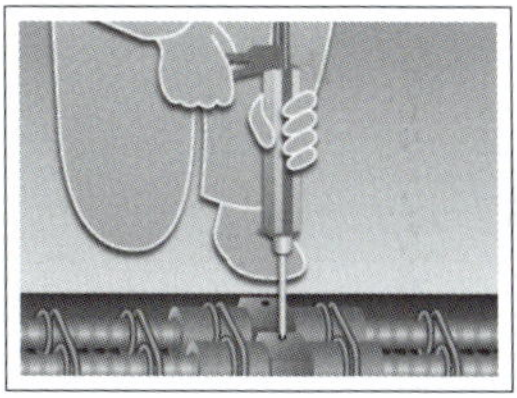

継手部のあきやかぶり厚さが適切であり、カプラーの装着状態をマーキングによって確認したうえで撮影。

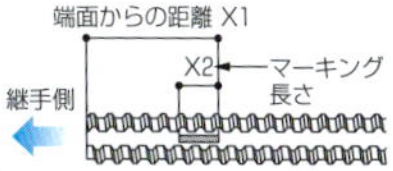

- 端面からの距離 X1
- X2 マーキング長さ
- 継手側
- マーキング状況 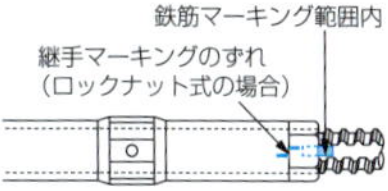
- 鉄筋マーキング範囲内
- 継手マーキングのずれ（ロックナット式の場合）
- マーキング位置の確認

工事写真記録のポイント

☞ 鉄筋継手には各種継手工法が使用されるので、採用する工法の管理ポイントを事前に確認し撮影計画を立てることが重要である。

☞ ガス圧接継手では、圧接端面が軸に直角で平滑、グラインダーによる清浄化が重要であり、必ず撮影前に確認すること。

☞ 機械式継手は、各工法によって応力伝達機構、施工方法が異なるため、採用する工法ごとの施工管理規定・検査基準を事前に確認して撮影計画を立てることが重要である。

型枠工事

① 型枠の組立て

No.072 型枠の建入れ検査
検査状況
★☆

周囲の片付け状況も確認

①タイトル
②検査箇所・部位
③測定値

```
型枠建入れ検査←①
3階立上り←②
X2-Y1通り←②
柱←②
測定値←③
 上端 145mm
 下端 146mm  1/2,000
```

撮影時期／頻度
施工中／検査箇所ごと

撮影対象
検査は建入れ調整後に行う。黒板には測定部位と測定値を記入。下げ振りを使用して、型枠上下の測定状況がわかるように撮影。

No.073 型枠材料
使用材料
★★

F☆☆☆
JAS
コンクリート型枠用合板（低ホル）
寸法：12×900×1800mm
板面の品質：B-C
○○合板株式会社○○工場

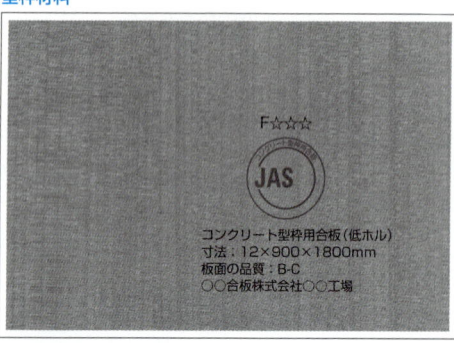

①タイトル
②規格
③厚さ・寸法

```
コンクリート型枠用合板確認←①
JAS規格品←②
t12×900×1,800←③
```

撮影時期／頻度
搬入時／適宜

撮影対象
黒板にはJAS規格や合板の厚さ、寸法、品質などを記入。JASマークおよび製品の寸法や品質の表示がわかるように撮影。

躯体工事

撮影準備　型枠工事写真の撮り方

①型枠材料の搬入時には、型枠用合板の材種、厚さ、JAS規格（日本農林規格）であることを確認し梱包ごとに撮影する。また、その他の材料についてもJIS（日本工業規格）やJASの規格および製品寸法や品質表示などを撮影する。

> せき板材料は、一般には厚さ12mmのJASの「コンクリート型枠用合板」を使用するが、これ以外にも鋼製や樹脂製のもの、床用の鋼製デッキや断熱材兼用としたもの、ラスなどがある。

②型枠の構成は、支柱や大引き、根太の間隔、水平つなぎや滑動防止措置が安全衛生法に準拠しているか確認すること。

③写真撮影時は、施工状況のほかに型枠資材の整理整頓状況も確認し、周囲の安全を確認したうえで撮影する。

No.074　構造スリット
施工状況 ★★

黒板には施工箇所・部位、構造スリットの製品名、寸法を記入。取付け状況がわかるように撮影。

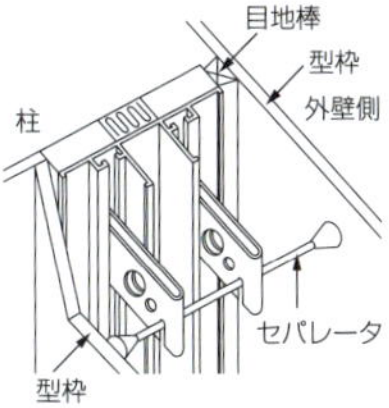

構造スリットの納まり（例）

No.075　デッキプレート
使用材料 ★★

品　名	Nデッキプレート（○－△－□）
規　格	めっきZ12　SDP1GA
板　厚	1.0
長　さ	2,495mm
数　量	幅630　3、幅620　1、幅510　1
注　意	1. 結束線での直吊り禁止。 2. 取扱い時は皮手袋を着用のこと。 3. 切断面によるけが傷に注意のこと。
搬入先	○○共同住宅
製造日	△－15
製造所記号	▲　製造ロット OAA11
○○建材株式会社	

黒板には施工箇所・部位、製品の表示（JIS規格）を記入。施工箇所ごとにデッキプレートの形状がわかるように撮影。

JIS規格表示（例）

工事写真記録のポイント

☞ 型枠の建入れ精度検査状況では、黒板に測定値を記入し、測定の全景と、測定箇所の下げ振りや水糸がわかるように複数枚記録する。

☞ 隠ぺいとなる構造スリットなどの重要な打込み材は、使用材料の品質、寸法、取付け状況がわかるように記録する。

☞ 通り検査の撮影には、水糸やピアノ線の位置をわかりやすくするためにテープ等を巻いて記録する。

☞ 必要に応じて、墨出しや打放し時の型枠納まりなども記録する。

コンクリート工事

① 試し練り・受入れ検査

No.076 コンクリート試し練り／材料確認
検査状況 ★★
52ページ No.077

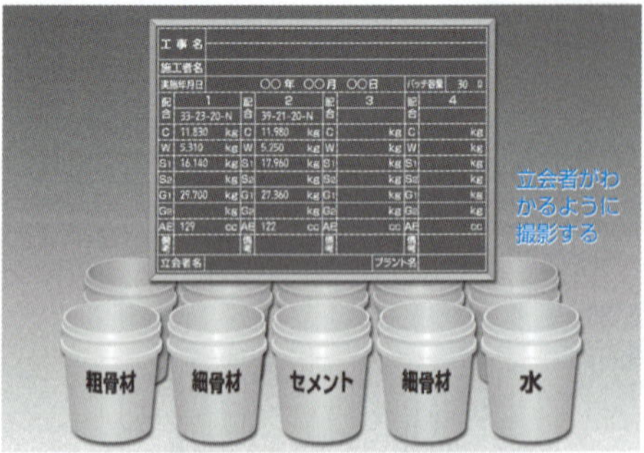

立会者がわかるように撮影する

①タイトル
②材料・重量

```
コンクリート試し練り←①
配合 39-21-20-N←②
  セメント 11.980kg
  水      5.250kg
  粗骨材  17.960kg
  細骨材  27.360kg
  混和剤  122cc
```

撮影時期／頻度
試し練り時／配合ごと

撮影対象
調合計画書に基づいて工場側で準備した所定量のコンクリートの各材料を、立会い時に再計量し、全員で確認している状況がわかるように撮影。

No.077 コンクリート受入れ検査
検査状況 ★★
53ページ No.079

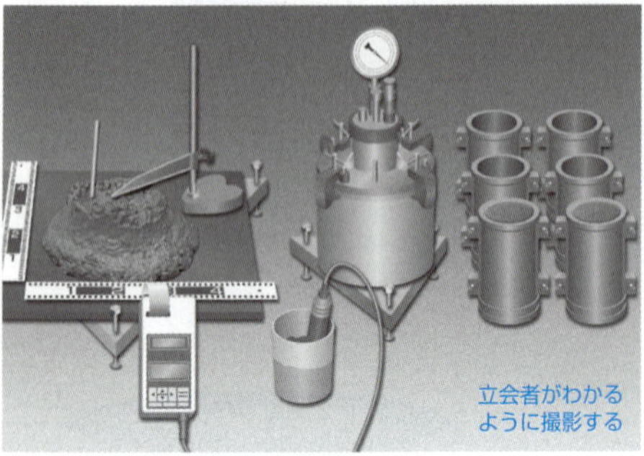

立会者がわかるように撮影する

①タイトル
②検査日
③施工箇所・部位
④配合
⑤試験回数
⑥実測値

```
コンクリート受入れ検査←①
平成○○年○○月○○日←②
地下1階スラブ X2-Y2通り←③
コンクリート配合←④
試験回数：1回目←⑤
スランプ 空気量 コンクリート温度
外気温 塩化物量←⑥
```

撮影時期／頻度
受入れ検査時／検査単位ごと

撮影対象
検査結果の黒板への記入間違いがないことを確認し、コンクリートの状態、スランプ試験、空気量、塩化物量の測定状況がわかるように撮影。

躯体工事

撮影準備 コンクリート工事写真の撮り方

①コンクリート打込み前の状況写真として、スラブ配筋や柱筋などの養生状況を撮影しておく。

　コンクリート打込み前の清掃が完了した状況で撮影する。

②受入れ検査の写真は、スランプ、フロー、空気量、コンクリート温度、外気温、塩化物量を記録し、立会者や各測定値がわかるように撮影する。1枚の写真からでは測定結果がわかりにくい場合には、複数枚撮影する。

③コンクリート打込み中・打込み完了後は、先送りモルタルの廃棄や締固め、打込み後養生、補修、出来形検査などの状況を必要に応じて撮影する。

　スラブ配筋上や支保工設置階は、常に整理整頓を心がける。

No.078 供試体(テストピース)養生
検査状況 ★★
57ページ
No.088

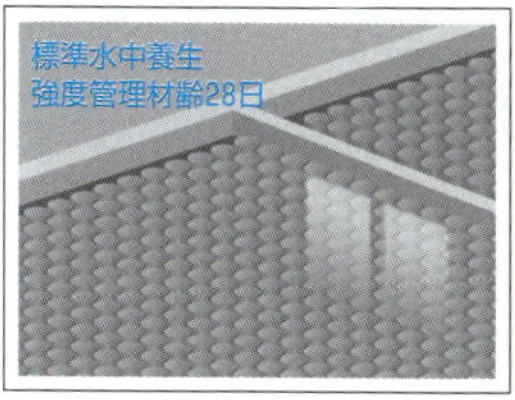

標準水中養生
強度管理材齢28日

直射日光を避け、養生温度はできるだけ構造物に近い条件にする

標準水中養生では、供試体の養生が水温20℃±2℃であることを確認し、養生状況がわかるように撮影。

現場水中養生

No.079 単位水量試験
試験状況 ★★
218ページ
No.484

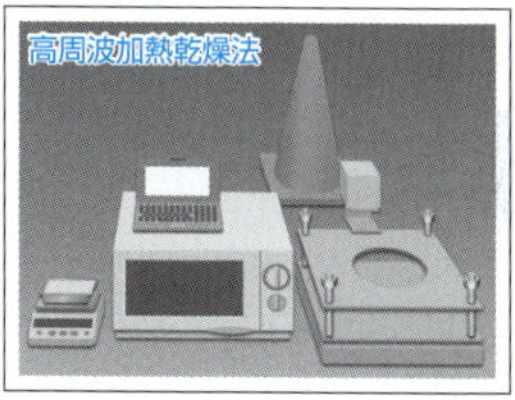

高周波加熱乾燥法

単位水量試験には、高周波加熱乾燥法、単位容積質量法、RI法などがあり、生コンの水分測定状況を撮影。

生コン水分・砂水分計(例)

工事写真記録のポイント

☞ コンクリート試し練りの実施は設計図書による。立会者の氏名、試験練りの実施状況、結果がわかるように記録する。

☞ コンクリート受入れ検査は、監理者立会いの必要の有無や、立会い頻度を事前に確認しておくこと。

☞ コンクリート受入れ検査では、検査結果の黒板への記入間違いのないよう、よく確認したうえで記録すること。

☞ 単位水量試験では、測定結果の変動に注意しながら記録する。

コンクリート工事

② 打込み管理

No.080 コンクリート打込み
施工状況 ★★

配筋の乱れは是正する

①タイトル
②施工箇所・部位
③人員配置

```
コンクリート打込み状況←①
A棟1階立上り2階スラブ←②
人員配置←③
  圧送工 2名
  締固め 2名
  左官工 3名
  その他補助 4名
```

撮影時期／頻度
施工中／打込み日ごと

撮影対象
黒板には施工箇所を記入。圧送工・締固め・左官工などの作業員の配置状況、コンクリートの打込みおよび締固め状況がわかるように撮影。

No.081 左官仕上げ／タンピング
施工状況 ★☆

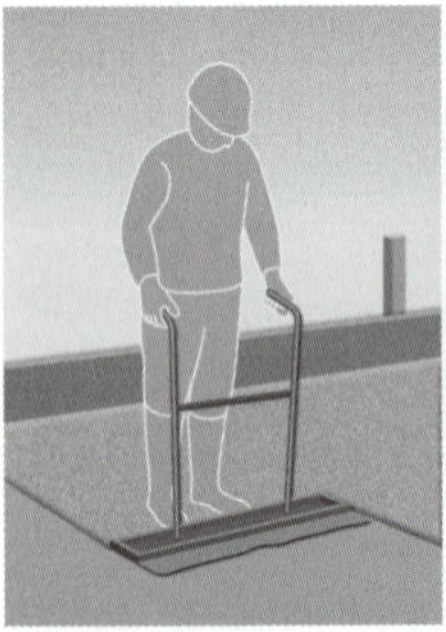

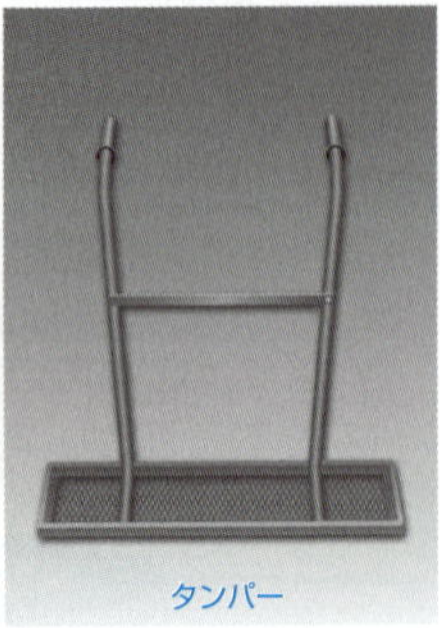

タンバー

①タイトル
②施工箇所・部位

```
コンクリート打込み・タンピング状況←①
A棟1階立上り2階スラブ←②
```

撮影時期／頻度
施工中／打込み日ごと

撮影対象
ブリーディングにともなうコンクリートの沈降によるひび割れを防止するための、タンパーによるタンピング状況がわかるように撮影。

躯体工事

No.082 コンクリート打込み前養生・打込み後養生
施工状況 ★★

打込み後養生には膜養生剤塗布等もある

打込み前養生では、型枠水湿しと鉄筋保護状況、また、打込み後養生では、湿潤養生の状況がわかるように撮影。

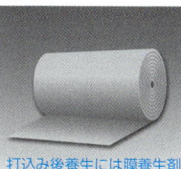

コンクリート打込み後養生／湿潤養生マット

No.083 先送りモルタルの廃棄
施工状況 ★☆

現場状況に応じて廃棄方法を事前に検討しておく

先送りモルタルを廃棄する場合、打込み日ごとの廃棄状況と、廃棄後は、粗骨材が筒先から出ている状況を撮影。

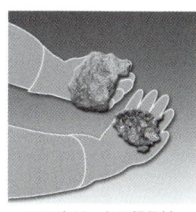

コンクリートの粗骨材確認状況

No.084 コンクリート打継ぎ
施工状況 ★☆

打設工区ごとにコンクリート打継ぎ部の状況、鉄筋に付着したセメントペーストの清掃状況を確認して撮影。

打継ぎ部のコンクリート止めすだれ

工事写真記録のポイント

☞ コンクリート打込み前の状況では、鉄筋などの養生や打込み箇所・部位の整理整頓を確認したうえで記録する。
☞ コンクリート打込み中においては、打込み状況や作業員の配置状況が確認できるように記録する。特に、締固め状況および締固め作業の人員が確認できるとよい。
☞ コンクリート打込み後は、仕様や設計図書に基づき、環境条件を考慮したコンクリート養生が適切に行われている状況を記録する。

コンクリート工事

❸ 出来形・補修

No.085 コンクリート出来形検査
検査状況
★★
57ページ
No.087

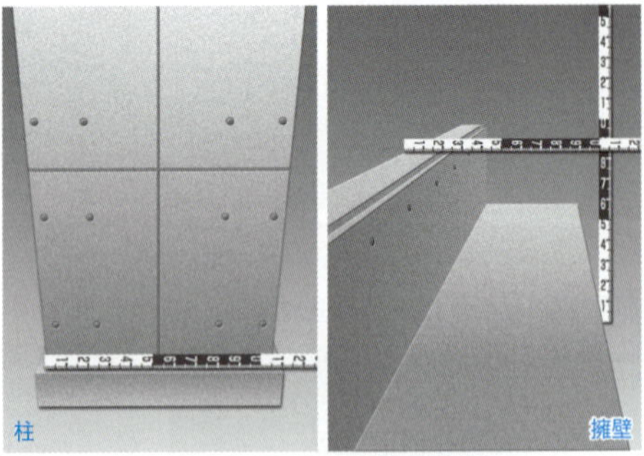

柱　　擁壁

①タイトル
②施工箇所・部位
③柱符号
④柱寸法

＊左図の黒板記入例
コンクリート出来形確認←①
中央棟1階柱←②
X3-Y1通り←②
C10←③
1,040×900←④

撮影時期／頻度
検査時／工区別・符号別に検査箇所ごと
撮影対象
黒板には部位、構造体符号、設計値・実測値、立会者氏名を記入。確認状況がわかるように撮影。

No.086 ひび割れ補修状況
施工状況
★★
57ページ
No.087

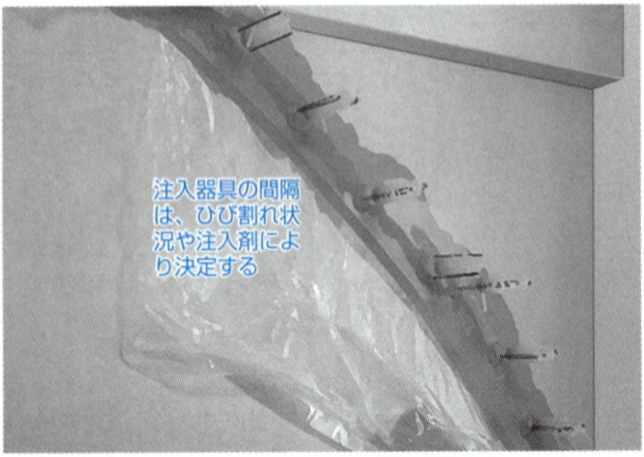

注入器具の間隔は、ひび割れ状況や注入剤により決定する

①タイトル
②施工箇所
③補修工法
④補修材・製造者名・製品番号

ひび割れ補修状況←①
2号棟3階事務所壁←②
エポキシ樹脂低圧注入←③
ABC工業I-0319←④

撮影時期／頻度
施工前・中・後／施工箇所ごと
撮影対象
黒板には検査指摘箇所、補修工法、補修材料名、製造者名を記入。検査指摘箇所の補修前、補修中、補修後の状況がわかるように撮影。

躯体工事

No.087 ひび割れ測定
検査状況 ★★
56ページ No.086

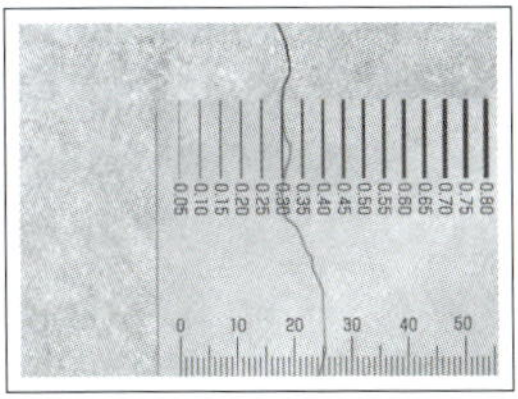

測定状況および接写による測定値を撮影する。全体のひび割れ状況を撮影する場合、高画質に設定して撮影。

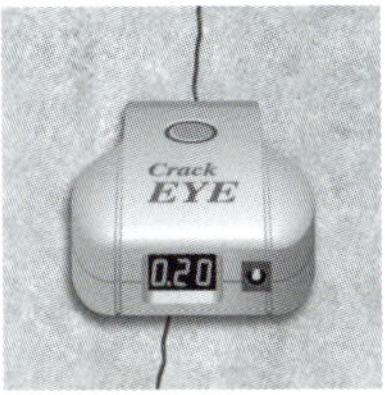

携帯型クラック幅測定器

No.088 コンクリート圧縮強度試験
試験状況 ★☆
53ページ No.078
57ページ No.089

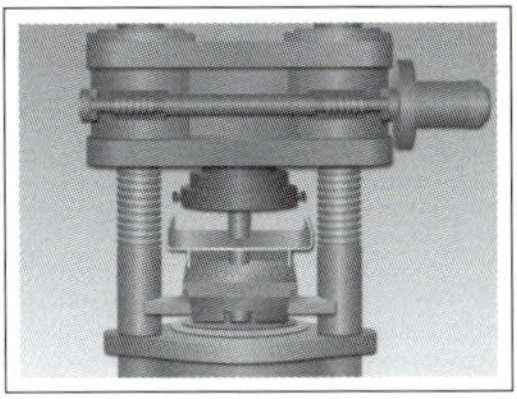

黒板にはコンクリート供試体（テストピース）の採取部位、供試体番号、試験機関名、試験結果を記入。

コンクリート圧縮強度試験
コンクリートの圧縮強度試験方法は、JIS A 1108による。供試体は粗骨材最大寸法の3倍以上、かつ100mm以上の直径で、高さは2倍とする。また、試験機は、JIS B 7721に規定された1等級以上とする。

No.089 コア供試体採取
調査状況 ★★
57ページ No.088

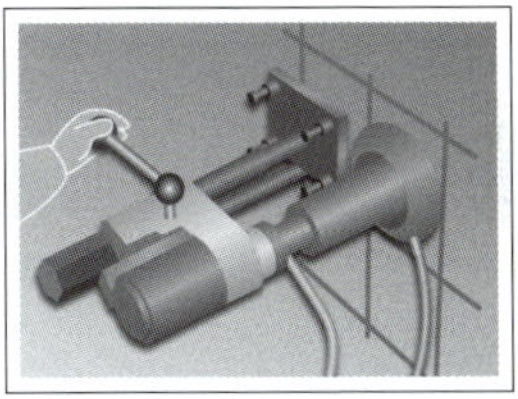

構造体コンクリート圧縮強度不合格時等に、コア供試体による圧縮試験やシュミットハンマーで圧縮強度を推定。

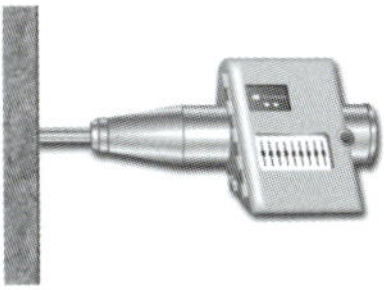

9箇所の反発度（R）の平均値から圧縮強度（Fc）を推定する。
シュミットハンマーによる打撃試験

工事写真記録のポイント

☞ 検査の指摘事項については、補修前の状況写真を必ず記録する。
☞ 各種不具合箇所は、補修前、補修中、補修後の状況を記録するとともに、図面等に該当箇所を記入しておくとよい。
☞ 各種不具合箇所の補修は、不具合の程度により違いがあるため、補修要領にのっとり、適切な補修工法、補修材料で実施されていることを確認して記録する。
☞ 補修状況は、補修要領ごとに決められた適切な時期に記録する。

鉄骨工事

① 材料・製品検査

No.090 現寸検査／テープ合せ
検査状況 ★★

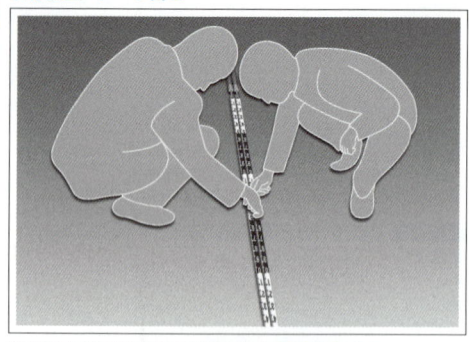

①タイトル
②照合長さ
③張力
④JIS1級許容誤差
⑤誤差測定値

テープ合せ ←①
照合長さ 10m ←②
張力 50N(5kgf) ←③
JIS1級許容誤差 0.5mm ←④
誤差測定値 +0.2mm ←⑤

撮影時期／頻度
鉄骨加工前／検査時
撮影対象
鋼製巻尺はJIS1級を使用し、黒板にはJIS1級の許容誤差を記入。鉄骨製作用基準巻尺と工事現場用基準巻尺とを照合している状況を撮影。

No.091 製作検査
検査状況 ★★

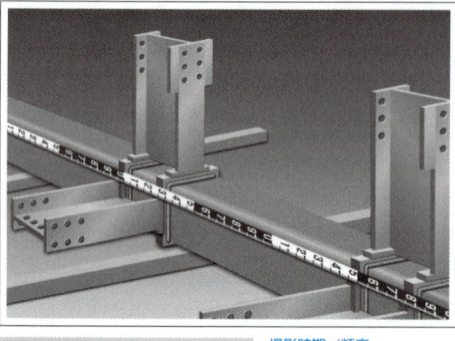

①タイトル
②検査部位
③製作寸法
④誤差測定値
⑤管理許容差

柱の長さ測定 ←①
C8(X5×Y8) ←②
L=12.8m ←③
誤差測定値 ⊿L=+0.5mm ←④
管理許容差
−4mm≦⊿L≦+4mm ←⑤

撮影時期／頻度
鉄骨製作後／検査ごと
撮影対象
精度は『JASS 6 鉄骨工事』付則6「鉄骨精度検査基準」で判断し、黒板には管理許容差、限界許容差のどちらかを記入。許容誤差状況を拡大して撮影。

躯体工事

撮影準備　鉄骨工事写真の撮り方

①鋼材検査では、ミルシート（鋼材検査証明書）と納入された鋼材との照合を行う。
②製作工場における現寸検査では、テープ合せ、型板検査、定規検査の状況を撮影する。
③組立検査では、溶接基準図、スケール、ナカゲージ等を用意し、開先部等の精度、組立溶接等の検査状況を撮影する。
④製品検査では、寸法・外観検査、第三者検査による超音波探傷検査に立ち会い、製品の品質状況を撮影する。また、要求する製品精度とJIS規格の精度の差異を確認しておく。
⑤建方では、アンカーボルトのセット状況、高力ボルトの締付け状況、現場溶接、スタッド検査状況を撮影する。

No.092　組立て／溶接

検査状況
★★
59ページ
No.093
64ページ
No.104
No.105
65ページ
No.106

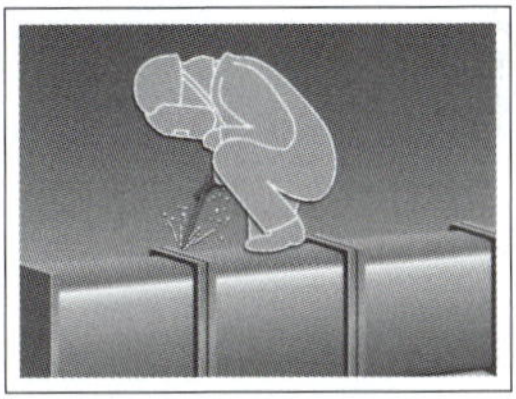

黒板にはタイトル（溶接部位名）、パス間温度、溶接方法を記入。突合せ継手の食い違い、仕口のずれを確認し撮影。

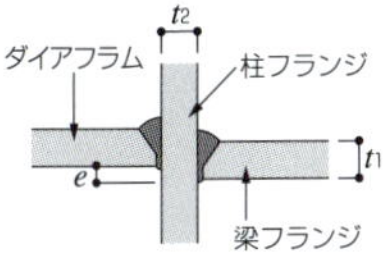

$t_1 ≦ t_2$ の場合
　$t_1 ≦ 20mm$ のとき　$e ≦ t_1/5$
　$t_1 > 20mm$ のとき　$e ≦ 4mm$
$t_1 < t_2$ の場合
　$t_1 ≦ 20mm$ のとき　$e ≦ t_1/4$
　$t_1 > 20mm$ のとき　$e ≦ 5mm$

仕口部のずれ

No.093　組立て／開先

検査状況
★★
64ページ
No.104

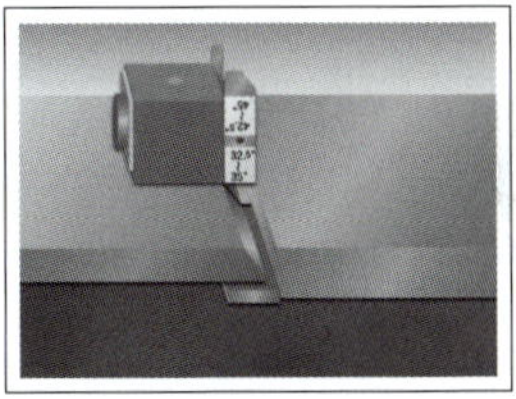

黒板にはタイトル（開先状況）、検査部位名、開先角度の許容差と測定値を記入。開先角度がわかるように撮影。

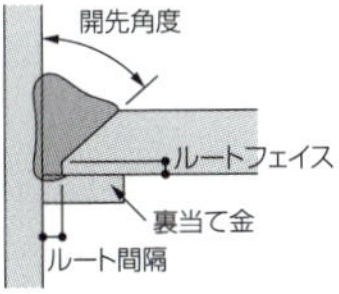

溶接各部の名称

工事写真記録のポイント

☞ 工事契約事項、仕様書、工事内容、検査の種類に応じて、工程の中に写真撮影時期を組み入れておく。
☞ 検査記録写真は、「証拠写真」、「状況写真」、「詳細写真」などに分類されることを考慮し、撮り忘れがないよう撮影計画を立てる。
☞ 測定者によって生じる測定結果の差をできるだけ小さくするため、測定器具・測定位置・目盛りの読み方などについて基準を詳細に定めておく。

鉄骨工事

② 建方準備・建方

No.094　スタッドボルト溶接

検査状況
★★

65ページ
No.106

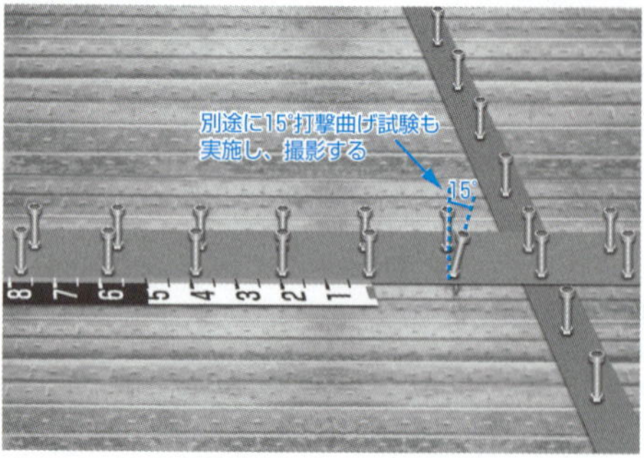

別途に15°打撃曲げ試験も
実施し、撮影する

①タイトル
②施工箇所・部位
③寸法
④溶接仕様

```
スタッドボルト溶接検査←①
 2階内部(大梁)←②
 H=100mm @200 ダブル←③
 エンジン溶接機←④
  1,500A
```

撮影時期／頻度
建方完了時／部位ごと
撮影対象
黒板には溶接の電流値を記入。エンジン溶接機本体と、スタッドボルト溶接状況を撮影。また、別途に15°打撃曲げ試験状況を撮影。

No.095　建入れ検査

検査状況
★★

61ページ
No.098

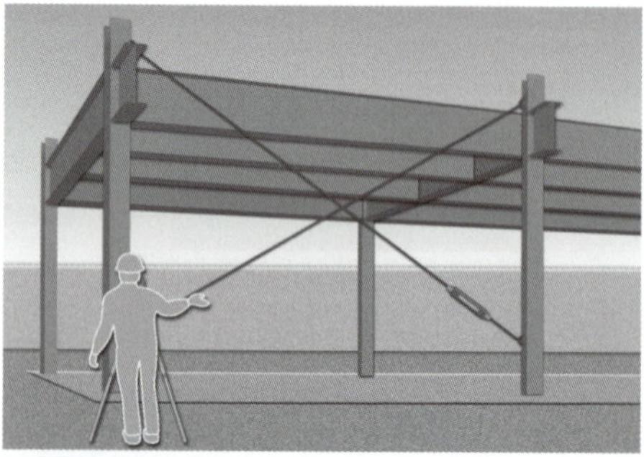

①タイトル
②施工箇所・部位
③管理許容差
④立会者

```
柱の倒れ検査状況←①
 A-1工区 C7-②
 管理許容差←③
  e≦H/1,000 かつ e≦10mm
 立会者←④
  ○○○○、○○○○
```

撮影時期／頻度
建方完了時／工区・工程ごと
撮影対象
黒板には柱部位、検査用具、方法、許容差を記入。建方精度では、建物の倒れ、わん曲、階高、梁の水平度、柱の倒れがないことを確認し撮影。

躯体工事

No.096 アンカーボルト
使用材料
★★

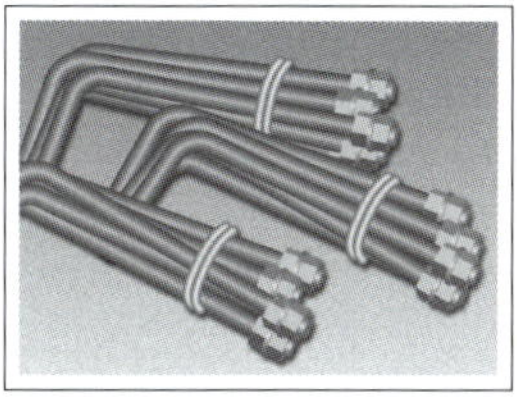

黒板にはアンカーボルトの長さ、径、ねじ部の長さを記入。アンカーボルトの形状がわかるように撮影。

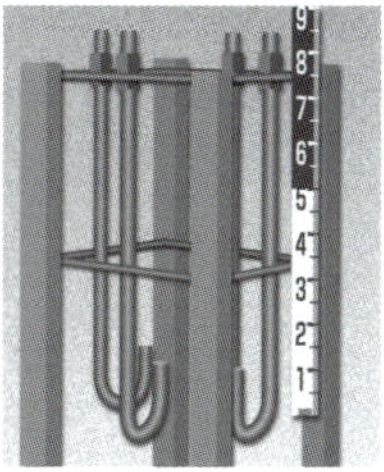

アンカーボルトの据付け

No.097 ベースモルタル
施工状況
★★
61ページ
No.098

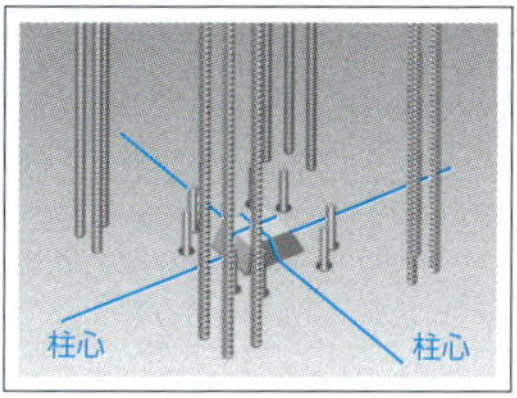

黒板にはタイトル、撮影工区、柱の符号、ベースモルタルの厚さを記入。ベースモルタルの高さがわかるように撮影。

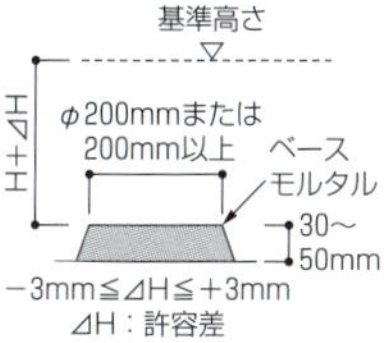

φ200mmまたは200mm以上
ベースモルタル
30〜50mm
$-3mm \leq \Delta H \leq +3mm$
ΔH：許容差
柱の据付け面の高さ

No.098 建方
施工状況
★★
60ページ
No.095

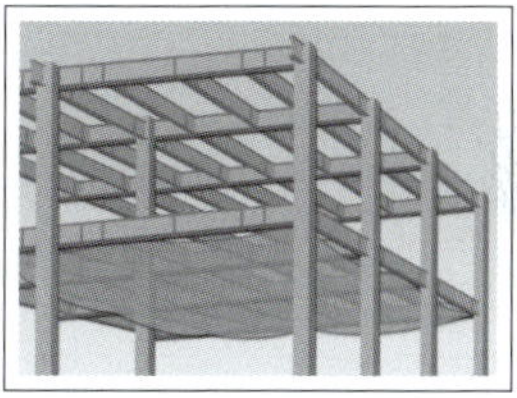

黒板にはタイトル、撮影工区を記入。安全ネット、親綱等の安全設備に不備がないことを確認し、建物全体を撮影。

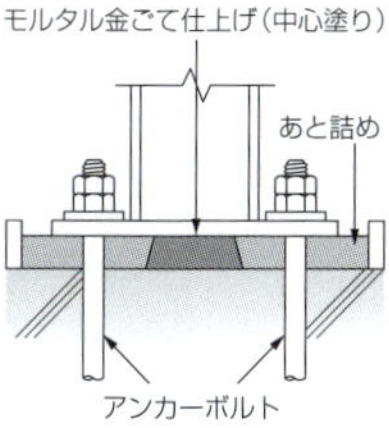

モルタル金ごて仕上げ(中心塗り)
あと詰め
アンカーボルト
ベースモルタル
(あと詰め中心塗り工法の例)

工事写真記録のポイント

☞ 完成製品の受入れでは、あらかじめ搬入される鉄骨の荷卸し場所と集積場所を定め、それぞれの状況を記録する。
☞ 受け入れた鉄骨製品の仮置き状況を記録する。
☞ 鉄骨部材を地組によって施工する場合は、吊り冶具とその施工状況を記録する。
☞ 建方中の控えワイヤーや控え柱による、仮設補強材による補強状況を記録する。

鉄骨工事

③ 高力ボルト

No.099 トルシア形高力ボルト導入張力確認試験

試験状況
★★

63ページ
No.101
No.103

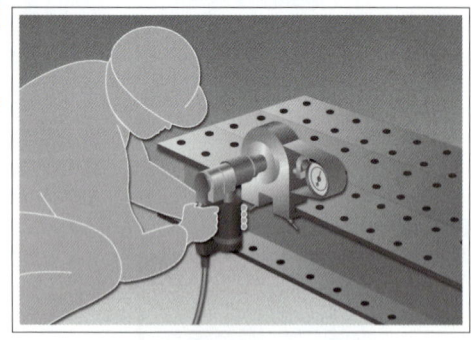

①タイトル
②サイズ
③気象条件
④試験の種類
⑤ロットNo.
⑥立会者

```
トルシア形高力ボルト導入張力確認
 試験←①　　　M20×75←②
 晴　18℃←③
 本締め←④
 17321X←⑤
 5回の試験結果と平均値・判定を記入
 立会者　○○○○←⑥
```

撮影時期／頻度
搬入後／試験ごと

撮影対象
トルシア形高力ボルトの場合には、1製造ロット当たり5組のセットの締付け軸力検査を行い、試験結果（平均値、判定）がわかるように撮影。

No.100 本締め

施工状況
★★

63ページ
No.101
No.102
No.103

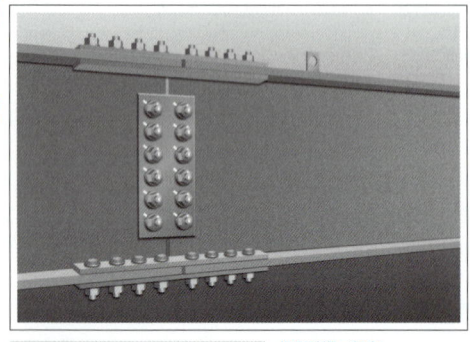

①タイトル
②施工箇所・部位
③ボルトの種類・径・長さ

```
トルシア形高力ボルト本締め←①
7階大梁 B通り1～2←②
M20-65←③
M20-60←③
```

撮影時期／頻度
建方時／接合部ごと

撮影対象
1次締め後に付けたマーキングのずれが適正な回転角（60～90°）であることを確認して撮影。共回り現象や軸回り現象が見られる場合には交換。

躯体工事

No.101 高力ボルト／材料保管
使用材料 ★★
62ページ No.099

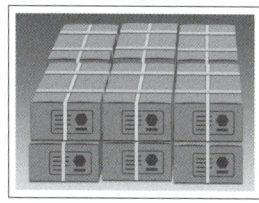

黒板には種類・等級・径・長さを記入。搬入時に検査成績書と梱包のロットNo.を照合し、保管状況がわかるように撮影。

❶ 高力六角ボルト（JIS形高力ボルト）
❷ トルシア形高力ボルト（国土交通大臣認定）
❸ 高力ワンサイドボルト（国土交通大臣認定）

高力ボルトのおもな種類

No.102 摩擦接合部の処理／ブラスト処理
施工状況 ★★
62ページ No.099

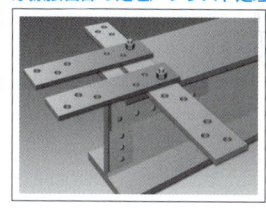

黒板にはタイトル、施工箇所・部位、摩擦接合部の処理方法を記入。摩擦接合部の表面処理状況を撮影。

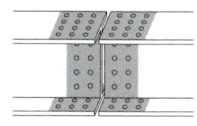

スプライスプレート

接合部は、赤錆状態または所定の粗さが50μmRy以上になっていることを確認する。

摩擦接合部の処理

No.103 マーキング
施工状況 ★☆
62ページ No.099 No.100

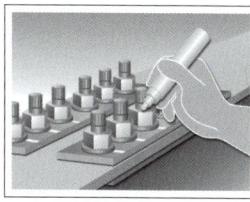

黒板にはタイトル、施工箇所・部位、ボルトの種類・径・長さ、締付けトルク値を記入。マーキングの状況を撮影。

マーキング　マーキング

本締め 高力六角ボルト（120°）
本締め トルシア形高力ボルト（60〜90°）

工事写真記録のポイント

☞ 高力ボルトの保管は、雨掛りとならないように養生する。

☞ 高力ボルト摩擦接合は、強い張力によりスプライスプレートと母材を密着させ、その摩擦力により接合する方法であるため、摩擦面が良好である状況を記録する。

☞ ボルト孔周囲は、ドリルによる孔あけ後のばりが除去されているか、グラインダー掛けによる母材に凹みがないか、全面にグラインダー掛けが施されているかを確認し記録する。

鉄骨工事

④ 現場溶接

No.104　ルート間隔
施工状況
★★
59ページ
No.093

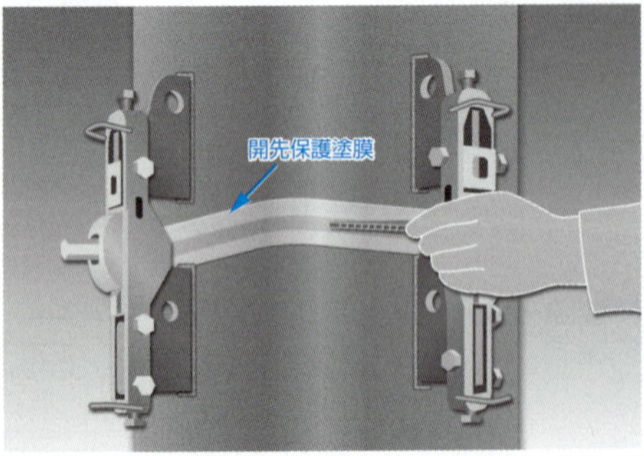

①タイトル
②施工箇所・部位
③概要図

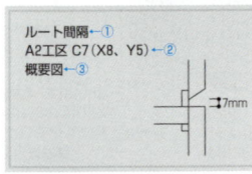

ルート間隔 ←①
A2工区 C7(X8、Y5) ←②
概要図 ←③

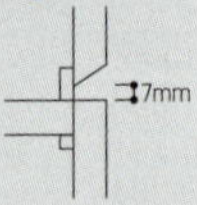

撮影時期／頻度
施工中／検査ごと
撮影対象
黒板にはルート間隔を図で示し計測結果を記入。開先と裏当て金が密着している状況、開先保護塗膜がむらなく塗布されている状況を撮影。

No.105　現場溶接状況
施工状況
★★
59ページ
No.092

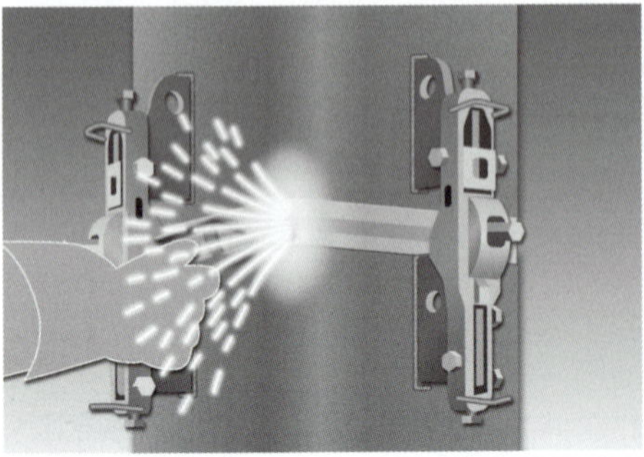

①タイトル
②施工箇所・部位
③溶接工法
④溶接技能者
⑤概要図

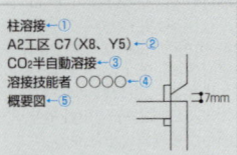

柱溶接 ←①
A2工区 C7(X8、Y5) ←②
CO_2半自動溶接 ←③
溶接技能者 ○○○○ ←④
概要図 ←⑤

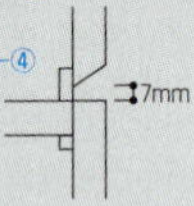

撮影時期／頻度
溶接時／種類ごと
撮影対象
黒板には施工箇所・部位(工区・柱の符号等)、溶接工法、溶接棒、電流、溶接技能者名、開先形状の概要図を記入。溶接状況がわかるように撮影。

躯体工事

No.106 溶接準備
施工状況 ★★
59ページ No.092
64ページ No.105

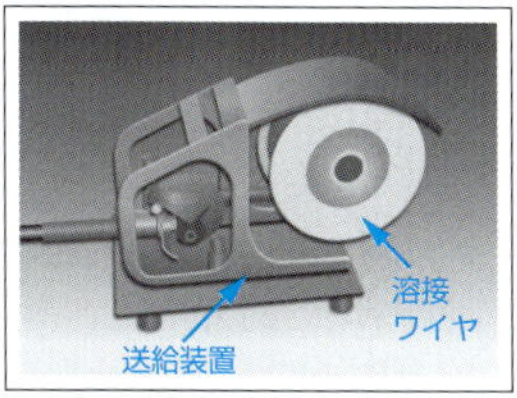

黒板には溶接機の名称、溶接部位名、溶接機の電流・電圧等のチェック結果を記入。溶接の準備状況を撮影。

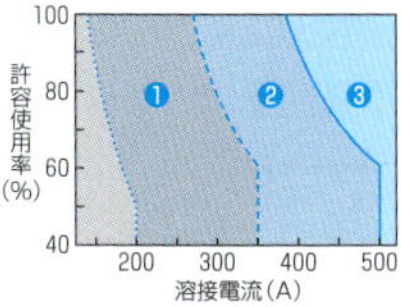

溶接機の許容使用率
❶定格容量：200A 定格使用率：50%
❷定格容量：350A 定格使用率：60%
❸定格容量：500A 定格使用率：60%

No.107 超音波探傷試験
試験状況 ★★

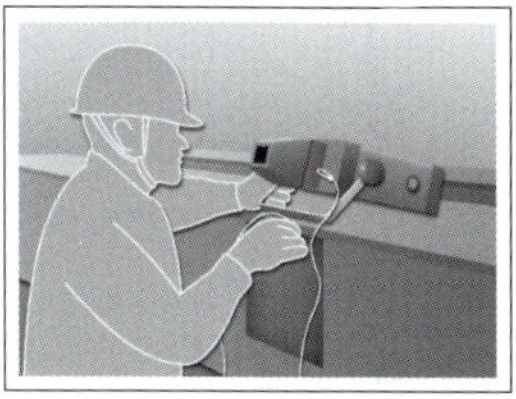

黒板には探傷方法、検査部位の概要図、検査技術者の所属試験機関、氏名を記入。試験状況がわかるように撮影。

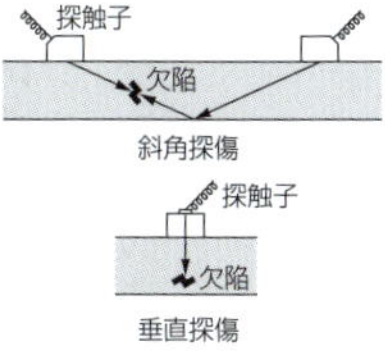

超音波探傷の原理（斜角探傷／垂直探傷）

No.108 染色浸透探傷検査
検査状況 ★☆

黒板には探傷方法、検査部位の概要図、検査結果を記入。検査の内容がわかるように撮影。

染色浸透探傷検査の手順
①前処理―洗浄液で汚れ除去
②浸透処理 浸透液を均一塗布
③除去処理―洗浄液を利用し表面を除去
④現像処理 現像剤を均一塗布
⑤観察 欠陥検出

工事写真記録のポイント

☞ 現場での梁接合が溶接の場合は、溶接による収縮・変形に注意し、黒板には溶接接合と記入し記録する。
☞ 雨天や湿度90％以上、気温－5℃以下では溶接作業を中止する。
☞ 溶接作業において、予熱が必要な場合はその状況も記録する。
☞ 溶接箇所の防風対策設備を記録する。CO_2半自動溶接で2m/s以下、被覆アーク溶接、セルフシールドアーク溶接では10m/s以下で溶接作業が可能である。

9章 仕上工事

① コンクリートブロック（帳壁）工事

No.109 コンクリートブロック積み
[施工状況]
★★
67ページ
No.112
95ページ
No.182

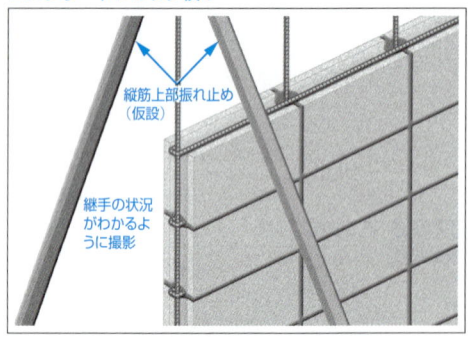

（図中ラベル）
- 縦筋上部振れ止め（仮設）
- 継手の状況がわかるように撮影

①タイトル
②施工箇所・部位
③壁厚
④配筋

```
コンクリートブロック積み←①
電気室〜機械室区画壁←②
t150←③
A種-15←コンクリートブロックの製品表示
主筋(縦筋)SD295A D10@400←④
配力筋(横筋)SD295A D10@800←④
```

撮影時期／頻度
施工中／施工箇所・部位ごと
撮影対象
黒板には施工箇所・部位、壁厚、製品の表示、配筋状況を記入。壁端部の配筋およびコンクリートブロック積み状況がわかるように撮影。

No.110 コンクリートブロック積み施工完了
[施工完了]
★☆
108ページ
No.214

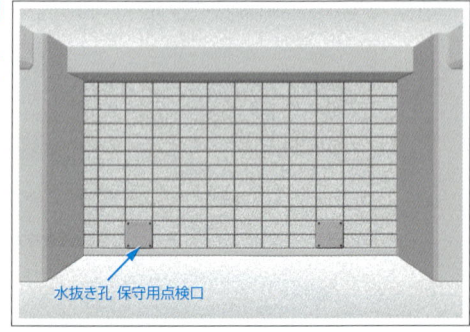

（図中ラベル）
- 水抜き孔 保守用点検口

①タイトル
②施工箇所・部位
③壁厚
④目地幅
⑤目地形状

```
コンクリートブロック積み施工完了←①
電気室地下外壁二重壁←②
t150←③
10mm目地←④
平目地(押し目地仕上げ)←⑤
```

撮影時期／頻度
施工中／全景
撮影対象
黒板には施工箇所・部位、壁厚、目地幅、目地形状を記入。全景を撮影。また、開口部や伸縮目地等がある場合には、その納まりを記録。

撮影準備 **仕上工事写真の撮り方**

①使用材表面の直接表示または包装材（袋、箱、缶等）の表示および黒板等により、極力内容がわかるように撮影する。

> 完成してからでは隠れて見えなくなる材料が多いため、どのような材料をどの程度の量使用したのかが後日でも確認できるように撮影しておく。

②施工開始以降と同様に、施工着手前の状況も忘れずに撮影しておく。

③施工精度について、スケールや下げ振り等を用いて目標値と比較して撮影する。

④撮影する周囲を整理整頓・清掃する。

> 周辺で作業にあたる作業員の不安全行動をチェックする。

No.111 コンクリートブロック

使用材料 ★★

69ページ No.115
71ページ No.120
73ページ No.125
85ページ No.155

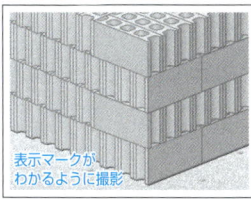

表示マークがわかるように撮影

黒板には施工箇所・部位、主要コンクリートブロックの寸法、製品の表示、JIS規格を記入。全数の撮影は不要。

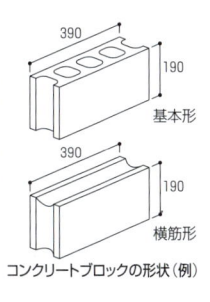

コンクリートブロックの形状（例）
- 基本形 390 × 190
- 横筋形 390 × 190

No.112 モルタル・コンクリートの充填

施工状況 ★★

66ページ No.109
73ページ No.127
80ページ No.144
95ページ No.182

充填・突き固め状況がわかるように撮影

充填・突き固め状況、縦筋の振れ止め（仮設）状況等がわかるように、施工箇所・部位、種別ごとに撮影。

充填モルタルおよび充填コンクリートの調合

用途	容積比		
	セメント	細骨材	粗骨材
充填モルタル	1	2.5	—
充填コンクリート	1	2	2

工事写真記録のポイント

☞ コンクリートブロック積みの施工状況には、製品の表示、施工箇所・部位、配筋状況を記録する。
☞ 充填するモルタルやコンクリートについては、調合やスランプ、充填・突き固め状況や縦筋の振れ止め方法を記録する。
☞ 配筋状況については、鉄筋の種類・鉄筋径、重ね継手・溶接継手長さ、配筋間隔、まぐさや端部の配筋状況を記録する。
☞ 伸縮目地等特殊目地がある場合には、取合い納まりを記録する。

仕上工事

② ALCパネル工事

No.113 ALCパネルの建込み
[施工状況]
★★
70ページ
　No.118
72ページ
　No.123

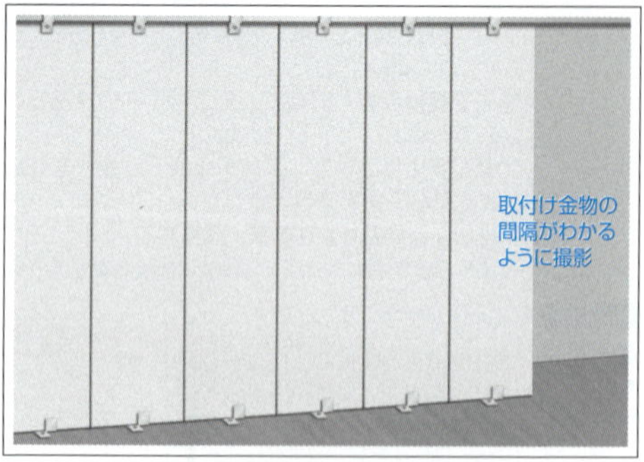

取付け金物の間隔がわかるように撮影

①タイトル
②施工箇所・部位
③主要パネル寸法
④工法
⑤取付け精度

```
ALCパネルの建込み状況←①
A階段室区画壁←②
t100×w600×/3,380←③
縦壁スライド工法←④
パネルの取付け精度：
　規準（±3mm）内←⑤
```

撮影時期／頻度
施工中／施工箇所・部位ごと
撮影対象
黒板には施工箇所・部位、主要パネル寸法、工法、取付け精度規準と測定結果を記入。ALCパネルの建込み状況がわかるように撮影。

No.114 ALCパネルの伸縮目地
[施工状況]
★☆
70ページ
　No.119
72ページ
　No.124

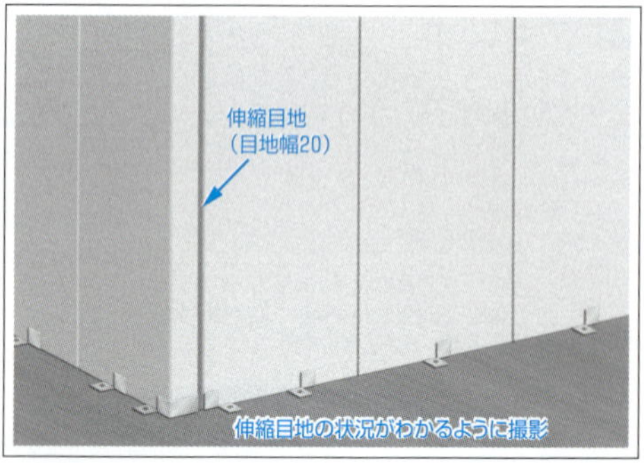

伸縮目地
（目地幅20）

伸縮目地の状況がわかるように撮影

①タイトル
②施工箇所・部位
③寸法
④JIS規格

```
ALCパネルの伸縮目地←①
A階段室区画壁←②
伸縮目地幅20mm←③
○○工業・耐火目地材名称・製造者名
JIS R 3311 規格品←④
```

撮影時期／頻度
施工中／施工箇所・部位ごと
撮影対象
黒板には施工箇所・部位、寸法（納まり）を記入。隅角部、異種材料の取合い部等、伸縮目地の納まりがわかるように撮影。

仕上工事

No.115 ALCパネル

使用材料 ★★
- 67ページ No.111
- 71ページ No.120
- 73ページ No.125
- 85ページ No.155

黒板には施工箇所・部位、主要パネル寸法、製品の表示、JIS規格を記入。全数の撮影は不要。

ALCパネルの形状（例）

No.116 取付け金物

使用材料 ★★
- 71ページ No.121
- 73ページ No.126
- 81ページ No.146

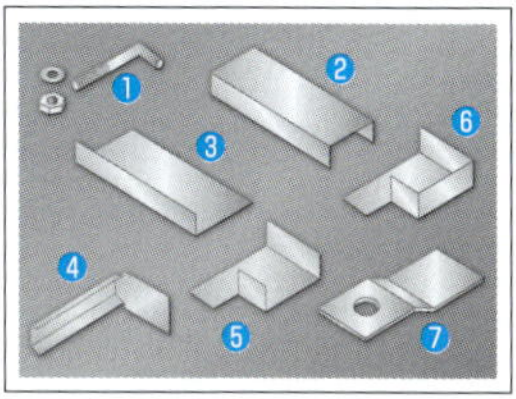

間仕切り縦壁取付け金物（例）
1. フックボルト
2. 間仕切りチャンネル
3. 間仕切りL金物
4. Lプレート
5. フットプレート
6. フットプレート
7. イナズマプレート

黒板には各金物の使用用途、寸法、材質、表面処理を記入。施工箇所・部位、種別ごとに整然と並べて撮影。

No.117 開口部の補強

施工状況 ★★
- 71ページ No.122
- 86ページ No.158
- 89ページ No.166

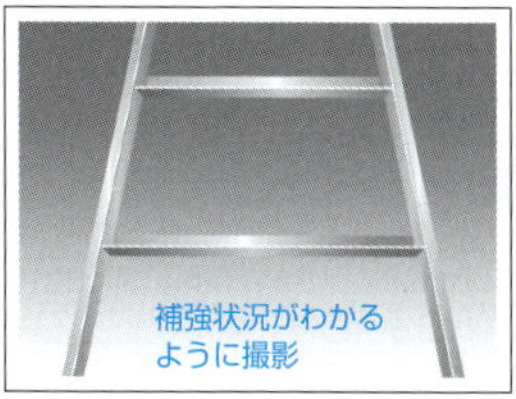

補強状況がわかるように撮影

片側2方向隅肉溶接
L-65×65×6以上

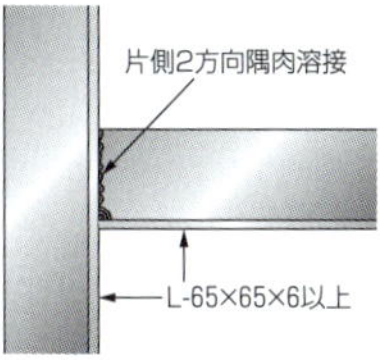

補強材の仕口納まり（例）

黒板には溶接部の錆止め塗料・JIS規格を記入。開口寸法、部材寸法がわかるようにリボンテープを当てて撮影。

工事写真記録のポイント

☞ ALCパネルの表示マーク、施工箇所・部位、寸法、JIS規格、耐火認定番号を記録する。
☞ 建込み状況には、パネル取付け精度規準・測定結果を記録する。
☞ 開口補強の施工状況には、補強材の仕口納まり、溶接部の状況、錆止め塗料、JIS規格を記録する。
☞ 伸縮目地等特殊目地がある場合は、目地幅、目地材名称、JIS規格、取合い納まりがわかるように記録する。

仕上工事

③ 押出成形セメントパネル工事

No.118 押出成形セメントパネルの建込み

施工状況
★★
68ページ No.113
72ページ No.123

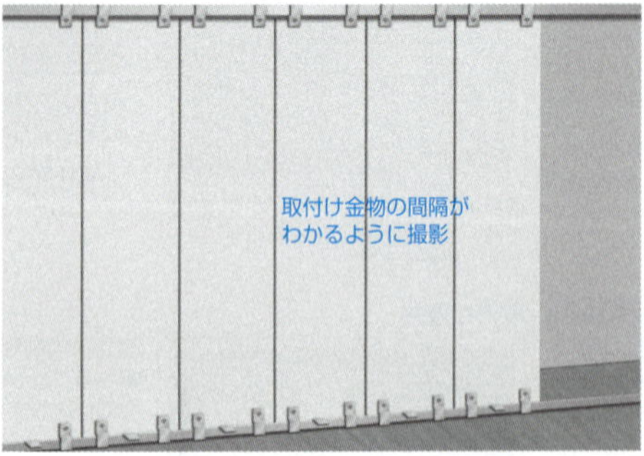

①タイトル
②施工箇所・部位
③主要パネル寸法
④工法
⑤取付け精度

押出成形セメントパネルの建込み状況←①
東面外壁←②
t60×w590×ℓ3,385←③
縦壁ロッキング工法←④
パネル取付け精度：
　規準（±3mm）内←⑤

撮影時期／頻度
施工中／施工箇所・部位ごと
撮影対象
黒板には施工箇所・部位、主要パネル寸法、工法、取付け精度規準と測定結果を記入。押出成形セメントパネルの建込み状況がわかるように撮影。

No.119 押出成形セメントパネルの伸縮目地

施工状況
★☆
68ページ No.114
72ページ No.124

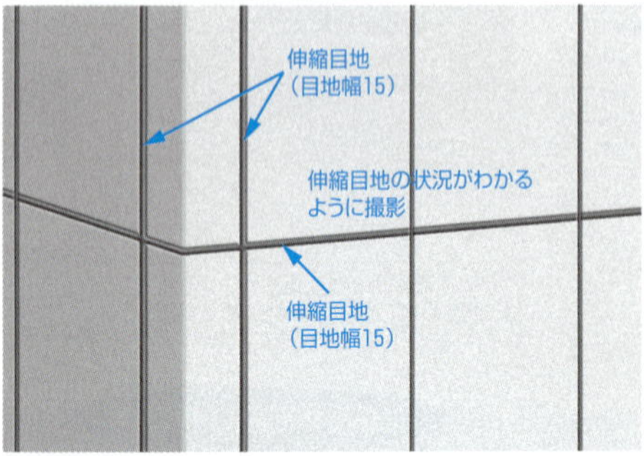

①タイトル
②施工箇所・部位
③寸法
④JIS規格

押出成形セメントパネルの伸縮目地←①
東面外壁←②
伸縮目地幅15mm←③
○○工業←耐火目地材名称・製造者名
JIS R 3311 規格品←④

撮影時期／頻度
施工中／施工箇所・部位ごと
撮影対象
黒板には施工箇所・部位、寸法（納まり）を記入。隅角部、異種材料の取合い部等、伸縮目地の納まりがわかるように撮影。

仕上工事

No.120 押出成形セメントパネル
使用材料 ★★
- 67ページ No.111
- 69ページ No.115
- 73ページ No.125
- 85ページ No.155

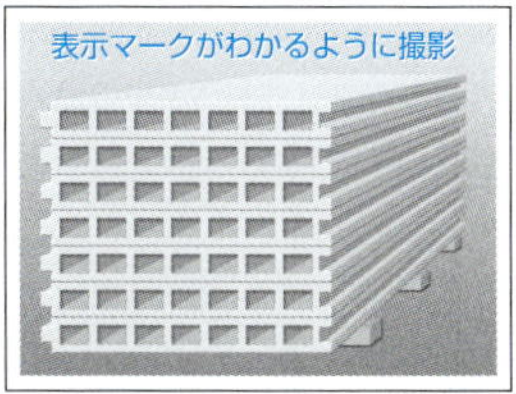

表示マークがわかるように撮影

黒板には施工箇所・部位、主要パネル寸法、製品の表示、JIS規格を記入。全数の撮影は不要。

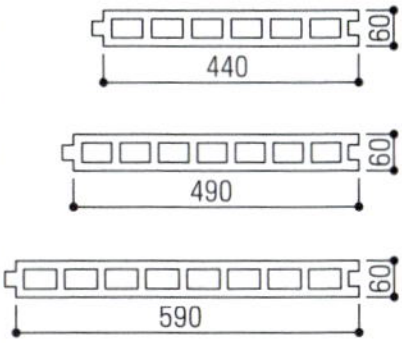

押出成形セメントパネルの形状（例）

No.121 取付け金物
使用材料 ★★
- 69ページ No.116
- 73ページ No.126
- 81ページ No.146

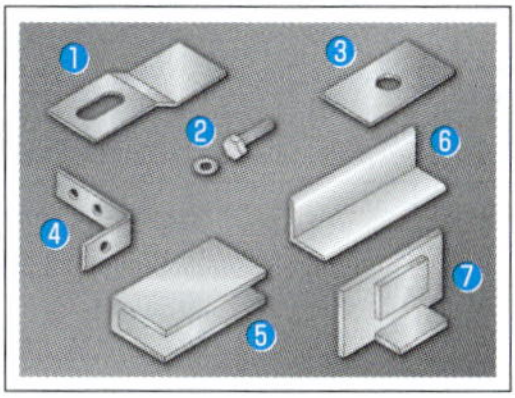

間仕切り縦壁取付け金物（例）
❶Zクリップ
❷ボルト
❸平ナット
❹L形金具
❺U形ブラケット
❻重量受けアングルピース
❼自重受け金物

黒板には各金物の使用用途、寸法、材質、表面処理を記入。施工箇所・部位、種別ごとに整然と並べて撮影。

No.122 開口部の補強材取合い
施工状況 ★★
- 69ページ No.117
- 86ページ No.158
- 89ページ No.166

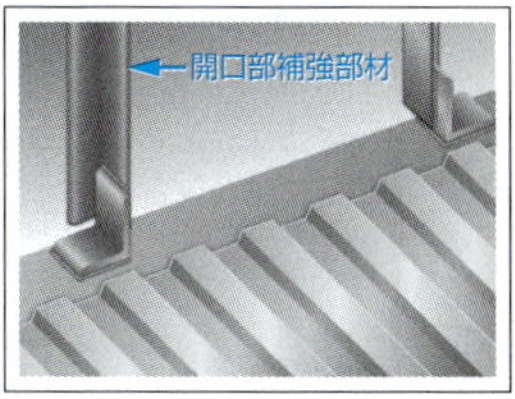

←開口部補強部材

開口補強 L-65×65×6以上
隅肉溶接
外周梁先付け部材（工場付け）L-120×120×8 $l=100$
30
外周梁

黒板には溶接部の錆止め塗料・JIS規格を記入。開口寸法、部材寸法がわかるようにリボンテープを当てて撮影。

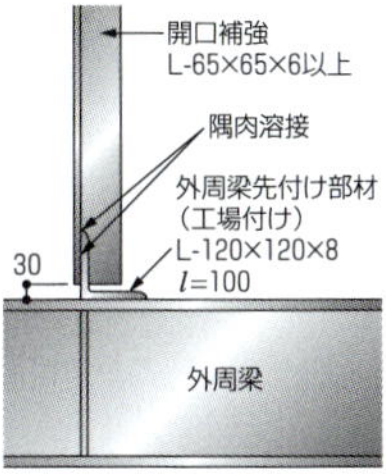

補強材取合い納まり（例）

工事写真記録のポイント

☞ 押出成形セメントパネルの施工箇所・部位、寸法、JIS規格、耐火認定番号を記録する。
☞ 建込み状況は、パネルの取付け精度規準、測定結果を記録する。
☞ 開口補強の施工状況には、補強材の仕口納まり、溶接部の状況・錆止め塗料・JIS規格を記録する。
☞ 伸縮目地等、特殊目地がある場合は、目地幅・目地材名称・JIS規格、取合い納まりがわかるように記録する。

仕上工事

④ 空胴プレストレストコンクリートパネル工事

No.123 空胴プレストレストコンクリートパネルの建込み

施工状況
★★

68ページ
No.113
70ページ
No.118

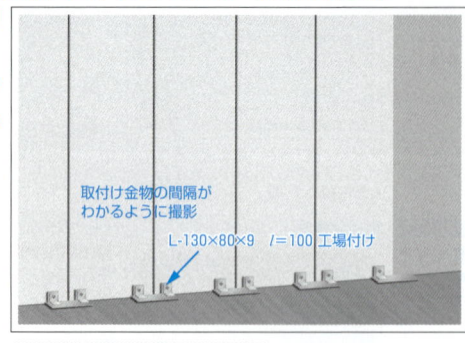

取付け金物の間隔がわかるように撮影

L-130×80×9 *l*=100 工場付け

①タイトル
②施工箇所・部位
③主要パネル寸法
④工法
⑤取付け精度

空胴プレストレスト
　コンクリートパネルの建込み状況 ←①
東面外壁 ←②
t100×w995×*l*4,175 ←③
縦壁スライド工法 ←④
パネル取付け精度：
　規準(±5mm)内 ←⑤

撮影時期／頻度
施工中／施工箇所・部位ごと
撮影対象
黒板には施工箇所・部位、主要パネル寸法、工法、取付け精度規準と測定結果を記入。空胴プレストレストパネルの建込み状況がわかるように撮影。

No.124 空胴プレストレストコンクリートパネルの伸縮目地

施工状況
★☆

68ページ
No.114
70ページ
No.119

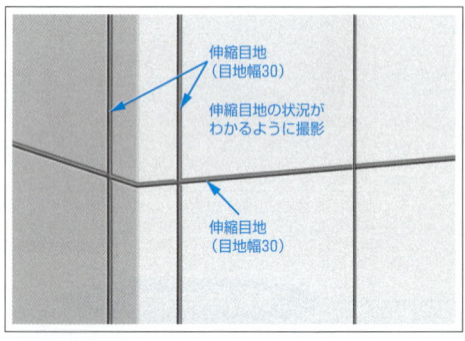

伸縮目地
(目地幅30)

伸縮目地の状況がわかるように撮影

伸縮目地
(目地幅30)

①タイトル
②施工箇所・部位
③寸法
④JIS規格

空胴プレストレスト
　コンクリートパネルの伸縮目地 ←①
東面外壁 ←②
伸縮目地幅25mm ←③
○○工業・耐火目地材名称・製造者名
JIS R 3311 規格品 ←④

撮影時期／頻度
施工中／施工箇所・部位ごと
撮影対象
黒板には施工箇所・部位、寸法(納まり)を記入。隅角部、異種材料の取合い部等、伸縮目地の納まりがわかるように撮影。

仕上工事

No.125 空胴プレストレストコンクリートパネル

使用材料 ★★

- 67ページ No.111
- 69ページ No.115
- 71ページ No.120
- 85ページ No.155

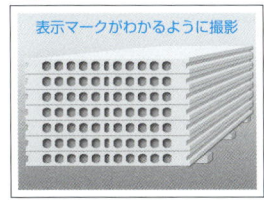

表示マークがわかるように撮影

空胴プレストレストコンクリートパネルの形状（例）

黒板には施工箇所・部位、主要パネル寸法、製品の表示、JIS規格を記入。全数の撮影は不要。

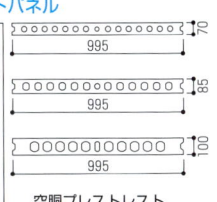

No.126 取付け金物

使用材料 ★★

- 69ページ No.116
- 71ページ No.121
- 81ページ No.146

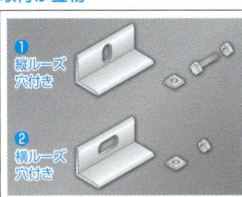

❶ 縦ルーズ穴付き
❷ 横ルーズ穴付き

現場取付け金物（例）
❶ パネル下端（固定）取付け用
　L-100×100×10　l=80
　ボルトナット＋座金
❷ パネル上部（スライド）取付け用
　L-100×100×10　l=80
　ナット＋座金
＊左図以外にも工場付け金物がある。

黒板には各金物の使用用途、寸法、材質、表面処理を記入。施工箇所・部位、種別ごとに整然と並べて撮影。

No.127 目地処理（一般目地部モルタル詰め）

施工状況 ★☆

- 67ページ No.112

充填状況がわかるように撮影

充填モルタルおよび充填コンクリートの調合

用途	容積比		
	セメント	細骨材	粗骨材
充填コンクリート	1	2	2
充填モルタル	1	2.5	―

施工箇所・部位ごとに、寸法がわかるようにリボンテープを当てて撮影。最終仕上げ（シーリング材等）を記入。

工事写真記録のポイント

☞ 空胴プレストレストコンクリートパネルの施工箇所・部位、寸法、JIS規格、耐火認定番号を記録する。
☞ 建込み状況は、パネルの取付け精度規準、測定結果を記録する。
☞ 開口補強の施工状況には、補強材の仕口納まり、溶接部の状況・錆止め塗料・JIS規格を記録する。
☞ 伸縮目地等、特殊目地がある場合は、目地幅・目地材名称・JIS規格、取合い納まりがわかるように記録する。

仕上工事

⑤ アスファルト防水工事

No.128 防水下地

施工状況
★★

76ページ
No.133
100ページ
No.193
103ページ
No.201
105ページ
No.205

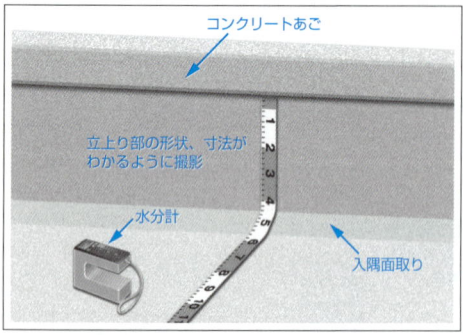

(画像中ラベル)
- コンクリートあご
- 立上り部の形状、寸法がわかるように撮影
- 水分計
- 入隅面取り

①タイトル
②施工箇所・部位
③水勾配
④防水下地の乾燥状況
⑤防水下地の状況

アスファルト防水下地←①
主屋根(屋上)平場～立上り←②
下地勾配 1/100←③
平均含水率 7.8%←④
突起・損傷なし←⑤

撮影時期／頻度
施工中／施工箇所・部位ごと
撮影対象
黒板には施工箇所・部位、水勾配、下地の乾燥状況、出隅・入隅の面取り状況を記入。突起の除去、欠陥部の補修状況がわかるように撮影。

No.129 アスファルト防水下地コンクリート打継ぎ部処理

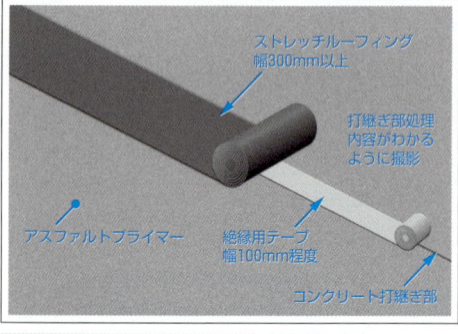

施工状況
★★

(画像中ラベル)
- ストレッチルーフィング 幅300mm以上
- 打継ぎ部処理内容がわかるように撮影
- アスファルトプライマー
- 絶縁用テープ 幅100mm程度
- コンクリート打継ぎ部

①タイトル
②施工箇所・部位

アスファルト防水下地コンクリート打継ぎ部処理←①
主屋根(屋上)平場←②
○○○○ 幅 100mm←絶縁用テープの名称・幅、規格、製造者名とも
○○○ 幅 300mm←増し張り材料の名称・幅、JIS規格、製造者名とも

撮影時期／頻度
施工中／施工箇所・部位ごと
撮影対象
黒板には施工箇所・部位、寸法(納まり)を記入。コンクリート打継ぎ計画に基づき、打継ぎ位置を確認。同処理のひび割れ箇所を撮影。

仕上工事

No.130 アスファルトルーフィング
使用材料 ★★
77ページ No.135

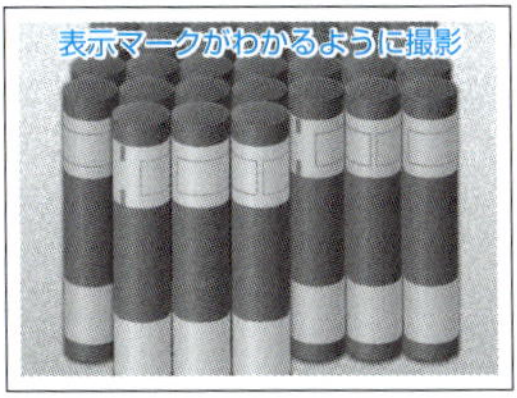

表示マークがわかるように撮影

黒板には施工箇所・部位、主要寸法、製品の表示、JIS規格を記入。全数の撮影は不要。

アスファルト防水材関連のJIS規格
- JIS A 6005：アスファルトルーフィングフェルト
- JIS A 6012：網状アスファルトルーフィング
- JIS A 6013：改質アスファルトルーフィングシート
- JIS A 6022：ストレッチアスファルトルーフィングフェルト
- JIS A 6023：あなあきアスファルトルーフィングフェルト

No.131 アスファルトの溶融
施工状況 ★★

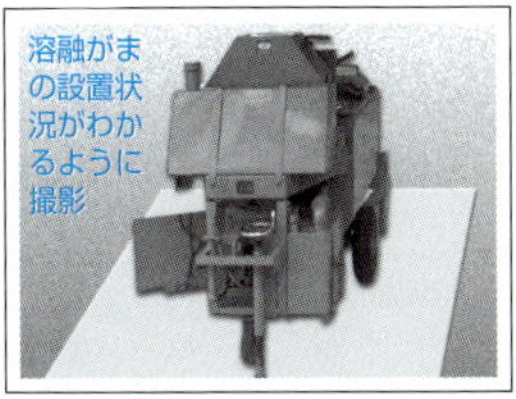

溶融がまの設置状況がわかるように撮影

黒板にはアスファルトの軟化点および溶融温度を記入。溶融がまの設置箇所ごとに撮影。

アスファルトの溶融温度
アスファルトの溶融温度の上限は、材料製造所の指定する温度とするが、加熱による引火およびアスファルトの物性低下を防止するため、一般の3種(温暖地)および4種(寒冷地)アスファルト(JIS K 2207：石油アスファルト)では、アスファルトの軟化点+170℃程度を目安とする。

No.132 防水層(ルーフィング類)張付け状況
施工状況 ★★
77ページ No.137

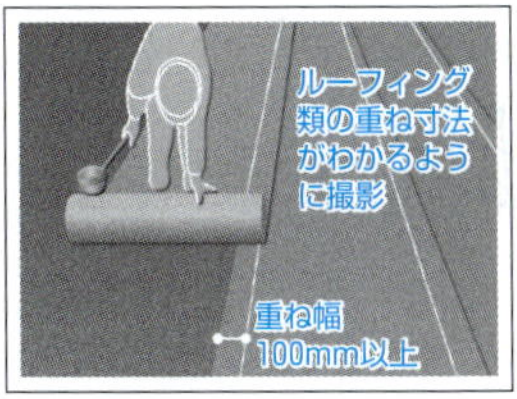

ルーフィング類の重ね寸法がわかるように撮影

重ね幅100mm以上

黒板には工程(何層目か)およびルーフィング類の重ね寸法を記入。施工箇所・部位ごとに撮影。

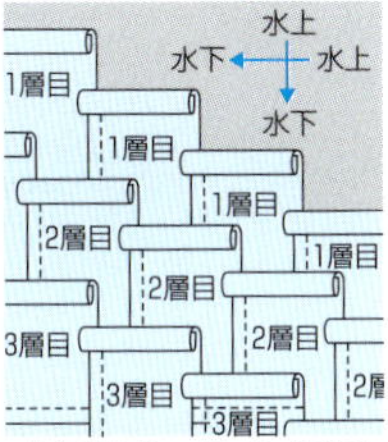

水勾配とルーフィング類の張付け

工事写真記録のポイント

☞ アスファルトプライマー、アスファルト、アスファルトルーフィング等の使用材料は、JIS規格・種類・表示マークを記録する。
☞ 防水下地は水勾配、突起の除去や欠陥部の補修状況、出隅・入隅の面取り状況、下地の乾燥状況を記録する。
☞ コンクリートの打継ぎ部は、その処置内容を記録する。
☞ アスファルト防水層の施工では、工程(何層目か)ならびに重ね寸法がわかるように記録する。

仕上工事

6 シート防水工事・塗膜防水工事

No.133 防水層立上り端部押え／シート防水

施工状況
★★

74ページ
No.128

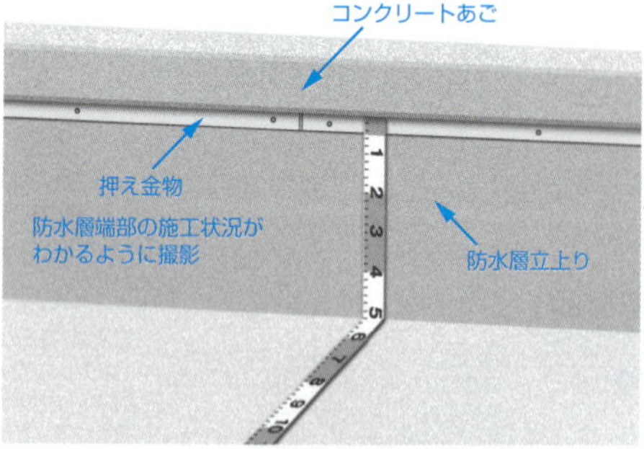

（図中ラベル）
- コンクリートあご
- 押え金物
- 防水層端部の施工状況がわかるように撮影
- 防水層立上り

①タイトル
②施工箇所・部位
③押え金物表示
④留付け間隔

```
防水層立上り端部押え ←①
主屋根(屋上)防水立上り端部 ←②
アルミ製 L-30×15×2.0mm ←③
@450mm留付け ←④
```

撮影時期／頻度
施工中／施工箇所・部位ごと
撮影対象
黒板には施工箇所、部位、使用部材、材質、寸法、留付け間隔を記入。防水層立上り端部の納まり状況がわかるように撮影。

No.134 ルーフドレン回りの水張り試験／シート防水

試験状況
★☆

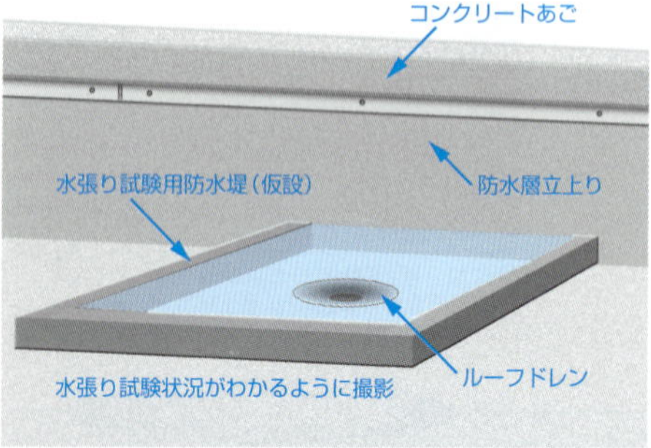

（図中ラベル）
- コンクリートあご
- 水張り試験用防水堤(仮設)
- 防水層立上り
- 水張り試験状況がわかるように撮影
- ルーフドレン

①タイトル
②試験箇所
③水張り範囲・水深
④漏水有無観察・判定（漏水検査基準）

```
ルーフドレン回り水張り試験 ←①
主屋根(屋上)ルーフドレン回り ←②
800×800×水深100mm ←③
24時間経過後漏水なし ←④
```

撮影時期／頻度
施工中／施工箇所・部位ごと
撮影対象
黒板には試験箇所、水張り範囲、水深、漏水の有無観察、判定結果を記入。水張り試験状況がわかるように撮影。アスファルト防水は撮影必須。

仕上工事

No.135 塗膜防水材
使用材料
★★
75ページ
No.130

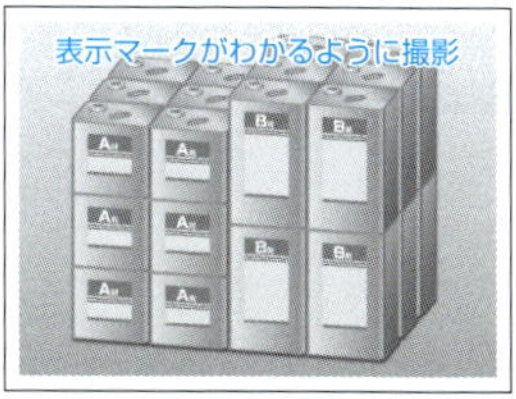

表示マークがわかるように撮影

黒板には施工箇所・部位、製品の表示、JIS規格を記入。施工後の空き缶等により、材料の使用量を確認・記録。

シート防水・塗膜防水材関連のJIS規格
JIS A 6008：合成高分子系ルーフィングシート
JIS A 6021：建築用塗膜防水材

No.136 プライマー塗り／塗膜防水
施工状況
★★
79ページ
No.142
100ページ
No.194

プライマーの塗布状況がわかるように撮影

黒板にはプライマーの塗り工法を記入。材料は防水材製造業者の指定するものであることを確認・記録。

プライマーの品質
プライマーは、防水下地表層に一部浸透して強固に付着した皮膜を形成し、下地と防水層の接着性を向上させるもので、8時間以内に指触乾燥する品質のものとする。試験方法は、JIS K 5600-1-1-1999（塗料一般試験方法）指触乾燥による。

No.137 防水材塗布／塗膜防水
施工状況
★★
75ページ
No.132

防水材の塗布状況がわかるように撮影

黒板には材料の使用量（塗膜厚さ）を記入。施工箇所・部位ごとに、工程（何層目か）と塗り重ね状況を記録。

硬化物比重と塗膜厚確保に必要な使用量 (kg/m²)

硬化物比重	平場	立上り
1.0	3.0	2.0
1.1	3.3	2.2
1.2	3.6	2.4
1.3	3.9	2.6
1.4	4.2	2.8

工事写真記録のポイント

☞ 合成高分子系ルーフィングシート防水・塗膜防水等の使用材料は、JIS規格・種類・表示マークを記録する。
☞ 塗膜防水材の硬化物比重や使用量（入荷数量－施工後の残数量）から、要求されている防水材の使用量や膜厚が確保されていることを記録する。
☞ 塗膜防水層の施工では、工程（何層目か）ならびに塗り重ね寸法がわかるように記録する。

仕上工事

⑦ シーリング工事

No.138 シーリング材簡易接着性試験

試験状況
★★
92ページ
　No.173
98ページ
　No.188

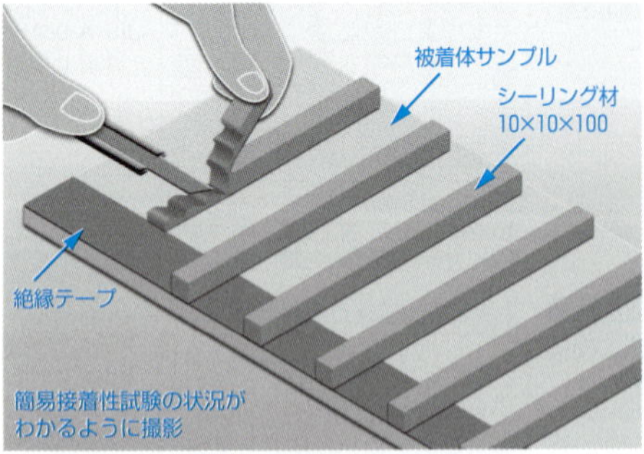

簡易接着性試験の状況が
わかるように撮影

被着体サンプル
シーリング材 10×10×100
絶縁テープ

①タイトル
②試験対象箇所・部位
③試験実施日
④試験結果（破壊状況）
⑤試験方法

```
シーリング材簡易接着性試験 ←①
東・西面外壁PC板目地材 ←②
MS-2○○○○ ←シーリング材の種類・
　　　　　　商品名（製造者名）
試験実施日：○○年○○月○○日 ←③
試験結果：凝集破壊 ←④
JASS 8 簡易接着性試験に準拠 ←⑤
```

撮影時期／頻度
施工中／施工箇所・部位ごと
撮影対象
黒板には試験対象箇所・部位、材料の種類、商品名、試験実施日、試験結果、試験方法を記入。破壊状況と判断規準を記録。

No.139 シーリング材の充填

施工状況
★★
79ページ
　No.140
　No.141
　No.142

シーリング材の充填状況が
わかるように撮影

①タイトル
②施工箇所・部位
③目地材寸法
④タイプ・クラス、耐久性区分

```
シーリング材充填 ←①
東面外壁PC板目地 ←②
目地材寸法（幅×深さ）：25±2mm×
　13mm ←③
MS-2 ○○○○ ←シーリング材の種類・
　　　　　　商品名（製造者名）
F-25LM9030（JIS A 5758）←④
```

撮影時期／頻度
施工中／施工箇所・部位ごと
撮影対象
黒板には施工箇所・部位、寸法、使用材料、JIS規格を記入。シーリングガンによる打始め、打止め、打継ぎ状況がわかるように撮影。

仕上工事

No.140 バックアップ材の装填
施工状況
★★
78ページ
　No.139
79ページ
　No.141
　No.142

バックアップ材
バックアップ材はシーリング材と接着せず、シーリング材に移行して変質させるような物質を含まないものを、傷や凹凸が生じないように装填する。

黒板には施工箇所・部位、目地寸法、使用材料の材質・商品名（製造者名）・寸法を記入。施工箇所・部位ごとに撮影。

No.141 マスキングテープ張り
施工状況
★☆
78ページ
　No.139
79ページ
　No.140
　No.142

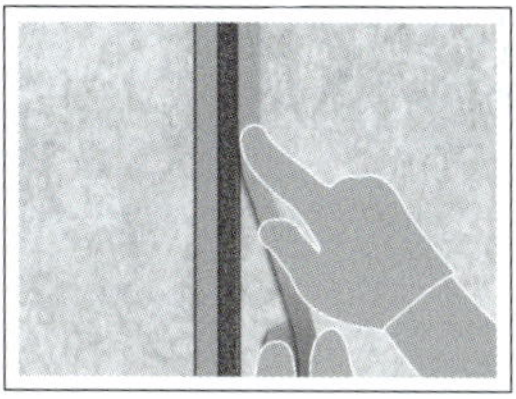

マスキングテープ
マスキングテープはプライマー、シーリング材、被着体に（有害な）影響がなく、施工に適したものを、被着面に食い込まないように張り付ける。

黒板には施工箇所・部位、使用材料の材質・商品名（製造者名）・寸法を記入。施工箇所・部位ごとに撮影。

No.142 プライマー塗布
施工状況
★★
77ページ
　No.136
78ページ
　No.139
79ページ
　No.140
　No.141

プライマー
プライマーはシーリング材と同一製造者の製品から、被着体の種別、組合せに適したものを、塗りむらが生じないように塗布する。

黒板には施工箇所・部位、使用材料の材質・商品名（製造者名）を記入。施工箇所・部位ごとに撮影。

工事写真記録のポイント

☞ シーリング材の種類・商品名（製造者名）・JIS規格・ロット番号・製造年月日、施工箇所・部位を記録する。
☞ シーリング材充填箇所の目地材（充填）寸法と目地幅のばらつきを記録する。
☞ バックアップ材、ボンドブレーカーの材質・商品名・寸法と目地形状（深さ）を記録する。
☞ 2成分系シーリング材は、練混ぜ方法を記録する。

仕上工事

⑧ 石工事

No.143 内壁乾式石張り下地

施工状況 ★★
86ページ No.158

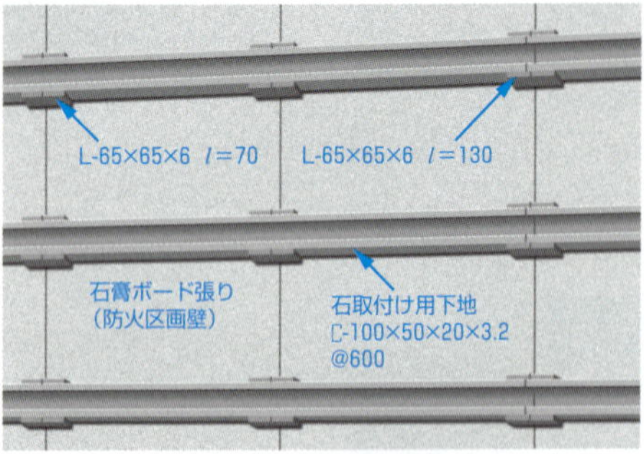

- L-65×65×6 $l=70$
- L-65×65×6 $l=130$
- 石膏ボード張り（防火区画壁）
- 石取付け用下地 [-100×50×20×3.2 @600

①タイトル
②施工箇所・部位
③下地部材寸法
④工法、下地の状況

内壁石張り下地施工状況 ←①
1階ロビー壁 ←②
[-100×50×20×3.2 @600 ←③
鋼製乾式石張り下地
（石膏ボード張り防火区画壁）←④

撮影時期／頻度
施工中／施工箇所・部位ごと
撮影対象
黒板には施工箇所・部位、主要部材寸法、工法を記入。石取付け用下地の部材や納まりおよび施工状況がわかるように撮影。

No.144 外壁湿式石張り裏込めモルタル充填

施工状況 ★★
67ページ No.112
82ページ No.149

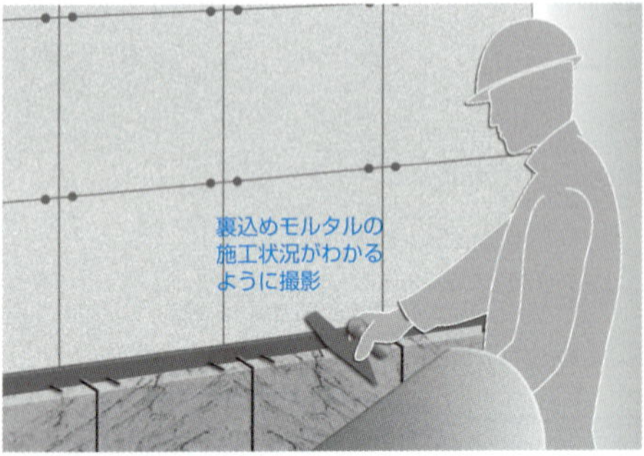

裏込めモルタルの施工状況がわかるように撮影

①タイトル
②施工箇所・部位
③石種、仕上げ、寸法
④裏込めモルタルの調合

外壁湿式石張り裏込めモルタル充填 ←①
北側（ピロティ）外壁 ←②
花崗岩本磨き仕上げ 900×600×25 ←③
裏込めモルタル 1：3（容積比）←④

撮影時期／頻度
施工中／施工箇所・部位ごと
撮影対象
黒板には施工箇所・部位、石種、仕上げ、寸法、裏込めモルタルの調合を記入。裏込めモルタルの施工状況がわかるように撮影。

仕上工事

No.145 外壁石材
使用材料 ★★
94ページ No.179

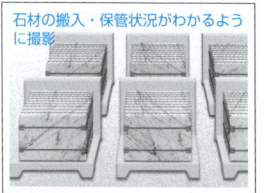

石材の搬入・保管状況がわかるように撮影

石材寸法
石材の大きさは、原石や加工機械、運搬、取付け等のハンドリングにより制約されるが、大理石は石種により縞幅を事前に確認する。

黒板には施工箇所・部位、石種、仕上げ、主要石材寸法を記入。全数の撮影は不要。

No.146 取付け金物／外壁乾式石張り
使用材料 ★☆
69ページ No.116
71ページ No.121
73ページ No.126

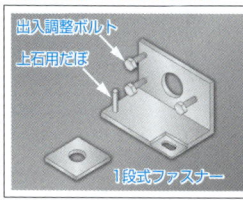

出入調整ボルト
上石用だぼ
1段式ファスナー

取付け金物
取付け金物に使用されているステンレス鋼板では、JIS G 4317のSUS 304またはJIS G 4304の鋼板を加工したものが一般的である。

黒板には各金物の使用用途、寸法、材質、表面処理を記入。施工箇所・部位・種別ごとに撮影。

No.147 取付け下地／外壁石張り
施工状況 ★★

アンカーの施工状況がわかるように撮影

石引きアンカー
あと施工アンカーは、石材の引き金物とアンカー位置が一致するよう精度よく位置出しを行い、信頼性の高いおねじ形（締込み式）を使用する。

黒板にはアンカー金物の種類、材質、寸法、溶接部の錆止め塗料、JIS規格を記入、施工箇所・部位ごとに撮影。

工事写真記録のポイント

☞ 石材の石種・仕上げ・寸法、施工箇所・部位を記録する。
☞ 取付け金物は、各金物の使用用途・寸法・材質・表面処理を記録する。
☞ 裏面処理材・接着剤・だぼ穴充填材等は、材質・名称・規格および施工状況がわかるように記録する。
☞ 石張り鋼製下地の施工状況には、下地部材の仕口納まり、溶接部の状況・錆止め塗料・JIS規格を記録する。

仕上工事

⑨ タイル工事

No.148 タイル接着力試験
試験状況
★★

①タイトル
②試験箇所・部位
③接着力
④破断部位

外壁タイル接着力試験状況 ←①
東面外壁1階③通り ←②
1.85N/mm² ←③
張付けモルタル破断 ←④

撮影時期／頻度
試験中／試験箇所ごと
撮影対象
黒板には試験箇所・部位、試験実施日、試験結果（接着力、破断部位）、試験方法、接着強度判定規準を記入。試験状況がわかるように撮影。

No.149 外壁タイル張付け
施工状況
★★

80ページ
　No.144
83ページ
　No.151
　No.152

①タイトル
②施工箇所・部位
③タイルの種類・材質・寸法
④工法

外壁タイル張付け ←①
東面1階外壁 ←②
45二丁磁器質タイル、厚さ6mm、裏足深さ0.7mm ←③
モザイクタイル張り ←④

撮影時期／頻度
施工中／施工箇所・部位ごと
撮影対象
黒板には施工箇所・部位、材料、寸法、工法を記入。抜取りによるモルタル裏面への張付けモルタル付着状況を確認・記録。

仕上工事

No.150 タイルの裏足
使用材料 ★★

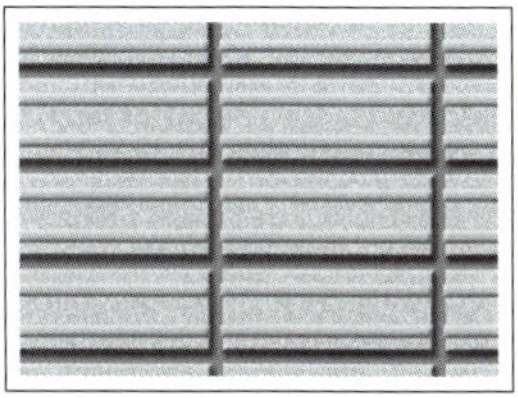

黒板にはタイルの材質、形状、寸法、裏足の形状、深さ、吸水率を記入。全数の撮影は不要。

タイル裏足の深さ(高さ)の基準（JIS A 5209抜粋）

タイル表面の面積*1	裏足の深さ(高さ) *2
15cm²未満	0.5mm〜
15〜60cm²未満	0.7mm〜
60cm²〜	1.5mm〜*3

- *1) 複数の面をもつ役物の場合は、大きいほうの面の面積に適用する。
- 2) 裏足の深さ(高さ)の最大は、3.5mm程度。
- 3) タイルのモデュール呼び寸法が、150×50および200×50のものは1.2mm以上。

No.151 壁タイル目地詰め
施工状況 ★☆
82ページ No.149

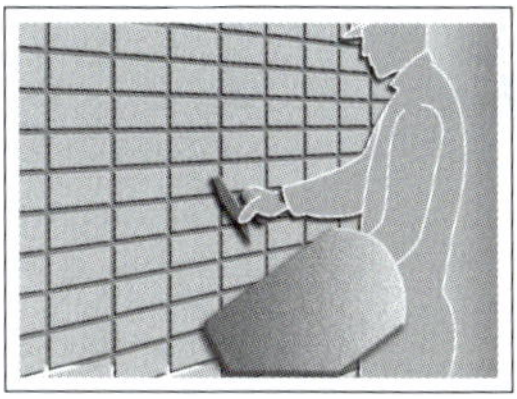

黒板には施工箇所、タイルの形状・寸法、使用目地材を記入。施工箇所・部位ごとに撮影。

既製調合目地材の品質・性能基準（公共建築協会）

項目	品質・性能
保水率	30%以上
長さ変化率	0.2%以下(収縮)
吸水量	50g以下
単位容積質量	表示項目*

*全国タイル業協会、1.80kg/l以上。

No.152 壁タイル面打診検査
検査状況 ★★
82ページ No.149

施工後の打診による確認
屋外および屋内の吹抜け部等のタイル張り施工においては、全面にわたり打診による確認を行う。打診は張付けモルタル硬化後で、かつ、足場が残っている期間に行う。

黒板にはタイル打診検査の部位およびその結果を記入。打診検査は、タイル張り施工後2週間経過した後に実施。

工事写真記録のポイント

- ☞ タイルの施工箇所・部位、種類・材質・寸法、張り工法を記録する。
- ☞ タイルの裏足形状・深さ、吸水率を記録する。
- ☞ 接着力試験の試験箇所・部位、試験方法、試験結果を記録する。
- ☞ 役物タイルの製造方法および張付け施工方法を記録する。
- ☞ タイル張り作業終了後、抜取りによるタイル裏面への張付けモルタルの付着施工状態を記録する。
- ☞ タイル張り下地の状況を記録する。

仕上工事

⑩ 木工事

No.153 床根太組

施工状況
★★

84ページ No.154
85ページ No.157

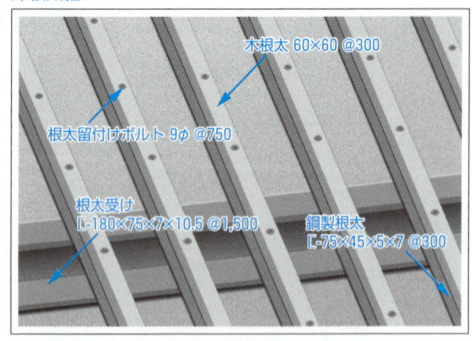

①タイトル
②施工箇所・部位
③樹種、寸法
④留付け方法

床根太組施工状況 ←①
1階主舞台 ←②
鋼製根太上添付け木根太 ベイマツ
　60×60 @300mm ←③
鋼製根太にボルト止め @750mm ←④

画像ラベル：
- 木根太 60×60 @300
- 根太留付けボルト 9φ @750
- 根太受け L-180×75×7×10.5 @1,500
- 鋼製根太 [-75×45×5×7 @300

撮影時期／頻度
施工中／施工箇所・部位ごと
撮影対象
黒板には施工箇所・部位、材料、寸法、工法を記入。防蟻剤使用の場合には記録し、下地鉄骨への取付け状況がわかるように撮影。

No.154 コンクリート壁添付け壁下地組

施工状況
★★

84ページ No.153
85ページ No.157

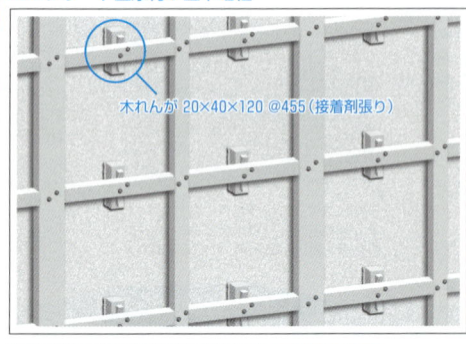

①タイトル
②施工箇所・部位
③樹種、寸法
④工法

画像ラベル：木れんが 20×40×120 @455（接着剤張り）

壁下地組 ←①
劇場1階③通り壁 ←②
コンクリート壁添付け壁下地組、ベイツガ 20×45 @455mm
（縦胴縁は1本おきに20×90mm）←③
木れんがに接着剤・釘併用取付け ←④

撮影時期／頻度
施工中／施工箇所・部位ごと
撮影対象
黒板には施工箇所・部位、材料、寸法、工法を記入。木れんが、木れんがと横胴縁、横胴縁と縦胴縁の取付け状況がわかるように撮影。

仕上工事

No.155 天井下地材料
使用材料
★★
67ページ
　No.111
69ページ
　No.115
71ページ
　No.120
73ページ
　No.125

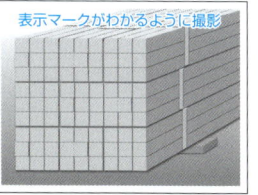

表示マークがわかるように撮影

下地材
スギまたはマツを標準とし、内装材を直接取り付ける場合の胴縁および野縁の取付け面は、機械かんな1回削りとする。

黒板には木材の樹種名、規格、等級、使用部位を記入。現場搬入時の含水率を記録。全数の撮影は不要。

No.156 木れんが
施工状況
★★

木れんがの取付け状況がわかるように撮影

木れんが
ヒノキまたはヒノキの代用樹種(ヒバ、ベイヒ、ベイヒバ)を用い、四角のものをJIS A 5537(木れんが用接着剤)で張り付けるか、またはあと施工アンカーで取り付ける。

黒板には木材の樹種名、寸法、施工方法、使用部位を記入。施工箇所・部位ごとに撮影。

No.157 天井下地組
施工状況
★★
84ページ
　No.153
　No.154

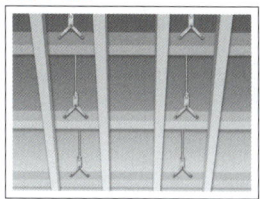

下地組
①壁胴縁：20〜24×45mm(板継ぎ位置20〜24×90mm)、間隔303〜455mm。
②天井野縁：40×45mm(板継ぎ位置55×45mm)、間隔455mm。

黒板には木材の樹種名、規格、等級、寸法、使用部位を記入。天井下地組の施工状況を撮影。全数の撮影は不要。

工事写真記録のポイント

☞ 使用木材の部材名称、樹種、形状、寸法、等級を記録する。
☞ 木材の工事現場搬入時の含水率を記録する。
☞ 防腐剤のJIS規格・種類、防腐処理の施工箇所・塗り回数を記録する。
☞ 防蟻処理方法、処理範囲、ラワン材の防虫処理方法を記録する。
☞ 接着剤のJIS規格、ホルムアルデヒド放散量を記録する。
☞ 使用合板の接着性能の分類、ホルムアルデヒド放散量を記録する。

仕上工事

⑪ 屋根・樋工事

No.158 屋根材取付け用下地

施工状況
★★

69ページ
　No.117
71ページ
　No.122
80ページ
　No.143

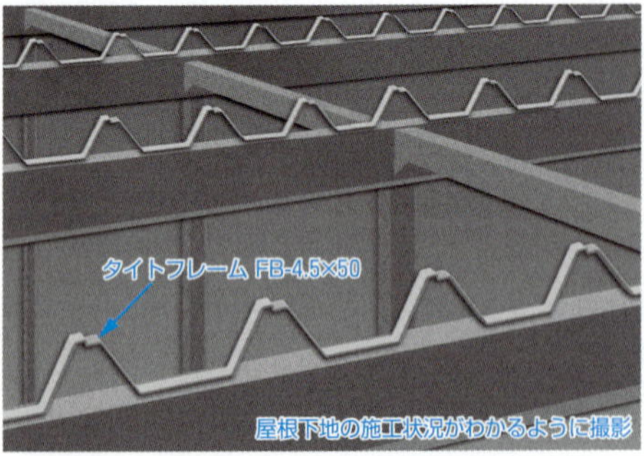

①タイトル
②施工箇所・部位
③取付け間隔
④溶接状況

屋根折板取付け用タイトフレーム施工状況←①
主屋根←②
FB-4.5×50 プレス加工溶融亜鉛めっき
品←タイトフレーム部材
@3,200mm←③
隅肉溶接：屋根流れ方向と直角方向の
　底部両面全長溶接、かつ回し溶接←④

タイトフレーム FB-4.5×50

屋根下地の施工状況がわかるように撮影

撮影時期／頻度
施工中／施工箇所・部位ごと
撮影対象
黒板には施工箇所・部位、材料、寸法、工法を記入。二重葺き折板の場合には、断熱金具の取付け状況がわかるように撮影。

No.159 屋根折板はぜ締め

施工状況
★★

87ページ
　No.161

はぜ締め施工状況が
わかるように撮影

①タイトル
②施工箇所・部位
③はぜ締め工法

屋根折板はぜ締め←①
主屋根折板山部の接合部←②
電動はぜ締め機による嵌合←③

撮影時期／頻度
施工中／施工箇所・部位ごと
撮影対象
黒板には施工箇所・部位、工法を記入。はぜ締め施工の機械締め始端・終端部および手締め部の状況がわかるように撮影。

仕上工事

No.160 屋根用鋼板（コイル）
使用材料
★★
87ページ No.162
107ページ No.210 No.211
109ページ No.215

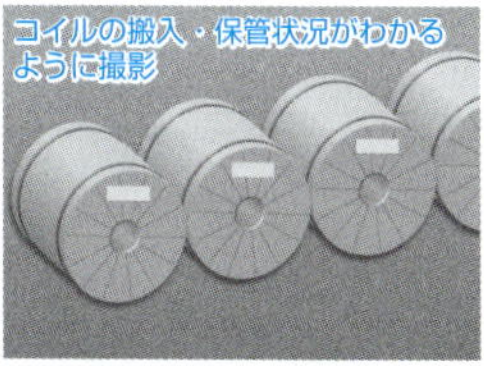

コイルの搬入・保管状況がわかるように撮影

金属板の種類
特記なき場合は、JIS G 3322（塗装溶融55%アルミニウム－亜鉛合金めっき鋼板および鋼帯）によるCGLCCR-20-AZ150で厚さ0.4mmとする。

黒板には材質・規格・寸法を記入。表示が確認できるように撮影する。全数の撮影は不要。

No.161 屋根折板棟部
施工状況
★★
86ページ No.159

折板の棟部
棟部分はアーチ状とし、折板を切ることは避ける。やむを得ず棟部で折板を切る場合は、折板端部を折り上げ、シーリング材併用で止め面戸を取り付け、棟包み板およびエプロン面戸で覆う。

黒板には棟部の納まりを記入。施工箇所・部位ごとに施工状況がわかるように撮影。

No.162 樋
使用材料
★★
87ページ No.160
107ページ No.210 No.211
109ページ No.215

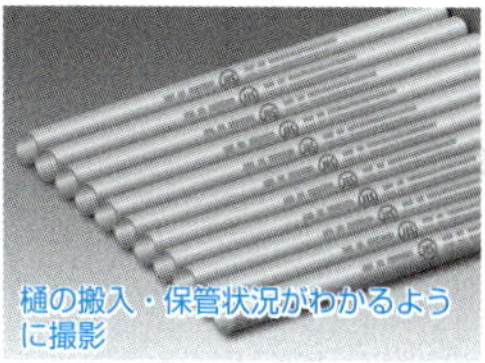

樋の搬入・保管状況がわかるように撮影

樋
屋内に設ける樋および呼び樋は鋼管とし、継手はねじ込み式排水管継手（やむを得ない場合でφ80mmを超える管については溶接継手）を用いる。

黒板には材質・規格・寸法を記入。表示が確認できるように撮影する。全数の撮影は不要。

工事写真記録のポイント

☞ 屋根・樋・ルーフドレンの種類、材質・形状・寸法、表示マークを記録する。また、屋根には勾配と下葺き材を記録する。
☞ 屋根材取付け用下地の接合方法を記録する。溶接接合の場合、溶接状況・溶接部の錆止め塗料・JIS規格を記録する。
☞ 樋の支持間隔、継手部の継手方法、防火区画貫通部の処理方法を記録する。
☞ 屋根の軒先やけらば等、局部負圧の生じる範囲を記録する。

仕上工事

⑫ 金属工事

No.163 天井下地
施工状況
★★

89ページ
　No.165
106ページ
　No.208
　No.209

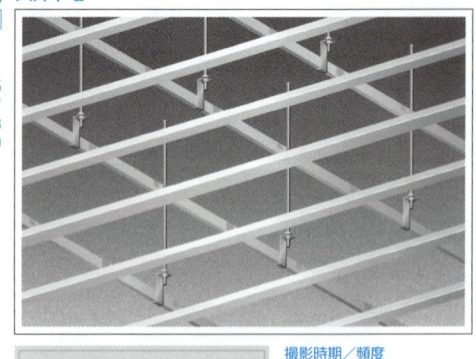

①タイトル
②施工箇所・部位
③野縁等の種類
④部材間隔
⑤クリップの種類

天井下地施工状況 ←①
1階ロビー天井 ←②
鋼製下地25形　JIS A 6517 ←③
野縁 @360、野縁受け @900 ←④
ねじクリップ使用 ←⑤

撮影時期／頻度
施工中／施工箇所・部位ごと
撮影対象
黒板には施工箇所・部位、材料、寸法、工法を記入。天井ふところ寸法が大きい場合の水平補強や斜め補強がわかるように撮影。

No.164 金属製笠木
施工状況
★★

89ページ
　No.167

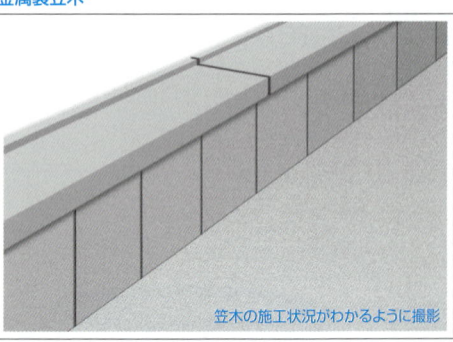

笠木の施工状況がわかるように撮影

①タイトル
②施工箇所・部位

金属製笠木 ←①
屋上パラペット笠木 ←②
アルミ型材○○○○、固定金具 @800
　←笠木の種類・商品名（製造者名）

撮影時期／頻度
施工中／施工箇所・部位ごと
撮影対象
黒板には施工箇所・部位、材料、工法を記入。下地固定金具の取付け状況や、笠木ジョイント部の取付け状況がわかるように撮影。

仕上工事

No.165 間仕切り壁下地
施工状況 ★★
88ページ No.163
106ページ No.208
No.209

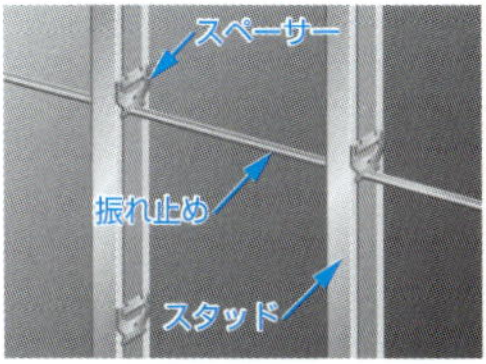

（スペーサー・振れ止め・スタッド）

黒板には部材の種類・寸法、スタッド・振れ止め間隔、使用部位を記入。全数の撮影は不要。

間仕切り壁下地部材

種別	高さによる適用
50形	2.7m以下
65形	3.7m以下
75形	4.0m以下
90形	4.5m以下
100形	5.0m以下

No.166 間仕切り壁下地開口補強
施工状況 ★★
69ページ No.117
71ページ No.122

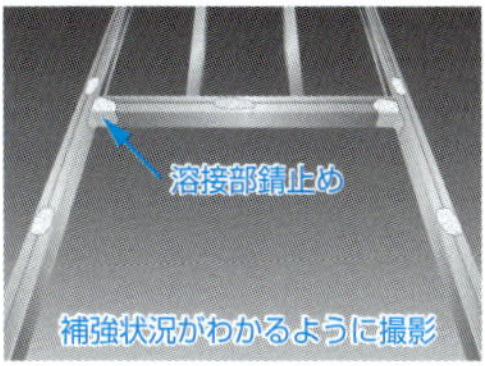

（溶接部錆止め／補強状況がわかるように撮影）

黒板には溶接部の錆止め塗料、JIS規格を記入。施工箇所・部位ごとに、開口寸法・部材寸法がわかるように撮影。

開口部の補強

種別	出入口およびこれに準じる開口部の補強材
50形	[-40×20×2.3 (1.6)
65形	[-60×30×10×2.3
75形	
90形	[-75×45×15×2.3
100形	2[-75×45×15×2.3

No.167 金属製手すり
施工状況 ★★
88ページ No.164

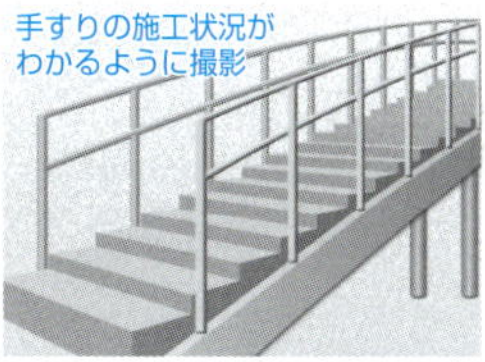

（手すりの施工状況がわかるように撮影）

手すり主構成部材の強度

上弦材・支柱
① 水平荷重3,000N/m、鉛直荷重1,600N/mで躯体取付け部が破損しない。
② 水平荷重300Nに対し変形が15mm以下。

黒板には手すりの材種、表面処理、形状寸法および支柱の取付け間隔を記入。全数の撮影は不要。

工事写真記録のポイント

- 金属部材取付け部のアンカー方法（先付け・あと施工の別、タイプ等）を記録する。
- 異種金属が接触する納まり部分の腐食防止処理を記録する。
- 天井下地の水平・斜め補強、間仕切り壁下地の振れ止め・開口補強を記録する。
- 金属製笠木の固定金具間隔、重量物吊り下げや常時振動を受けるアンカー類の施工状況を記録する。

仕上工事

⑬ 左官工事

No.168 外壁タイル張り下地コンクリート面の目荒し
施工状況
★★
90ページ
No.169

①タイトル
②施工箇所・部位
③工法
④吐出圧

外壁タイル張り下地コンクリート面の目荒し施工状況←①
東面外壁3階③通り←②
超高圧水洗浄工法←③
吐出圧150Mpa←④
離隔距離50mm←コンクリート面から
ノズル先端離隔距離

撮影時期/頻度
施工中/施工箇所・部位ごと
撮影対象
黒板には施工箇所・部位、目荒し方法、目荒し状況を記入。噴霧の水滴でカメラレンズが曇らないよう、目荒しの施工状況がわかるように撮影。

No.169 下塗り
施工状況
★★
90ページ
No.168

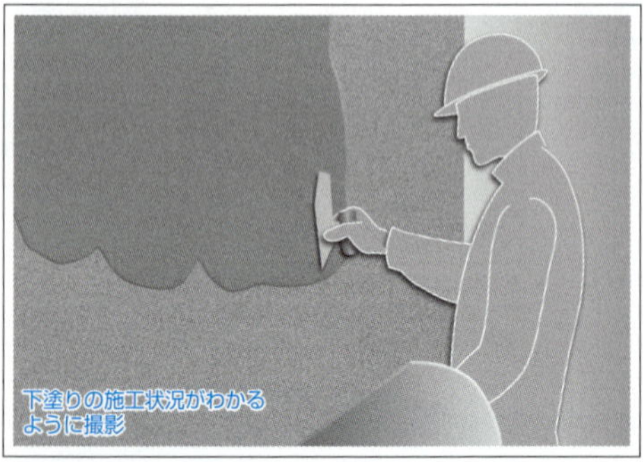

①タイトル
②施工箇所・部位
③JIS規格
④塗り厚
⑤工法

壁モルタル下塗り←①
1階ロビー壁③通り←②
既調合モルタル○○○○←種類・製品名
JIS A 6916セメント系下地調整厚塗り材（2種）←③
塗り厚さ 3〜10mm←④
こて塗り←⑤

撮影時期/頻度
施工中/施工箇所・部位ごと
撮影対象
黒板には施工箇所・部位、材料、寸法、工法を記入。塗り厚さが適正であり、こて圧によりセメントのろが接着界面に十分回っている状況を撮影。

仕上工事

No.170 下地コンクリート面の目荒し状況／超高圧水洗浄工法
施工状況 ★★
91ページ
No.171
No.172

1cmます目での場密度の確認状況を撮影

外壁タイル張りの下地面
型枠脱型後、ワイヤーブラシ掛けによる水洗いや超高圧水洗浄等を行い、モルタル接着性の阻害要因を取り除く。コンクリート表面の粗面化は接着面積や投びょう効果の向上が期待できる。

黒板には施工箇所・部位、目荒し方法等を記入。目荒しの程度（傷密度・深さ等）がわかるように撮影。

No.171 水湿し
施工状況 ★★
91ページ
No.170
No.172

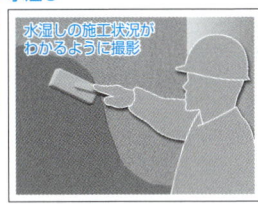

水湿しの施工状況がわかるように撮影

水湿し
下塗りモルタルにおいては、十分に硬化させるために施工日または翌日に行い、中塗り・上塗りモルタルにおいては、前工程の塗り面の乾燥した面に施してから左官塗りにかかる。

黒板には施工箇所・部位、施工時期（塗り工程、前工程との間隔）を記入。施工箇所・部位ごとに撮影。

No.172 定木摺り
施工状況 ★★
91ページ
No.170
No.171

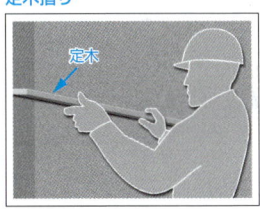

定木

定木摺り
塗り面をまっすぐな定木で摺って凸面を削り取り、平滑な面にするもので、中塗りや上塗りにおいて行う作業。むらのない平滑な壁を仕上げるための一工程。

黒板には施工箇所・部位、施工時期（塗り工程）を記入。施工箇所・部位ごとに撮影。

工事写真記録のポイント

☞ 外壁タイル張り下地コンクリート面の状況を記録する。
☞ 下地清掃・水洗い、吸水調整材塗り、下地補修を記録する。
☞ 細骨材（砂、左官用軽量骨材）の種類、粒度種別、既成骨材の種類・規格・製品名・工法・防火認定番号を記録する。
☞ 混和材料、吸水調整材の種類、規格、製品名、使用量を記録する。
☞ 異種下地接続部の処置状況を記録する。
☞ 下塗りの荒し目（櫛目）、放置期間、塗り厚さを記録する。

仕上工事

⑭ 建具工事

No.173 遮音性確認試験

試験状況
★★

78ページ
No.138
98ページ
No.188

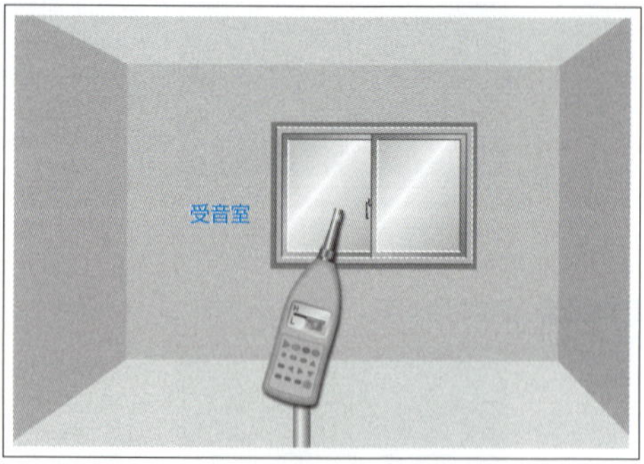

①タイトル
②試験対象箇所・部位
③試験実施機関
④試験方法
⑤遮音等級

アルミサッシ遮音性確認試験状況←①
東面外壁3階窓←②
○○○○試験センター←③
JIS A 1416←④
T-3←⑤

撮影時期／頻度
試験中／試験種別ごと

撮影対象
黒板には試験対象箇所・部位、試験実施機関、試験方法、試験実施日、試験結果（性能等級）を記入。試験状況がわかるように撮影。

No.174 アルミニウム製建具の取付け

施工状況
★★

93ページ
No.175
No.176
No.177

①タイトル
②施工箇所・部位
③種類・材質・寸法

アルミサッシの取付け←①
AW-203 東面外壁2階窓←②
欄間付き引違いアルミサッシ
W3,400×H2,300←③

撮影時期／頻度
施工中／施工箇所・部位ごと

撮影対象
黒板には施工箇所・部位、建具の種類、材質、寸法を記入。建具の取付け状況およびアンカーの取付け間隔がわかるように撮影。

仕上工事

No.175 鋼製建具の取付け

施工状況 ★★

92ページ
No.174
93ページ
No.176
No.177

建具の取付け状況がわかるように撮影

RC外壁の建具枠周囲
RC外壁の建具枠周囲は、防水剤入りモルタルを漏水のないよう、モルタルガンや機械式モルタルポンプ等を用いて入念に充填する。

黒板には建具番号・寸法、アンカー間隔の計画値と実測値を記入。アンカーを取り付け、錆止め塗装後に撮影する。

No.176 鋼製建具の沓ずり裏へのモルタル先詰め

施工状況 ★★

92ページ
No.174
93ページ
No.175
No.177

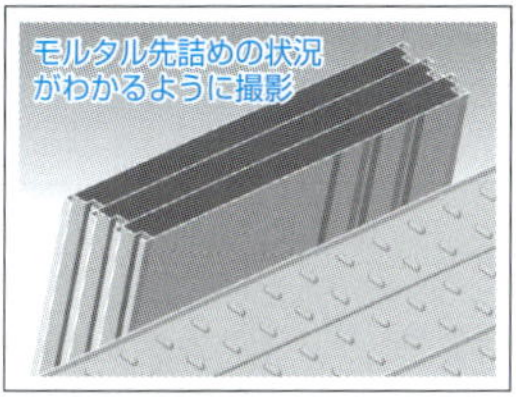

モルタル先詰めの状況がわかるように撮影

モルタル先詰め / 一般形 / 気密材 / 簡易気密形

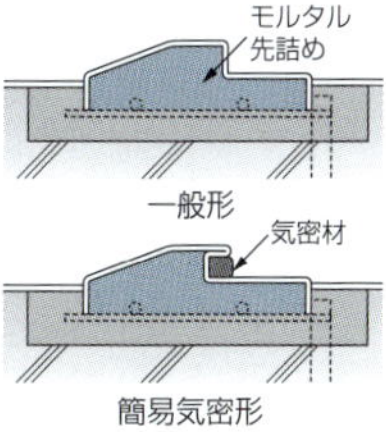

沓ずりのモルタル充填（例）

黒板には建具番号を記入。沓ずり裏モルタル詰め前の状況と、モルタル詰め後の状況を撮影。

No.177 木製建具の建込み

施工状況 ★★

92ページ
No.174
93ページ
No.175
No.176

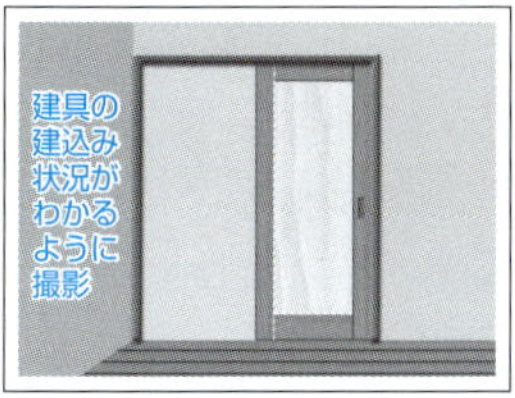

建具の建込み状況がわかるように撮影

木製建具材の含水率
人工乾燥による木材は、平衡含水率より2～3％低めに乾燥したほうが狂いは少ない。屋内における木材の平衡含水率は10～15％程度。

黒板には建具番号を記入。建込みによるちり合せや召合せの調整、建具金物類の取付け終了後に撮影。

工事写真記録のポイント

- ☞ 建具の施工箇所・部位、建具の種類・材質・寸法を記録する。
- ☞ 建具取付けにおいて、建具番号・寸法、アンカー間隔の計画値と実測値、アンカー取付け溶接後の錆止め塗料の種類を記録する。
- ☞ 出入口・点検口等の沓摺り・下枠モルタル先詰め状況を記録する。
- ☞ 建具建入れ測定の測定値および許容範囲を記録する。
- ☞ 枠回りモルタル詰めにおいて、混和剤を使用した場合はその種類を記録する。

仕上工事

⑮ ガラス工事

No.178 ガラス取付け
施工状況
★★

95ページ
No.180
No.181

①タイトル
②施工箇所・部位
③種類・板厚
④ガラスはめ込み溝寸法

| ガラス取付け状況←① |
| 東面3階 AW1←② |
| フロート板ガラス厚さ8mm←③ |
| ガラスはめ込み溝 |
| 　幅20mm×深さ18mm←④ |
| セッティングブロック、クロロプレン |
| ゴム硬度90度←セッティングブロック |

撮影時期/頻度
施工中/施工箇所・部位ごと
撮影対象
黒板には施工箇所・部位、材料、寸法を記入。施工状況がわかるように、また、外部窓はガラスはめ込み溝下辺の水抜き機構を確認し撮影。

No.179 ガラス仮置き保管
使用材料
★★

81ページ
No.145

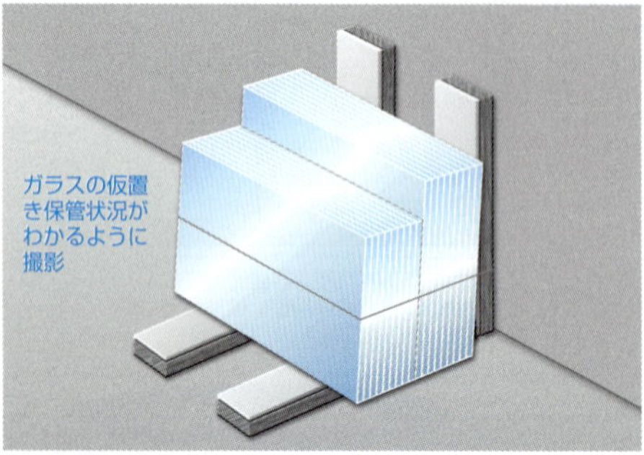

ガラスの仮置き保管状況がわかるように撮影

①タイトル
②施工箇所・部位
③種類、規格、厚さ、寸法

| ガラス仮置き保管状況←① |
| 東面3階外装ガラス←② |
| フロート板ガラス JIS R 3202←③ |
| 　厚さ 8mm←③ |
| 　1,219×1,829 10枚、 |
| 　838×1,829 10枚←③ |

撮影時期/頻度
保管中/保管場所ごと
撮影対象
黒板には施工箇所・部位、材料、寸法を記入。ガラス切断小口は、クリアカットか湿式研磨であることを確認し、仮置き保管状況を撮影。

仕上工事

No.180 ガラスのみ込み寸法（掛かり代）確認
施工状況
★☆
94ページ
No.178
95ページ
No.181

黒板にはガラスの種類、寸法、ガラスのはめ込み溝寸法、グレージング状況を記入。全数の撮影は不要。

ガラスの掛かり代（mm）

ガラスの留め材	ガラス厚	掛かり代
シーリング	単板ガラス6.8以下	6.5かつガラス厚の1.2倍
	単板ガラス8および10	ガラス厚の1.2倍以上
	複層ガラス総厚18以下	15以上

No.181 網（線）入りガラス小口防錆処理
施工状況
★★
94ページ
No.178
95ページ
No.180

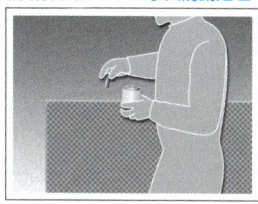

黒板には防錆材の製品名、塗装範囲を記入。ガラス溝下辺の水抜き穴を確認し、施工箇所・部位ごとに撮影。

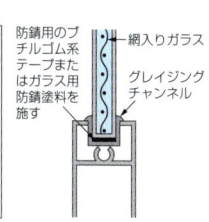

防錆用のブチルゴム系テープまたはガラス用防錆塗料を施す — 網入りガラス／グレイジングチャンネル

網（線）入りガラスの小口防錆処理（例）

No.182 ガラスブロック積み
施工状況
★★
66ページ
No.109
67ページ
No.112

黒板には使用材の種類、規格、寸法、工法を記入。力骨の間隔がわかるように施工箇所・部位ごとに撮影。

ガラスブロック積み
力骨の間隔は縦横ともに620mm以下とし、1日の積み上げ高さは原則として2.5m以下とする。

工事写真記録のポイント

☞ ガラスの施工箇所・部位、ガラスの種類、規格、板厚、ガラスはめ込み溝寸法、セッティングブロックを記録する。
☞ 強化ガラスはヒートソーク処理したものであることを記録する。
☞ 網入り・線入り板ガラス、熱線吸収ガラス、熱線吸収網入り板ガラス、熱線反射ガラス、高遮へい性能熱線反射ガラス、高遮へい性能熱線反射網入りガラスは、熱割れ計算を行い、支障のないことを確認し、記録する。

仕上工事

⑯ PCカーテンウォール工事

No.183 PC板の製作
製作材料
★★
47ページ
No.066

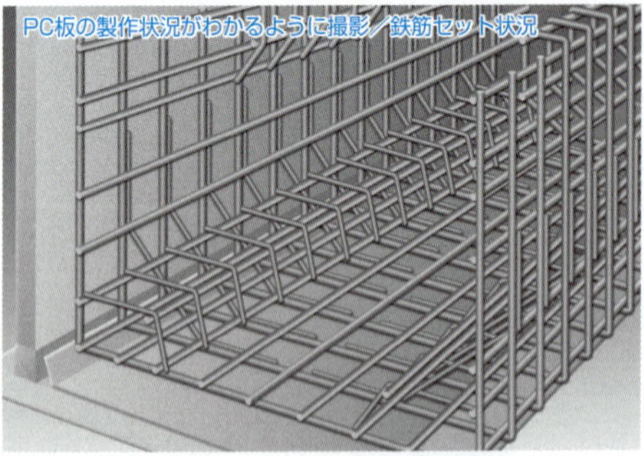

①タイトル
②取付け箇所・部位
③仕上げ
④部材寸法
⑤型枠材質

外壁PC板製作状況←①
東面外壁5階柱形←②
磁器質タイル打込みPC板←③
W900×H2,900←④
スチール型枠←⑤

撮影時期／頻度
製作中／PC板タイプ別
撮影対象
黒板には製作箇所・部位、製作日、養生方法を記入。型枠組立て、配筋、内型枠セット、コンクリート打込み、脱型等、段階ごとに撮影。

No.184 PC板のストック
使用材料
★★
99ページ
No.191

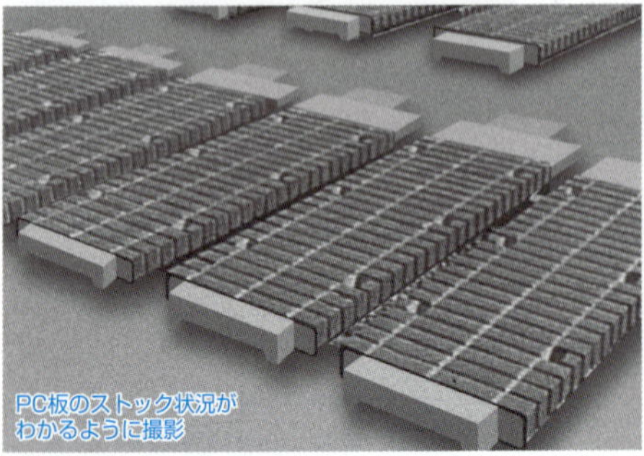

①タイトル
②施工箇所・部位
③仕上げ
④寸法

外壁PC板ストック状況←①
東面外壁5階柱形←②
磁器質タイル打込みPC板←③
W900×H2,900←④

撮影時期／頻度
製作中／PC板タイプ別
撮影対象
黒板にはストック部材の取付け箇所・部位、コンクリート打込み日、養生方法を記入。製品のストック状況がわかるように撮影。

仕上工事

No.185 PC板の建起こし
施工状況 ★☆
98ページ No.189

PC板の建起こし状況がわかるように撮影

黒板にはPC板の取付け箇所、PC板符号および輸送方法、建起こし・揚重方法を記入。全数の撮影は不要。

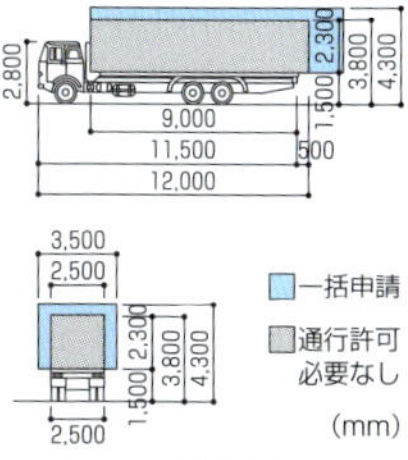

トラック輸送可能範囲
- 一括申請
- 通行許可必要なし

(mm)

No.186 PC板の取付け
施工状況 ★★
99ページ No.192
97ページ No.187
98ページ No.189

逃げ墨

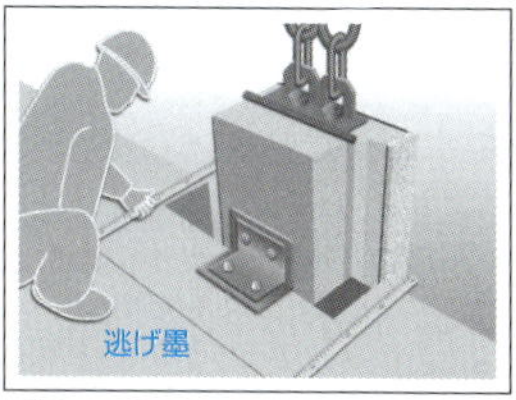

黒板には施工箇所・PC板の形状寸法等を記入。PC板のタイプ別ごとに撮影。全数の撮影は不要。

PCカーテンウォール部材の取付け位置の寸法許容差 (mm)

項　目	取付け寸法許容差
目地幅	±5
目地心の通り	3
目地両側の段差	4
各階の基準墨から各部材までの距離	±5

No.187 PC板取付けファスナー
施工状況 ★★
97ページ No.186
99ページ No.192

ファスナーの取付け状況がわかるように撮影

黒板にはファスナー部の取付け状況を記入。PC板およびファスナーのタイプ別に撮影。全数の撮影は不要。

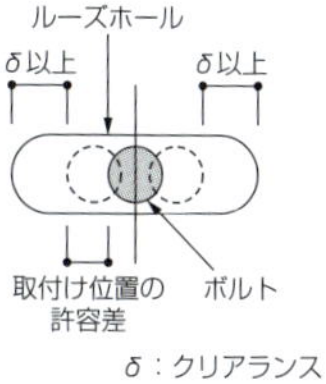

取付け用金物の固定位置

ルーズホール、δ以上、取付け位置の許容差、ボルト
δ：クリアランス

工事写真記録のポイント

- ☞ PCカーテンウォールの施工箇所・部位、仕上げ・寸法、工法を記録する。
- ☞ PC板の製作養生方法、ストック方法を記録する。
- ☞ 実施した試験項目、試験方法、試験実施場所、試験結果を記録する。
- ☞ PC板仕上材の施工方法を記録する。
- ☞ 取付け金物の施工状態を記録する。
- ☞ PC板取付け精度と精度基準（寸法許容差）を記録する。

仕上工事

⑰ メタルカーテンウォール工事

No.188 カーテンウォール層間変位追従性能試験

試験状況
★★
78ページ
No.138
92ページ
No.173

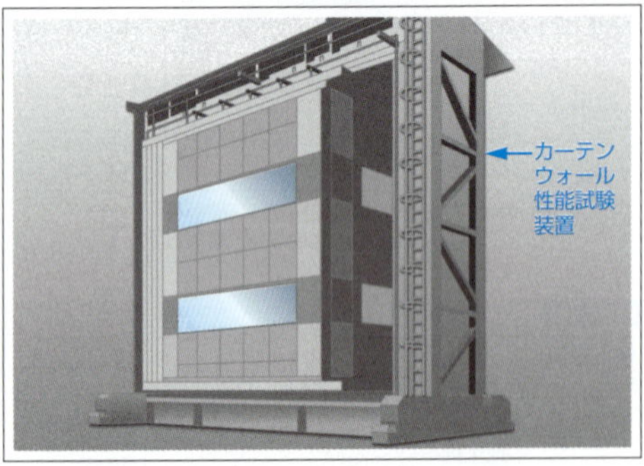

①タイトル
②試験対象箇所・部位
③試験実施機関
④試験方法
⑤試験結果

アルミカーテンウォール層間変位追従性能試験状況←①
東面外壁←②
○○○○試験センター←③
静的変位(面内変形)←④
max1/100 脱落なし←⑤

撮影時期／頻度
試験中／試験種別ごと

撮影対象
黒板には試験対象箇所・部位、試験実施機関、試験方法、試験実施日、試験結果を記入。試験の各段階の状況がわかるように撮影。

No.189 カーテンウォールユニットの取付け

施工状況
★★
97ページ
No.185
No.186

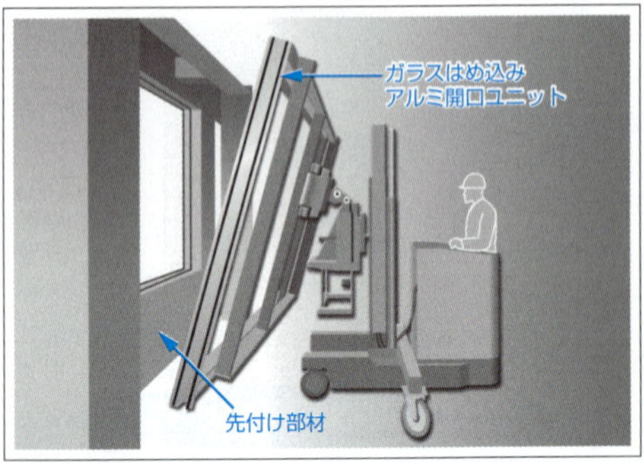

ガラスはめ込みアルミ開口ユニット
先付け部材

①タイトル
②施工箇所・部位
③種類、材質
④ユニット部材寸法
⑤工法

アルミカーテンウォールの取付け←①
東面3階外壁←②
ガラスはめ込みアルミ開口ユニット←③
W2,400×H2,000←④
オープンジョイント仕舞い←⑤

撮影時期／頻度
施工中／施工箇所・部位ごと

撮影対象
黒板には施工箇所・部位、材料、寸法、工法、カーテンウォールの取付け手順を記入。各段階の施工状況がわかるように撮影。

仕上工事

No.190 アルミニウム表面処理膜厚・外観検査
検査状況 ★★

黒板には検査対象部材、検査項目および計測値、検査基準と検査結果（合否判定）を記入。

アルミニウム（カーテンウォール部材）の表面処理

表面処理	表面処理	
	皮膜の厚さ(μm)	塗装の厚さ(μm)
無着色陽極酸化皮膜	15以上	－
着色陽極酸化皮膜	15以上	－
無着色陽極酸化塗装複合皮膜	9以上	12以上
着色陽極酸化塗装複合皮膜	9以上	12以上

No.191 カーテンウォール・パネルユニットの仮置き保管
使用材料 ★★
96ページ
No.184

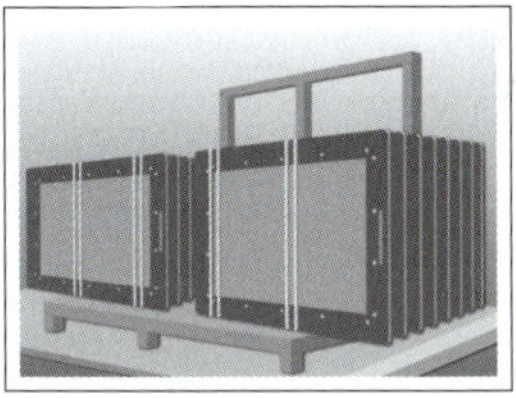

黒板には施工箇所・部位、材料、寸法を記入。保管場所ごとに保管状況がわかるように撮影。

メタルカーテンウォールのパネル材の寸法許容差 (mm)

項　目		許容差
辺長	1.5m以下	±1.5
	1.5mを超え4mまで	±2
	4mを超えるもの	+2, -3
見込深さ		±1
対角線長さの差		3
面の凹凸1mにつき		2

No.192 カーテンウォールの取付け
施工状況 ★★
97ページ
No.186
No.187

先付け部材（PC板等）との関係がわかるように撮影

黒板には施工箇所・カーテンウォールの形状寸法等を記入。カーテンウォールのタイプ別に撮影。全数の撮影は不要。

メタルカーテンウォール部材の取付け位置の寸法許容差 (mm)

項　目	許容差
目地幅	±3
目地心の通り	2
目地両側の段差	2
各階の基準墨から各部材までの距離	±3

工事写真記録のポイント

- ☞ メタルカーテンウォールの施工箇所・部位、材質・仕上げ・寸法、工法を記録する。
- ☞ 異種金属が接触する部分の接触腐食防止処理方法を記録する。
- ☞ 取付け用ビス・ボルト・ナット類の緩み止め対策を記録する。
- ☞ 実施した試験項目、試験方法、試験実施場所、試験結果を記録する。
- ☞ ファスナー等、取付け金物類の施工状態を記録する。
- ☞ 取付け精度と精度基準（寸法許容差）を記録する。

仕上工事

⑱ 塗装工事

No.193 モルタル塗り壁面の乾燥状態

[施工状況]
★★

74ページ
No.128
103ページ
No.201
105ページ
No.205

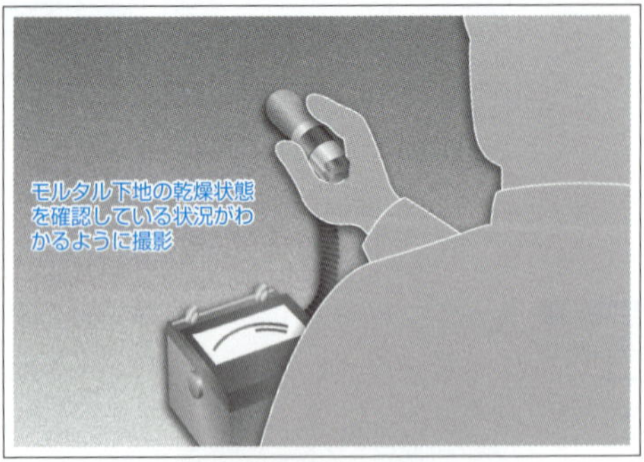

（写真内註記）モルタル下地の乾燥状態を確認している状況がわかるように撮影

①タイトル
②確認箇所・部位
③乾燥状態
④素地の乾燥放置期間

黒板記載例：
モルタル塗り壁面乾燥状態確認←①
1階廊下③通り壁←②
素地表面含水率 8%←③
乾燥放置期間35日←④

撮影時期／頻度
施工中／施工箇所・部位ごと
撮影対象
黒板には施工箇所・部位、確認日、確認結果、確認方法を記入。乾燥放置期間と乾燥状態の確認状況がわかるように撮影。

No.194 素地調整／吸込み止め塗布

[施工状況]
★★

77ページ
No.136
103ページ
No.202
104ページ
No.203

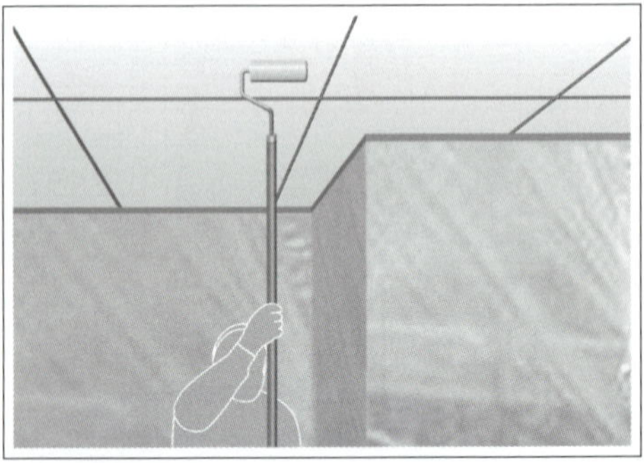

①タイトル
②施工箇所・部位
③JIS規格・名称
④塗り工法

黒板記載例：
天井ボード面吸込み止め塗布←①
1階廊下天井←②
○○○○←製品名
JIS K 5663 合成樹脂エマルション
シーラー←③
ローラーブラシ塗り←④

撮影時期／頻度
施工中／施工箇所・部位ごと
撮影対象
黒板には施工箇所・部位、材料、塗り工法を記入。使用材料や塗り工法（塗り工具）、周辺の養生状況がわかるように撮影。

仕上工事

No.195 塗装材料
使用材料 ★★
103ページ No.200
105ページ No.206

黒板には施工箇所・部位、製品名、JIS規格・名称を記入。全数の撮影は不要。

国土交通大臣認定	
認定番号	区分
NM-8585	不燃材料
QM-9816	準不燃材料
RM-9364	難燃材料
塗料塗装	
(社)日本塗料工業会	
○○○○株式会社	

製品容器の表示マーク(例)

No.196 研磨
施工状況 ★★
101ページ No.197

黒板には塗装仕様・工程、研磨紙番手を記入。施工箇所・部位ごとに撮影。全数の撮影は不要。

研磨紙摺り
一般的には、塗装工事工程の中でパテかい・パテ付けの後工程であり、素地(下地)や塗り仕様に応じて研磨紙の種類や番手が異なる。また、次工程までの塗り放置期間が長い場合に、層間剥離を防ぐために行う工程。

No.197 塗装
施工状況 ★★
101ページ No.196

黒板には施工箇所・部位、塗装仕様・工程、塗り工法を記入。施工箇所・部位ごとに撮影。

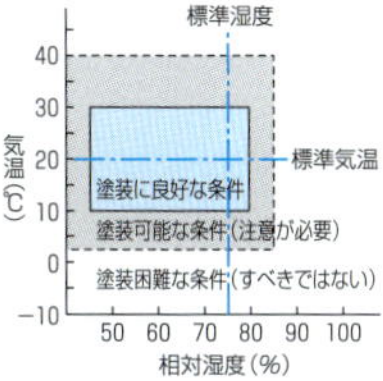

塗装の作業と養生に適する温湿度条件

工事写真記録のポイント

☞ コンクリートやモルタル塗り等の湿式下地に塗装する場合は、素地の乾燥放置期間・乾燥状態を記録する。

☞ 錆止め塗装の下地材質、素地調整種別、塗装材料規格、塗装場所、塗り回数を記録する。

☞ 建築物の室内空気に含まれる化学物質の濃度測定を実施した場合は、測定対象化学物質、測定方法、測定対象室、測定箇所数および測定結果を記録する。

仕上工事

⑲ 仕上塗材工事

No.198 塗り工具

使用材料
★☆

102ページ
No.199

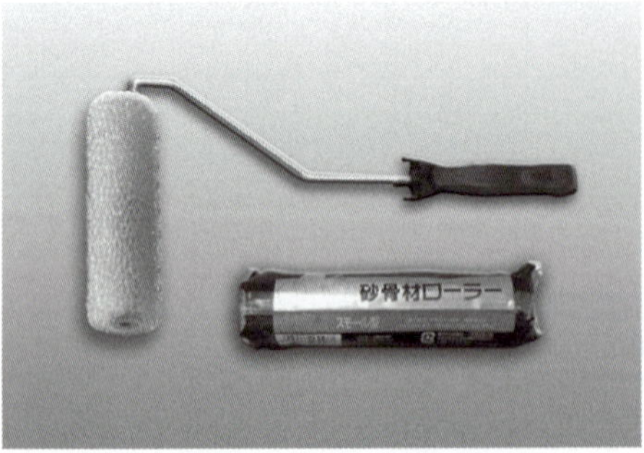

①タイトル
②施工箇所・部位
③塗り工法

外壁仕上塗材塗り工具←①
東面外壁←②
砂骨材ローラーブラシ←③

撮影時期／頻度
施工中／施工箇所・部位ごと
撮影対象
黒板には施工箇所・部位、塗り工法を記入。塗り工程や模様形式等の目的に合った塗り工具であることがわかるように撮影。

No.199 使用量の確認

使用材料
★★

102ページ
No.198

つぶした使用済容器の数から塗材の使用量が確認できるように撮影

①タイトル
②施工箇所・部位
③仕上塗材使用量
④仕上塗材所要量

外壁仕上塗材使用量確認←①
東面外壁←②
使用量 ○○○kg←③
所要量 ○○○kg←④（面積×単位面積当たりの使用量）

撮影時期／頻度
施工中／施工箇所・部位ごと
撮影対象
黒板には施工箇所・部位、材料使用量・所要量を記入。要求される仕様に対して、材料の使用量が適切であることがわかるように撮影。

仕上工事

No.200 仕上塗材
使用状況 ★★
101ページ No.195

表示マークがわかるように撮影

黒板には施工箇所・部位、製品名、JIS規格・名称を記入。全数の撮影は不要。

仕上塗材
防火材料の指定がある場合は、建築基準法に基づき認定を受けたもので、ホルムアルデヒド放散量に関して特記がなければF☆☆☆☆のものを使用する。有効期間を経過したものは使用しない。

No.201 コンクリート外壁の乾燥状態確認
施工状況 ★★
74ページ No.128
100ページ No.193
105ページ No.205

黒板には確認箇所・部位、確認日、確認結果、確認方法を記入。確認箇所ごとに撮影。

場所打ちコンクリート下地への施工適正材齢

地域分類	一般地帯	寒冷地帯
打設後の放置期間 夏季2週間	4〜10月	5〜9月
打設後の放置期間 冬季3週間	11〜3月	—
打設後の放置期間 冬季4週間	—	10〜4月

＊寒冷地帯とは、北海道・東北・上信越・北陸地域。一般地帯とは、寒冷地帯を除く地域(BE、1972・3)。

No.202 外壁面パターン付け
施工状況 ★★
100ページ No.194

主材塗りの状況がわかるように撮影

黒板には施工箇所・部位、仕上塗材仕様・工程、塗り工法を記入。施工箇所・部位ごとに撮影。

主材塗り
主材は、おもに仕上がり面に立体的な模様を形成する目的で使用され、吹付け、ローラー塗りまたはこて塗りによるが、事前提出の見本塗り板と同様の模様で、かつ、塗り残しや足場むらがないように塗り付ける。

工事写真記録のポイント

☞ コンクリートやモルタル塗り等の湿式下地に仕上塗材を施工する場合は、素地の乾燥放置期間・乾燥状態を記録する。
☞ 使用材料の、防火材料指定がある場合の防火認定、ホルムアルデヒド放散量、有効期間を記録する。
☞ 下塗り材・主材および上塗り材は、同一製造所の製品であることを記録する。
☞ 各工程ごとの材料の使用量と所要量を記録する。

仕上工事

⑳ 内装工事／床

No.203 ビニル床タイル張り用接着剤塗布

施工状況
★★
100ページ
No.194

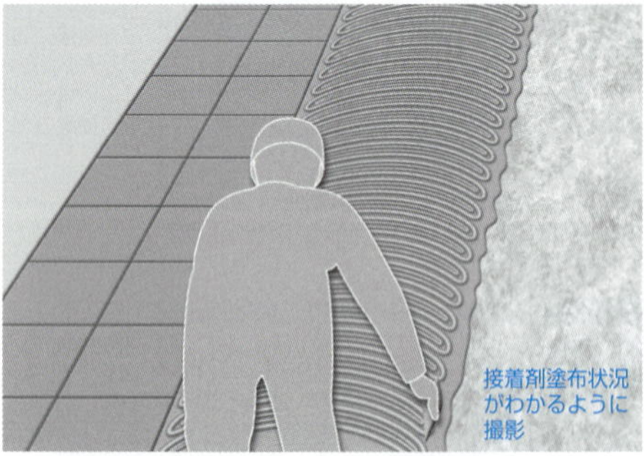

①タイトル
②施工箇所・部位
③JIS規格・名称
④ホルムアルデヒド放散量
⑤塗り工法

- ビニル床タイル張り用接着剤塗布 ←①
- 3階事務室床 ←②
- ○○○○ ←製品名
- JIS A 5536 床仕上げ用接着剤 ←③
- F☆☆☆☆ ←④
- 櫛目ごて塗布 ←⑤

撮影時期／頻度
施工中／施工箇所・部位ごと
撮影対象
黒板には施工箇所・部位、材料、塗り工法を記入。接着剤の主成分による区分、塗布量、塗り工法および塗布状況がわかるように撮影。

No.204 ビニル床タイル張り

施工状況
★★
105ページ
No.207

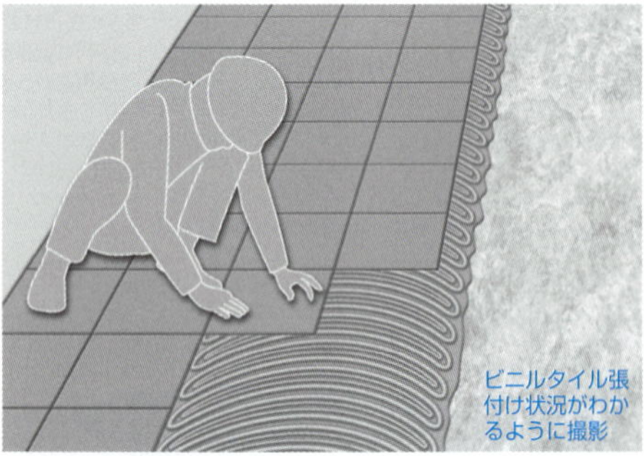

①タイトル
②施工箇所・部位
③寸法
④JIS規格・名称

- ビニル床タイル張り ←①
- 3階事務室床 ←②
- ○○○○ ←製品名
- 450×450 厚さ3mm ←③
- JIS A 5705 ビニル系床材（HT）←④

撮影時期／頻度
施工中／施工箇所・部位ごと
撮影対象
黒板には施工箇所、部位、材料、寸法を記入。タイル類張付け後の圧着や養生方法、表面の洗浄、ワックス掛け等も撮影。

仕上工事

No.205 下地乾燥状態
施工状況 ★★
74ページ No.128
100ページ No.193
103ページ No.201

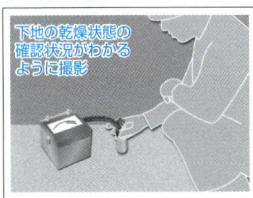

黒板には計測部位、計測値（換算値・平均値）を記入。確認箇所・部位ごとに撮影。

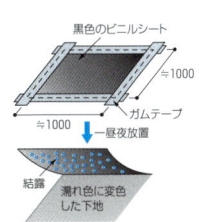

下地乾燥の簡易判断（例）
黒色のビニルシート ≒1000 ガムテープ ≒1000
→ 一昼夜放置
結露／濡れ色に変色した下地
シート裏面に水滴が付いていなければ接着剤塗布が可能。

No.206 接着剤
使用材料 ★★
101ページ No.195

黒板には施工箇所・部位、製品名、JIS規格・名称を記入。全数の撮影は不要。

櫛目ごての形状

櫛目ごての部位寸法　　(mm)

部位	寸法
a	130±10
b	150± 5
c	85± 5
d	3±0.2
e	2±0.2
f	5±0.2
g	2±0.2

No.207 タイルカーペット敷き
施工状況 ★★
104ページ No.204

タイルカーペットのバッキング材区分
①ビチューメン（アスファルト系）バッキング
②塩化ビニルバッキング
③アタクチックポリプロピレン（APP）バッキング
④その他の樹脂バッキング（EVAなど）

黒板には施工箇所・部位、製品名、JIS規格・名称、工程を記入。施工箇所・部位ごとに撮影。

工事写真記録のポイント

☞ 合成高分子系張り床・塗り床の下地の乾燥状態を記録する。
☞ 接着剤の製品名、JIS規格・名称、ホルムアルデヒド放散量、塗り工法を記録する。
☞ タイルカーペットの製品名、寸法、JIS規格・名称、バッキング材を記録する。
☞ フローリング類の材料、寸法、規格、ホルムアルデヒド放散量、張り工法を記録する。

仕上工事

㉑ 内装工事／壁・天井

No.208 壁石膏ボード下張り

施工状況
★★

88ページ No.163
89ページ No.165
106ページ No.209

①タイトル
②施工箇所・部位
③寸法・工法
④JIS規格・名称
⑤留付け間隔

```
壁石膏ボード下張り ←①
1階ロビー③通り壁 ←②
○○○○ボード タイプ○○ ←製品名
606×1,820 厚さ21mm横張り ←③
JIS A 6901 石膏ボード製品（GB-F）←④
留付けねじ間隔 周辺部＠200
　中間部＠300 ←⑤
```

石膏ボード下張りの施工状況がわかるように撮影

撮影時期／頻度
施工中／施工箇所・部位ごと
撮影対象
黒板には施工箇所・部位、材料、寸法、JIS規格・名称、工法を記入。取付け下地および留付けねじの間隔がわかるように撮影。

No.209 天井岩綿吸音板張り

施工状況
★★

88ページ No.163
89ページ No.165
106ページ No.208

①タイトル
②施工箇所・部位
③寸法・エッジ形状
④JIS規格・名称

```
天井岩綿吸音板張り（システム天井）←①
3階事務室天井 ←②
○○○○ボード ←製品名
592×592 厚さ15mm スクエアエッジ
　タイプ ←③
JIS A 6301 吸音材料（DR）←④
```

天井の施工状況がわかるように撮影

撮影時期／頻度
施工中／施工箇所・部位ごと
撮影対象
黒板には施工箇所・部位、材料、寸法、工法を記入。天井パネルや設備器具、乗せ掛け部材の脱落防止処置等、施工状況がわかるように撮影。

仕上工事

No.210　壁下張りボード
使用状況 ★★

87ページ
　No.160
　No.162
107ページ
　No.211
109ページ
　No.215

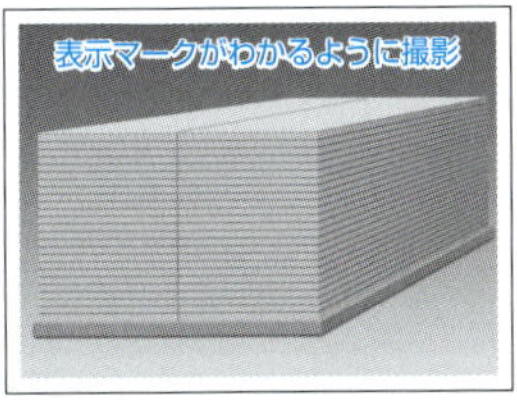

表示マークがわかるように撮影

黒板には施工箇所・部位、製品名、JIS規格・名称を記入。全数の撮影は不要。

石膏ボードの種類と記号（JIS A 6901）
石膏ボード：GB-R
シージング石膏ボード：GB-S
強化石膏ボード：GB-F
石膏ラスボード：GB-L
化粧石膏ボード：GB-D
不燃積層石膏ボード：GB-NC
普通硬質石膏ボード：GB-R-H

No.211　グラスウール保温板
使用材料 ★★

87ページ
　No.160
　No.162
107ページ
　No.210
109ページ
　No.215

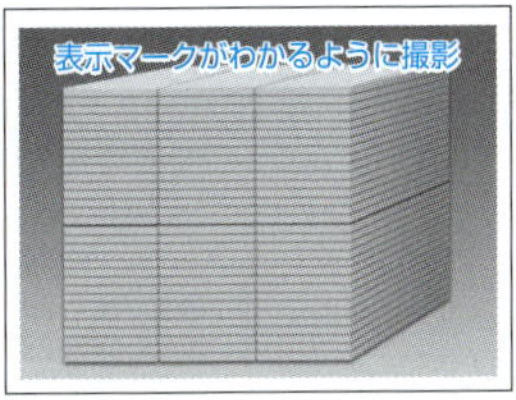

表示マークがわかるように撮影

黒板には施工箇所・部位、製品名、JIS規格・名称を記入。全数の撮影は不要。

グラスウール保温板製品の呼び方（JIS A 9504）

グラスウール保温板　40K
　　　①　　　　　　②
F☆☆☆☆　50　605×910
　③　　　　④　⑤　　⑥

①種類
②密度
③ホルムアルデヒド放散による区分
④厚さ
⑤幅
⑥長さ

No.212　天井壁紙張り
施工状況 ★★

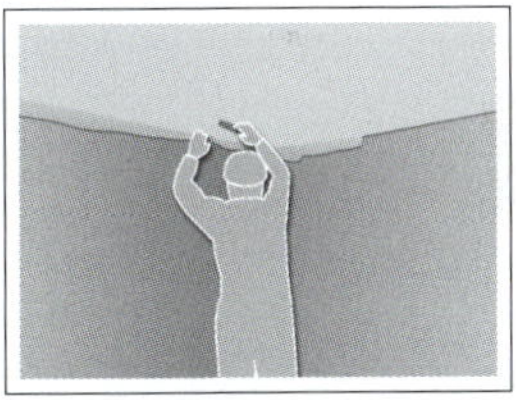

黒板には施工箇所・部位、製品名、JIS規格・名称、工程を記入。施工箇所・部位ごとに撮影。

防火製品表示ラベル			
材料区分		防火種別	
基材の種類（下地の種類）	防火性能	施工方法	認定番号
不燃材料（金属及び不燃石膏ボードを除く）			
不燃石膏ボード			
準不燃材料			
金属板			

壁紙の防火製品表示ラベル（例）

工事写真記録のポイント

☞ ボード類の留付け間隔や張付け用接着剤の間隔を記録する。
☞ 接着剤の製品名、JIS規格・名称、ホルムアルデヒド放散量、塗り工法を記録する。
☞ 壁紙類接合部の接合方法を記録する。
☞ ロックウールフェルト・ロックウール保温板またはグラスウール保温板の留付け方法を記録する。
☞ システム天井の乗せ掛け部材寸法および落下防止措置を記録する。

仕上工事

22 耐火被覆工事

No.213 耐火被覆材の取付け／巻付け工法

施工状況
★★

109ページ
No.216
No.217

耐火被覆材の巻付け施工状況がわかるように撮影

①タイトル
②施工箇所・部位
③寸法
④固定方法

```
耐火被覆材巻付け ←①
3階③〜⑨通り間 梁形 ←②
○○○○ ←製品名
厚さ40mm ←③
2時間耐火 FPxxxBM-xxx ←耐火時間・
　認定番号
固定ピン スタッド溶接 ←④
```

撮影時期／頻度
施工中／施工箇所・部位ごと
撮影対象
黒板には施工箇所・部位、製品名、寸法、認定番号、工法を記入。耐火被覆巻付け材突合せ部の施工状況がわかるように撮影。

No.214 PC板取付け金物耐火被覆および層間区画処理状況

施工状況
★★

66ページ
No.110

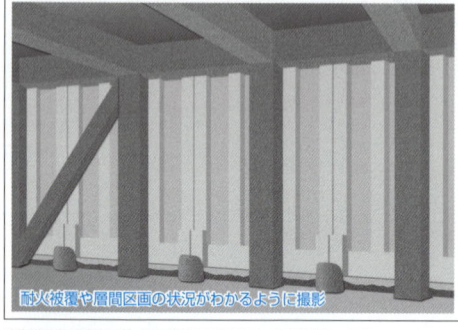

耐火被覆や層間区画の状況がわかるように撮影

①タイトル
②施工箇所・部位
③材料
④工法

```
外壁PC板取付け金物耐火被覆および
　層間区画 ←①
3階①通り ←②
湿式ロックウール ←③
吹付けおよびこて塗り ←④
```

撮影時期／頻度
施工中／施工箇所・部位ごと
撮影対象
黒板には施工箇所・部位、材料、工法を記入。層間区画の脱落防止のための下地やその納まり状況がわかるように撮影。

仕上工事

No.215 巻付け材
使用材料
★★
87ページ
No.160
No.162
107ページ
No.210
No.211

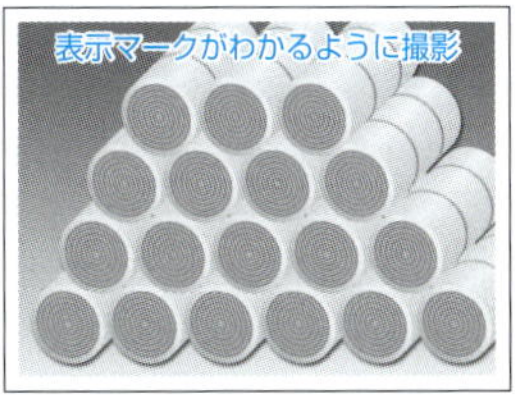

表示マークがわかるように撮影

搬入材料の確認
搬入された耐火材料が、それぞれの耐火認定条件に適合していること、数量が指定どおりであることを確認する。物性の確認は、検査成績書等で代用する。

黒板には製品名、寸法、不燃認定番号・耐火認定番号を記入。適切に保管されている状況を撮影。全数の撮影は不要。

No.216 耐火被覆材の吹付け
施工状況
★★
108ページ
No.213
109ページ
No.217

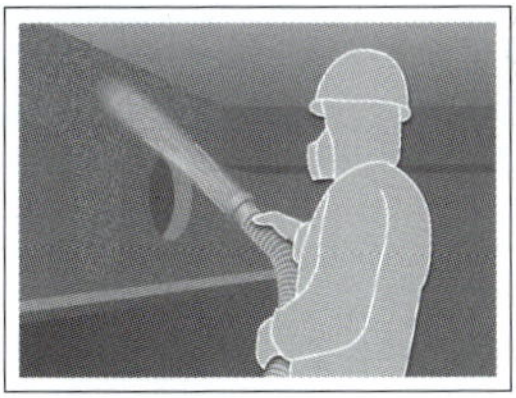

吹付けロックウール
現在最も普及している耐火被覆材料であり、乾式・半乾式工法の吹付けロックウールと、湿式工法の湿式吹付けロックウールがある。耐火被覆材にアスベストを含有する材料を使用することは禁止されている。

黒板には施工箇所・部位、耐火性能、工法、耐火認定番号を記入。施工箇所・部位ごとに撮影。

No.217 吹付け厚さ確認／梁
検査状況
★★
108ページ
No.213
109ページ
No.216

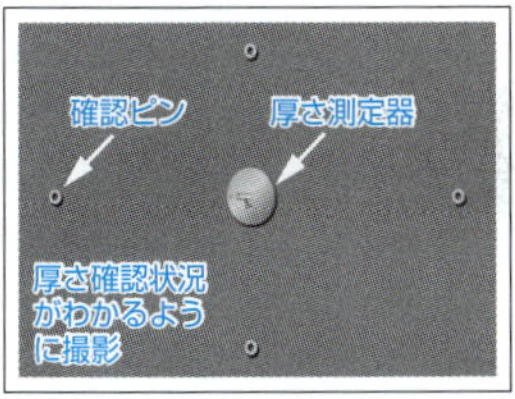

確認ピン　厚さ測定器
厚さ確認状況がわかるように撮影

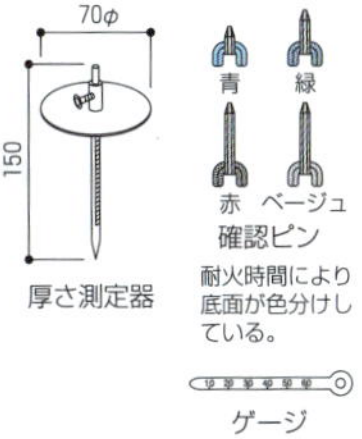

70φ
150
厚さ測定器

青　緑
赤　ベージュ
確認ピン
耐火時間により底面が色分けしている。

ゲージ
厚さ測定器類（例）

黒板には測定箇所・部位、耐火性能の基準値および実測値、かさ比重の確認も合わせて記入。

工事写真記録のポイント

☞ 耐火被覆の施工箇所・部位、耐火被覆材の認定番号、種類・寸法、工法を記録する。
☞ 吹付け材の吹付け厚さや付着強度、かさ比重測定結果を記録する。
☞ 成形板の接着剤や取付け金物による取付け方法を記録する。
☞ 巻付け材の留付け方法、突合せやたるみ等の状況を記録する。
☞ 主要構造部の層間ふさぎ、梁・床・壁等の貫通部の処理、梁とデッキプレートのすき間や主要部材取付け用金物の被覆を記録する。

仕上工事

㉓ ユニット・その他工事

No.218 フリーアクセスフロア
施工状況
★★
138ページ
No.287
No.288

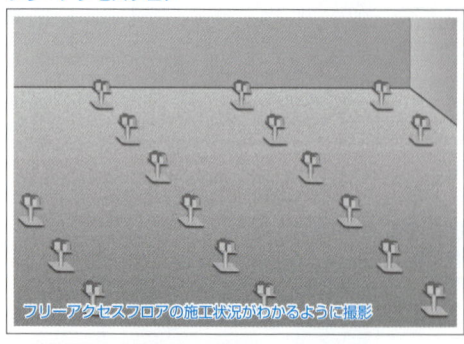

フリーアクセスフロアの施工状況がわかるように撮影

①タイトル
②施工箇所・部位
③寸法
④材質

> フリーアクセスフロア敷込み←①
> 3階事務室床←②
> ○○○○・製品名
> 497.5×497.5 厚さ 29mm←③
> コンクリートパネル←④
> (社)公共建築協会認定品←諸性能評価・認定

撮影時期／頻度
施工中／施工箇所ごと

撮影対象
黒板には施工箇所、製品名、寸法、材質、性能値を記入。フリーアクセスフロアの施工手順各段階ごとの施工状況がわかるように撮影。

No.219 トイレブース
施工状況
★★
111ページ
No.220
No.221

トイレブースの取付け状況がわかるように撮影

①タイトル
②施工箇所・部位
③材質
④仕上げ
⑤寸法

> トイレブース取付け←①
> 3階男子便所・大便ブース←②
> 芯材ペーパーコア←③
> 表面材 メラミン化粧板張り←④
> 高さ 1,900 厚さ 40mm←⑤

撮影時期／頻度
施工中／施工箇所ごと

撮影対象
黒板には施工箇所、材質、仕上げ、寸法を記入。照明器具組込み等がある場合、その接続部の施工状況がわかるように撮影。

110

仕上工事

No.220 キッチンユニット
施工状況 ★★
110ページ No.219
111ページ No.221

キッチンユニット取付け状況がわかるように撮影

黒板には施工箇所、材質、形状、寸法、仕上げ、既製品の場合の製造者・製品名・品番を記入。全数の撮影は不要。

ユニット取付け上の注意点
ユニットに電気・ガス・給排水・衛生器具を組み込むものについては、それぞれの適用仕様書によるほか、関係法令または電気・ガス等の供給事業者の定めがある場合には、これに従う。

No.221 可動間仕切り
施工状況 ★★
110ページ No.219
111ページ No.220

可動間仕切り取付け状況がわかるように撮影

黒板には施工箇所、材質、形状、寸法、仕上げを記入。床・壁・天井取合いのすき間処理を撮影。全数の撮影は不要。

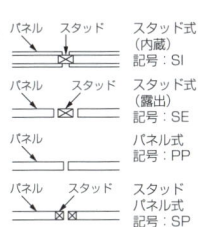

構造	記号
パネル—スタッド（内蔵）	スタッド式（内蔵）記号：SI
パネル—スタッド（露出）	スタッド式（露出）記号：SE
パネル	パネル式 記号：PP
パネル—スタッド	スタッドパネル式 記号：SP

構造形式による種類および記号（JIS A 6512）

No.222 鋼製煙突
施工状況 ★★

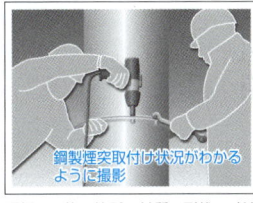

鋼製煙突取付け状況がわかるように撮影

黒板には施工箇所、材質、形状、寸法、仕上げ、ライニング材、周囲空気層有効寸法を記入。施工箇所ごとに撮影。

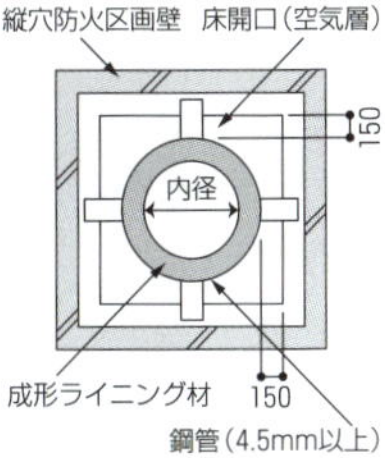

縦穴防火区画壁　床開口（空気層）
内径　150
成形ライニング材　150
鋼管（4.5mm以上）

鋼製煙突（例）

工事写真記録のポイント

☞ トイレブースの施工箇所、材質、仕上げ、寸法を記録する。
☞ キッチンユニット、浴室ユニット類の施工箇所、材質、形状、寸法、仕上げ、既製品の場合の製造者・製品名・品番を記録する。
☞ 可動間仕切り、移動間仕切り類の施工箇所、材質、形状、寸法、仕上げ、性能値を記録する。
☞ ユニット類に電気・ガス・給排水・衛生器具を組み込むものは、それぞれの取合いを記録する。

10章 設備工事 電気設備

1 接地工事

No.223 接地板の埋設

施工状況
★★

112ページ
No.224
113ページ
No.225

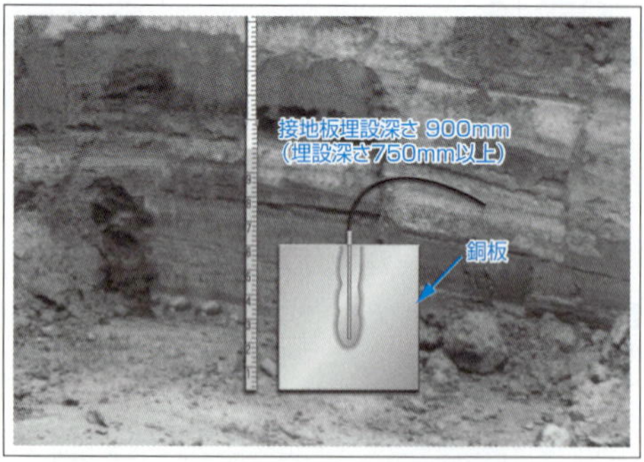

接地板埋設深さ 900mm
(埋設深さ750mm以上)

銅板

①タイトル
②施工箇所・部位
③材料の仕様

接地板の埋設←①
A-1工区←②
接地板←③
  材 質 銅板
  サイズ 600×600×1.5t
  用 途 電力用(A種)

撮影時期/頻度
施工中(掘削工事)/施工箇所ごと

撮影対象
黒板には施工箇所、接地材料の種類、材質、サイズ、数量、用途等を記入。施工状況がわかるように撮影。

No.224 接地棒(アース棒)の埋設

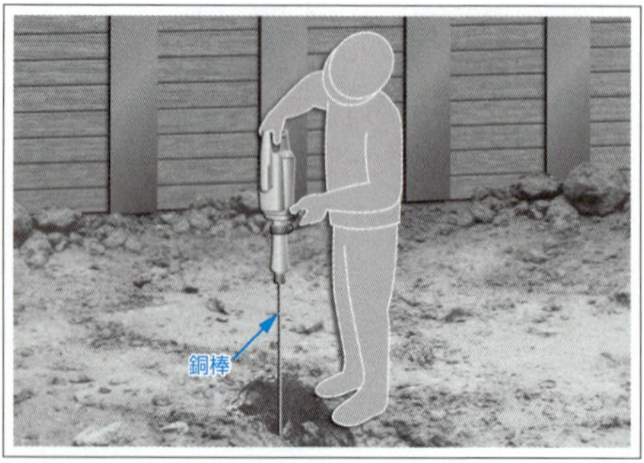

施工状況
★★

112ページ
No.223
113ページ
No.225

銅棒

①タイトル
②施工箇所・部位
③材料の仕様

接地棒の埋設←①
A-2工区←②
接地棒←③
  材 質 銅棒
  サイズ 8.0φ L=900mm
  用 途 電力用補助(D種)

撮影時期/頻度
施工中(根切り工事)/施工箇所ごと

撮影対象
黒板には施工箇所、接地材料の種類、材質、サイズ、数量、用途等を記入。施工状況がわかるように撮影。

撮影準備　電気設備工事写真の撮り方

① 使用材料の形状・材質がわかるように被写界深度を考慮し、黒板上の記述内容がわかるように撮影する。

　📖 被写界深度については、17ページ参照。

② 接地極、屋外埋設ケーブル・埋設配管は、埋戻し後では施工状況が確認できなくなるので、事前に作成した工事写真撮影計画書に従って撮影対象を管理する。

③ 施工状況と同様に、施工着手前の状況も忘れずに撮影しておく。

④ 施工精度や技術基準が確認できるようにスケール等を用いて撮影する。

⑤ 撮影する前に周囲の整理・整頓・清掃状況を確認する。

No.225
使用材料
★★
112ページ
No.223
No.224

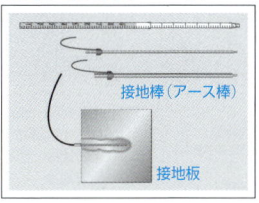

接地板・接地棒（アース棒）

黒板には接地棒（アース棒）の形状・寸法、接地板の寸法がわかるように記入。施工箇所・部位ごとに撮影。

接地極
① 銅板は、厚さ0.7mm以上、表面積900cm²（片面）以上。
② 銅棒または銅被覆鋼棒、炭素被覆鋼棒は、直径8mm以上、長さ900mm以上。
③ 鉄棒は、直径12mm以上、長さ900mm以上の亜鉛めっき鉄棒。

No.226
測定状況
★★

接地抵抗の測定

黒板には接地工事の種類、接地極の種別、個数、測定値を記入。測定箇所ごとに測定状況がわかるように撮影。

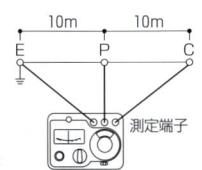

① 被測定用接地極Eから一直線上に $l=10$ mの距離で、測定用補助極P（電位電極）および測定用補助極C（電流電極）を打ち込む。
② E、P、Cと接地抵抗計の端子とを接続する。

接地抵抗の測定

工事写真記録のポイント

☞ 接地極は、用途・仕様がわかるように記録する。

☞ 接地板は、深さが750mm以上になっていることがわかるようにスケールを置いて記録する。

☞ 近くにガス管や水道管がある場合、接地極および接地線との離隔が、1,500mm以上あることがわかるように記録する。

☞ 接地抵抗低減材使用の場合、使用材および使用範囲がわかるように記録する。

電気設備

② スリーブ工事

No.227　止水つば付き防水鋳鉄管の取付け

施工状況
★★

47ページ
No.064
115ページ
No.229
No.231
156ページ
No.332

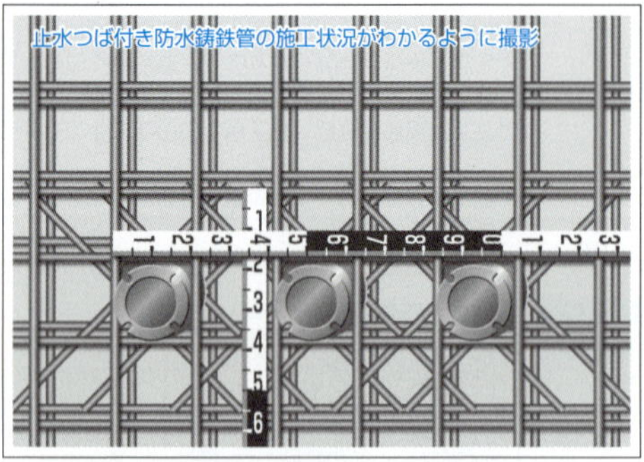

止水つば付き防水鋳鉄管の施工状況がわかるように撮影

①タイトル
②施工箇所・部位
③材料の仕様

- 止水つば付き防水鋳鉄管 ←①
- B-1工区地下1階電気室外壁 ←②
- スリーブ材 ←③
  - 材　質　防水鋳鉄管
  - サイズ　150φ×L600×3本
  - 用　途　電力引込み用

撮影時期／頻度
施工中（地階外壁型枠工事）／施工箇所・部位ごと

撮影対象
黒板には施工箇所・部位、スリーブの種類、材質、サイズ、数量、用途等を記入。施工状況がわかるように撮影。

No.228　止水つば付き電線管の取付け

施工状況
★★

47ページ
No.064
115ページ
No.230
No.231

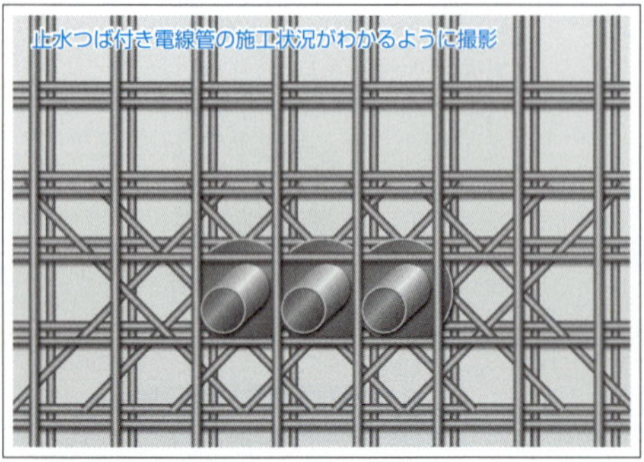

止水つば付き電線管の施工状況がわかるように撮影

①タイトル
②施工箇所・部位
③材料の仕様

- 止水つば付き電線管 ←①
- B-2工区地下1階電気室外壁 ←②
- スリーブ材 ←③
  - 材　質　金属電線管
  - サイズ　54φ×L800×2本
  - 　　　　42φ×L800×1本
  - 用　途　通信引込み用配管

撮影時期／頻度
施工中（地階外壁型枠工事）／施工箇所・部位ごと

撮影対象
黒板には施工箇所・部位、スリーブの種類、材質、サイズ、数量、用途等を記入。施工状況がわかるように撮影。

設備工事

No.229 止水つば付き防水鋳鉄管

使用材料 ★★
114ページ No.227
157ページ No.334

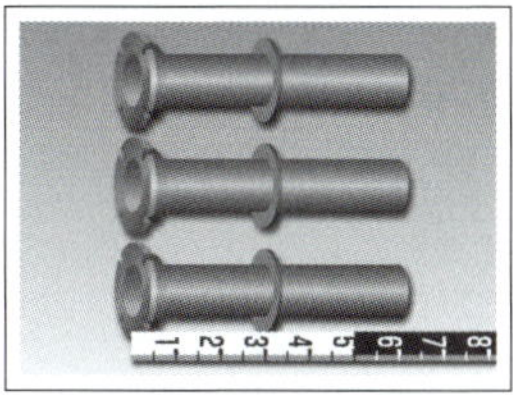

黒板には施工箇所・部位、製品の表示、材質、サイズ(径・長さ)を記入。施工箇所・部位ごとに撮影。

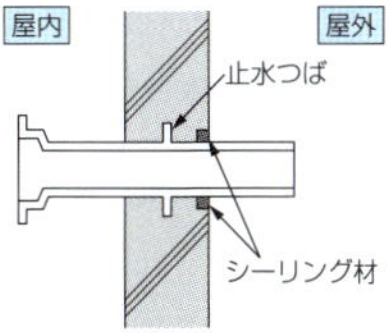

止水つば付き防水鋳鉄管の納まり(例)

No.230 止水つば付き電線管

使用材料 ★★
114ページ No.228
157ページ No.334

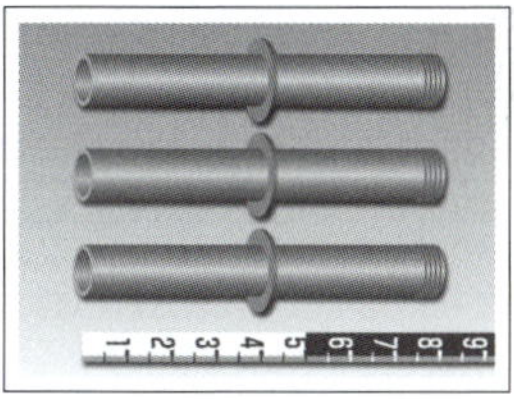

黒板には施工箇所・部位、製品の表示、材質、サイズ(径・長さ)を記入。施工箇所・部位ごとに撮影。

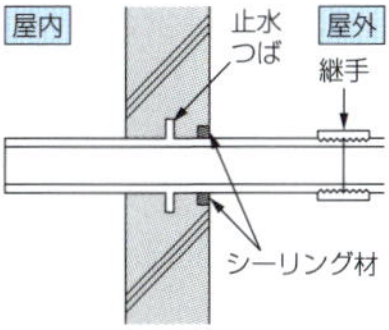

止水つば付き電線管の納まり(例)

No.231 止水つば付き鋼管スリーブ

施工状況 ★★
114ページ No.227
No.228
156ページ No.332

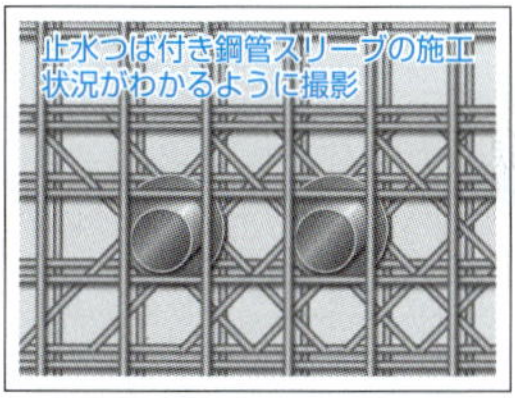

止水つば付き鋼管スリーブの施工状況がわかるように撮影

黒板には施工箇所・部位、製品の表示、材質、サイズ(径・長さ)を記入。施工箇所・部位ごとに撮影。

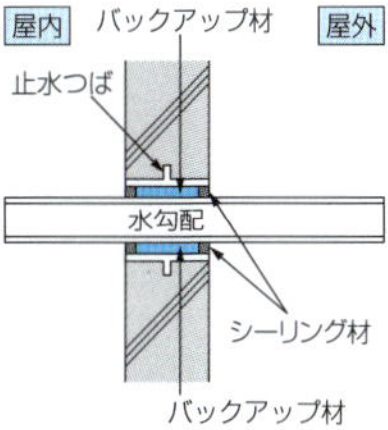

止水つば付き鋼管スリーブの納まり(例)

工事写真記録のポイント

☞ 止水つば付き防水鋳鉄管および止水つば付き電線管は、躯体に打ち込まれるため、取付け状況および位置が正確であることがわかるようにスケールを当てて記録する。

☞ 止水つば付き防水鋳鉄管および止水つば付き電線管は、仕様や用途がわかるように記録する。

☞ 地中外壁貫通用スリーブ工事では、鉄筋補強が正しく施工されていることがわかるように記録する。

電気設備

③ 電気配管工事／合成樹脂可とう電線管

No.232 床埋込み配管／CD管・PF管

施工状況
★★

116ページ
No.233
117ページ
No.234
No.235
No.236

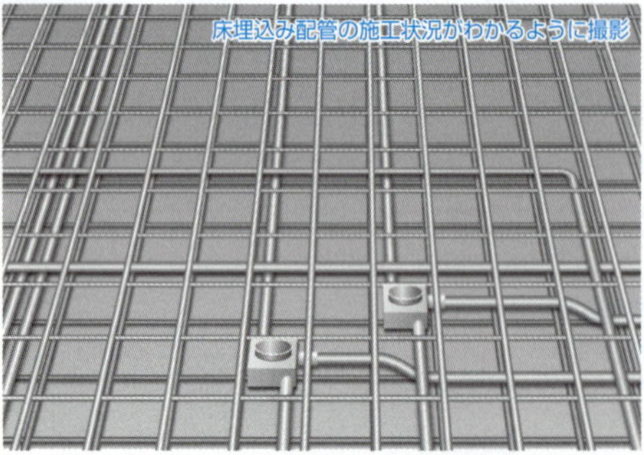

（画像内黒板：床埋込み配管の施工状況がわかるように撮影）

①タイトル
②施工箇所・部位
③材料の仕様

床埋込み配管←①
C-1工区2階スラブ←②
配管材←③
　材　質　CD管、PF管
　サイズ　呼び径 16mm、22mm
　用　途　電灯・コンセント用

撮影時期／頻度
施工中（スラブ鉄筋工事）／施工箇所・部位ごと

撮影対象
黒板には施工箇所・部位、配管の種類、サイズ、用途等を記入。施工状況がわかるように撮影。

No.233 立上り配管／CD管・PF管

施工状況
★★

116ページ
No.232
117ページ
No.234

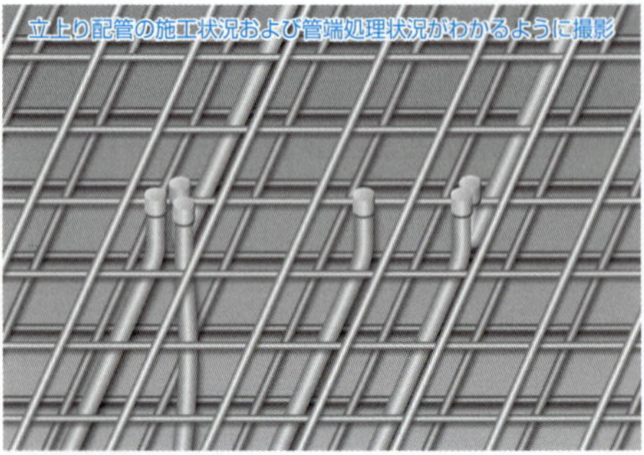

（画像内黒板：立上り配管の施工状況および管端処理状況がわかるように撮影）

①タイトル
②施工箇所・部位
③材料の仕様

立上り配管←①
C-2工区2階スラブ←②
配管材←③
　材　質　CD管、PF管
　サイズ　呼び径 16mm、22mm
　用　途　電灯・コンセント用

撮影時期／頻度
施工中（スラブ鉄筋工事）／施工箇所・部位ごと

撮影対象
黒板には施工箇所・部位、配管の種類、サイズ、用途等を記入。施工状況がわかるように撮影。

設備工事

No.234 CD管・PF管

使用材料 ★★

116ページ
No.232
No.233
118ページ
No.237
No.238
120ページ
No.242
No.243

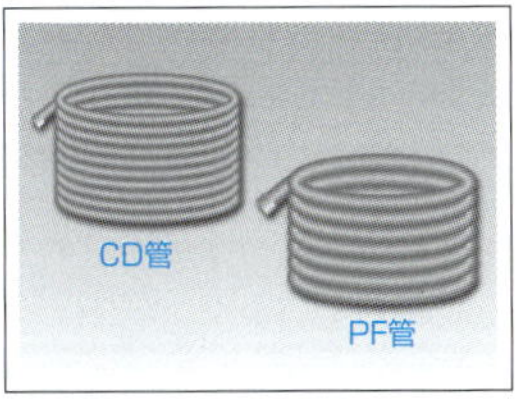

黒板には施工箇所・部位、製品の表示、サイズ(径)を記入。施工箇所・部位ごとに撮影。全数の撮影は不要。

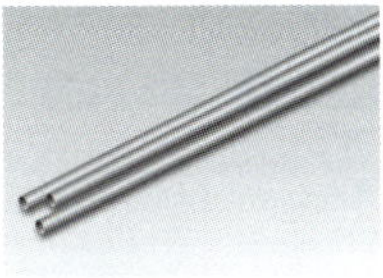

強度を重視する場合には、金属電線管(厚鋼、薄鋼、ねじなし)を使用する。

金属電線管

No.235 アウトレットボックス

使用材料 ★★

116ページ
No.232
118ページ
No.237
No.238
120ページ
No.243
121ページ
No.245

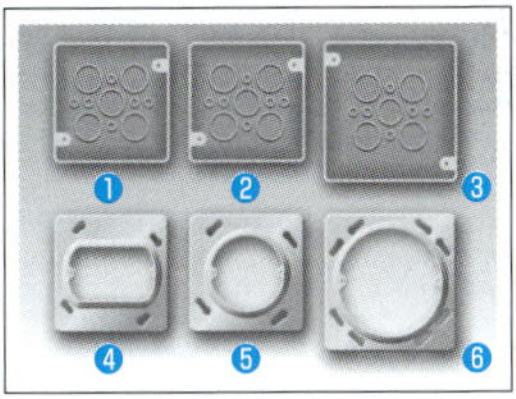

黒板には施工箇所・部位、製品の表示、サイズを記入。施工箇所・部位ごとに撮影。全数の撮影は不要。

アウトレットボックス
❶アウトレットボックス(浅型)
❷アウトレットボックス(中浅)
❸アウトレットボックス(大深)
❹塗りしろカバー(小判型)
❺塗りしろカバー(丸型)
❻塗りしろカバー(大深用)

No.236 管端処理

施工状況 ★★

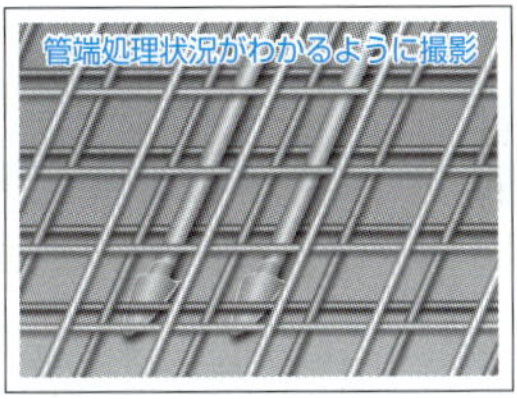

管端処理状況がわかるように撮影

エンドカバー/PF管用

黒板には施工箇所・部位、製品の表示、材質、サイズを記入。施工箇所・部位ごとに撮影。

工事写真記録のポイント

☞ CD管およびPF管は、呼び径22mm以下(金属管の場合は25mm以下)であることがわかるように記録する。
☞ 配管と配管の離隔が40mm以上であることを記録する。
☞ 梁に平行に配管が施工される場合、梁から500mm以上離れていることがわかるようにスケールを当てて記録する。
☞ 金属管の場合、ボックスにボンディングされている状況がわかるように記録する。

117

電気設備

④ 建込み配管

No.237 建込み配管とアウトレットボックス／壁

施工状況
★★

117ページ
No.234
No.235
119ページ
No.239
No.241

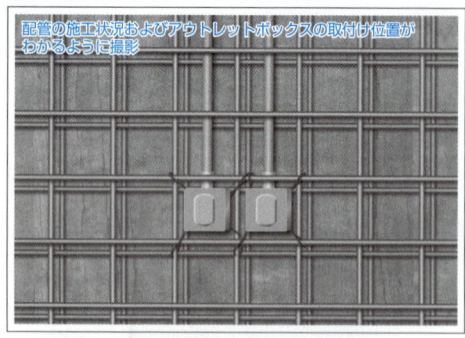

配管の施工状況およびアウトレットボックスの取付け位置がわかるように撮影

①タイトル
②施工箇所・部位
③材料の仕様

```
建込み配管 ←①
D-1工区2-A-B通り壁 ←②
配管材　PF管 ←③
アウトレットボックス ←③
　材　質　金属製
　サイズ　中型アウトレットボックス
　用　途　電灯用
```

撮影時期／頻度
施工中(壁鉄筋工事)／施工箇所・部位ごと

撮影対象
黒板には施工箇所・部位、アウトレットボックスの種類、材質、数量、用途等を記入。施工状況がわかるように撮影。

No.238 建込み配管とアウトレットボックス／柱

施工状況
★★

117ページ
No.234
No.235

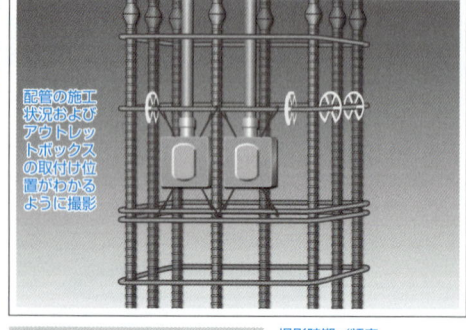

配管の施工状況およびアウトレットボックスの取付け位置がわかるように撮影

①タイトル
②施工箇所・部位
③材料の仕様

```
建込み配管 ←①
D-2工区2-X通り柱 ←②
配管材　PF管 ←③
アウトレットボックス ←③
　材　質　金属製
　サイズ　中型アウトレットボックス
　用　途　電灯用
```

撮影時期／頻度
施工中(柱鉄筋工事)／施工箇所・部位ごと

撮影対象
黒板には施工箇所・部位、アウトレットボックスの種類、材質、数量、用途等を記入。施工状況がわかるように撮影。

設備工事

No.239 電話用・コンセント用アウトレットボックス
施工状況 ★★

117ページ
No.234
No.235
118ページ
No.237
119ページ
No.241

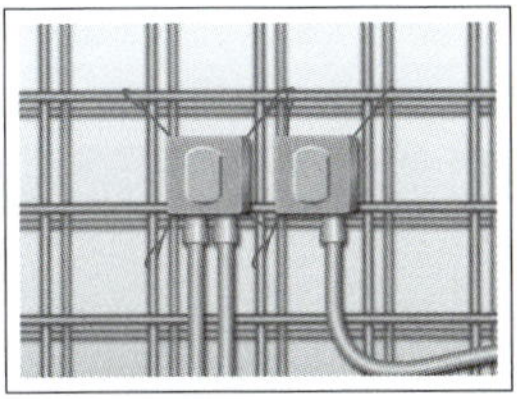

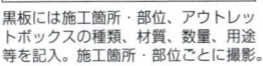

黒板には施工箇所・部位、アウトレットボックスの種類、材質、数量、用途等を記入。施工箇所・部位ごとに撮影。

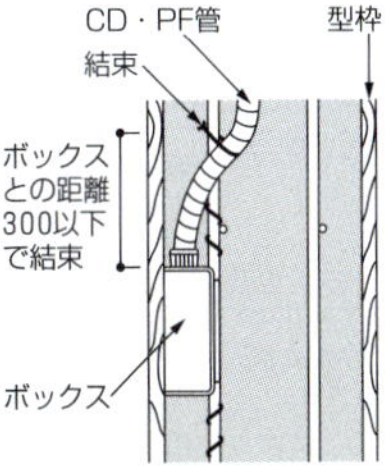

壁建込み配管の納まり(例)
CD・PF管、型枠、結束、ボックスとの距離300以下で結束、ボックス

No.240 分電盤用仮枠
施工状況 ★★

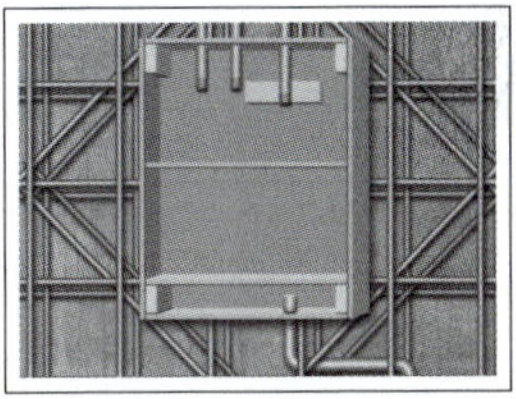

分電盤用仮枠
①仮枠は分電盤箱より大きめにし、箱と配管のボンディング作業ができるようにしておく。
②分電盤箱取付け後は、管端処理状況とボンディング施工状況が確認できるように記録する。

黒板には施工箇所・部位、分電盤の種類、材質、数量、用途等を記入。施工箇所・部位ごとに撮影。

No.241 コンセント用結露防止アウトレットボックス
施工状況 ★★

117ページ
No.234
No.235
118ページ
No.237
119ページ
No.239

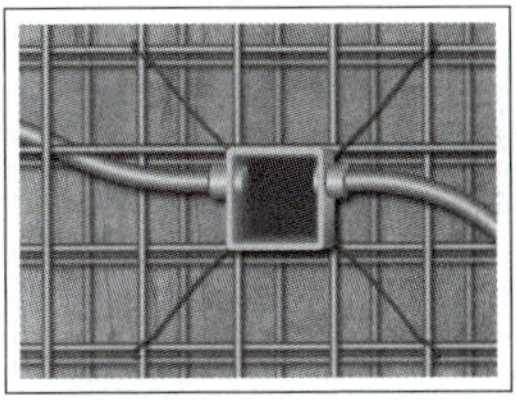

黒板には施工箇所・部位、アウトレットボックスの種類、材質、数量、用途等を記入。施工箇所・部位ごとに撮影。

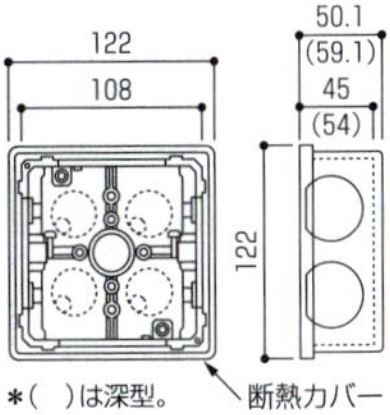

50.1 (59.1) 45 (54) 122 108 122
*( )は深型。 断熱カバー
結露防止アウトレットボックス(例)

工事写真記録のポイント

☞ 配管とアウトレットボックスは、常に同時に使用されるものなので一緒に記録する。
☞ 金属ボックスの場合には、ボンディングされている様子がわかるように記録する。
☞ 配管およびボックス類が、鉄筋に結束されている状況を記録する。
☞ 電線管およびアウトレットボックスのコンクリートかぶり厚さは30mm以上とし、かぶり厚さが確認できるように記録する。

電気設備

⑤ 間仕切り配管

No.242 スイッチボックス／鋼製下地間仕切り（壁）
施工状況 ★★
89ページ No.165
117ページ No.235

①タイトル
②施工箇所・部位
③材料の仕様

- スイッチボックス取付け ←①
- D-3工区2階会議室 ←②
- スイッチボックス ←③
  - 材　質　金属製
  - サイズ　180×120×38mm
  - 用　途　スイッチ用

撮影時期／頻度
施工中／施工箇所・部位ごと
撮影対象
黒板には施工箇所・部位、スイッチボックスの材質、サイズ、用途等を記入。スイッチボックスの取付けと配管の接続状況を撮影。

No.243 アウトレットボックス／鋼製下地（柱）
施工状況 ★★
117ページ No.235

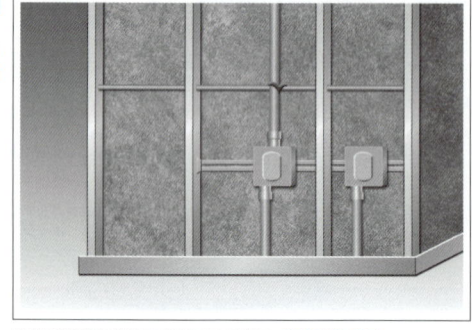

①タイトル
②施工箇所・部位
③材料の仕様

- 建込み配管 ←①
- D-4工区1階ロビー ←②
- アウトレットボックス ←③
  - 材　質　金属製
  - サイズ　中型アウトレットボックス
  - 用　途　電話用

撮影時期／頻度
施工中／施工箇所・部位ごと
撮影対象
黒板には施工箇所・部位、アウトレットボックスの材質、サイズ、用途等を記入。アウトレットボックスの取付けと配管の接続状況を撮影。

設備工事

No.244 ケーブル保護材
使用材料
★★
121ページ
No.245

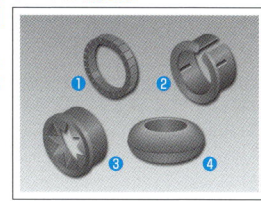

ブッシング類（ケーブル保護材）
1. ナイロン製グロメット
2. オープン・クローズドブッシング
3. ユニバーサルブッシング
4. ゴム製ブッシング

黒板には施工箇所・部位、名称、種類、用途等を記入。使用材料の形状、仕様がわかるように撮影。

No.245 アウトレットボックス／鋼製下地間仕切り（壁）
施工状況
★★
121ページ
No.244

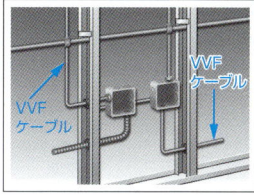

VVFケーブル
VVFケーブル
ブッシング
VVFケーブル

黒板には施工箇所・部位、アウトレットボックスの材質、サイズ、用途等を記入。配管の接続状況を撮影。

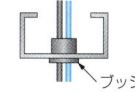

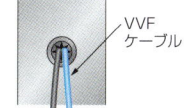

スタッドへのブッシングの取付け（例）

No.246 スイッチボックス／木製下地間仕切り（壁）
施工状況
★★

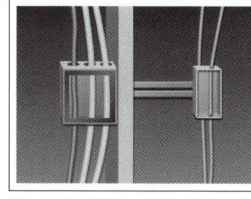

黒板には施工箇所・部位、スイッチボックスの材質、サイズ、用途等を記入。配管の接続状況を撮影。

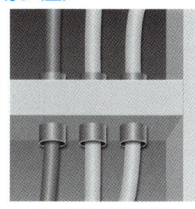

ケーブルの貫通処理

工事写真記録のポイント

☞ アウトレットボックスと配管は、常に同時に使用されるものなので一緒に記録する。
☞ 金属ボックスの場合には、ボンディングされている様子がわかるように記録する。
☞ VVFケーブルをじかに配線する場合は、ブッシングが施されているところも記録する。
☞ PF管、VVFケーブルは必要に応じて支持状況を記録する。

電気設備

⑥ 幹線工事／金属電線管

No.247 配管の支持間隔
施工状況
★★

123ページ
No.249

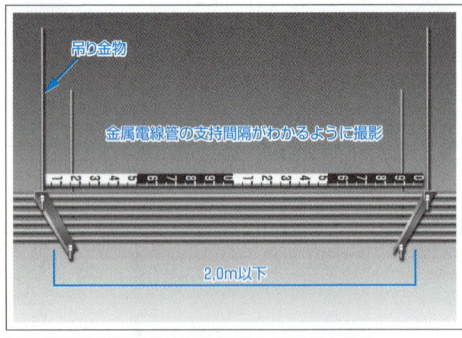

吊り金物

金属電線管の支持間隔がわかるように撮影

2.0m以下

①タイトル
②施工箇所・部位
③材料の仕様

配管の支持間隔 ←①
L-1工区機械室前通路天井 ←②
材料の仕様 ←③
　材　質　金属電線管
　サイズ　E(51)×5
　用　途　低圧幹線

撮影時期／頻度
施工中(躯体工事完了後)／施工箇所・部位ごと
撮影対象
黒板には施工箇所・部位、金属電線管の種類、材質、サイズ、数量、用途等を記入。施工箇所・部位ごとに撮影。

No.248 躯体貫通部
施工状況
★★

123ページ
No.249
No.250
No.251
134ページ
No.277
No.278

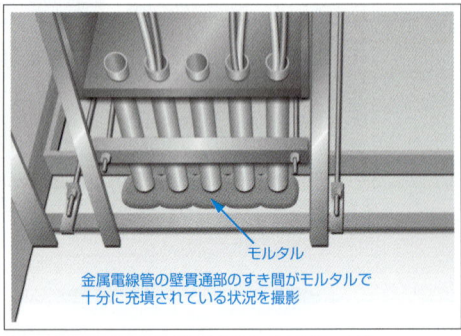

モルタル

金属電線管の壁貫通部のすき間がモルタルで
十分に充填されている状況を撮影

①タイトル
②施工箇所・部位
③材料の仕様

躯体貫通部 ←①
L-1工区機械室前通路天井 ←②
材料の仕様 ←③
　材　質　金属電線管
　サイズ　E(51)×5
　用　途　低圧幹線

撮影時期／頻度
施工中(柱鉄筋工事)／施工箇所・部位ごと
撮影対象
黒板には施工箇所・部位、金属電線管の種類、材質、サイズ、数量、用途等を記入。施工箇所・部位ごとに撮影。

設備工事

No.249 金属電線管
使用材料 ★★

122ページ
No.247
No.248
123ページ
No.250
No.251
134ページ
No.277
No.278

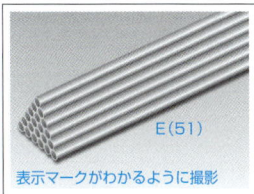

E(51)
表示マークがわかるように撮影

黒板には施工箇所・部位、製品の表示、サイズを記入。施工箇所・部位ごとに撮影。全数の撮影は不要。

金属電線管の種類
①厚鋼電線管
　肉厚が厚く、機械的強度に優れているため、屋外や工場内の金属管工事に使用される。
②薄鋼電線管
　肉厚が薄いため、一般的に屋内の金属管工事に使用される。
③ねじなし電線管
　管端にねじが切られていない電線管で、薄鋼電線管より肉厚が薄い。

No.250 プルボックスのボンディング
施工状況 ★★

135ページ
No.281

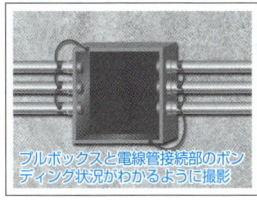

プルボックスと電線管接続部のボンディング状況がわかるように撮影

ボンド線の太さ

配線用遮断器等の定格電流(A)	ボンド線の太さ
100以下	2.0mm以上
225以下	5.5mm²以上
600以下	14mm²以上

黒板には施工箇所・部位、プルボックスの種類、材質、数量、用途等を記入。施工箇所・部位ごとに撮影。

No.251 電線の接続
施工状況 ★★

134ページ
No.278

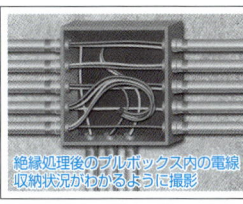

絶縁処理後のプルボックス内の電線収納状況がわかるように撮影

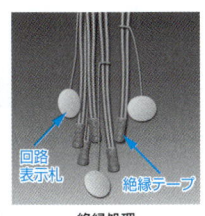

回路表示札
絶縁テープ
絶縁処理

絶縁処理後、プルボックス内の電線収納状況および回路種別表示が確認できるように撮影。

工事写真記録のポイント

☞ 金属電線管を受けるダクターチャンネル材またはアングル材の間隔が、適切であることがわかるように記録する。
☞ 幹線の系統・行き先表示がわかるように記録する。
☞ 金属電線管の壁・床貫通部は、モルタルによる穴埋めが正しく施工されている様子がわかるように記録する。
☞ プルボックスと金属電線管の接続部のボンディングの状態がわかるように記録する。

電気設備

⑦ 幹線工事／ケーブルラック

No.252 ケーブルラックの施工

施工状況
★★

124ページ
No.253

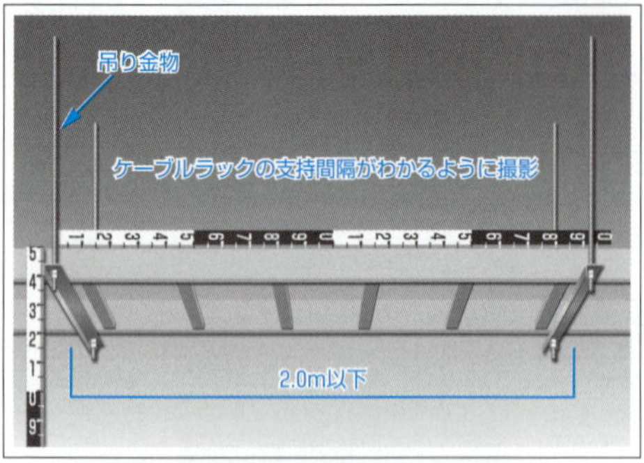

吊り金物

ケーブルラックの支持間隔がわかるように撮影

2.0m以下

①タイトル
②施工箇所・部位
③材料の仕様

ケーブルラックの施工 ←①
K-1工区地下1階電気室前通路天井 ←②
ケーブルラックの仕様 ←③
　材　質　鋼板製
　サイズ　W900×H100
　用　途　低圧幹線

撮影時期／頻度
施工中（躯体工事完了後）／施工箇所・部位ごと

撮影対象
黒板には施工箇所・部位、ケーブルラックの用途、系統、材質等を記入。施工箇所・部位ごとに撮影。

No.253 ケーブルの敷設

施工状況
★★

125ページ
No.255
No.256

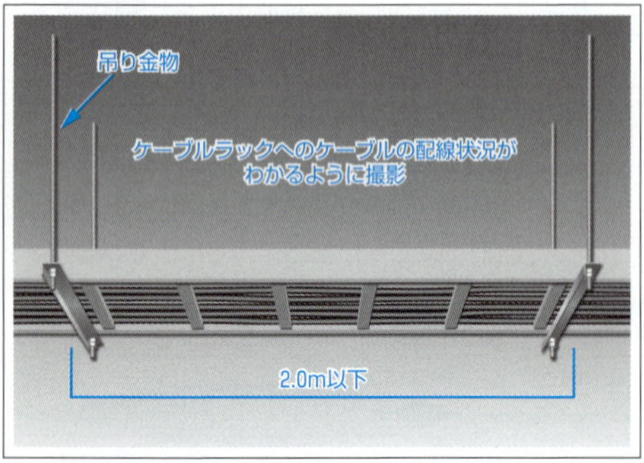

吊り金物

ケーブルラックへのケーブルの配線状況がわかるように撮影

2.0m以下

①タイトル
②施工箇所・部位
③材料の仕様

ケーブルの敷設 ←①
K-1工区地下1階電気室前通路天井 ←②
材料の仕様 ←③
　材　質　CVケーブル
　サイズ　100mm²-3C×10
　　　　　60mm²-3C×8
　用　途　低圧幹線

撮影時期／頻度
施工中（躯体工事完了後）／施工箇所・部位ごと

撮影対象
黒板には施工箇所・部位、ケーブルラックの用途、系統、材質等を記入。施工箇所・部位ごとに撮影。

設備工事

No.254 **CVケーブル**
使用材料
★★

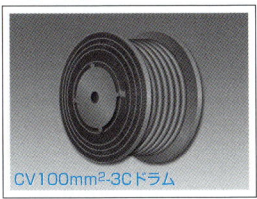

CV100mm²-3Cドラム

黒板には施工箇所・部位、ドラムの仕様、ケーブルのサイズを記入。施工箇所・部位ごとに撮影。

環境型プラスチック製ドラム
電線・ケーブルの梱包用機材であるドラムを、従来は使い捨てであった木製のものから、リユース、リサイクル可能な材質としてプラスチック製のものが使われはじめている。このプラスチック製ドラムは、電線被覆等の廃材から製作されており、建設廃棄物の削減にも貢献している。

No.255 **ケーブルラックのボンディング／一般継手**
施工状況
★★
125ページ
No.256

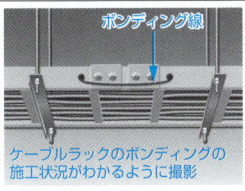

ボンディング線

ケーブルラックのボンディングの施工状況がわかるように撮影

黒板には施工箇所・部位、ケーブルラックの種類、材質、数量、用途等を記入。施工箇所・部位ごとに撮影。

ケーブルラックの一般継手
ケーブルラックの一般継手部は、接地線によるボンディングで電気的に接続する。

No.256 **ケーブルラックのボンディング／自在継手**
施工状況
★★
125ページ
No.255

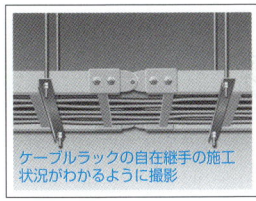

ケーブルラックの自在継手の施工状況がわかるように撮影

黒板には施工箇所・部位、ケーブルラックの種類、材質、数量、用途等を記入。施工箇所・部位ごとに撮影。

ケーブルラックの自在継手
ケーブルラック自在継手の多くは、すでに電気的に接続されているので、ボンディングの必要はない。

工事写真記録のポイント

☞ ケーブルラックの施工時には、支持間隔、取付け高さがわかるようにスケールを当てて記録する。
☞ ケーブルラックの継手部は、接続部に近い両側に支持材のあることがわかるように記録する。
☞ ケーブルラックの継手部は、ボンディングが施されていることがわかるように記録する。
☞ ケーブルの固定が整然となっていることを記録する。

電気設備

⑧ 防火区画貫通処理／ケーブルラック

No.257 不燃材の充填

施工状況
★★

126ページ
No.258

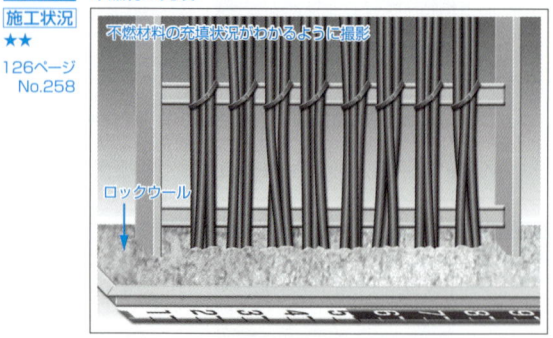

不燃材料の充填状況がわかるように撮影

ロックウール

①タイトル
②施工箇所・部位
③材料の仕様

ケーブルラックの防火区画貫通処理
不燃材の充填 ←①
K-3工区地下1階電気シャフト ←②
ケーブルラック ←③
　材　質　ガルバリウム
　サイズ　W800×H100
　用　途　低圧幹線
　充填材　ロックウール ←③

撮影時期／頻度
施工中(躯体工事完了後)／施工箇所・部位ごと

撮影対象
黒板には施工箇所・部位、ケーブルラックの用途、材質、防火区画貫通処理工法を記入。施工箇所・部位ごとに撮影。

No.258 繊維混入けい酸カルシウム板の施工

施工状況
★★

127ページ
No.259

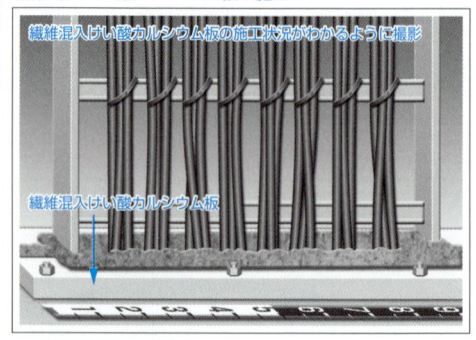

繊維混入けい酸カルシウム板の施工状況がわかるように撮影

繊維混入けい酸カルシウム板

①タイトル
②施工箇所・部位
③材料の仕様

ケーブルラックの防火区画貫通処理
繊維混入けい酸カルシウム板の施工 ←①
K-3工区地下1階電気シャフト ←②
ケーブルラック ←③
　材　質　ガルバリウム
　サイズ　W800×H100
　用　途　低圧幹線
　仕上材　繊維混入けい酸カルシウム板 ←③

撮影時期／頻度
施工中(躯体工事完了後)／施工箇所・部位ごと

撮影対象
黒板には施工箇所・部位、ケーブルラックの用途、材質、防火区画貫通処理工法を記入。施工箇所・部位ごとに撮影。

設備工事

No.259 耐火仕切り板
使用材料 ★★
126ページ No.258
127ページ No.260

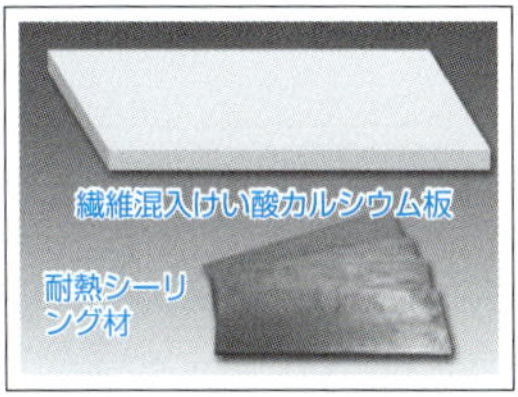

黒板には施工箇所・部位、製品の名称、サイズ、用途等を記入。製品の仕様がわかるように撮影。

繊維混入けい酸カルシウム板
けい酸カルシウムを主成分とする不燃性の耐火板。耐火性能に優れ、切断・加工が容易な材料。防火区画の床・壁をケーブルが貫通する場合に、防火措置として開口部をこの耐火板で覆い、すき間を耐熱シーリング材で埋めて施工する。

No.260 ケーブルによる片側工法
施工状況 ★★
127ページ No.259

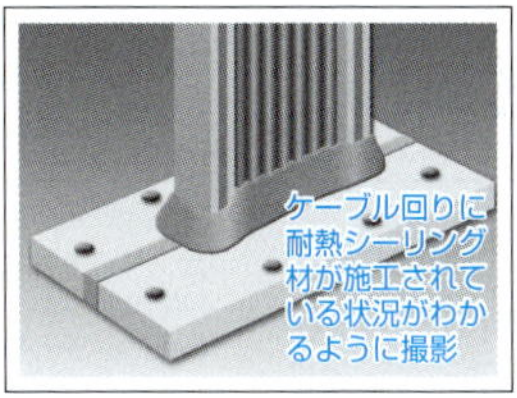

黒板には施工箇所・部位、ケーブルラックの用途、材質、防火区画貫通処理工法を記入。施工箇所・部位ごとに撮影。

片側工法
①繊維混入けい酸カルシウム板の板厚は、40mm以上とする。
②ケーブル回りの耐熱シーリング材は、50mm以上立ち上げる。
③ケーブル回りの耐熱シーリング材の追加巻きは、50mm以上施す。

No.261 金属電線管による工法
施工状況 ★★

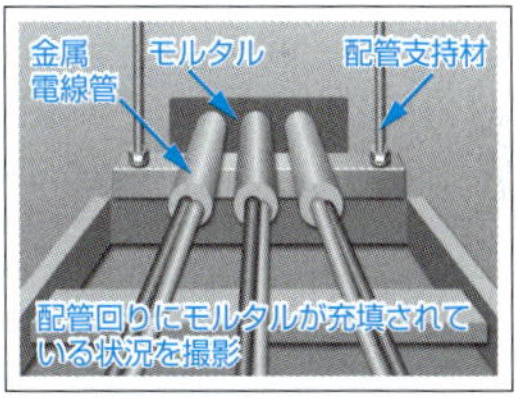

黒板には施工箇所・部位、ケーブルラックの用途、材質、防火区画貫通処理工法を記入。施工箇所・部位ごとに撮影。

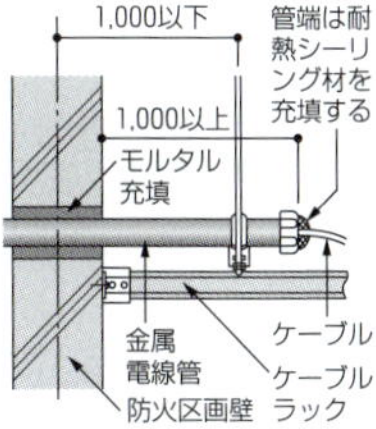

金属電線管の防火区画貫通処理(例)

工事写真記録のポイント

☞ 繊維混入けい酸カルシウム板取付け後の、耐熱シーリング材の施工状況がわかるように記録する。
☞ ロックウール繊維は、工法ごとに規定されている充填密度を確保するようすき間なく充填し、その状況を記録する。
☞ 「認定工法シール」が貼られていることがわかるように記録する。
☞ 金属電線管による貫通の場合は、モルタルによって配管回りを十分に充填している状況がわかるように記録する。

電気設備

⑨ 防火区画貫通処理／金属電線管・金属ダクト

No.262 不燃材の充填

施工状況
★★

128ページ
No.263
129ページ
No.264

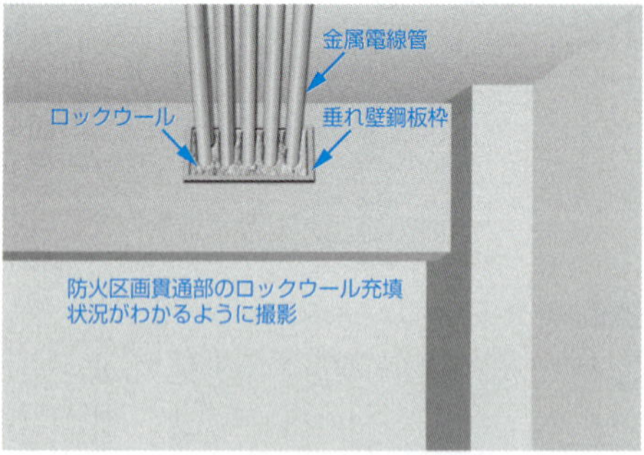

画像内ラベル：金属電線管／ロックウール／垂れ壁鋼板枠

防火区画貫通部のロックウール充填状況がわかるように撮影

①タイトル
②施工箇所・部位
③材料の仕様

```
金属電線管の防火区画貫通処理 ←①
  ロックウール充填
B-4工区地下1階電気室 ←②
材料の仕様 ←③
  鋼板枠       400×250×180×3.2t
  金属電線管   E(51)×10
  用   途    電力
  充填材      ロックウール
```

撮影時期／頻度
施工中／施工箇所・部位ごと
撮影対象
黒板には施工箇所・部位、ロックウール充填量、鋼板枠寸法、金属電線管のサイズ・数量等を記入。鋼板枠およびロックウールの充填状況を撮影。

No.263 化粧プレートの取付け

施工状況
★★

129ページ
No.264

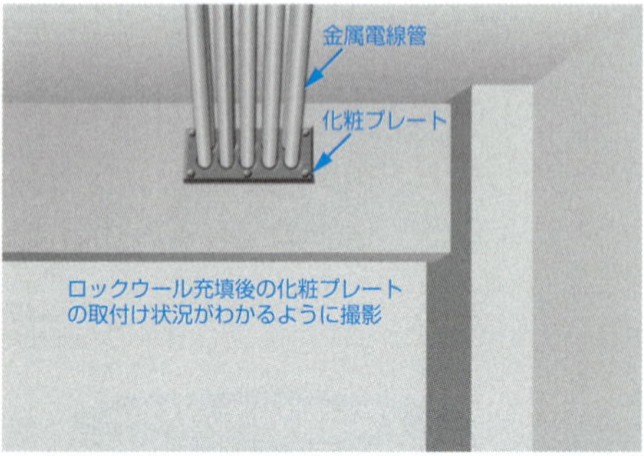

画像内ラベル：金属電線管／化粧プレート

ロックウール充填後の化粧プレートの取付け状況がわかるように撮影

①タイトル
②施工箇所・部位
③材料の仕様

```
金属電線管の防火区画貫通処理 ←①
  プレート取付け
B-4工区地下1階電気室 ←②
材料の仕様 ←③
  化粧プレート（鋼板） 500×350×1.6t
  金属電線管   E(51)×10
  用   途    電力
```

撮影時期／頻度
施工中／施工箇所・部位ごと
撮影対象
黒板には施工箇所・部位、化粧（鋼板）プレートの寸法等を記入。防火区画貫通部の金属電線管と化粧プレートの取付け状況がわかるように撮影。

設備工事

No.264 鋼板枠と化粧プレート
使用材料 ★★
128ページ
No.262
No.263

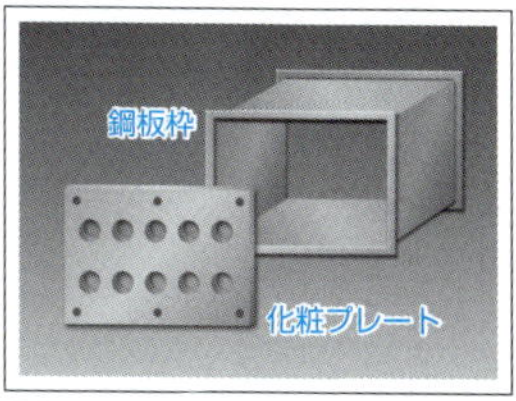

黒板には施工箇所・部位、名称、寸法、用途等を記入。使用材料の形状、仕様がわかるように撮影。

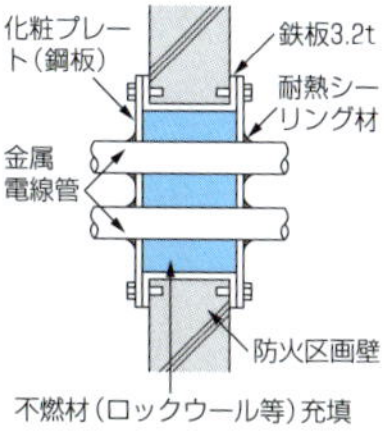

金属電線管の防火区画貫通処理(例)

No.265 金属ダクト
施工状況 ★★

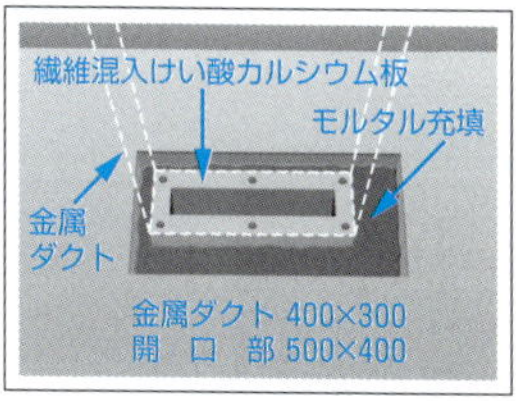

金属ダクト 400×300
開口部 500×400

黒板には施工箇所・部位、開口寸法、金属ダクトの寸法等を記入。金属ダクト回りのモルタル充填状況を撮影。

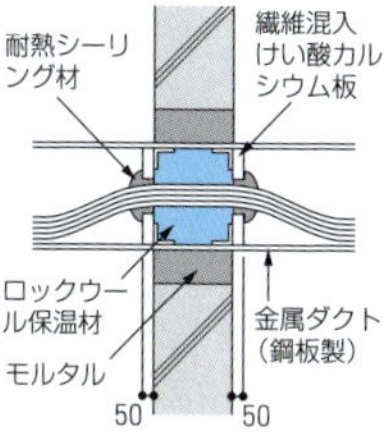

金属ダクトの防火区画貫通処理(例)

No.266 金属電線管の単独貫通処理
施工状況 ★★
127ページ
No.261

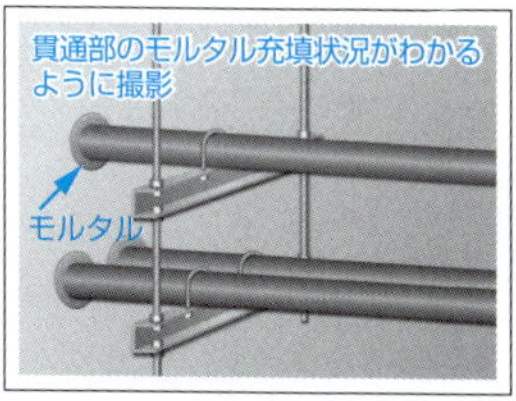

貫通部のモルタル充填状況がわかるように撮影

黒板には施工箇所・部位、金属電線管のサイズ、数量、防火区画貫通処理工法を記入。施工箇所・部位ごとに撮影。

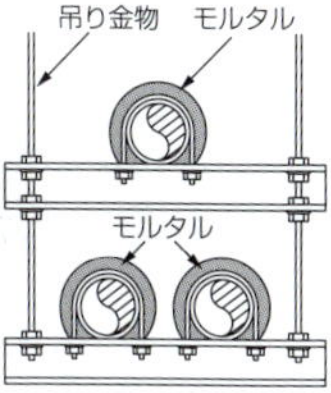

金属電線管の単独貫通処理(例)

工事写真記録のポイント

☞ ロックウール繊維は、工法ごとに規定されている充填密度を確保するようすき間なく充填し、その状況を記録する。
☞ 金属電線管の防火区画貫通処理では、貫通部にプレートが正しくビス止めされている状況がわかるように記録する。
☞ 金属ダクトの防火区画貫通処理は、工程ごとに適切な施工が行われていることがわかるように記録する。
☞ 配管が単独貫通の場合、モルタルの充填状況を記録する。

電気設備

⑩ 屋外埋設ケーブル

No.267 波付き硬質ポリエチレン管の敷設

施工状況
★★

131ページ
No.269
No.270
192ページ
No.421

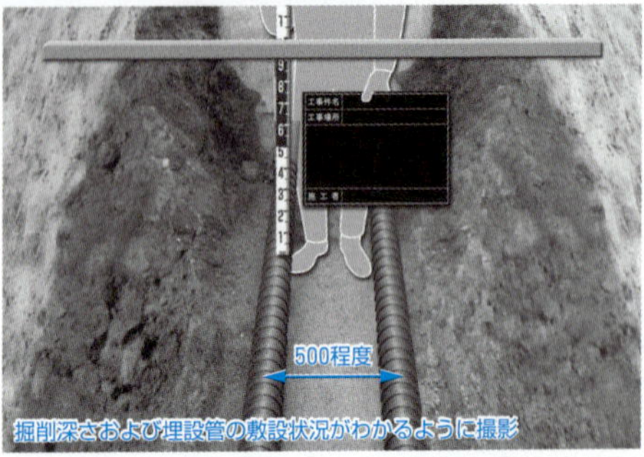

掘削深さおよび埋設管の敷設状況がわかるように撮影

500程度

①タイトル
②埋設箇所・部位
③材料の仕様

- 波付き硬質ポリエチレン管の埋設←①
- 西側外構部←②
- 材料の仕様←③
  - 材　質　波付き硬質ポリエチレン管
  - サイズ　FEP100mm×2本
  - 用　途　電力引込み

撮影時期／頻度
施工中（外構工事）／施工箇所・部位ごと

撮影対象
黒板には施工箇所・部位、配管の種類、数量、用途等を記入。埋設深さ、埋設管の敷設状況がわかるように撮影。

No.268 配管敷設後の埋設表示

施工状況
★★

131ページ
No.271
193ページ
No.424

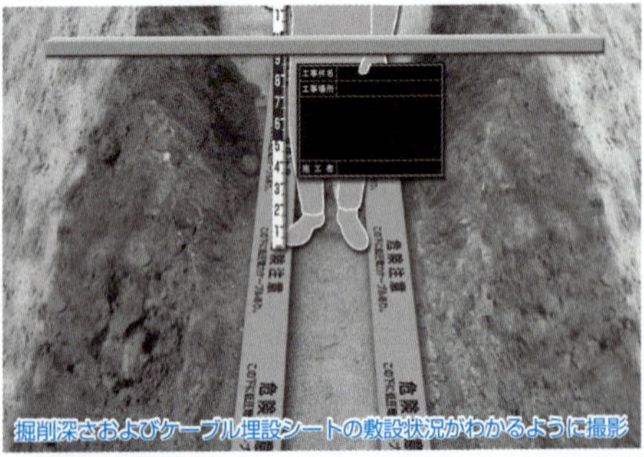

掘削深さおよびケーブル埋設シートの敷設状況がわかるように撮影

①タイトル
②埋設箇所・部位
③材料の仕様

- ケーブル埋設シート←①
- 西側外構部←②
- 材料の仕様←③
  - 材　質　ポリエチレン
  - サイズ　W150mm×2本
  - 用　途　電力引込み

撮影時期／頻度
施工中（外構工事）／施工箇所・部位ごと

撮影対象
黒板には施工箇所・部位、材質、サイズ、数量、用途等を記入。ケーブル埋設シートの敷設状況がわかるように撮影。

設備工事

No.269 波付き硬質ポリエチレン管

使用材料 ★★

130ページ No.267
155ページ No.331

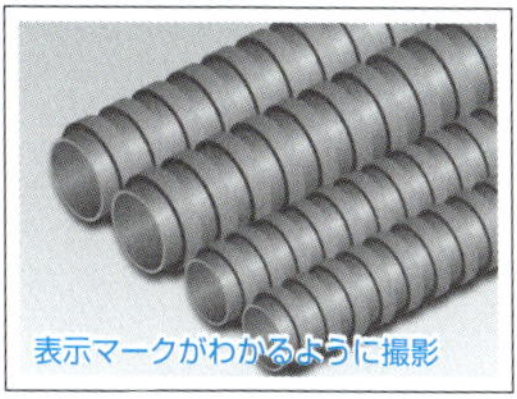

表示マークがわかるように撮影

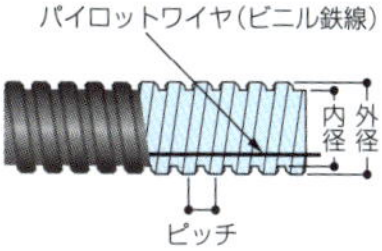

パイロットワイヤ（ビニル鉄線）
内径／外径
ピッチ

波付き硬質ポリエチレン管

黒板には施工箇所・部位、名称、種類、サイズ、用途等を記入。使用材料の形状、仕様がわかるように撮影。

No.270 ポリエチレンライニング鋼管

使用材料 ★★

表示マークがわかるように撮影

ポリエチレンライニング部
内径／外径
鋼管部

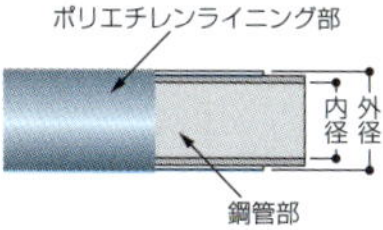

強度・防錆が要求される場合、埋設管材としてポリエチレンライニング鋼管が使われることがある。

ポリエチレンライニング鋼管

黒板には施工箇所・部位、名称、種類、サイズ、用途等を記入。使用材料の形状、仕様がわかるように撮影。

No.271 ケーブル埋設シート

使用材料 ★★

130ページ No.268
193ページ No.424
195ページ No.429

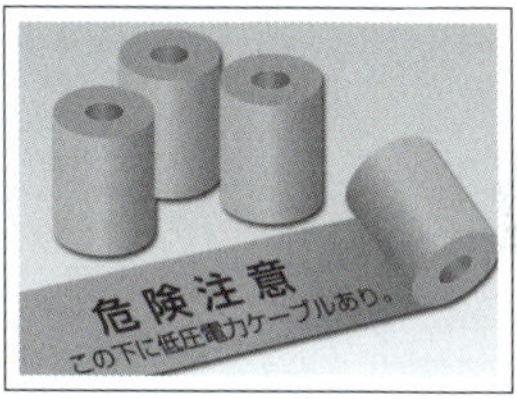

危険注意
この下に低圧電力ケーブルあり。

> 危険注意
> この下に高圧電力ケーブルあり
>
> ＊標識の識別：オレンジ／文字：赤
>
> **高圧電力線用埋設シート（例）**
>
> 危険注意 
> この下に低圧電力ケーブルあり
>
> ＊標識の識別：オレンジ／文字：赤
>
> **低圧電力線用埋設シート（例）**

黒板には施工箇所・部位、名称、種類、用途等を記入。埋設シートの表示内容が正しいことを確認し撮影。

工事写真記録のポイント

☞ 配管の埋設深さは、敷地内あるいは敷地外、また、上部に重量物が通過する可能性があるのかどうかで決める。
☞ 埋設表示は配管敷設後、転圧後の締固め状況を確認してから行う。
☞ 埋設表示シートは、埋設管の管径などにより2〜3枚を並行に敷設するが、深さを変えて敷設する場合もある。
☞ 埋設表示の際には、電圧、埋設年月日、施工業者名等を記入したシールを印刷しておくとよい。

電気設備

⑪ 電線の接続／アウトレットボックス内

No.272　電線・ケーブルの接続／壁内

施工状況
★★

121ページ
No.244
132ページ
No.273
133ページ
No.275
No.276

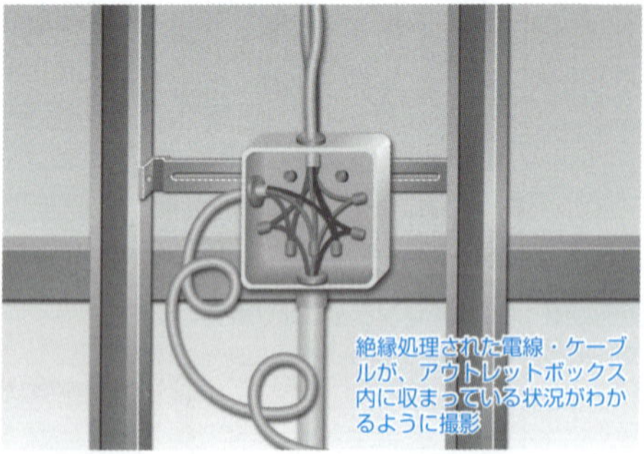

絶縁処理された電線・ケーブルが、アウトレットボックス内に収まっている状況がわかるように撮影

①タイトル
②施工箇所・部位
③材料の仕様

電線の接続（壁）←①
G-1工区4階事務室壁←②
アウトレットボックス←③
　材　質　金属製
　サイズ　中浅
　用　途　照明スイッチ

撮影時期／頻度
施工中（金属工事）／施工箇所・部位ごと
撮影対象
アウトレットボックスの固定状況と、電線管およびケーブルがボックス内に収まり、接続されている状況を撮影。

No.273　電線・ケーブルの接続／天井内

施工状況
★★

121ページ
No.244
132ページ
No.272
133ページ
No.275
No.276

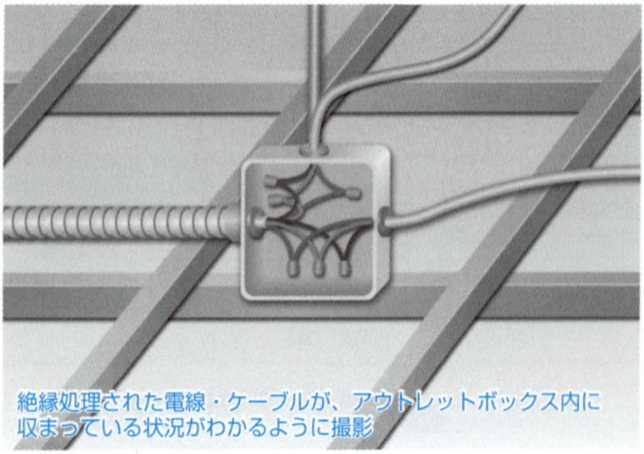

絶縁処理された電線・ケーブルが、アウトレットボックス内に収まっている状況がわかるように撮影

①タイトル
②施工箇所・部位
③材料の仕様

電線の接続（天井）←①
G-1工区4階事務室天井内←②
アウトレットボックス←③
　材　質　金属製
　サイズ　中浅
　用　途　照明接続

撮影時期／頻度
施工中（金属工事）／施工箇所・部位ごと
撮影対象
アウトレットボックスの固定状況と、電線管およびケーブルがボックス内に収まり、接続されている状況を撮影。

設備工事

No.274 600Vビニル絶縁電線・VVFケーブル
使用材料 ★★

135ページ No.280
137ページ No.284
139ページ No.289

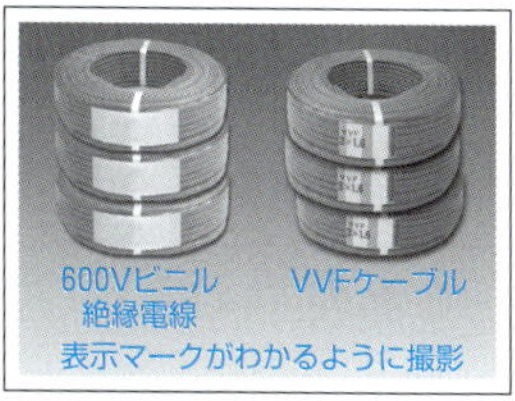

600Vビニル絶縁電線　VVFケーブル
表示マークがわかるように撮影

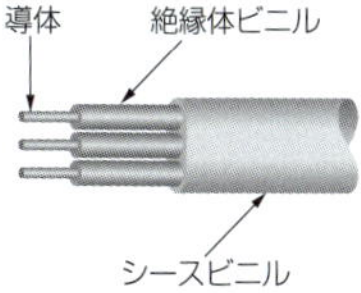

VVFケーブル（例）：導体／絶縁体ビニル／シースビニル

黒板には施工箇所・部位、名称、種類、サイズ、用途等を記入。ケーブルの仕様がわかるように撮影。

No.275 スリーブ類
施工状況 ★★

132ページ No.272 No.273
134ページ No.278

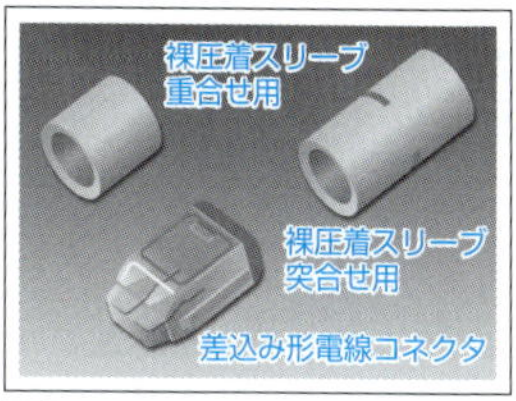

裸圧着スリーブ重合せ用
裸圧着スリーブ突合せ用
差込み形電線コネクタ

黒板には施工箇所・部位、名称、種類、用途等を記入。使用材料の形状、仕様がわかるように撮影。

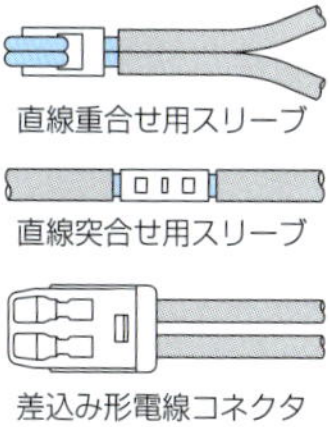

直線重合せ用スリーブ
直線突合せ用スリーブ
差込み形電線コネクタ

電線相互の接続方法

No.276 圧着端子と絶縁キャップ
施工状況 ★★

132ページ No.272 No.273
134ページ No.278

圧着端子／丸形
圧着端子／Y形
絶縁キャップ

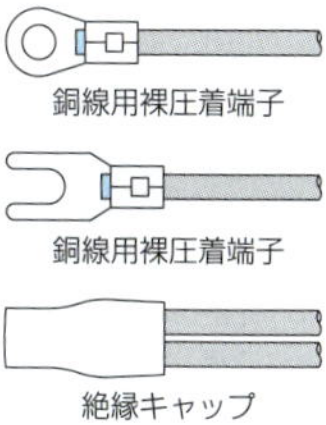

黒板には施工箇所・部位、名称、種類、用途等を記入。使用材料の形状、仕様がわかるように撮影。

銅線用裸圧着端子
銅線用裸圧着端子
絶縁キャップ

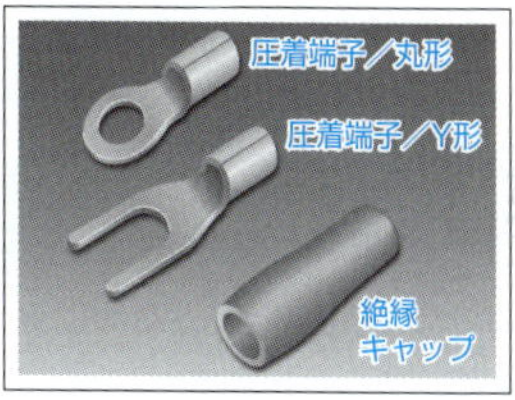

電線と端子の接続方法

工事写真記録のポイント

- ☞ アウトレットボックスが吊りボルト、あるいは軽量形鋼等に固定されていることがわかるように記録する。
- ☞ 電線およびケーブルが、アウトレットボックス内で正しく接続され、かつ収まっていることがわかるように記録する。
- ☞ アウトレットボックス内で、電線が圧着スリーブ等によって接続されている状況を記録する（電線と端子との接続では、必要に応じて絶縁キャップを使用する）。

電気設備

⑫ 電線の接続／プルボックス内

No.277 プルボックスの設置と配管の接続

施工状況
★★

123ページ
No.249
No.250

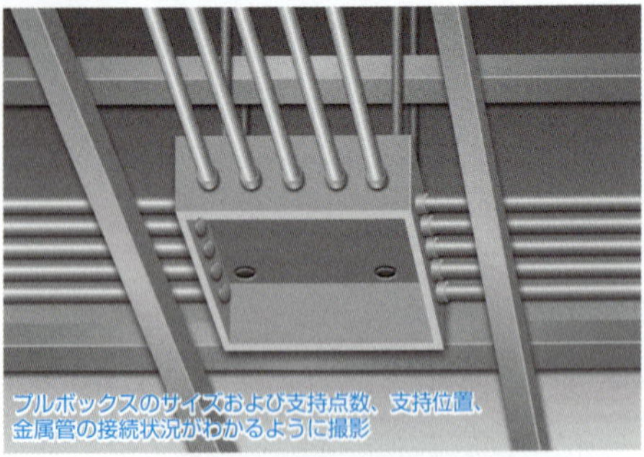

プルボックスのサイズおよび支持点数、支持位置、金属管の接続状況がわかるように撮影

①タイトル
②施工箇所・部位
③材料の仕様

```
プルボックス設置と配管接続状況←①
G-4工区4階事務室前廊下天井←②
プルボックス←③　配管←③
　材　質　鋼板製
　サイズ　400×600×200
　用　途　低圧配線
　金属電線管　51mm×5
```

撮影時期／頻度
施工中（金属工事）／施工箇所・部位ごと

撮影対象
プルボックスの支持点数が大きさに適しており、かつ、支持位置の施工が適切である状況を撮影。

No.278 プルボックス内の電線の接続

施工状況
★★

122ページ
No.248
123ページ
No.251
133ページ
No.275
No.276

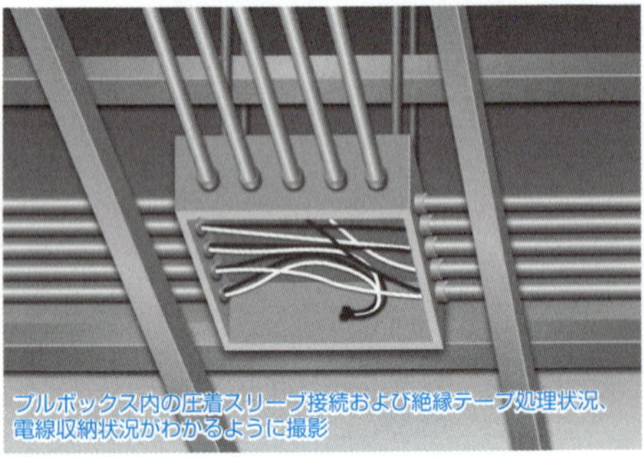

プルボックス内の圧着スリーブ接続および絶縁テープ処理状況、電線収納状況がわかるように撮影

①タイトル
②施工箇所・部位
③材料の仕様

```
電線の接続状況←①
G-4工区4階事務室前廊下天井←②
ビニル電線←③
　材　質　600Vビニル絶縁電線
　サイズ　IV2.0mm
　用　途　低圧配線
```

撮影時期／頻度
施工中（金属工事）／施工箇所・部位ごと

撮影対象
プルボックス内の電線の接続状況および表示札等により回路の種別、行き先表示の状況がわかるように撮影。

設備工事

No.279 プルボックス
使用材料 ★★

123ページ
No.250
No.251
134ページ
No.277
No.278
135ページ
No.281

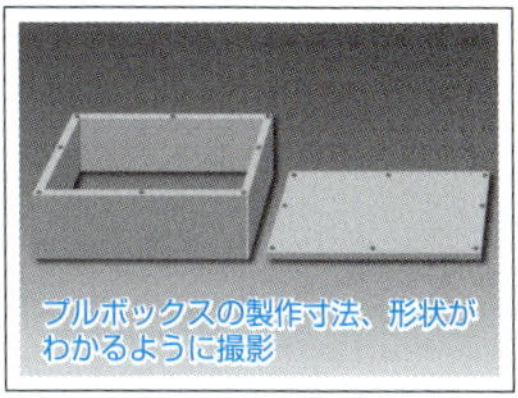

プルボックスの製作寸法、形状がわかるように撮影

黒板には施工箇所・部位、プルボックスの材質、サイズ、用途等を記入。製作状況がわかるように撮影。

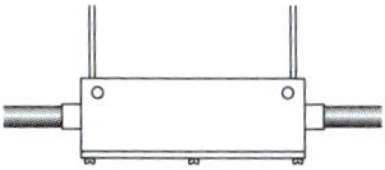

プルボックスと電線管の接続

プルボックスのサイズと支持点数

300mmを超えるもの	4点支持
300mm以下	2点支持
200mm以下	1点支持

No.280 600Vビニル絶縁電線
使用材料 ★★

133ページ
No.274
135ページ
No.280
137ページ
No.284

表示マークがわかるように撮影

黒板には施工箇所・部位、電線の種類、サイズ、用途等を記入。ケーブルの仕様がわかるように撮影。

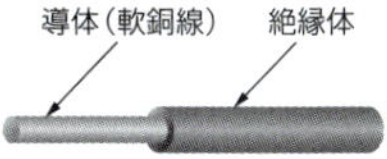

導体（軟銅線）　絶縁体

600V以下の一般電気工作物や電気機器の配線に使用される。

600Vビニル絶縁電線（IV）（例）

No.281 プルボックスのボンディング
施工状況 ★★

123ページ
No.250

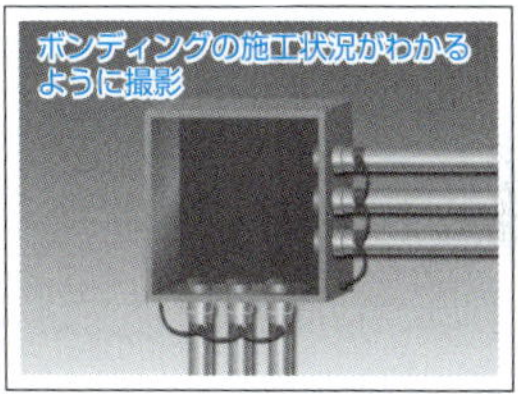

ボンディングの施工状況がわかるように撮影

黒板には施工箇所・部位、プルボックスの仕様、ボンド線のサイズを記入。ボンディングの施工状況を撮影。

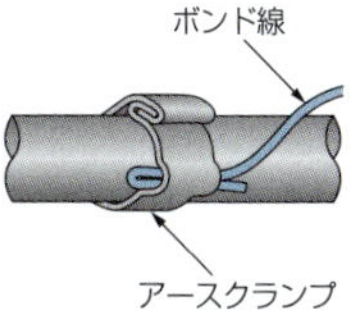

ボンド線
アースクランプ
ボンディングの施工（例）

工事写真記録のポイント

☞ プルボックスの大きさに適した支持点数であり、かつ、正しい位置に設置されていることがわかるように記録する。
☞ 配管とプルボックスがボンディングされていることがわかるように記録する。
☞ 電線・ケーブルにある系統表示がわかるように記録する。
☞ プルボックス内の電線・ケーブルが正しく接続されていることがわかるように記録する。

電気設備

⑬ ケーブル配線

No.282 ちょう架配線

[施工状況]
★★

133ページ
No.274
137ページ
No.284
No.285

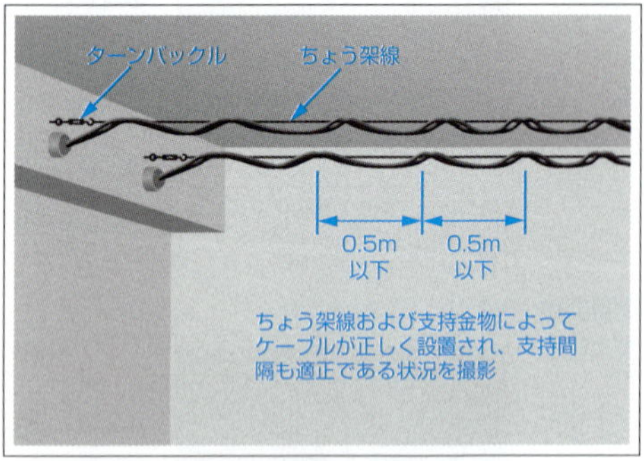

ターンバックル　ちょう架線

0.5m以下　0.5m以下

ちょう架線および支持金物によってケーブルが正しく設置され、支持間隔も適正である状況を撮影

①タイトル
②施工箇所・部位
③材料の仕様

- ちょう架配線 ←①
- D-1工区地下1階機械室 ←②
- ちょう架線 ←③
  - 亜鉛めっき鋼より線
- ケーブル ←③
  - 同軸ケーブル 10C-FB×2本
  - 警報ケーブル AE1.2×4C×2本

撮影時期／頻度
施工中（躯体工事完了後）／施工箇所・部位ごと

撮影対象
黒板には施工箇所・部位、ケーブルの種類、サイズ、数量等を記入。ケーブルの支持間隔が適正な状況を撮影。

No.283 支持金物による配線

[施工状況]
★★

125ページ
No.254
136ページ
No.282
137ページ
No.285

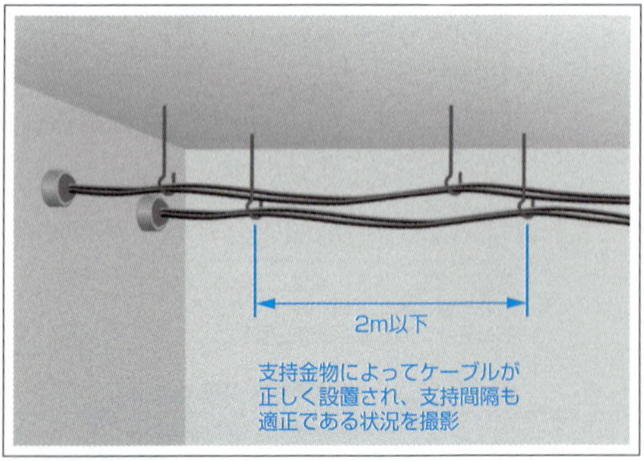

2m以下

支持金物によってケーブルが正しく設置され、支持間隔も適正である状況を撮影

①タイトル
②施工箇所・部位
③材料の仕様

- 支持金物による配線 ←①
- D-2工区地下1階機械室 ←②
- 支持金物 ←③
  - U字変形金物
- ケーブル ←③
  - CV 100mm²×2本
  - 用途 幹線

撮影時期／頻度
施工中（躯体工事完了後）／施工箇所・部位ごと

撮影対象
黒板には施工箇所・部位、ケーブルの種類、サイズ、数量等を記入。ケーブルの支持間隔が適正な状況を撮影。

設備工事

No.284 同軸ケーブル、警報ケーブル
使用材料
★★
133ページ
No.274
135ページ
No.280

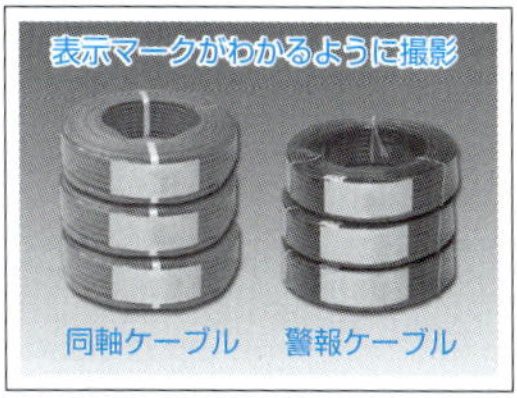

表示マークがわかるように撮影

同軸ケーブル　警報ケーブル

黒板には施工箇所・部位、ケーブルの種類、サイズ、用途等を記入。ケーブルの仕様がわかるように撮影。

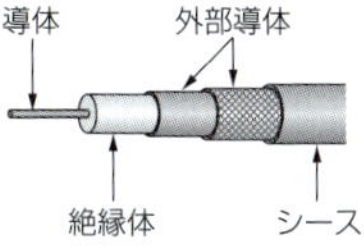

同軸ケーブル（例）：導体、外部導体、絶縁体、シース

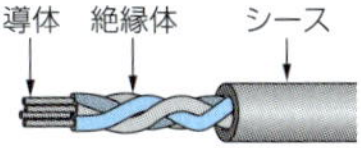

警報ケーブル（例）：導体、絶縁体、シース

No.285 支持金物
使用材料
★★
136ページ
No.282
No.283
137ページ
No.286

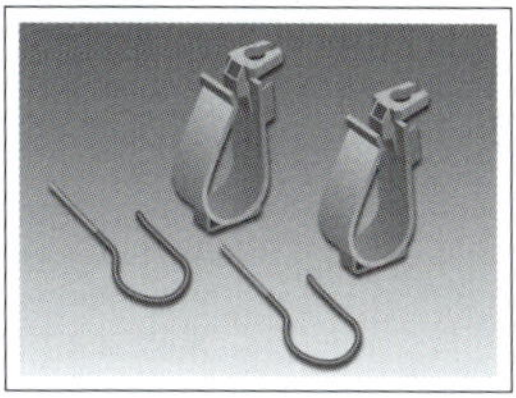

黒板には施工箇所・部位、支持金物の種類、サイズ、用途等を記入。支持金物の仕様がわかるように撮影。

ターンバックル

No.286 VVFケーブル配線
施工状況
★★
133ページ
No.274
136ページ
No.283
137ページ
No.285

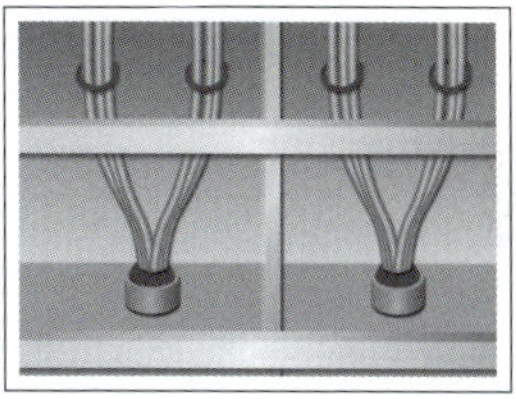

黒板には施工箇所・部位、ケーブルの種類、サイズ、用途等を記入。系統ごとにまとめられている状況を撮影。

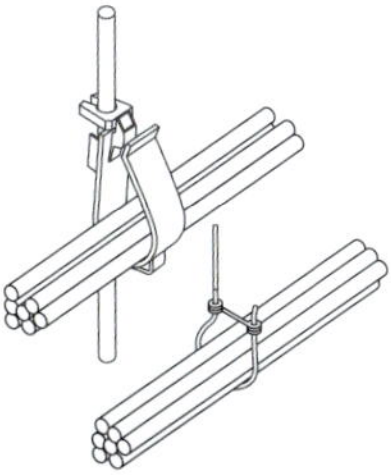

VVFケーブルは、系統ごとにまとめ、このときの本数は7本以下とする。

ケーブル支持金物使用（例）

工事写真記録のポイント

☞ 使用するちょう架線（バインド線）や支持金物等によって、ケーブルに傷をつけていないことがわかるように記録する。
☞ ケーブルの支持間隔がわかるようにスケールを当てて記録する。
☞ 保護管のすき間が充填材によってふさがれていることが確認できるように記録する。
☞ VVFケーブルは、束ねすぎると発熱の危険性があるため、本数は7本以下とし、記録する。

電気設備

⑭ OAフロア内配線

No.287　電源用配線

施工状況
★★

110ページ
No.218
138ページ
No.288
139ページ
No.289
No.290

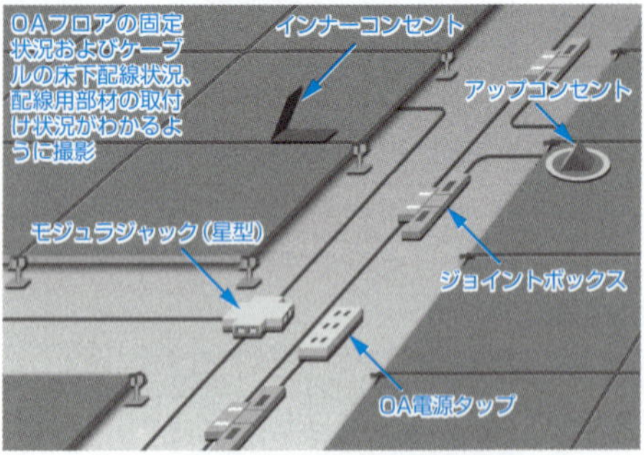

画像中のラベル：
- OAフロアの固定状況およびケーブルの床下配線状況、配線用部材の取付け状況がわかるように撮影
- インナーコンセント
- アップコンセント
- モジュラジャック（星型）
- ジョイントボックス
- OA電源タップ

①タイトル
②施工箇所・部位
③材料の仕様

```
電源用配線 ←①
F-3工区3階事務室 ←②
電源用配線器具 ←③
  ジョイントボックス 3個
  電源タップ3□ 1個
  用　途　OA機器電源
```

撮影時期／頻度
施工中／施工箇所・部位ごと
撮影上の注意点
黒板には施工箇所・部位、ケーブルの種類、各配線用部材の数量、用途等を記入。配線状況および配線用部材の取付け状況がわかるように撮影。

No.288　情報通信用配線

施工状況
★★

110ページ
No.218
138ページ
No.287
139ページ
No.289
No.290
No.291

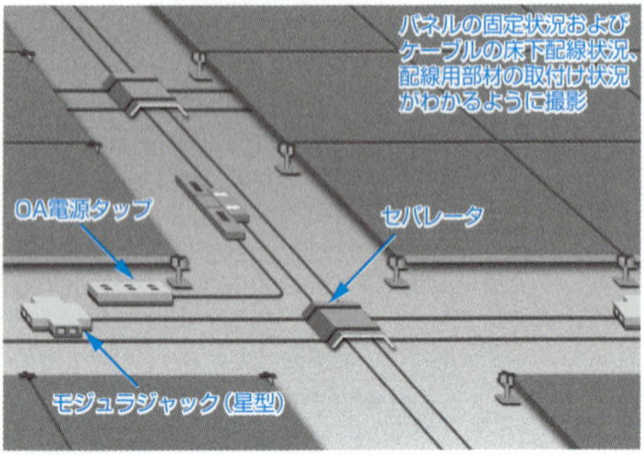

画像中のラベル：
- パネルの固定状況およびケーブルの床下配線状況、配線用部材の取付け状況がわかるように撮影
- OA電源タップ
- セパレータ
- モジュラジャック（星型）

①タイトル
②施工箇所・部位
③材料の仕様

```
情報通信配線 ←①
F-4工区4階事務室 ←②
情報通信配線器具 ←③
  ジョイントボックス 3個
  モジュラジャック（星型）2個
  電源タップ3□ 1個　セパレータ 2個
  用　途　情報通信
```

撮影時期／頻度
施工中／施工箇所・部位ごと
撮影上の注意点
黒板には施工箇所・部位、ケーブルの種類、各配線用部材の数量、用途等を記入。配線状況および配線用部材の取付け状況がわかるように撮影。

設備工事

No.289 情報通信用ケーブル

使用材料
★★

138ページ
No.287
No.288
139ページ
No.291

表示マークがわかるように撮影

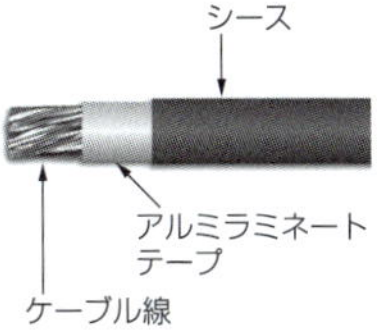

シース
アルミラミネートテープ
ケーブル線

CCPケーブル（例）

黒板には施工箇所・部位、ケーブルの種類、サイズ、用途等を記入。ケーブルの仕様がわかるように撮影。

No.290 OA配線用器具

使用材料
★★

138ページ
No.287
No.288

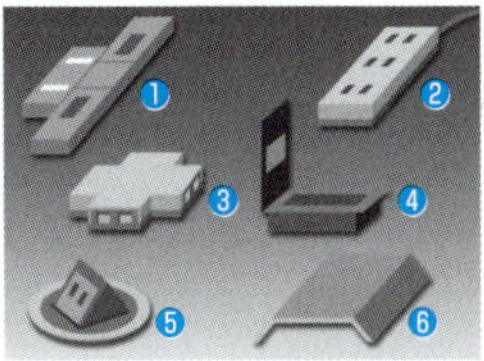

OA配線用器具（例）
① ジョイントボックス
② OA電源タップ
③ モジュラジャック（星型）
④ インナーコンセント
⑤ アップコンセント
⑥ セパレータ

黒板には施工箇所・部位、OA配線用器具の種類、用途等を記入。OA配線用器具の仕様がわかるように撮影。

No.291 電源用配線と情報通信用配線の離隔

施工状況
★★

138ページ
No.288

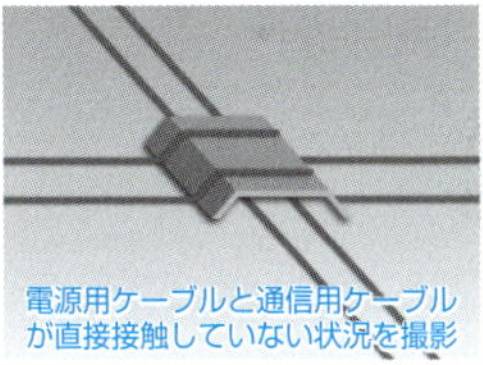

電源用ケーブルと通信用ケーブルが直接接触していない状況を撮影

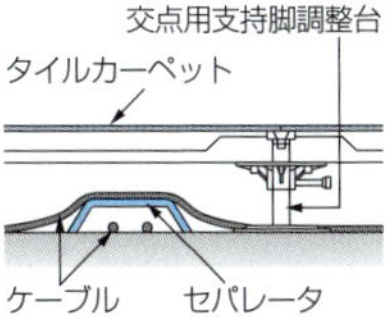

交点用支持脚調整台
タイルカーペット
ケーブル　セパレータ

電源用配線と情報通信用配線の交差部（例）

黒板には施工箇所・部位、セパレータの種類、サイズ、用途等を記入。ケーブルの離隔状況がわかるように撮影。

工事写真記録のポイント

☞ 二重床内でころがす配線は、二重床の支柱等によって損傷していないかを確認したうえで記録する。

☞ 電磁誘導および静電誘導による障害が生じないように、データ伝送用ケーブルと電源用ケーブルが直接接触していない状況がわかるように記録する。平行する場合は、10cm以上離す。

☞ 空調の床吹出し口付近には、ケーブルが集中していないことを確認したうえで記録する。

電気設備

⑮ 天井取付け照明器具／蛍光灯

No.292 下面開放形蛍光灯の取付け／天井内

[施工状況] ★★

88ページ
No.163
140ページ
No.293
141ページ
No.294

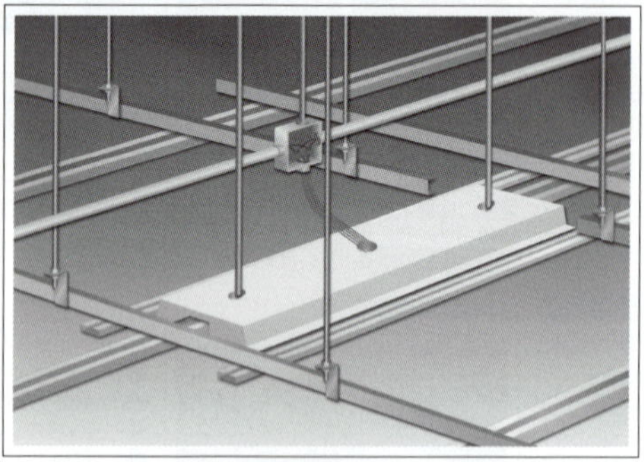

①タイトル
②施工箇所・部位
③材料の仕様

蛍光灯設置・天井内←①
G-1工区5階事務所天井内←②
蛍光灯←③
　材　質　鋼板製メラミン焼付け塗装
　型　式　40W×2灯　下面開放形
　用　途　オフィス照明

撮影時期／頻度
施工中／施工箇所・部位ごと
撮影対象
黒板には施工箇所・部位、照明器具の材質、型式、用途等を記入。照明器具と吊りボルト、アウトレットボックスの固定状況を撮影。

No.293 下面開放形蛍光灯の取付け／天井面

[施工状況] ★★

106ページ
No.209
140ページ
No.292
141ページ
No.294
No.295

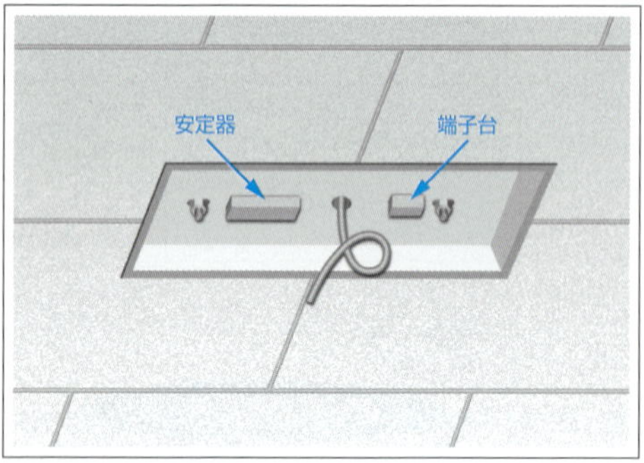

安定器　　端子台

①タイトル
②施工箇所・部位
③材料の仕様

蛍光灯設置・天井面←①
G-1工区5階事務所天井面←②
蛍光灯←③
　材　質　鋼板製メラミン焼付け塗装
　型　式　40W×2灯　下面開放形
　用　途　オフィス照明

撮影時期／頻度
施工中／施工箇所・部位ごと
撮影対象
黒板には施工箇所・部位、照明器具の材質、型式、用途等を記入。吊りボルトの固定、電源線、安定器、端子台、接地線の接続状況を撮影。

設備工事

No.294 蛍光灯の構成部材
使用材料
★★
140ページ
No.292
No.293
141ページ
No.295

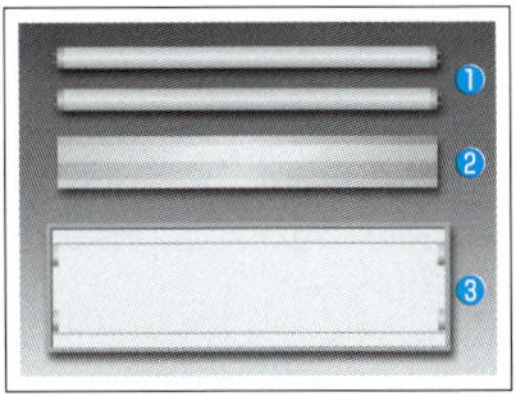

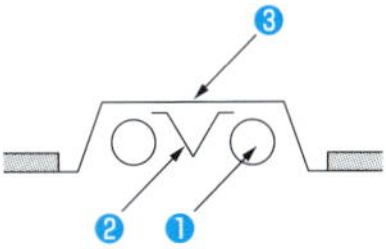

❶ランプ
❷反射板
❸蛍光灯本体

蛍光灯の構成

黒板には施工箇所・部位、照明器具構成部材の名称、用途等を記入。設置前の照明器具の構成がわかるように撮影。

No.295 蛍光灯取付け完了
施工状況
★★
140ページ
No.292
No.293
141ページ
No.294

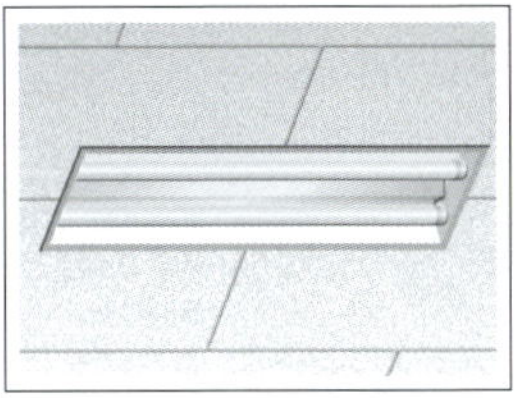

天井埋込み照明器具の取付け手順
①吊りボルトを取り付ける。
②照明器具本体の取付け位置を開口する。
③開口部に照明器具本体を取り付ける。
④照明器具本体に電源線、信号線を取り付ける。
⑤反射板を取り付ける。
⑥蛍光ランプを取り付ける。

黒板には施工箇所・部位、照明器具の仕様、型式、用途等を記入。照明器具の取付け状況がわかるように撮影。

No.296 天井直付け逆富士形蛍光灯の取付け
施工状況
★★

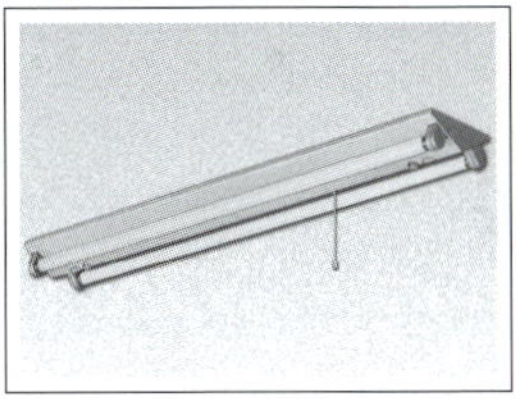

天井直付け逆富士形蛍光灯の取付け手順
①照明器具本体を天井面に取り付ける。
②電源線を電源端子台に接続する。
③反射板を取り付ける。
④蛍光ランプ、グロースタータを確実に取り付ける。

黒板には施工箇所・部位、照明器具の仕様、型式、用途等を記入。照明器具の取付け状況がわかるように撮影。

＊直管LED器具も140～141ページに準じる。

工事写真記録のポイント

☞ 照明器具の部材構成がわかるように取付け前に記録する。
☞ 照明器具の吊りボルトおよび接続ボックスがしっかりと固定されている状況がわかるように記録する。
☞ 照明器具内部において、吊りボルトの固定状況がわかるように記録する。
☞ 照明器具内部において、電源線と安定器、端子台などの接続、接地線の接続状況がわかるように記録する。

電気設備

⑯ 天井埋込み照明器具／ダウンライト

No.297 ダウンライトの設置／天井内

施工状況 ★★

88ページ
No.163
140ページ
No.292
143ページ
No.299
No.300

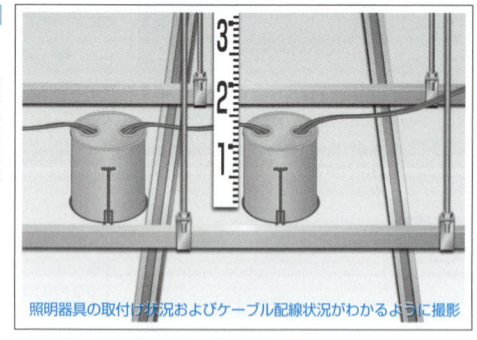

照明器具の取付け状況およびケーブル配線状況がわかるように撮影

①タイトル
②施工箇所・部位
③材料の仕様

```
ダウンライトの設置 ←①
K-3工区1階ロビー天井内 ←②
ダウンライト ←③
    材　質　鋼板製メラミン焼付け塗装
    サイズ　200φ 100W
    用　途　ロビー照明
```

撮影時期／頻度
施工中／施工箇所・部位ごと
撮影対象
黒板には施工箇所・部位、照明器具の種類、材質、サイズ、用途等を記入。照明器具の取付け状況およびケーブルの接続状況がわかるように撮影。

No.298 ダウンライトの設置／天井面

施工状況 ★★

140ページ
No.293
143ページ
No.301

照明器具のフレームが適切に取り付けられている状況を撮影

①タイトル
②施工箇所・部位
③材料の仕様

```
ダウンライトの設置 ←①
K-3工区1階ロビー天井面 ←②
ダウンライト ←③
    材　質　鋼板製メラミン焼付け塗装
    サイズ　200φ 100W
    用　途　ロビー照明
```

撮影時期／頻度
施工中／施工箇所・部位ごと
撮影対象
黒板には施工箇所・部位、照明器具の種類、材質、サイズ、用途等を記入。照明器具フレームの設置状況および周辺仕上材の施工状況を撮影。

設備工事

No.299 昇降装置付きHID灯の設置／天井内

施工状況 ★★

88ページ No.163
140ページ No.292
142ページ No.297
143ページ No.300

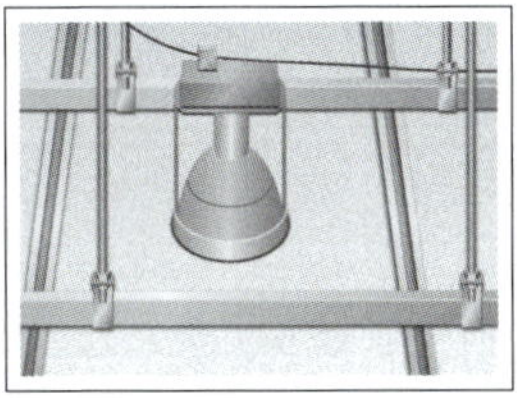

脱落防止金具（器具取付け金物兼用）

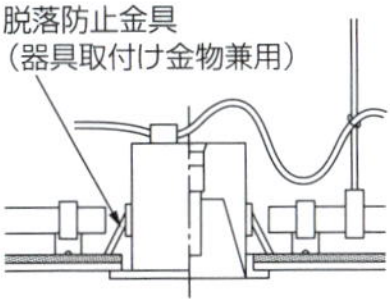

器具重量1.5～3kgの場合の納まり（例）

黒板には施工箇所・部位、照明器具の種類、サイズ、用途等を記入。照明器具の取付け状況がわかるように撮影。

No.300 LED灯の設置／天井内

施工状況 ★★

88ページ No.163
140ページ No.292
142ページ No.297
143ページ No.299

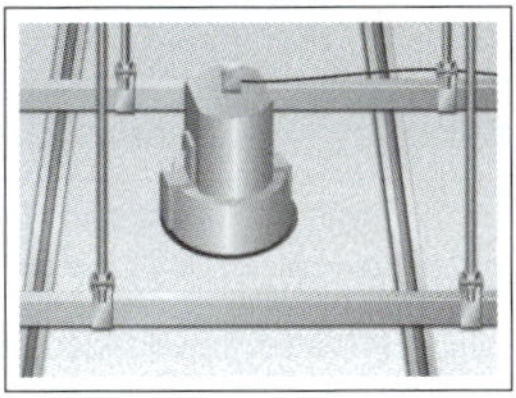

吊りボルト呼び径9mm以上
EM-EEFケーブル

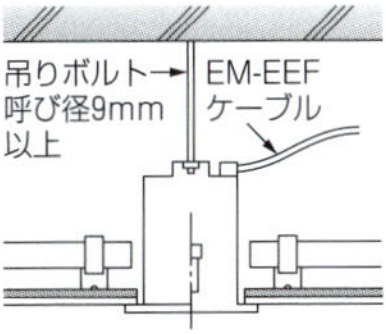

器具重量3kg超過の場合の納まり（例）

黒板には施工箇所・部位、照明器具の種類、サイズ、用途等を記入。照明器具の取付け状況がわかるように撮影。

No.301 LED灯の設置／天井面

施工状況 ★★

141ページ No.295
142ページ No.298

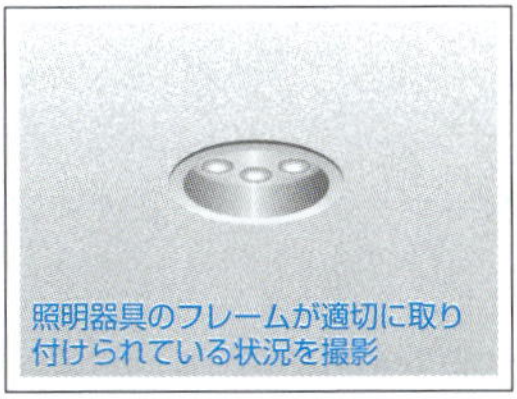

照明器具のフレームが適切に取り付けられている状況を撮影

本体／発光部／枠
$85\sim100$
160以下
LED灯の納まり（例）

黒板には施工箇所・部位、照明器具の種類、サイズ、用途等を記入。照明器具の取付け状況がわかるように撮影。

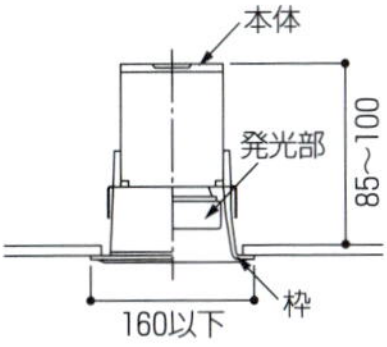

工事写真記録のポイント

☞ 吊りボルトにケーブルを支持する場合、ケーブル被覆を損傷しないようナイロンバンドまたは樹脂製ビニル被覆の固定金物を使用していることがわかるように記録する。

☞ 照明器具（ダウンライト）の取付けおよびケーブル配線状況がわかるように記録する。

☞ 昇降式の場合は、電動昇降式装置の取付けおよび電源供給配線状況がわかるように記録する。

電気設備

⑰ 床・壁埋込み照明器具／誘導灯

No.302 床埋込み誘導灯の設置／ボックス埋込み

施工状況
★★

144ページ
No.303
145ページ
No.304

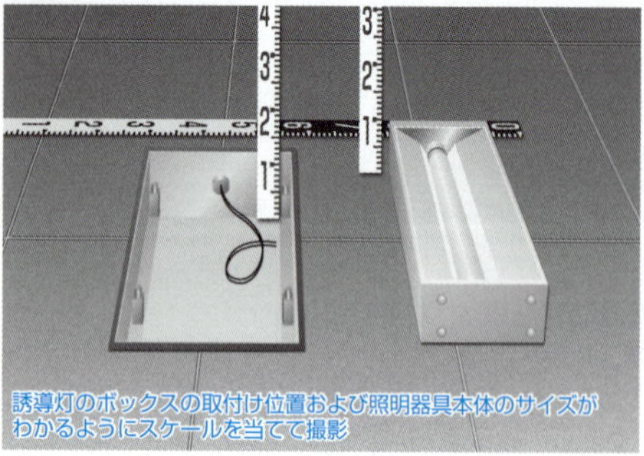

誘導灯のボックスの取付け位置および照明器具本体のサイズがわかるようにスケールを当てて撮影

①タイトル
②施工箇所・部位
③材料の仕様

```
床埋込み誘導灯設置 ←①
G-1工区1階ロビー床 ←②
誘導灯 ←③
    材 質 本体：鋼板製
    サイズ 500×240×102
    用 途 ロビー誘導灯
```

撮影時期／頻度
施工中／施工箇所・部位ごと
撮影対象
黒板には施工箇所・部位、誘導灯の種類、材質、サイズ、用途等を記入。配線状況および誘導灯本体の取付け位置がわかるように撮影。

No.303 床埋込み誘導灯の設置／本体の設置

施工状況
★★

144ページ
No.302
145ページ
No.304
No.305

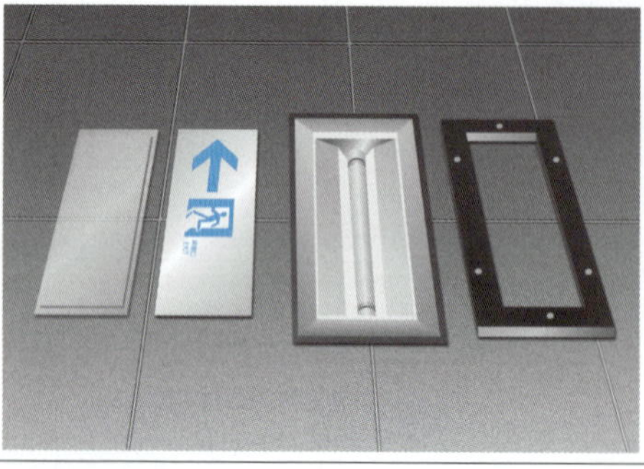

①タイトル
②施工箇所・部位
③材料の仕様

```
床埋込み誘導灯設置 ←①
G-1工区1階ロビー床 ←②
誘導灯 ←③
    材 質 枠：ステンレス製
    サイズ 500×240×102
    用 途 ロビー誘導灯
```

撮影時期／頻度
施工中／施工箇所・部位ごと
撮影対象
黒板には施工箇所・部位を記入。誘導標識板の取付け状況、誘導標識板、カバー、JEA誘導灯認定委員会認定証票が確認できるように撮影。

設備工事

No.304 床埋込み誘導灯の構成部材
使用材料
★★
144ページ
No.302
No.303

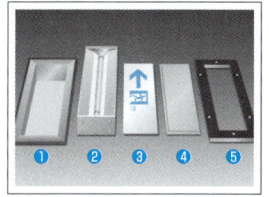

床埋込み誘導灯の構成
❶照明器具ボックス
❷誘導灯器具本体
❸誘導標識板
❹カバー
❺プレート

黒板には施工箇所・部位、誘導灯の構成部材名称を記入。誘導灯の設置前に撮影。

No.305 床埋込み誘導灯設置完了
施工状況
★★
144ページ
No.302
No.303
145ページ
No.304

床埋込み誘導灯の取付け手順
①床に照明器具ボックスを埋め込む。
②誘導灯器具本体をボックスに取り付ける。
③電源線、蓄電池等の配線、接続を行う。
④誘導標識板、カバー、プレートを取り付ける。

黒板には施工箇所・部位、誘導灯の形式を記入。誘導灯の取付け完了状況を撮影。全数の撮影は不要。

No.306 壁埋込み誘導灯設置完了
施工状況
★★

壁埋込み誘導灯の取付け手順
①壁に器具のボックスを埋め込む。
②電源線を電源端子台に接続する。
③蓄電池のコネクターを接続する。
④ランプコネクターを接続する。
⑤表示板、ランプホルダー、化粧枠を本体に取り付ける。

黒板には施工箇所・部位、誘導灯の形式を記入。誘導灯の取付け完了状況を撮影。全数の撮影は不要。

工事写真記録のポイント

☞ 照明器具の埋込みボックスの位置、深さがわかるように仕上げ面にスケールを当てて記録する。
☞ 照明器具の設置前には、床の中に埋め込まれる器具本体および付属品を記録しておく。
☞ 設置完了時の写真は、埋込み照明器具のプレートと仕上材との取合い部分に段差が生じていないことがわかるように記録する。
☞ 照明器具の構成部材は、構成部材ごとに記録する。

電気設備

⑱ テレビ共聴設備

No.307 テレビ共聴用アンテナのコンクリート基礎
施工状況 ★★
146ページ No.308

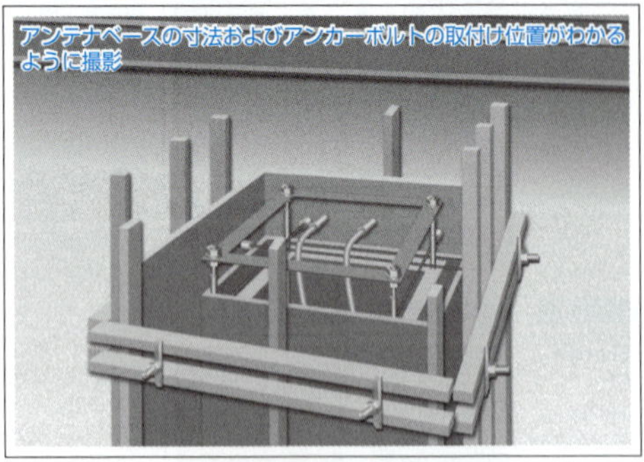

アンテナベースの寸法およびアンカーボルトの取付け位置がわかるように撮影

①タイトル
②施工箇所・部位
③材料の仕様

テレビ共聴用アンテナ設置・基礎工事←①	
屋上←②	
アンテナベース←③	
材　質	鋼板製（溶融亜鉛めっき）
サイズ	500×500×6t
用　途	テレビ共聴用アンテナ

撮影時期／頻度
施工中／施工箇所・部位ごと
撮影対象
黒板には施工箇所・部位、アンテナベースの材質、寸法等を記入。アンテナベースの寸法およびアンカーボルトの設置間隔がわかるように撮影。

No.308 テレビ共聴用アンテナ設置
施工状況 ★★

①タイトル
②施工箇所・部位
③材料の仕様

テレビ共聴用アンテナ設置←①	
屋上←②	
アンテナマスト下部←③	
材　質	圧力配線用炭素鋼管 JIS G 3454
サイズ	50A×40A
用　途	テレビ共聴用アンテナ

撮影時期／頻度
施工中／施工箇所・部位ごと
撮影対象
黒板には施工箇所・部位、アンテナマストの材質、サイズ、用途等を記入。アンテナマストが基礎に適正に取り付けられている状況を撮影。

設備工事

No.309 受信点の電界強度測定
試験状況
★★
147ページ
No.310

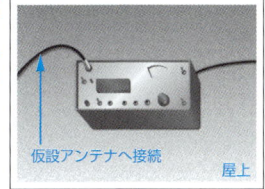

仮設アンテナへ接続
屋上

黒板には測定箇所・部位、チャンネルごとの出力レベル等を記入。測定状況がわかるように撮影。

受信点の電界強度測定
電界強度とは、テレビ電波などの受信点における電波の強さのことで、測定にあたっては以下の手順で行う。
①チャンネルごとに電界強度の測定を行う。
②チャンネルごとに映像を映し、電波の妨害の程度を確認し記録する。

No.310 端末の出力レベル測定
試験状況
★★
147ページ
No.309
No.311

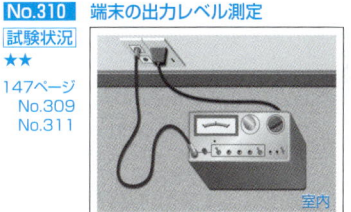

室内

黒板には測定箇所・部位、チャンネルごとの出力レベル等を記入。測定状況がわかるように撮影。

端末の出力レベル測定
測定にあたっては以下の手順で行う。
①端末ユニットで、チャンネルごとに出力レベルを測定する。
②チャンネルごとに受信画質を確認し記録する。

No.311 受信画質の確認
試験状況
★★
147ページ
No.310

黒板には測定箇所・部位、チャンネルごとの出力レベル等を記入。測定状況がわかるように撮影。

受信画質の確認
端末ユニットにおいてチャンネルごとの出力レベルを測定し、代表的な場所、出力の高いところ、低いところについて、実際のテレビ画面(モニター)で確認しながら記録する。

工事写真記録のポイント

☞ アンテナマストがコンクリート基礎に正しく設置されている状況がわかるように記録する。
☞ アンテナが仕様どおりであること、また、アンテナベースのアンカーボルトの設置状況を記録する。
☞ 受信点の電界強度測定時には、映像画質も同時に記録する。
☞ 端末のチャンネルごとの出力レベル測定時には、同時に映像画質も記録する。

電気設備

⑲ 避雷設備

No.312 避雷突針の外壁支持

施工状況 ★★

149ページ No.314

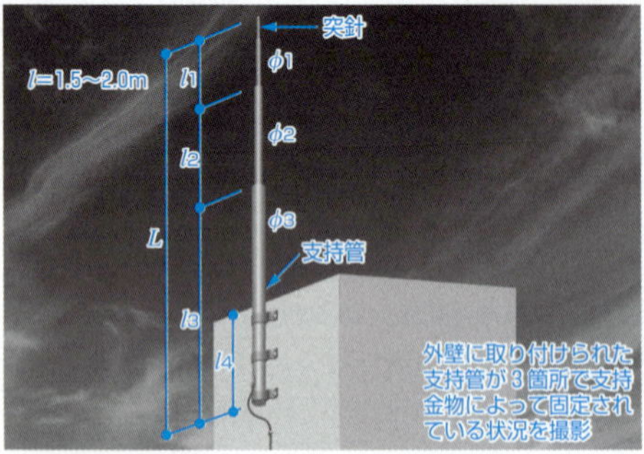

①タイトル
②施工箇所・部位
③材料の仕様

```
避雷突針設置 ←①
PH-1・外壁 ←②
避雷突針 ←③
    材 質  鋼（先端部はクロムめっき）
    サイズ  400mm
    用 途  避雷
```

撮影時期／頻度
施工中／施工箇所・部位ごと
撮影対象
黒板には施工箇所・部位、避雷突針の材質、サイズ、用途等を記入。支持管が3箇所で固定され、引き下げ導線も固定されている状況を撮影。

No.313 避雷導線の設置

施工状況 ★★

149ページ No.315

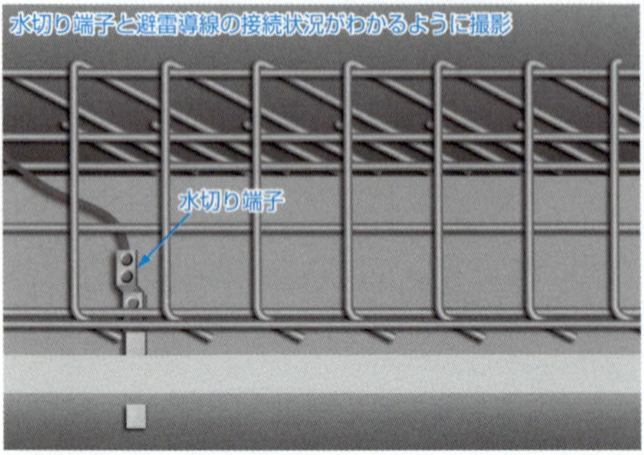

①タイトル
②施工箇所・部位
③材料の仕様

```
避雷導線設置 ←①
H-1工区屋上パラペット ←②
避雷導線 ←③
    材 質  銅
    サイズ  38mm²
    用 途  避雷
```

撮影時期／頻度
施工中／施工箇所・部位ごと
撮影対象
黒板には施工箇所・部位、避雷導線の材質、サイズ、用途等を記入。支持管をパラペットや基礎に取り付ける場合、避雷導線の接続状況を撮影。

設備工事

No.314 避雷突針部材料
使用材料 ★★
148ページ No.312

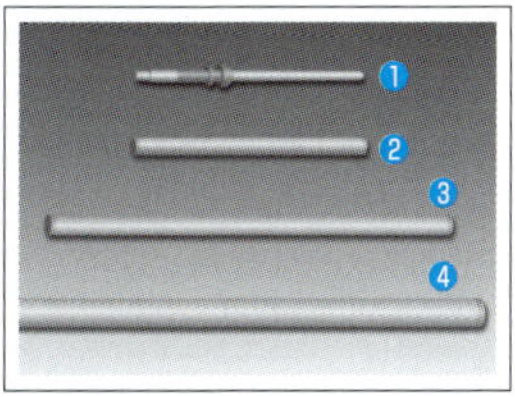

避雷突針部材料のサイズ
① 突針　300mm以上
② 支持管
　φ1：500～2,500mm
③ 支持管
　φ2：500～3,500mm
④ 支持管
　φ3：4,000～5,500mm
＊支持管の管径（φ1、φ2、φ3）
　および管の仕様には、建築基
　準法施行令第87条による耐風
　圧力を満足するものとする。

黒板には設置箇所・部位、突針部資材の種類、材質、サイズ等を記入。形状がわかるように撮影。

No.315 接地端子箱と水切り端子
使用材料 ★★
148ページ No.313
149ページ No.316

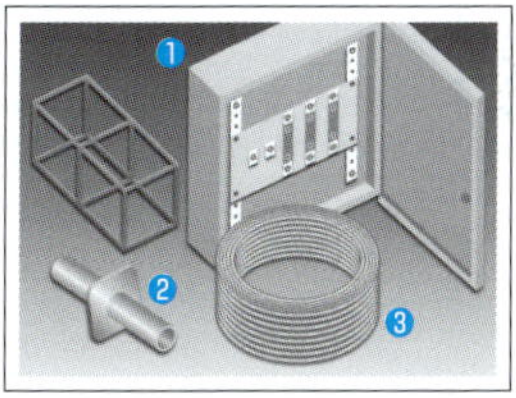

接地端子箱と水切り端子
① 接地端子箱
② 水切り端子
　150×150mm
③ 避雷導線　38mm²

黒板には設置箇所・部位、接地端子箱および水切り端子の材質、サイズ等を記入。形状がわかるように撮影。

No.316 水切り端子の設置／地中梁
施工状況 ★★
113ページ No.226
149ページ No.315

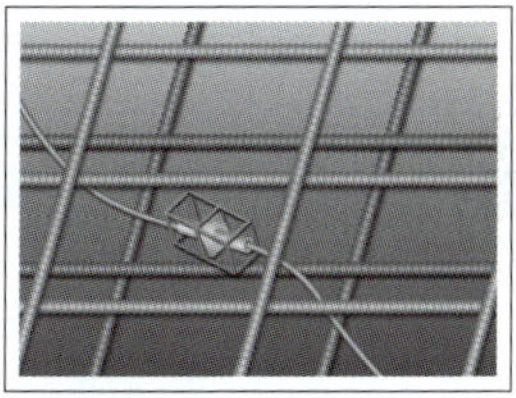

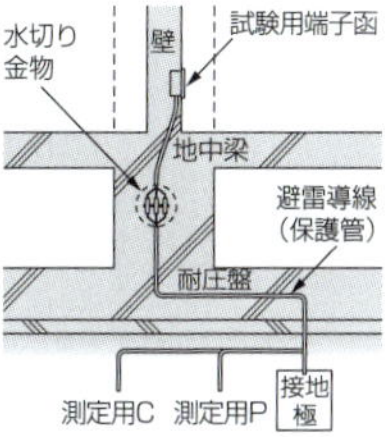

水切り端子（床用）の取付け（例）

黒板には施工箇所・部位、水切り端子および接地線のサイズ等を記入。水切り端子および接地線の接続状況を撮影。

工事写真記録のポイント

☞ 突針の仕様、ポールのサイズが基準に適合していることを確認したうえで支持部分を中心に記録する。

☞ パラペット部および基礎部分では、水切り端子と避雷導線の接続状況がわかるように記録する。

☞ 突針支持管を外壁に取り付ける場合の支持金物回り、また、コンクリート基礎に設置する場合のベースプレートとコンクリートとのすき間には、防水のためシーリング材を充填する。

電気設備

⑳ キュービクルの設置

No.317 チャンネルベースの設置

施工状況
★★

178ページ
No.386
No.387
179ページ
No.388

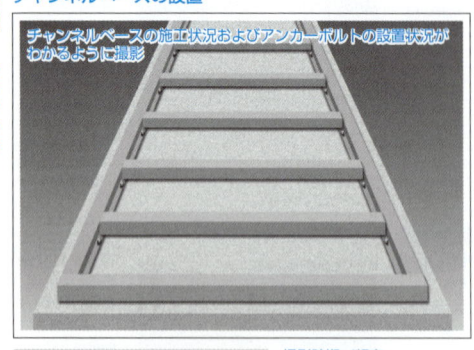

チャンネルベースの施工状況およびアンカーボルトの設置状況がわかるように撮影

①タイトル
②施工箇所・部位
③材料の仕様

```
チャンネルベース設置←①
G-2工区地下1階電気室←②
チャンネルベース←③
  材 質  鋼板製
  サイズ  6,000×2,000
  用 途  キュービクル用基礎
```

撮影時期／頻度
施工中／施工箇所・部位ごと
撮影対象
黒板には施工箇所・部位、材質、サイズ、用途等を記入。チャンネルベースの施工状況およびアンカーボルトの設置状況がわかるように撮影。

No.318 キュービクルの据付け

施工状況
★★

150ページ
No.317
180ページ
No.391
No.392

スライド方式によるキュービクルの設置状況がわかるように撮影

①タイトル
②施工箇所・部位
③材料の仕様

```
キュービクル据付け←①
G-2工区地下1階電気室←②
キュービクル←③
  材 質  鋼板製
  サイズ  6,000×2,000
  用 途  電灯用変電設備
```

撮影時期／頻度
施工中／施工箇所・部位ごと
撮影対象
黒板には施工箇所・部位、数量等を記入。搬入状況、台車での移動状況、チャンネルベースへの設置状況等、機器設置完了までの作業状況を撮影。

設備工事

No.319 変圧器の搬入
設置状況 ★★

モールド変圧器
巻線部分をエポキシ樹脂で固めて絶縁した乾式変圧器(油を用いず鉄心および巻線を空気によって冷却する方式の変圧器)のことで、絶縁方式として金型による注型タイプ、金型なしのプリプレグ(含浸)タイプがある。ワニス含浸タイプのH種乾式変圧器(シリコン、マイカ等のH種絶縁材料を使用した乾式変圧器)に比べて耐湿性がある。

黒板には施工箇所・部位、機種、形式、容量、規格、数量等を記入。機器の仕様がわかるように撮影。

No.320 受変電設備の試験
試験状況 ★★

受変電設備設置後の各種試験
受変電設備設置後は以下の試験を実施し、黒板には測定結果を記入。試験状況がわかるように撮影する。
①接地抵抗試験
②継電器特性試験
③耐圧試験
④絶縁抵抗試験

接地抵抗試験の場合

黒板には試験箇所、接地の種別、測定値(E1 A種 4Ω、E2 D種 39Ω等)を記入。試験状況がわかるように撮影。

No.321 屋外キュービクルの設置
設置状況 ★★
26ページ
No.015

屋外キュービクルの設置
①基礎の上面に水溜まりができないように勾配のある状況を撮影する。
②基礎の回りに砂利等が敷かれ、水はけが良いことがわかるように撮影する。
③保守点検が容易であることがわかるように撮影する。

黒板には受変電設備の容量等を記入。設置状況およびメンテナンススペースの状況を撮影。

工事写真記録のポイント

☞ チャンネルベースの仮設置では、アンカーボルトが所定の位置に設置されることがわかるように記録する。

☞ キュービクルを固定するアンカーボルト用ボイドは、基礎コンクリート打込み時にセットし、その状況を記録する。

☞ キュービクル回りの保守・点検上の離隔距離は、操作面(全面)1.2m以上、点検面0.6m以上、換気口を有する面0.2m以上となっていることがわかるように記録する。

電気設備

21 外灯の設置

No.322 外灯用基礎
施工状況 ★★

152ページ No.323
153ページ No.324

基礎の寸法および掘削深さがわかるようにスケールを当てて撮影

①タイトル
②施工箇所・部位
③材料の仕様

外灯設置・基礎工事 ←①
北側ゲート ←②
コンクリート製ます ←③
　材　質　コンクリート製
　サイズ　600×600×200×6
　用　途　外灯用基礎

撮影時期／頻度
施工中／施工箇所・部位ごと
撮影対象
黒板には施工箇所・部位、基礎の寸法、用途等を記入。掘削深さおよび基礎の寸法がわかるようにスケールを当てて撮影。

No.323 建柱工事
施工状況 ★★

153ページ No.325

コンクリートます内部へのコンクリート打設状況およびポールの取付け状況がわかるように撮影

①タイトル
②施工箇所・部位
③材料の仕様

外灯ポール建柱工事 ←①
北側ゲート ←②
ポール ←③
　材　質　鋼管
　サイズ　200φ　6m　1本
　用　途　外灯用ポール

撮影時期／頻度
施工中／施工箇所・部位ごと
撮影対象
黒板には施工箇所・部位、外灯用ポールのサイズ、用途等を記入。コンクリート打込み状況およびポールの取付け状況がわかるように撮影。

設備工事

No.324 基礎用捨て型枠／コンクリート製ます
使用材料 ★★
152ページ
No.322
No.323

コンクリート製ます
ベースプレート

黒板には施工箇所・部位、材質、寸法、数量、用途等を記入。材料の仕様がわかるように撮影。

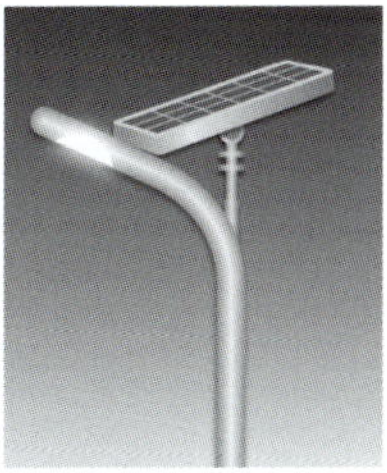

LED外灯（ソーラー発電式）

No.325 コンクリート基礎
施工状況 ★★

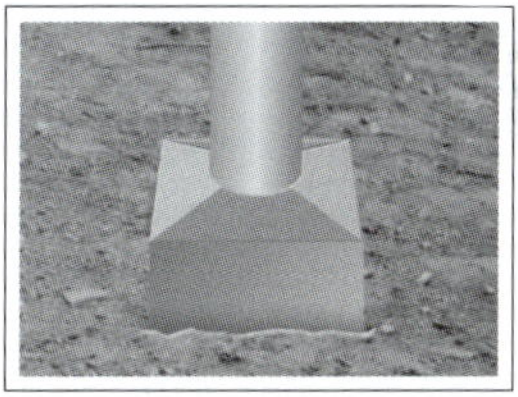

黒板には施工箇所・部位を記入。地表面からの基礎の立上りが仕様通りとなっていることがわかるように撮影。

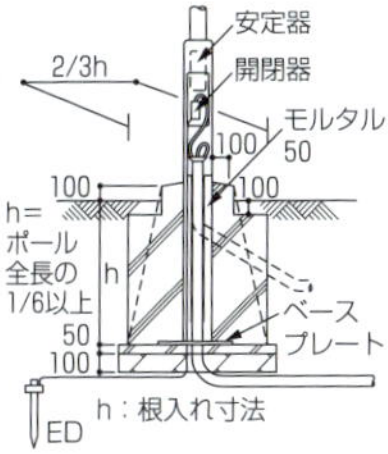

ポール基礎埋込み式（例）
安定器
開閉器
モルタル
2/3h
100
50
h=ポール全長の1/6以上
100
50
100
ベースプレート
ED
h：根入れ寸法

No.326 コンクリート基礎／ベースプレート式
施工状況 ★★

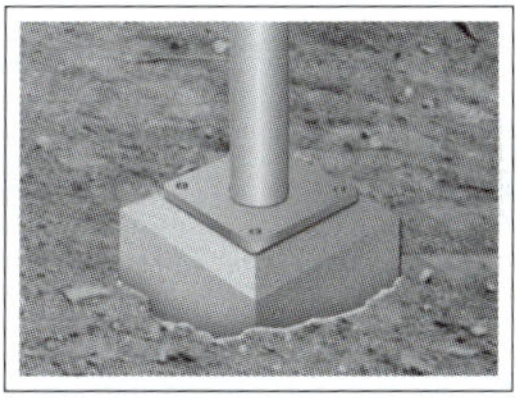

黒板には施工箇所・部位を記入。地表面からの基礎の立上りが仕様通りとなっていることがわかるように撮影。

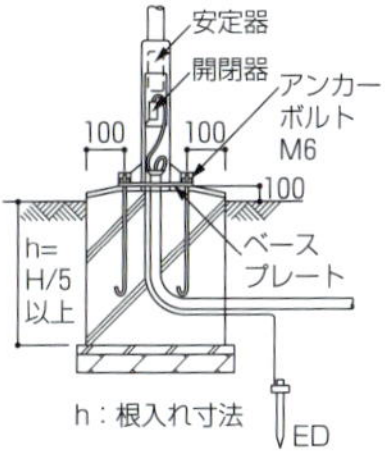

ベースプレート式（例）
安定器
開閉器
アンカーボルトM6
100
100
100
h=H/5以上
ベースプレート
h：根入れ寸法
ED

工事写真記録のポイント

☞ 外灯設置のための基礎工事では、掘削深さ・砂利地業の厚さがわかるようスケールを当てて記録する。
☞ 外灯の設置場所がわかるように、黒板に概略図を記入する。
☞ 外灯基礎回りの根巻きコンクリートが地表面より上に出ており、勾配があることが確認できるように記録する。
☞ 庭園灯の場合も、基礎回りの根巻きコンクリートが地表面より上に出ていることがわかるように記録する。

電気設備

㉒ ハンドホールの設置

No.327 掘削・砂利地業
施工状況 ★★

掘削および砂利地業の状況がわかるように撮影

①タイトル
②施工箇所・部位
③掘削寸法・深さ
④材料の仕様

```
ハンドホール埋設・砂利地業←①
東側外構部←②
掘削深さ 1,200mm←③
粒度調整砕石←④
  厚 さ 150mm
  JIS A 5001 道路用砕石
```

撮影時期／頻度
施工中／施工箇所・部位ごと
撮影対象
黒板には施工箇所・部位、掘削深さ、砂利地業の厚さ、材料、規格等を記入。掘削および砂利地業の状況がわかるように撮影。

No.328 ブロックハンドホールの設置
施工状況 ★★

155ページ
No.329
No.330

ブロックハンドホールの状況がわかるように撮影

①タイトル
②施工箇所・部位
③材料の仕様

```
ブロックハンドホール設置←①
東側外構←②
ブロックハンドホール←③
  材 質 ブロックコンクリート
  サイズ 800×800×200
  数 量 5
  用 途 電力用引込み
```

撮影時期／頻度
施工中／施工箇所・部位ごと
撮影対象
黒板には施工箇所・部位、ブロックハンドホールの材質、サイズ、数量、用途等を記入。ブロックハンドホールの設置状況がわかるように撮影。

設備工事

No.329 ブロックハンドホール
使用材料 ★★
154ページ No.328
155ページ No.330

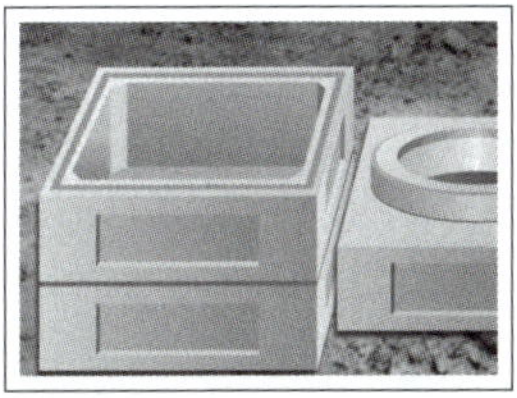

黒板には施工箇所・部位、材質、寸法、数量、用途等を記入。材料が仕様通りであることがわかるように撮影。

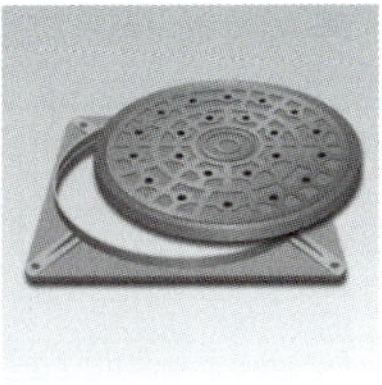

ハンドホール用防水形鋳鉄蓋

No.330 エポキシ樹脂系接着剤塗布
施工状況 ★★
154ページ No.328
155ページ No.329

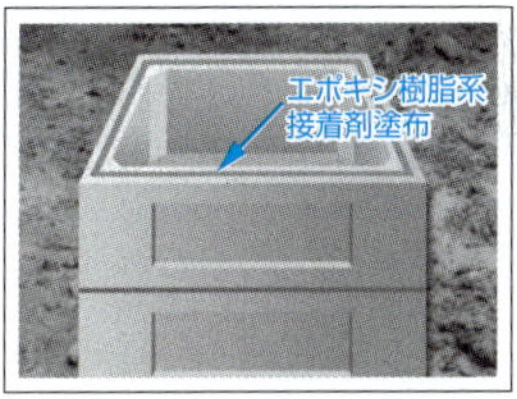

エポキシ樹脂系接着剤塗布

ハンドホールの目地処理材がエポキシ樹脂系あるいはブチルゴム系であることを確認し撮影。

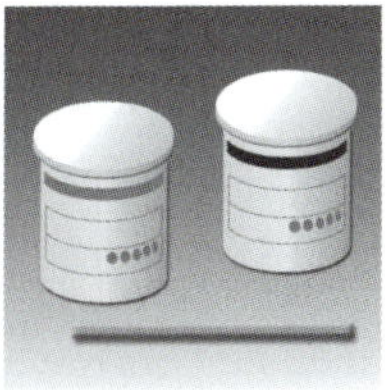

エポキシ樹脂系接着剤

No.331 波付き硬質ポリエチレン管の接続
施工状況 ★★
130ページ No.267
131ページ No.269

配管の接続部にシーリング処理が施されていることがわかるように撮影

黒板には施工箇所・部位を記入。外部の管端処理状況および内部のベルマウス回りの接続状況がわかるように撮影。

ベルマウス

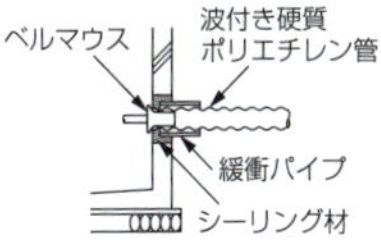

ベルマウス回りの接続(例)
(ベルマウス / 波付き硬質ポリエチレン管 / 緩衝パイプ / シーリング材)

工事写真記録のポイント

☞ 掘削および砂利地業では、適切に施工されている状況を記録する。
☞ ハンドホールの組立て状況では、エポキシ樹脂系接着剤がコンクリート枠の溝に適切に充填されている状況を記録する。
☞ ハンドホールと配管の接続部では、シーリング処理が適切に施されている状況を記録する。
☞ ハンドホール組立て完成時では、施工図通りの高さに施工されていることがわかるようにスケールを当てて記録する。

機械設備

① スリーブ工事

No.332 壁貫通止水つば付き鋼管スリーブ
施工状況
★★

47ページ
　No.064
114ページ
　No.227
　No.228
115ページ
　No.231

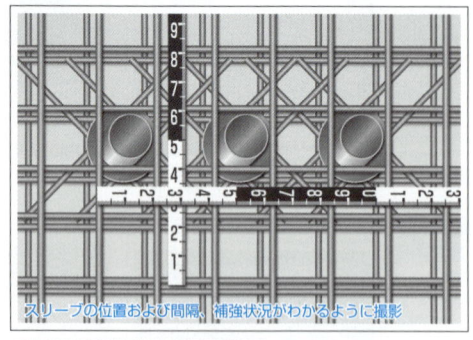

スリーブの位置および間隔、補強状況がわかるように撮影

①タイトル
②施工箇所・部位
③材料の仕様

壁貫通止水つば付き鋼管スリーブの取付け←①
B-4工区1階壁←②
材料の仕様←③
　材　質　鋼管
　サイズ　150φ

撮影時期／頻度
施工中／施工箇所・部位ごと
撮影対象
黒板には施工箇所・部位、配管の材質、サイズ、数量等を記入。スリーブの位置、間隔、数量、補強状況がわかるようにスケールを当てて撮影。

No.333 壁貫通ダクト実管スリーブ
施工状況
★★

114ページ
　No.227
　No.228
156ページ
　No.332

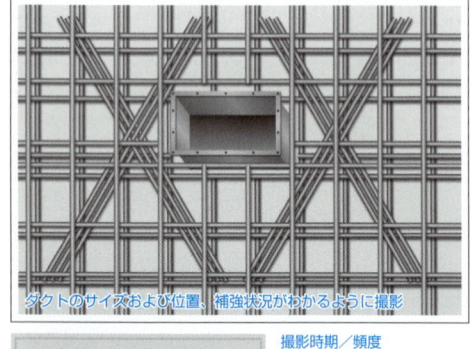

ダクトのサイズおよび位置、補強状況がわかるように撮影

①タイトル
②施工箇所・部位
③材料の仕様

ダクト実管スリーブの取付け←①
B-4工区1階壁←②
材料の仕様←③
　材　質　ダクト実管スリーブ
　サイズ　500×300

撮影時期／頻度
施工中／施工箇所・部位ごと
撮影対象
黒板には施工箇所・部位、ダクトの材質、サイズ、数量等を記入。ダクトの位置、間隔、数量、補強状況がわかるようにスケールを当てて撮影。

設備工事

撮影準備 機械設備工事写真の撮り方

①機器・配管類の種類、形状、材質等がわかるように、黒板やスケール等を使用して撮影する。
②隠ぺい部分については、撮り忘れのないよう事前に工程を確認しておくこと。
③配管の支持間隔、排水管の勾配等もわかるように撮影する。
④配管類の試験条件(圧力、保持時間等)は、諸官庁や配管の種類等で異なるため、確認したうえで撮影する。
⑤諸官庁の検査を受ける工事では、施工前・施工後の写真提出を求められるので、必ず撮影する。
⑥検査時の指摘項目については、是正前・是正後の写真を撮影し提出する。

No.334 止水つば付き鋼管スリーブ

使用材料
★★
115ページ
No.230
No.231

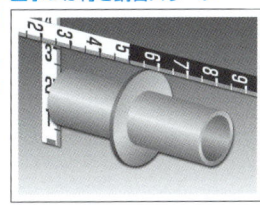

黒板には施工箇所・部位、スリーブ形状図、材質を記入。スリーブの形状がわかるようにスケールを当てて撮影。

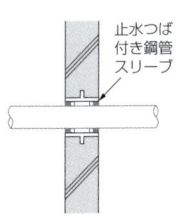

止水つば付き鋼管スリーブの納まり(例)

No.335 ダクト実管スリーブ

使用材料
★★
156ページ
No.333

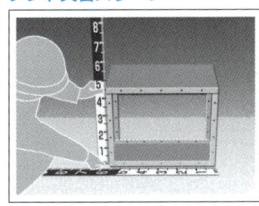

黒板には施工箇所・部位、ダクトの寸法を記入。ダクトの形状、内・外部の塗装状況もわかるように撮影する。

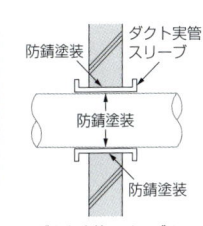

ダクト実管スリーブの納まり(例)

工事写真記録のポイント

☞ 鋼管スリーブ、ダクト実管スリーブ本体の形状を記録する。
☞ スリーブの径、位置、間隔、補強の状況がわかるように、スケールを当てて正面のほか、上、横からも記録する。
☞ ダクトの実管スリーブが高所の場合は、足場の設置期間中にスケールを当てて近景を記録する。
☞ スリーブ取付けは躯体工事に関連して重要な工事であり、入れ忘れのチェックにもなるため、コンクリート打込み前に必ず記録する。

機械設備

② 配管施工／給水設備

No.336 給水管施工／天井内配管
施工状況
★★
164ページ
No.352

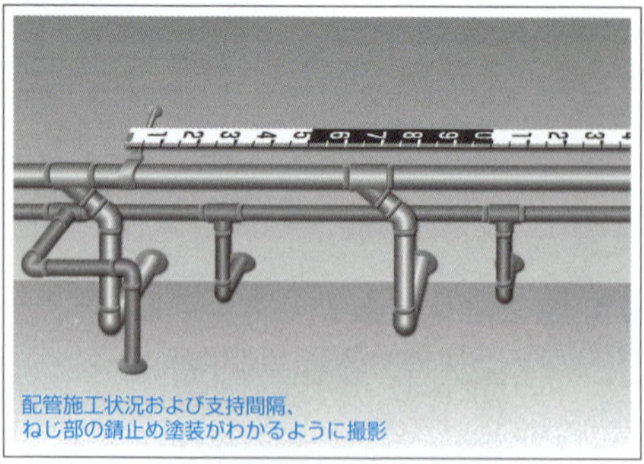

配管施工状況および支持間隔、ねじ部の錆止め塗装がわかるように撮影

①タイトル
②施工箇所・部位
③材料の仕様

- 天井内給水管施工 ←①
- B-1工区2階天井内 ←②
- 材料の仕様 ←③
  - 材　質　水道用硬質塩化ビニルライニング鋼管
  - サイズ　25A
  - 錆止め塗料　　支持間隔　2.0m

撮影時期／頻度
施工中(躯体工事完了後)／施工箇所・部位ごと

撮影対象
配管の施工状況、ねじ部の錆止め塗装状況、支持間隔が確認できるようにスケールを当てて撮影。

No.337 パイプ切断ねじ切り機による加工作業
施工状況
★★
159ページ
No.340

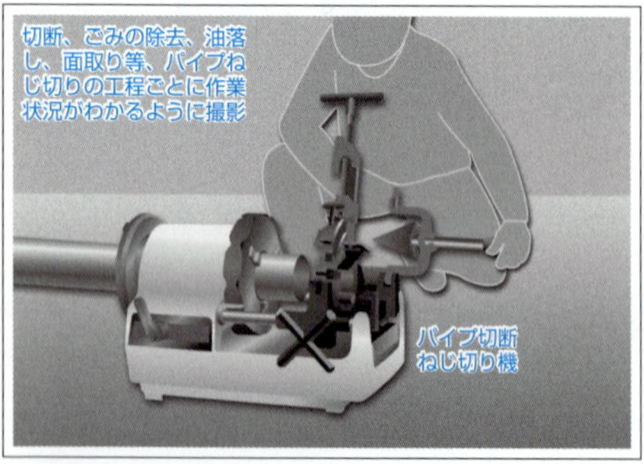

切断、ごみの除去、油落し、面取り等、パイプねじ切りの工程ごとに作業状況がわかるように撮影

パイプ切断ねじ切り機

①タイトル
②施工箇所・部位
③材料の仕様

- ねじ切り工程 ←①
- B-1工区2階天井内 ←②
- 材料の仕様 ←③
  - 材　質　水道用硬質塩化ビニルライニング鋼管
  - サイズ　65A

撮影時期／頻度
施工中／施工箇所・部位ごと

撮影対象
パイプ切断ねじ切り機によるねじ切り加工作業について、切断、ごみの除去、油落し、面取り等、工程に沿って作業状況がわかるように撮影。

設備工事

No.338 水道用硬質塩化ビニルライニング鋼管
使用材料
★★
158ページ
No.336

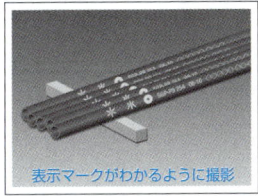

表示マークがわかるように撮影

配管の表示（例）
水の字／製造者マーク／呼び径／商品名
＊ 水 SGP-PB 25A '08-10 ○○○○○ ○○-○
日本水道協会検印マーク／種類の記号／製造年月日

黒板には材料に記載されている管種、口径、記号等を記入し、これらの表示がわかるように管の種類ごとに撮影。

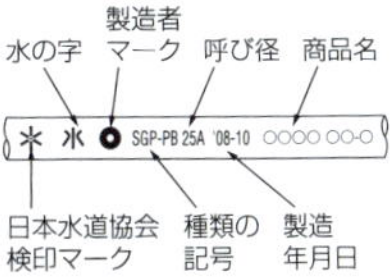

No.339 仕切り弁
使用材料
★★
162ページ
No.346

黒板には施工箇所・部位、材料名称・仕様、規格を記入。詳細に確認する場合は、部分的に拡大して撮影。

仕切り弁の設置（例）

No.340 ねじ接合作業
施工状況
★★
158ページ
No.337

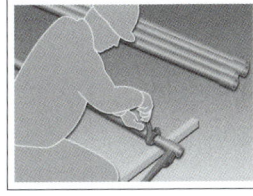

ねじ接合作業
①接合する前に管口をきれいに清掃する。
②一度ねじ込んだ後は、ねじ戻しをしない。
③ねじ込み後の余ねじ部やパイプレンチによる傷部等には、錆止め塗装を施す。
④ねじ切りは自動切上げ装置を使用し、定期的にねじ山の確認を行う。

黒板には施工箇所・部位、作業内容の概要図を記入。パイプレンチによるねじ接続状況を撮影する。

工事写真記録のポイント

☞ 配管施工時に、配管状況、ねじ部の錆止め塗装状況、支持間隔等がわかるように記録する。
☞ ねじ切り加工作業では、切断、ごみの除去、油落し、面取り、ねじ切り加工等、工程ごとに記録する。
☞ ステンレス管溶接接合（ティグ溶接）の場合は、アルゴンガス封入により溶接作業を実施している状況を記録する。
☞ 工事後に確認できない部分（隠ぺい部）は、必ず記録しておく。

機械設備

③ 配管施工／給湯設備

No.341 ガス湯沸器の設置
施工状況 ★★
160ページ No.342

機器の排気ガスが人に当たらない位置に設置されている状況を撮影

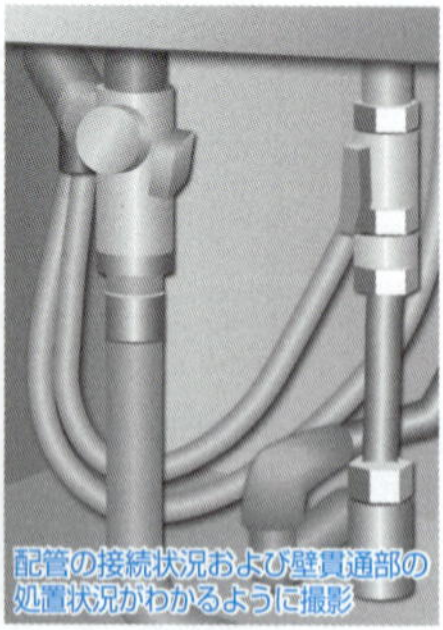

配管の接続状況および壁貫通部の処置状況がわかるように撮影

①タイトル
②施工箇所・部位
③機器の仕様

```
ガス湯沸器の設置 ←①
5階住戸バルコニー ←②
機器の仕様 ←③
  型 式 24号
```

撮影時期／頻度
施工中／施工箇所・部位ごと
撮影対象
黒板には施工箇所・部位、機器の仕様を記入。機器の取付け、配管の接続、壁貫通部の施工が適切に行われている状況を撮影。

No.342 電気湯沸器の設置
施工状況 ★★
160ページ No.341

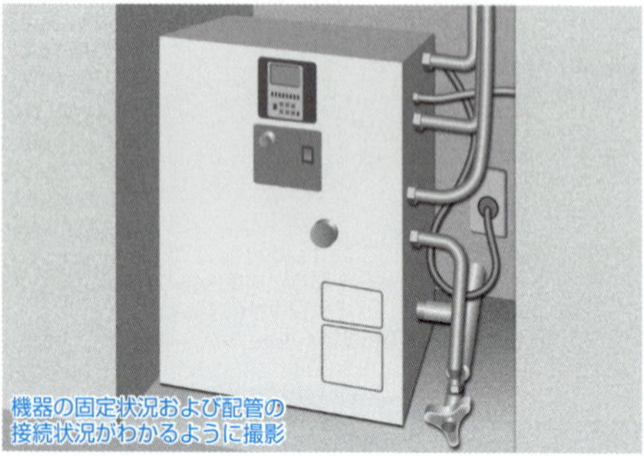

機器の固定状況および配管の接続状況がわかるように撮影

①タイトル
②施工箇所・部位
③機器の仕様

```
電気湯沸器の設置 ←①
3階住戸流し台下内部 ←②
機器の仕様 ←③
  貯湯量      20ℓ
  ヒーター容量  1.5kW
```

撮影時期／頻度
施工中／施工箇所・部位ごと
撮影対象
黒板には施工箇所・部位、機器の仕様を記入。機器の固定状況、配管の接続、保守スペースが確保されている状況がわかるように撮影。

設備工事

No.343 給湯配管／架橋ポリエチレン管
施工状況 ★★
160ページ No.341

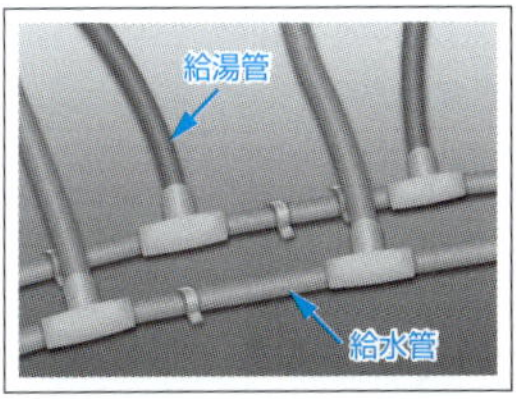

架橋ポリエチレン管のメカニカル接合の手順
①専用工具で管を直角に切断する。
②管端を本体外筒の下端に合わせ、袋ナット先端まで被覆材をめくる（約30mm）。
③確認位置矢印が見えるように継手を設置する。
④保護シールを剥がし、管を継手に対してまっすぐに差し込む。

黒板には施工箇所・部位、配管径、種類を記入。給湯管の熱が給水管に伝わらないよう保護されている状況を撮影。

No.344 給湯配管（架橋ポリエチレン管）の立上り部の支持
施工状況 ★★
161ページ No.343

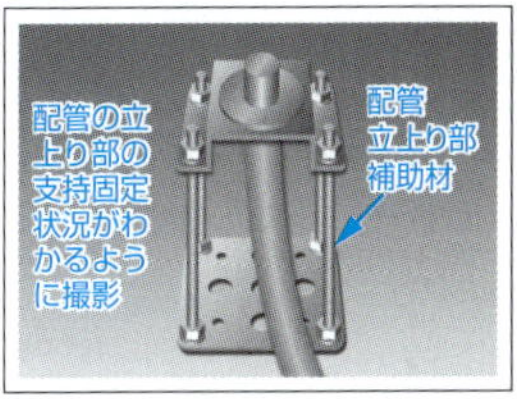

配管の立上り部の支持固定状況がわかるように撮影
配管立上り部補助材

配管の立上り部の支持固定（例）

黒板には施工箇所・部位、配管の種類、立上り部の補助材、接続部の支持金物を記入し、配管状況を撮影。

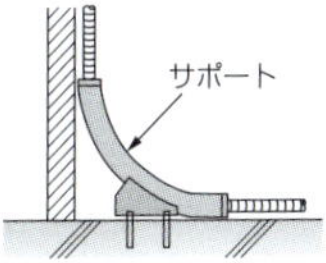

No.345 電気湯沸器の熱湯カラン
施工状況 ★★

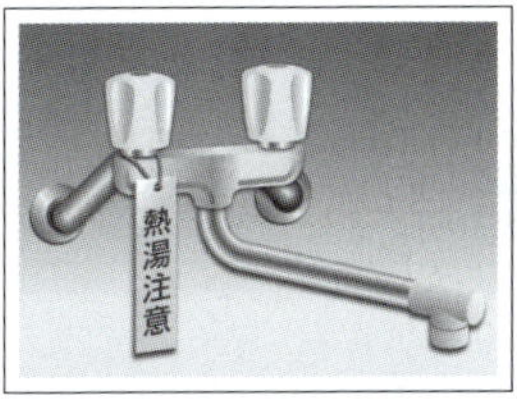

焼なまし銅管9.5mm
銅管接続アダプタ
支持金物
1/2逆止弁
給湯管　給水管

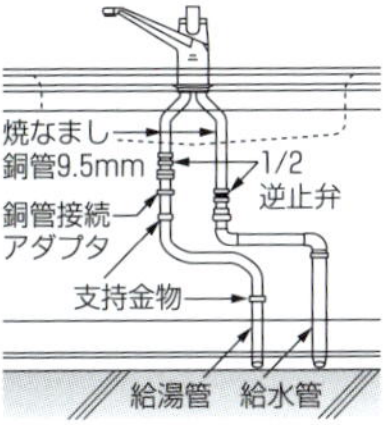

シングルレバー混合水栓の配管（例）

黒板には施工箇所・部位、系統を記入。熱湯用カランには、「熱湯注意」の表示を下げ、表示が確認できるように撮影。

工事写真記録のポイント

☞ ガス湯沸器の取付け状況、配管の接続状況、壁貫通部分の施工状況等を記録する。
☞ 電気湯沸器の固定状況、保守性がわかるように記録する。
☞ 給湯配管（架橋ポリエチレン管）の配管状況、特に給水管に熱が伝わらないように施工されている状況を記録する。
☞ 架橋ポリエチレン管の立上り部分・器具接続部分には、専用の部品が使用されていることが確認できるように記録する。

機械設備

④ 配管施工／排水設備

No.346 排水ポンプ上部の弁類の設置

施工状況
★★

163ページ
No.350

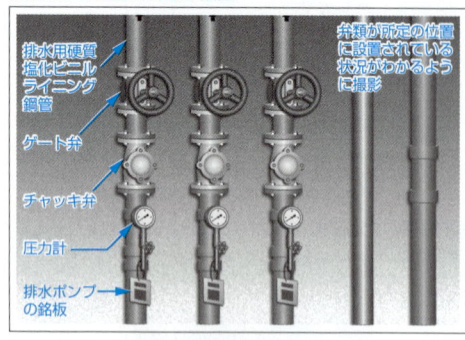

図中ラベル:
- 排水用硬質塩化ビニルライニング鋼管
- ゲート弁
- チャッキ弁
- 圧力計
- 排水ポンプの銘板
- 弁類が所定の位置に設置されている状況がわかるように撮影

①タイトル
②施工箇所・部位
③材料の仕様

```
排水ポンプ上部の弁類の設置状況 ←①
C-1工区地下1階機械室 ←②
材料の仕様 ←③
  材 料  排水用硬質塩化ビニルライ
         ニング鋼管
  サイズ 65A
```

撮影時期／頻度
施工中／施工箇所・部位ごと

撮影対象
黒板には施工箇所・部位、配管・弁類の仕様を記入。弁類が所定の位置に設置され、排水ポンプの銘板が取り付けられている状況を撮影。

No.347 天井内排水管

施工状況
★★

158ページ
No.336

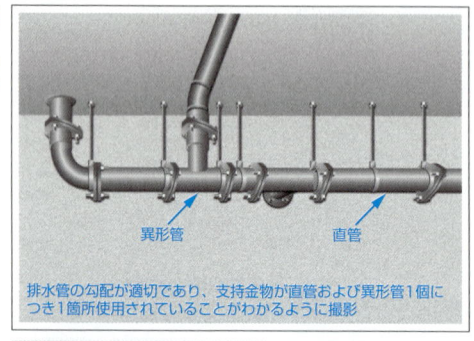

図中ラベル:
- 異形管
- 直管
- 排水管の勾配が適切であり、支持金物が直管および異形管1個につき1箇所使用されていることがわかるように撮影

①タイトル
②施工箇所・部位
③材料の仕様

```
天井内排水管の施工 ←①
D-1工区3階男子便所天井 ←②
材料の仕様 ←③
  材 質  排水用鋳鉄管(直管、異形管)
  サイズ 100A
  勾 配  1/100
```

撮影時期／頻度
施工中(躯体工事完了後)／施工箇所・部位ごと

撮影対象
排水管の勾配が適切であり、鋳鉄管の直管、異形管1個につき支持金物が1箇所使用されている状況を撮影。

設備工事

No.348 排水鉛管の支持
施工状況 ★★
162ページ No.347

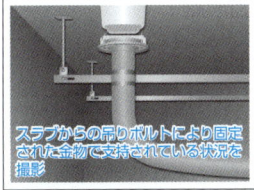

キャプション（画像内）：スラブからの吊りボルトにより固定された金物で支持されている状況を撮影

黒板には施工箇所・部位、管の種類、用途等を記入。排水管が支持されている状況を撮影。

排水鉛管の支持
排水鉛管は、下階の天井内に配管されるため、天井仕上げの前に、スラブからの吊りボルトにより固定された金物で支持されている状況を撮影する。天井内は、他の配管類や電気設備のケーブル、ボックス等も設置されるので、配管支持完了後直ちに撮影する。

No.349 排水管の壁貫通処理
施工状況 ★★
162ページ No.347

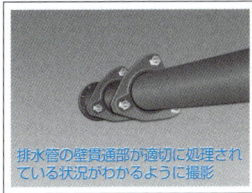

キャプション（画像内）：排水管の壁貫通部が適切に処理されている状況がわかるように撮影

黒板には施工箇所・部位、配管用途・種別、防水材料、貫通箇所の断面図を記入。施工状況がわかるように撮影。

床ピット内の撮影
床ピット内は、型枠材料や配管材料等が放置されていることが多く、また、雨水も溜まりやすい。そのため、撮影前には撮影対象周辺の片づけと、雨水の処置を行っておくこと。

No.350 排水ポンプの設置／水中ポンプ
施工状況 ★★
162ページ No.346
183ページ No.399

水中ポンプの設置
水中ポンプは2台1組で設置し、自動交互運転を行う。ポンプを設置する前に排水槽の全景を撮影し、ポンプ上部にメンテナンス用のマンホールが設置されていることを確認すること。

黒板には施工箇所・部位、ポンプの型式・能力を記入。槽内の設置状況がわかるように撮影。

工事写真記録のポイント

☞ 排水ポンプ上部配管部分には、弁類が所定の位置にあること、およびポンプの銘板が設置されている状況を記録する。
☞ 便所の天井内配管は、排水勾配および吊り金物が適切に施工されている状況を記録する。
☞ 排水管の壁貫通箇所は、黒板に断面図を記入して記録する。
☞ 水中ポンプは、設置した時点でその状況を必ず記録する。
☞ 排水槽上部に点検用マンホールが設置されている状況を記録する。

機械設備

⑤ 配管施工／冷温水管

No.351 冷温水管施工／天井内配管（1）

施工状況
★★

164ページ
No.352

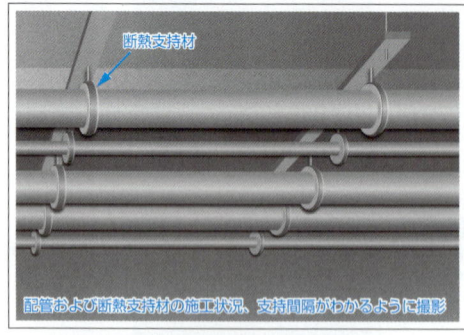

断熱支持材

配管および断熱支持材の施工状況、支持間隔がわかるように撮影

①タイトル
②施工箇所・部位
③材料の仕様

天井内冷温水管の施工 ←①
E-1工区地下1階機械室 ←②
材料の仕様 ←③
 材 質 配管用炭素鋼鋼管（白管）
 サイズ 100A、75A、25A
 支持間隔 1.5m

撮影時期／頻度
施工中（躯体工事完了後）／施工箇所・部位ごと

撮影対象
配管の施工状況、ねじ部の錆止め塗装状況、断熱支持材の施工状況、配管の支持間隔が確認できるように撮影。

No.352 冷温水管施工／天井内配管（2）

施工状況
★★

164ページ
No.351

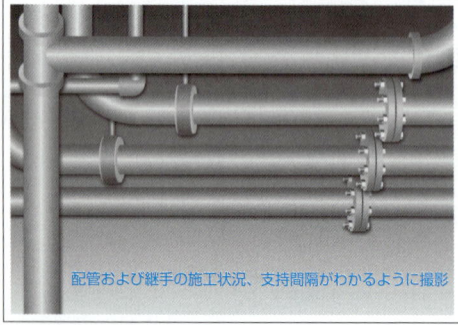

配管および継手の施工状況、支持間隔がわかるように撮影

①タイトル
②施工箇所・部位
③材料の仕様

天井内冷温水管の施工 ←①
F-1工区地下1階機械室 ←②
材料の仕様 ←③
 材 質 配管用炭素鋼鋼管（白管）
 サイズ 100A
 支持間隔 4.0m以内

撮影時期／頻度
施工中（躯体工事完了後）／施工箇所・部位ごと

撮影対象
配管の施工状況、ねじ部の錆止め塗装状況、配管の支持間隔が確認できるようにスケールを当てて撮影。

設備工事

No.353 冷温水配管振れ止め支持／天井配管支持
施工状況 ★★
170ページ No.367

画像内注記：配管の振れ止め支持状況および部材がわかるように撮影

冷温水配管の振れ止め支持
冷温水配管に振れ止め支持が必要な場合には、躯体に取り付けられた支持金物に配管を固定し、振れ止めを行う。天井内には冷温水配管のほかにダクトや電気設備の配管等も設置されるので、振れ止め支持工事完了後は直ちに撮影する。

黒板には施工箇所・部位を記入。配管に振れ止め支持が必要な場所は、支持状況および支持部材がわかるように撮影。

No.354 横引き管の伸縮継手／床ピット内
施工状況 ★★
165ページ No.355

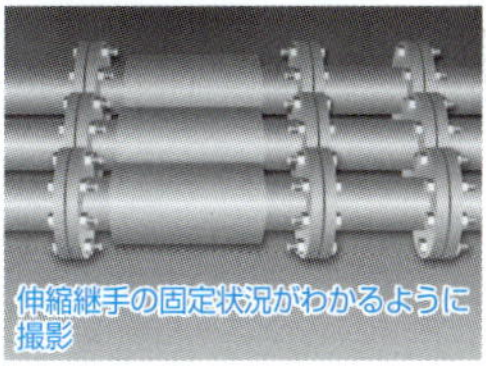

画像内注記：伸縮継手の固定状況がわかるように撮影

横引き管の伸縮継手
床ピット内は作業スペースが狭いため、メンテナンススペースが確保されている状況が確認できるように、また、他の配管等が複雑にならないように計画されている状況を撮影する。

黒板には施工箇所・部位、管径を記入。伸縮継手の固定部分と、配管支持が伸縮に支障のない状況を撮影。

No.355 立て配管の伸縮継手
施工状況 ★★
165ページ No.354

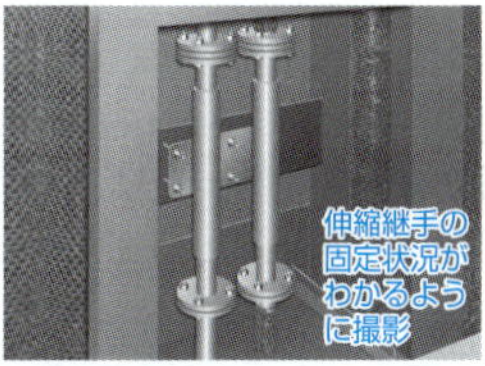

画像内注記：伸縮継手の固定状況がわかるように撮影

立て配管の伸縮継手
伸縮継手のメンテナンススペースが確保されている状況と、他の配管との離隔が適切であることがわかるように撮影する。

黒板には施工箇所・部位、管径を記入。伸縮継手固定部と配管支持部が、伸縮に影響がない状況がわかるように撮影。

工事写真記録のポイント

- ☞ 冷温水配管施工時には、配管状況、ねじ部の錆止め塗装状況、支持間隔等がわかるように記録する。
- ☞ 吊り間隔を確認する場合には、スケールを当てて記録する。
- ☞ 振止め支持箇所の撮影では、支持状況、支持部材がわかるように記録する。
- ☞ 伸縮継手回りは、継手の固定部分と配管の支持が伸縮に支障のない状況であることを記録する。

機械設備

⑥ 配管施工／冷媒管

No.356 天井吊り型エアコン回りの冷媒管

施工状況 ★★

167ページ No.360

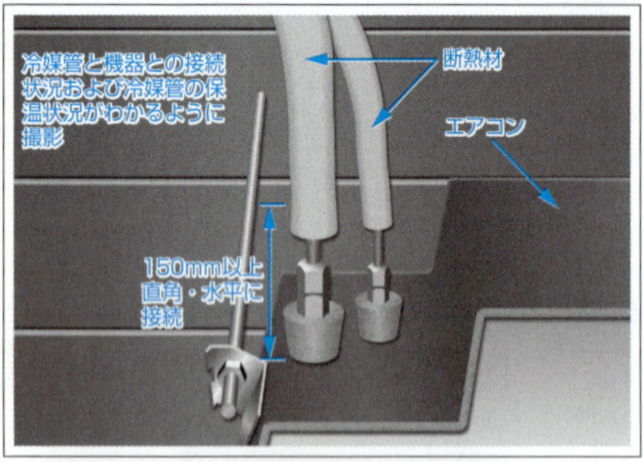

冷媒管と機器との接続状況および冷媒管の保温状況がわかるように撮影

断熱材
エアコン
150mm以上直角・水平に接続

①タイトル
②施工箇所・部位
③材料の仕様

- 天井吊り型エアコン回りの冷媒管 施工 ←①
- G-1工区3階会議室天井内 ←②
- 材料の仕様 ←③
  保温付き銅管
  サイズ　9.52φ、6.35φ

撮影時期／頻度
施工中／施工箇所・部位ごと

撮影対象
黒板には施工箇所・部位、配管の種類、サイズを記入。冷媒管がエアコン本体に150mm以上直角・水平に接続されている状況を撮影。

No.357 防火区画貫通部の冷媒管施工

施工状況 ★★

175ページ No.378

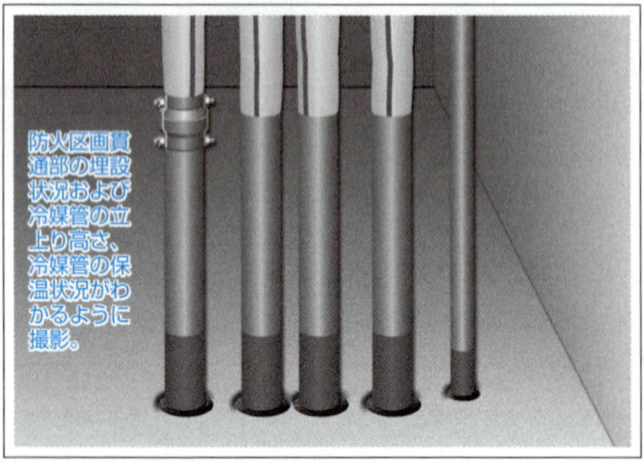

防火区画貫通部の埋設状況および冷媒管の立上り高さ、冷媒管の保温状況がわかるように撮影。

①タイトル
②施工箇所・部位
③材料の仕様

- 防火区画貫通部の冷媒管施工 ←①
- G-3工区2階床 ←②
- 材料の仕様 ←③
  保温材付き銅管、鉄管
  冷媒管　50A×4本
  ドレン管　25A×1本

撮影時期／頻度
施工中（躯体工事完了後）／施工箇所・部位ごと

撮影対象
防火区画貫通部処理の種類、冷媒管の立上り高さ、貫通部埋戻しの状況を、床仕上げ、パイプシャフト施工前に撮影。

設備工事

No.358 冷媒配管の支持／天井内配管
施工状況 ★★
166ページ No.356

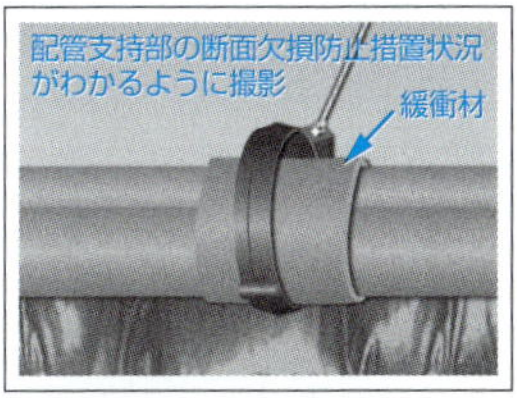

画像内注記:配管支持部の断面欠損防止措置状況がわかるように撮影 / 緩衝材

冷媒管の支持
配管支持部は、荷重がかかり、保温材がつぶれ断面欠損を起こしやすいので、保護を行う。冷媒は温度が低く、結露しやすいため、配管支持部、保温材のつなぎ部分、貫通部等では保温材の破損、つぶれによる断面欠損が生じていないか確認する。

黒板には施工箇所・部位を記入。配管支持部の断面欠損を防ぐため、保護を行っている状況を撮影。

No.359 冷媒管と室外機の接続
施工状況 ★★
166ページ No.356

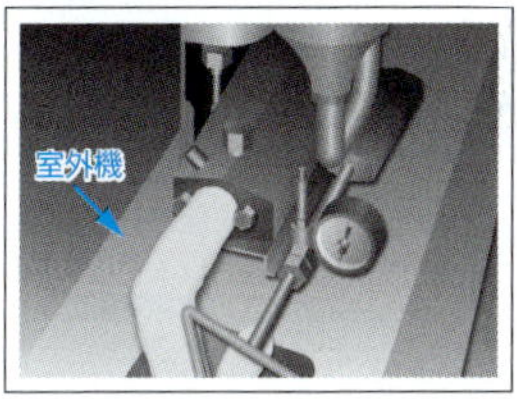

画像内注記:室外機

冷媒管と室外機の接続
室外機等への配管接続保温端部から、配管と保温の間に結露水が入り、室内に浸入する場合があるので、保温端部からの結露水の浸入を防ぐための措置を講じること。

黒板には施工箇所・部位を記入。室外機の配管接続保温端部から、室内側への結露水浸入防止措置の状況を撮影。

No.360 天井吊り型エアコン回りのドレン管施工
施工状況 ★★
166ページ No.356

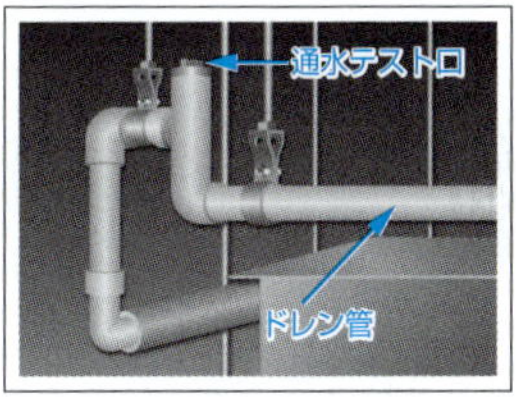

画像内注記:通水テストロ / ドレン管

天井吊り型エアコン回りのドレン管
ドレンアップメカの作動状況およびドレンホースバンドの締付け状況、ドレンの配管経路を確認する。

黒板には施工箇所・部位を記入。エアコン回りのドレン配管勾配、通水テストロ、断熱材等の施工状況を撮影。

工事写真記録のポイント

☞ 天井吊り型エアコンへの接続冷媒管は、150mm以上直角・水平とし、その状況を記録する。
☞ 消防検査等で写真提出を求められるため、防火区画貫通部では、防火処理の種類、立上り高さ、貫通部の埋戻し状況を記録する。
☞ 冷媒配管の天井内支持部は、保温材を保護した状況を記録する。
☞ 天井吊り型エアコン回りのドレン配管は、配管勾配、通水テストロ、断熱材等が適切に施工されている状況を記録する。

機械設備

⑦ 水圧・気密・満水試験

No.361 給水管水圧試験

試験状況
★★

169ページ
No.363

所要圧力に達したことを確認した後、また、試験結果の合格を確認した後、試験用圧力計の指示値が読み取れるように撮影

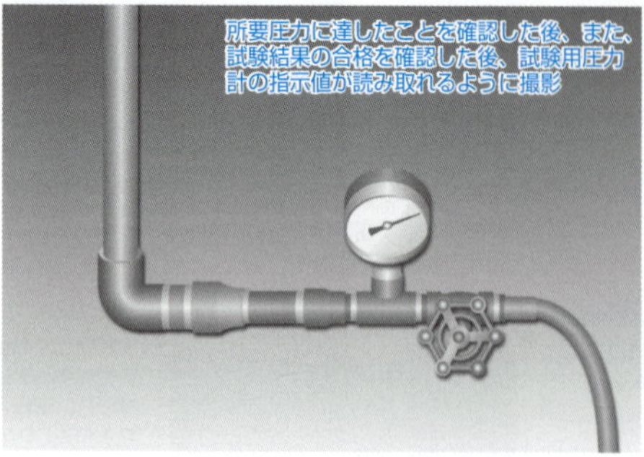

①タイトル
②試験箇所・系統
③試験開始日時・開始圧
④試験完了日時・完了圧

```
給水管水圧試験 ←①
6階事務所 ←②
系 統 B-2 ←②
開 始 ○年○月○日 10：30
       1.65MPa ←③
完 了 ○年○月○日 11：00
       1.65MPa ←④
```

撮影時期／頻度
施工中／施工箇所・部位ごと
撮影対象
黒板には施工箇所・系統、試験開始日時・開始圧、試験完了日時・完了圧を記入。試験圧力計の指示値が読み取れるように撮影。

No.362 冷媒配管気密試験

試験状況
★★

169ページ
No.365

所要圧力に達したことを確認した後、また、試験結果の合格を確認した後、試験用圧力計の指示値が読み取れるように撮影

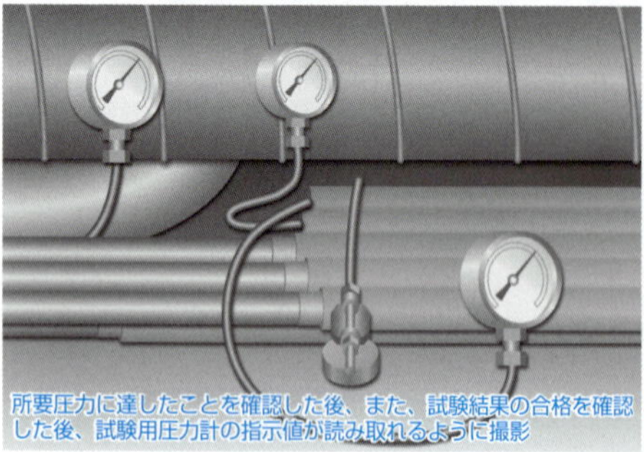

①タイトル
②試験箇所・系統
③試験開始日時・開始圧
④試験完了日時・完了圧

```
冷媒配管気密試験 ←①
7階店舗 ←②
系 統 1・2・3系統 ←②
開 始 ○年○月○日 13：30
       4.15MPa ←③
完 了 ○年○月○日 14：30
       4.15MPa ←④
```

撮影時期／頻度
施工中／施工箇所・部位ごと
撮影対象
黒板には施工箇所・系統、試験開始日時・開始圧、試験完了日時・完了圧を記入。試験圧力計の指示値が読み取れるように撮影。

設備工事

No.363 給湯管水圧試験
試験状況 ★★
168ページ No.361

各水配管水圧試験
配管の一部または全配管完了後、防露・保温被覆を行う前に実施する。隠ぺいもしくは埋設される配管も同様に実施する。

黒板には試験箇所・系統、試験開始日時・開始圧、試験完了日時・完了圧を記入。試験状況がわかるように撮影。

No.364 排水管満水試験
試験状況 ★★

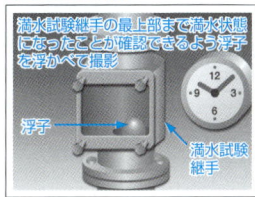

(写真内注記:満水試験継手の最上部まで満水状態になったことが確認できるよう浮子を浮かべて撮影／浮子／満水試験継手)

排水管満水試験
施工状況を考慮に入れ、系統すべてを同時に試験するか、各階ごとに部分試験を行うかを決定する。各階ごとに部分試験を実施する場合は、満水試験継手を各階の立て管に設けておく必要があるため、試験範囲は施工図作成時点で定めておくこと。

黒板には試験箇所・系統、試験開始日時、試験完了日時を記入。試験状況がわかるように撮影。

No.365 冷媒配管気密試験／エアコン室外機
試験状況 ★★
168ページ No.362

(写真内注記:規定圧力と保持時間がわかるように撮影)

冷媒配管気密試験
すべての冷媒配管に対して配管工事完了後に行う。施工状況を考慮に入れ、系統一括で行うか、ブロック分けを行い実施するか決定する。
なお、気密試験圧力は各メーカーの設計ガス圧であり、使用冷媒により異なるため、メーカーへの確認が必要である。

黒板には試験箇所・系統、試験開始日時・開始圧、試験完了日時・完了圧を記入。試験状況がわかるように撮影。

工事写真記録のポイント

☞ 各水圧試験では、圧力計の目盛りが読み取れるように記録する。
☞ 圧力・保持時間は諸官庁・仕様によって異なるので、事前に確認した後に試験を実施して記録する。
☞ 配管工事は部分的に施工されるため、圧力試験は部位ごとに実施し、すべての配管工事完了時に全体の試験記録を残す。
☞ 試験写真は、維持管理や将来の改修工事の重要な資料となるため忘れずに記録する。

機械設備

⑧ ダクト工事

No.366 角ダクトの施工
施工状況
★★

174ページ
No.377

吊り間隔がわかるようにスケールを当てて撮影

①タイトル
②施工箇所・部位
③材料の仕様

- 角ダクトの施工 ←①
- H-2工区3階事務室天井内 ←②
- 材料の仕様 ←③
  - 材 質 亜鉛鉄板
  - サイズ 500×400×0.6t

撮影時期/頻度
施工中/施工箇所・部位ごと
撮影対象
黒板には施工箇所・部位、ダクトの材質、サイズを記入。ダクトの吊り状態、吊り間隔が確認できるようにスケールを当てて撮影。

No.367 角ダクトの振れ止め施工
施工状況
★★

165ページ
No.353
174ページ
No.377

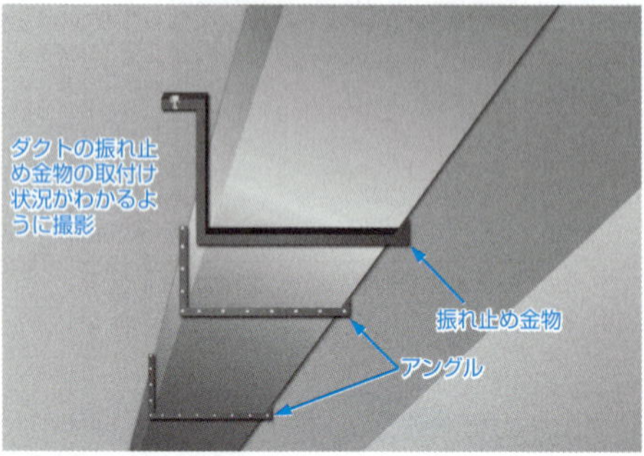

ダクトの振れ止め金物の取付け状況がわかるように撮影

振れ止め金物
アングル

①タイトル
②施工箇所・部位
③材料の仕様

- 角ダクトの施工 ←①
- C-1工区地下1階機械室天井 ←②
- 材料の仕様 ←③
  - 材 質 亜鉛鉄板
  - サイズ 600×400×0.6t

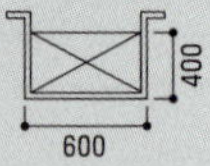

撮影時期/頻度
施工中/施工箇所・部位ごと
撮影対象
黒板には施工箇所・部位、ダクトの材質、サイズを記入。ダクトの振れ止め金物の取付け状況、アングルの補強ピッチが確認できるように撮影。

設備工事

No.368 フレキシブルダクトの施工
施工状況 ★★
174ページ No.377

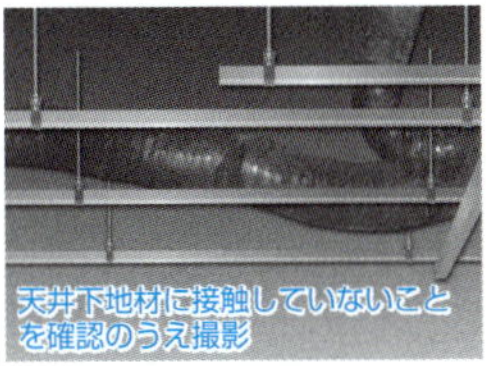

（写真内文字）天井下地材に接触していないことを確認のうえ撮影

黒板には施工箇所・部位を記入。ダクトの支持状況、天井用軽量鉄骨との間隔がわかるように撮影。

フレキシブルダクト
フレキシブルダクトは施工性が良く、ダクト工事に幅広く使用されている。上部躯体からの支持を適切に行うとともに、天井下地材や仕上材と接触していないことを確認する。また、フレキシブルダクトの接続部分は、バンドと締付けビスにより固定する。

No.369 キャンバス継手の施工
施工状況 ★★

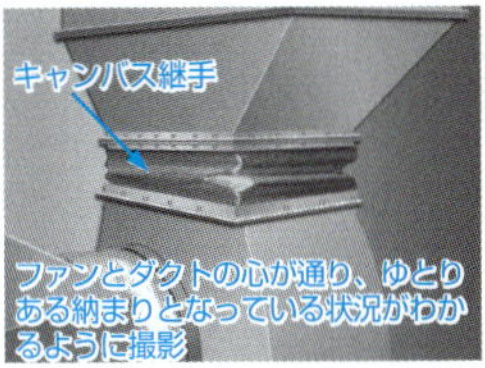

（写真内文字）キャンバス継手／ファンとダクトの心が通り、ゆとりある納まりとなっている状況がわかるように撮影

黒板には施工箇所・部位を記入。ファンとダクトの心が合っていることが確認できるように撮影。

キャンバス継手
キャンバス継手は、ファンの振動を遮断するための材料であるため、適度なゆとりが必要である。キャンバス継手の張り過ぎや心ずれ、つぶれ等がないか確認する。

No.370 防火ダンパの取付け
施工状況 ★★
170ページ No.366

（写真内文字）上部躯体から確実に支持されている状況を撮影

黒板には施工箇所・部位を記入。支持の施工状況、躯体とのすき間の処理状況、適合マークが確認できるように撮影。

防火ダンパ
建物竣工後に定期的なメンテナンスを行うため、ダンパ操作部の直下に天井点検口を設ける。また、防火ダンパには火災感知器との連動により閉鎖するダンパもあり、その場合には工事中に火災感知器との連動試験を実施する。

工事写真記録のポイント

- ダクトの吊り間隔がわかるようにスケールを当てて記録する。
- ダクトの振れ止め金具の施工状況がわかるように記録する。
- フレキシブルダクトの吊り状況、天井との間隔等を記録する。
- キャンバス継手では、ファンとダクトの芯が合っていることを確認し記録する。
- 官庁検査時に防火ダンパの施工状況写真の提出が求められるため、適合マークの撮影および躯体とのすき間がない状況を記録する。

機械設備

⑨ 保温材料

No.371 ポリスチレンフォーム保温筒

使用材料 ★★

174ページ No.376

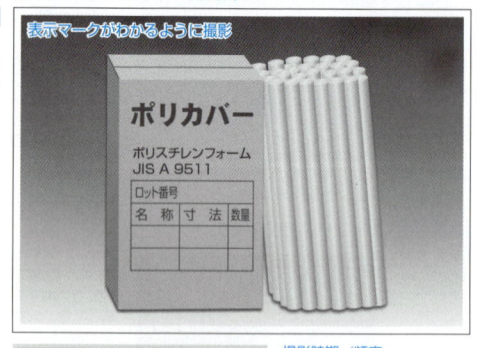

表示マークがわかるように撮影

①タイトル
②施工箇所・部位
③材料の仕様
④JIS規格

```
ポリスチレンフォーム保温筒←①
L-3工区地下1階浴室←②
材料の仕様←③
  サイズ 管径 20mm　厚さ 20mm
  数　量 74本
JIS A 9511 ←④
```

撮影時期／頻度
搬入時／施工箇所・部位ごと
撮影対象
黒板には施工箇所・部位、サイズ、数量、JIS規格を記入。材料の形状および規格等が確認できるよう梱包材とともに撮影。

No.372 ロックウール保温板

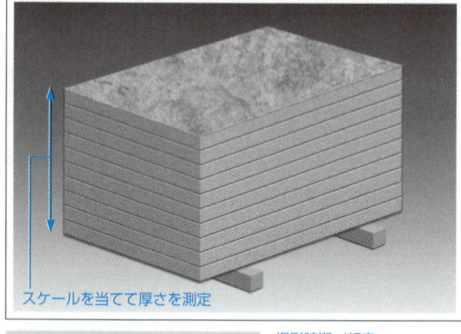

使用材料 ★★

174ページ No.377

スケールを当てて厚さを測定

①タイトル
②施工箇所・部位
③材料の仕様
④JIS規格

```
ロックウール保温板←①
K-2工区地下1階機械室←②
材料の仕様←③
  サイズ W605×H910
  厚　さ 40mm
  数　量 10枚
JIS A 9504 ←④
```

撮影時期／頻度
搬入時／施工箇所・部位ごと
撮影対象
黒板には施工箇所・部位、サイズ、数量、JIS規格を記入。材料の形状および規格等が確認できるように梱包から出し、厚さの測定状況を撮影。

設備工事

No.373 ポリスチレンフォーム保温材ラベル

使用材料
★★
174ページ
No.376

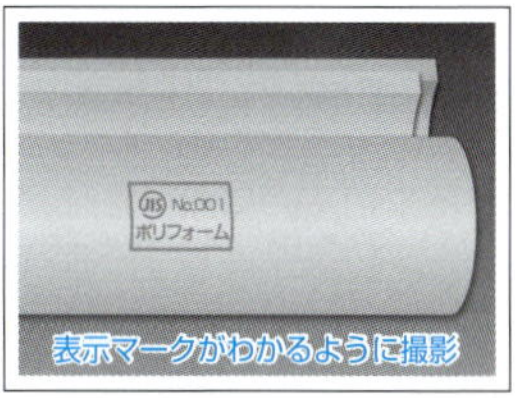

表示マークがわかるように撮影

ポリスチレンフォーム
屋外露出および浴室、厨房、室内プールなどの多湿箇所で施工される。一般的にはポリスチレンフォームの上にポリエチレンフィルムを巻き、その上に着色亜鉛鉄板またはステンレス鋼板を巻いて仕上げる。

黒板には施工箇所・部位を記入。保温材本体に規格の表示がある場合には、ラベル部分をアップで撮影。

No.374 スピンドル鋲

使用材料
★★
174ページ
No.377

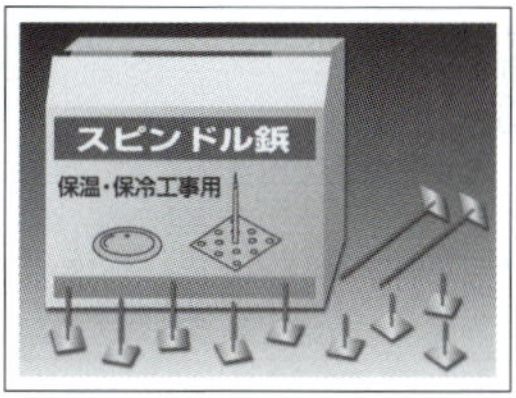

スピンドル鋲
亜鉛めっき鋼板製座金に、保温材の厚さに応じた長さの釘を植えつけたもので、銅めっきを施したスポット溶接用釘や銅製スポット鋲、絶縁座金付き銅製スポット鋲があり、保温材等を支持するのに十分な長さと強度を有する。

黒板には施工箇所・部位を記入。製造者名、品番等が確認できるように梱包材とともに撮影。

No.375 保温外装材／アルミガラスクロス（テープ）

使用材料
★★

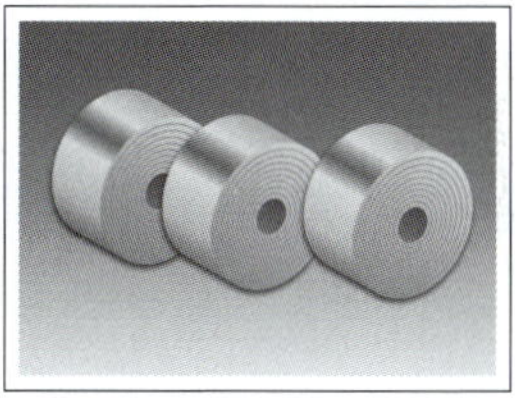

アルミガラスクロス
JIS H 4160（アルミニウムおよびアルミニウム合金箔）による厚さが0.02mmのアルミニウム箔にJIS R 3414（ガラスクロス）に規定する材料をアクリル系接着剤で接着したもの。

黒板には施工箇所・部位、サイズ（幅・厚さ）、製造者名を記入。使用材料の仕様がわかるように撮影。

工事写真記録のポイント

☞ 保温材料は、現場受入時点で確認、記録するとともに、設計図・仕様書と合致しているか確認すること。
☞ 保温材料は、形状・JIS規格等が確認できるよう梱包材とともに記録する。
☞ 保温材料は、スケールを当てて厚さを記録する。
☞ 鋲等の保温補助材は、製造者名、JIS規格等を記録する。
☞ 保温外装材は、製造者名、JIS規格等を記録する。

機械設備

⑩ 保温施工

No.376 冷温水管の保温施工／屋外露出

施工状況
★★

172ページ
No.371
173ページ
No.373

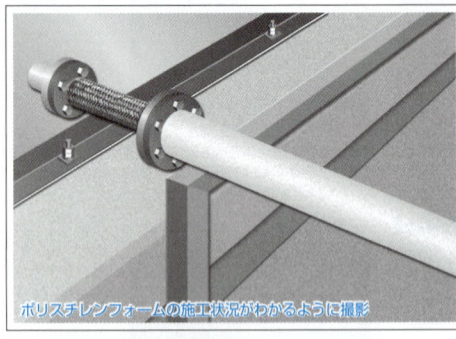

ポリスチレンフォームの施工状況がわかるように撮影

①タイトル
②施工箇所・部位
③材料の仕様

```
給水管保温施工（屋外露出）←①
K-2工区屋上高置水槽←②
材料の仕様←③
    材　質　ポリスチレンフォーム保温筒
    サイズ　40φ
```

撮影時期／頻度
施工中／施工箇所・部位ごと
撮影対象
黒板には施工箇所・部位、保温材の材質、サイズ（管径）を記入。ポリスチレンフォームの施工状況がわかるように撮影。

No.377 ダクトの保温施工／室内

施工状況
★★

172ページ
No.372
173ページ
No.374

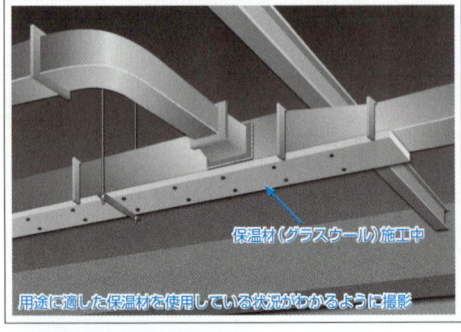

保温材（グラスウール）施工中
用途に適した保温材を使用している状況がわかるように撮影

①タイトル
②施工箇所・部位
③材料の仕様

```
ダクトの保温施工（室内）←①
B-1工区地下1階機械室←②
材料の仕様←③
    材　質　グラスウール保温板
    厚　さ　40mm
```

撮影時期／頻度
施工中／施工箇所・部位ごと
撮影対象
黒板には施工箇所・部位、保温材の仕様、厚さ等を記入。保温材の形状、鋲打ちのピッチ、フランジ部分の施工状況がわかるように撮影。

設備工事

No.378 防火区画貫通部の蒸気管の保温
施工状況 ★★
166ページ No.357

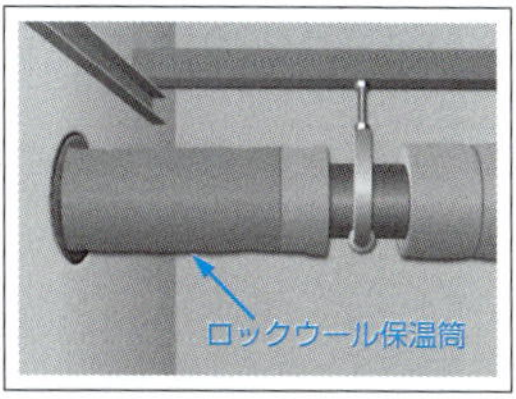

ロックウール保温筒

防火区画貫通部蒸気管の保温
保温材の材質が不燃材（ロックウール）の指示がある場合には、その材質が確認できるように撮影する。

黒板には施工箇所・部位を記入。防火区画貫通部は、不燃材で施工し、材質・長さ等が確認できるように撮影。

No.379 消音内張り施工
施工状況 ★★
175ページ No.380

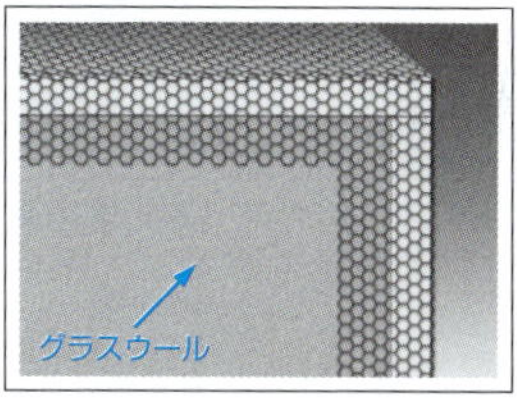

グラスウール

消音内張り施工
消音内張り工事は、空調機やファン類の運転音がダクトを通して他の室内へ伝わるのを防ぐために行われる。

黒板には施工箇所・部位、保温材の種類等を記入。鋲の取付けピッチ等、保温材の施工状況がわかるように撮影。

No.380 熱源機器の保温施工
施工状況 ★★
175ページ No.379

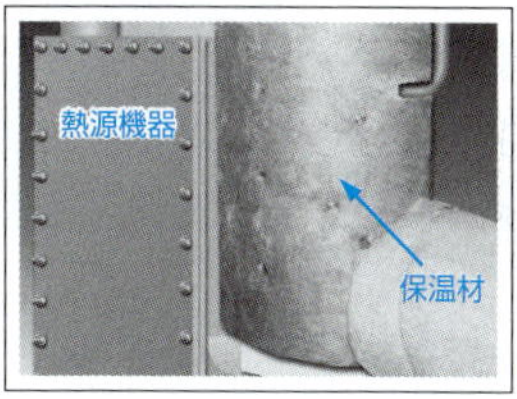

熱源機器
保温材

熱源機器の保温
熱源機器では機能効率の低下を防ぐために保温（断熱）を行う。特に、冷熱源機器の場合には結露する可能性があり、保温端部のすき間や弁、ハンドル等についても防露処理する必要がある。

黒板には施工箇所・部位、保温材の材質、厚さ等を記入。保温材の厚さがわかるようにスケールを当てて撮影。

工事写真記録のポイント

☞ 配管類の保温は、材料および施工手順がわかるように記録する。
☞ ダクト類の保温は、材料および厚さ、鋲の本数、フランジ部分の施工状況等を記録する。
☞ 防火区画部については、官庁検査時に写真の提出を求められるので、ロックウール等の不燃材で施工し、材質・長さ等を記録する。
☞ 機器類の保温は、材料およびスケールを当てて厚さも記録する。
☞ 天井内等の隠ぺい部は、仕上工事前に忘れずに記録しておく。

機械設備

⑪ 塗装施工

No.381 室内配管の塗装

施工状況
★★

164ページ
No.352

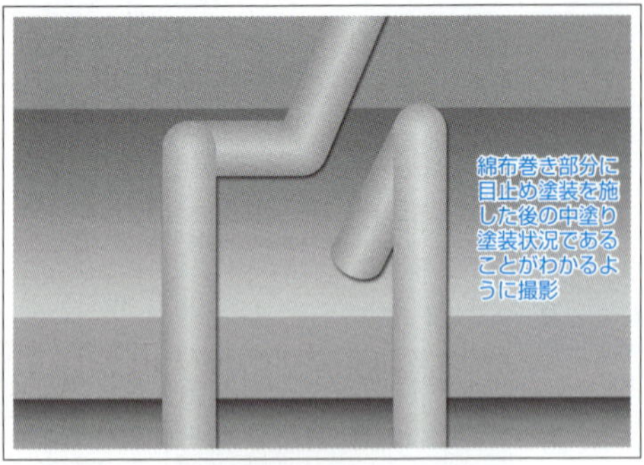

綿布巻き部分に目止め塗装を施した後の中塗り塗装状況であることがわかるように撮影

①タイトル
②施工箇所・部位
③材料の仕様

保温外装の綿布中塗り状況 ←①
B-1工区地下1階機械室 ←②
材料の仕様 ←③
　材　質　配管用炭素鋼鋼管（白管）
　サイズ　100A
　塗　料　合成樹脂調合ペイント
　　　　　JIS K 5516

撮影時期／頻度
施工中／施工箇所・部位ごと
撮影対象
黒板には施工箇所・部位、配管の種類、サイズ、塗料の種類、JIS規格を記入。使用材料や塗り工程がわかるように撮影。

No.382 室内ダクトの中塗り

施工状況
★★

170ページ
No.367

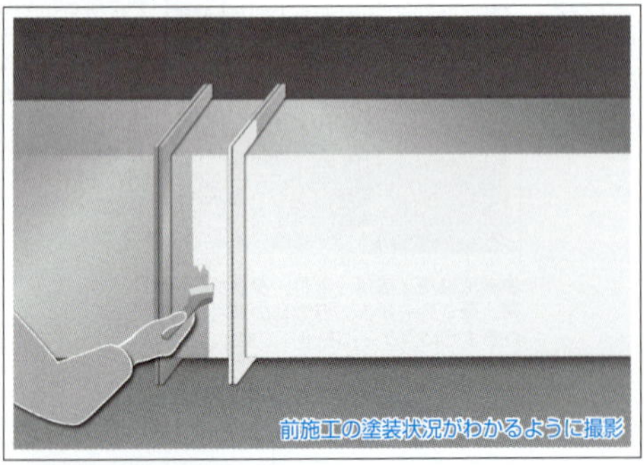

前施工の塗装状況がわかるように撮影

①タイトル
②施工箇所・部位
③材料の仕様

室内ダクトの中塗り状況 ←①
C-1工区地下1階機械室 ←②
材料の仕様 ←③
　材　質　亜鉛鉄板
　サイズ　200×400×0.5t
　塗　料　合成樹脂調合ペイント
　　　　　JIS K 5516

撮影時期／頻度
施工中／施工箇所・部位ごと
撮影対象
黒板には施工箇所・部位、ダクトの材質、サイズ、塗料の種類、JIS規格を記入。使用材料や塗り工程がわかるように撮影。

設備工事

No.383 塗装材料
使用材料
★★
101ページ
No.195

表示マークがわかるように撮影

塗装材料
一般的に支持金物や鋼製架台類の塗装には、合成樹脂調合ペイントやアルミニウムペイント等が使用され、配管やダクト等の保温の外装には、合成樹脂調合ペイントが使用される。

黒板には施工箇所・部位、塗料の種類、JIS規格等を記入。工程ごとに使用塗料を撮影。

No.384 配管の錆止め塗装
施工状況
★★
158ページ
No.336

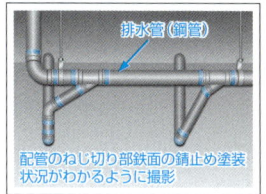

排水管（鋼管）
配管のねじ切り部鉄面の錆止め塗装状況がわかるように撮影

配管の錆止め塗装
ねじ切り部鉄面は、表面より腐食が進行するため、錆止め塗装を施す。配管が保温される場合には、錆止め塗装2回塗りを行う。

黒板には施工箇所・部位、塗料の種類等を記入。配管のねじ切り部鉄面の錆止め塗料が確認できるように撮影。

No.385 鋼製架台の塗装
施工状況
★★
165ページ
No.353

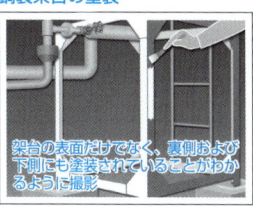

架台の表面だけでなく、裏側および下側にも塗装されていることがわかるように撮影

鋼製架台の下塗り
鋼製架台の錆止め塗装は、屋外設置用の場合には2回、屋内設置用の場合には1回行い、ボルト穴や鋼材の裏側および下側にも塗装を施す。

黒板には施工箇所・部位、塗料の種類、JIS規格等を記入。ボルト穴や鋼材の裏側の塗装状況も撮影。

工事写真記録のポイント

☞ 塗装材料は、塗料名、JIS規格表示が確認できるように記録する。
☞ 配管・ダクト等の塗装では、前工程の状況が確認できるように記録するか、あるいは定点で工程ごとに記録する。
☞ 配管のねじ切り部分は、錆止め塗装が施されていることがわかるように記録する。
☞ 鋼製架台の塗装では、ボルト穴、鋼材の裏側および下側も塗装されていることを記録する。

機械設備

⑫ 機器類の基礎

No.386 コンクリート打込み前

施工状況
★★

43ページ
　No.055
50ページ
　No.073

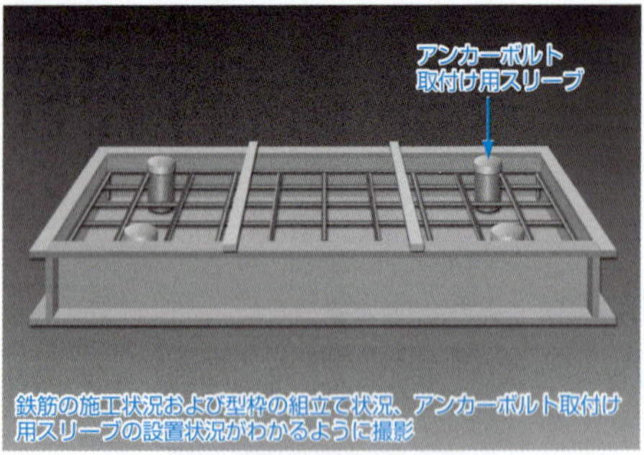

アンカーボルト取付け用スリーブ

鉄筋の施工状況および型枠の組立て状況、アンカーボルト取付け用スリーブの設置状況がわかるように撮影

①タイトル
②施工箇所・部位
③基礎寸法
④配筋

```
ポンプ基礎工事 ←①
B-1工区地下1階機械室 ←②
W2,000×L1,000×H300 ←③
D10 @200 ←④
```

撮影時期／頻度
コンクリート打込み前／施工箇所・部位ごと

撮影対象
スケールを当てて型枠の大きさ、配筋状況、アンカーボルト取付け用スリーブの設置状況がわかるように撮影。

No.387 コンクリート打込み

施工状況
★★

52ページ
　No.077
53ページ
　No.079
54ページ
　No.080

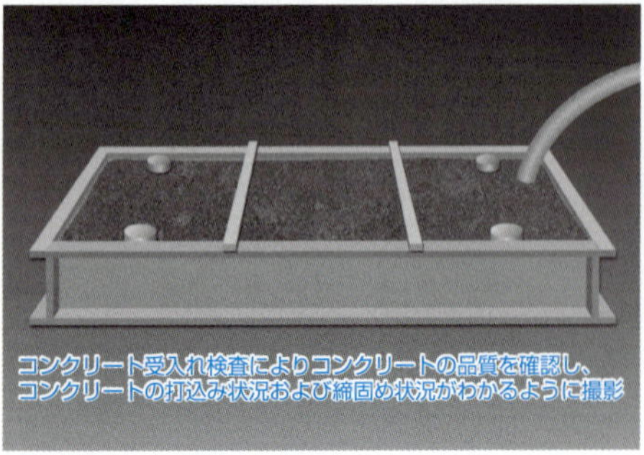

コンクリート受入れ検査によりコンクリートの品質を確認し、コンクリートの打込み状況および締固め状況がわかるように撮影

①タイトル
②施工箇所・部位

```
ポンプ基礎・コンクリート打込み状況 ←①
B-1工区地下1階機械室 ←②
```

撮影時期／頻度
施工中／施工箇所・部位ごと

撮影対象
黒板には施工箇所・部位を記入。受入れ検査の後、コンクリートの打込み状況およびバイブレーターによる締固め状況がわかるように撮影。

設備工事

No.388 コンクリート打込み完了
施工状況 ★★
54ページ No.081

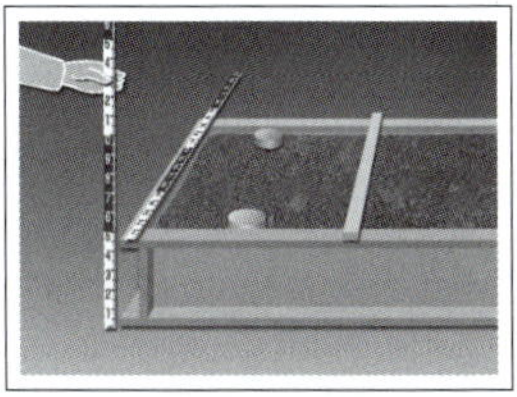

黒板には施工箇所・部位を記入。コンクリート打込み後の状況および寸法の確認状況がわかるように撮影。

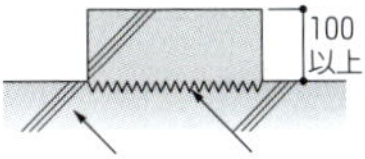

コンクリート床　目荒し
躯体上に置き式とする場合の機械基礎（例） 100以上

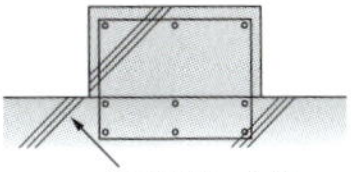

コンクリート床
躯体と一体に配筋する場合の機械基礎（例）

No.389 砕石敷均し
施工状況 ★★
39ページ No.045

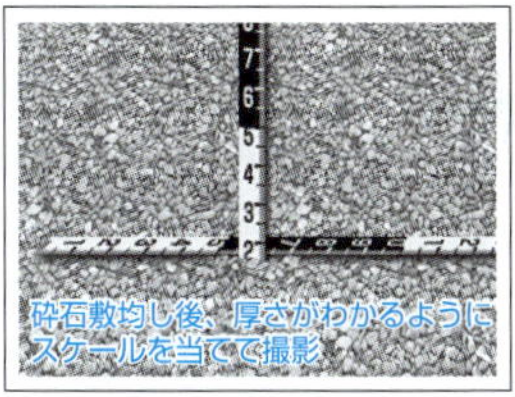

砕石敷均し後、厚さがわかるようにスケールを当てて撮影

砕石敷均し
捨てコンクリート打込み前に砕石を入れ、転圧機等により十分に締固めを行う。地下水位が高く、排水処理をする場合にはその状況も記録する。

黒板には施工箇所・部位、砕石の敷均し厚さを記入。砕石の敷均し状況、厚さがわかるようにスケールを当てて撮影。

No.390 捨てコンクリート打込み／大型機器の場合
施工状況 ★★
39ページ No.047

機械基礎の構造
基礎の大きさや厚さは、機器類の大きさ、重量を検討したうえで決定する。また、配筋詳細については構造設計者の指示によること。比較的軽微な基礎については、コンクリート打込み後の割れを防止するため、金網を敷き込んでから打ち込む。

黒板には施工箇所・部位、コンクリートの規格と厚さを記入。捨てコンクリートの打込み状況がわかるように撮影。

工事写真記録のポイント

☞ 建築工事同様、コンクリートの受入れ検査を実施し、配合、スランプ値、空気量、塩化物量等を記録する。
☞ 機器類の基礎のコンクリート打込み前に、型枠の寸法、配筋状況、アンカーボルトの設置状況を記録する。
☞ 機器類の基礎では、工程ごとの施工状況を記録する。定点で記録するとわかりやすい。
☞ 機器類の基礎では、コンクリート打込み後の基礎寸法も記録する。

機械設備

⑬ 大型設備機器の搬入・据付け

No.391 クレーンによる大型設備機器の搬入

施工状況
★★
24ページ
No.011

玉掛けワイヤーおよびフックの安全確認を行い、大型設備機器の搬入状況を撮影

①タイトル
②施工箇所・部位
③機器の仕様

```
ヒートポンプ室外機搬入 ←①
屋上 ←②
ヒートポンプ室外機 ←③
　型　式　X-XX
　能　力　100kW
```

撮影時期／頻度
施工中／施工箇所・部位ごと
撮影対象
黒板には施工箇所・部位、機器の種類、型式、能力等を記入。安全対策、玉掛けの状況、機器の養生状況、型式が確認できるように撮影。

No.392 吸収式冷温水機の建物内水平移動

施工状況
★★
150ページ
No.318

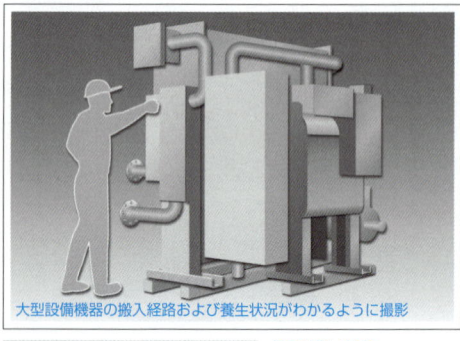

大型設備機器の搬入経路および養生状況がわかるように撮影

①タイトル
②施工箇所・部位
③機器の仕様

```
吸収式冷温水機搬入・水平移動 ←①
B-1工区地下1階機械室 ←②
吸収式冷温水機 ←③
　型　式　Y-XX
　能　力　300RT
```

撮影時期／頻度
施工中／施工箇所・部位ごと
撮影対象
黒板には施工箇所・部位、機器の種類、型式、能力等を記入。搬入経路の安全対策、墨出し位置、機器の養生状況等が確認できるように撮影。

設備工事

No.393 吸収式冷温水機の据付け完了
施工状況
★★
181ページ
No.394
No.395

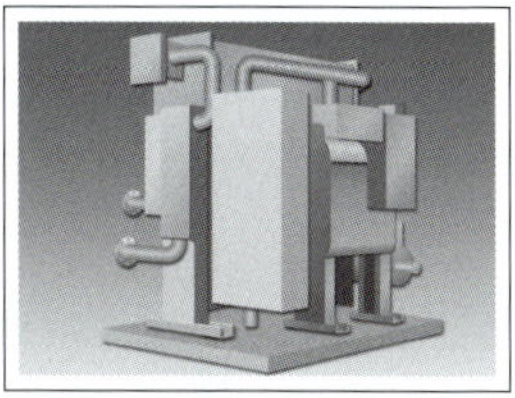

吸収式冷温水機の据付け
冷温水機等の大型設備機器の搬入および据付けにあたっては、現場内の搬入ルートを事前に確認しておく。工事用の開口部や竣工後のマシンハッチの位置等も検討しておく。機器の据付け後は、工事中のほこりやごみ等が入らないようビニルシート等で養生する。

黒板には施工箇所・部位、機器の仕様を記入。機器の設置状況、養生状況等が確認できるように撮影。

No.394 オイルタンクの据付け完了
施工状況
★★
181ページ
No.393

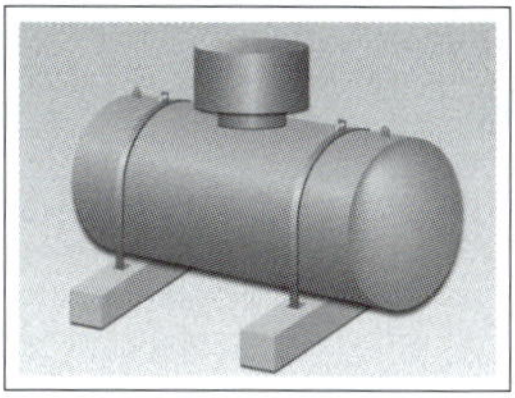

オイルタンクの据付け
オイルタンクの搬入および据付けにあたっては、事前に「オイルタンク搬入・据付け計画書」を作成したうえで施工する。オイルタンクの防錆状況と、タンク室を設ける場合には周囲の寸法がわかるように撮影する。

黒板には施工箇所・部位、機器の仕様・容量を記入。機器の設置状況、固定状況が確認できるように撮影。

No.395 大型設備機器の据付け完了/空調機
施工状況
★★
181ページ
No.393

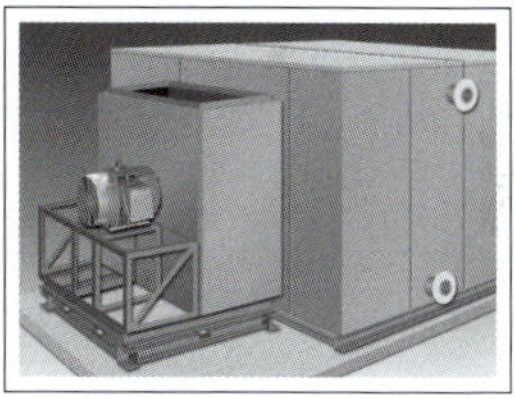

空調機の据付け
空調機の据付けは、一般的に分割して搬入し、現場で組立て作業を行う。分割搬入の際には、機器の寸法を事前に確認しておくとともに、水平レベルに注意しながら据付け作業を行う。

黒板には施工箇所・部位、機器の仕様を記入。機器の据付け位置、水平状況等がわかるように撮影。

工事写真記録のポイント

☞ クレーンによる大型設備機器の搬入時には、安全対策、玉掛け、機器の養生状況がわかるように記録する。
☞ 大型設備機器の建物内外での水平移動では、搬入経路の安全対策、養生の状況がわかるように記録する。
☞ 墨よりスケールを当てて、機器の据付け位置が確認できるように記録する。
☞ 大型設備機器の型式、能力等がわかるように記録する。

機械設備

⑭ 小型設備機器の保管・据付け

No.396 天井埋込み形ファンコイルユニットの据付け

施工状況
★★
183ページ
No.400

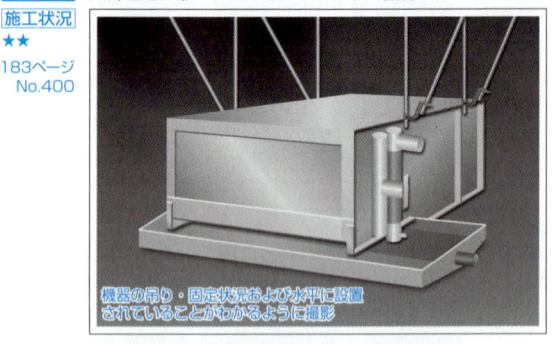

①タイトル
②施工箇所・部位
③機器の仕様

天井埋込み形ファンコイルユニット
　据付け ←①
K-4工区3階事務所天井内 ←②
天井埋込み形ファンコイルユニット ←③
　型　式　XYZ-300-XX
　能　力　4.8kW

撮影時期／頻度
施工中／施工箇所・部位ごと
撮影対象
黒板には施工箇所・部位、機器の種類、型式、能力等を記入。機器の吊り・固定状況および水平に設置されていることがわかるように撮影。

No.397 冷温水ポンプの据付け

施工状況
★★
179ページ
No.388

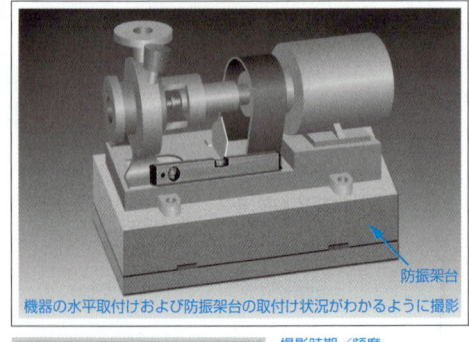

防振架台

機器の水平取付けおよび防振架台の取付け状況がわかるように撮影

①タイトル
②施工箇所・部位
③機器の仕様

冷温水ポンプ据付け ←①
B-1工区地下1階機械室 ←②
冷温水ポンプ ←③
　能　力　50A×220l/分
　電　源　3φ 200V 2.2kW

撮影時期／頻度
施工中／施工箇所・部位ごと
撮影対象
黒板には施工箇所・部位、機器の種類、型式、能力等を記入。防振架台およびストッパーの取付け状況、機器の水平状況がわかるように撮影。

設備工事

No.398 送風機の保管
使用材料
★★
183ページ
No.400

送風機の保管
送風機は用途によって各種あるため、1台ずつ表示を付けて保管する。また、受入れ検査時には納入機器の型式、能力が仕様書の内容に適合しているかを確認する。

黒板には施工箇所・部位、機器の種類、台数を記入。機器の保管状況がわかるように撮影。

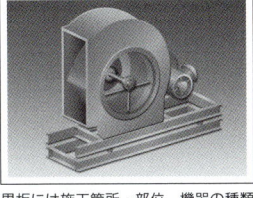

No.399 雑排水槽用水中ポンプの保管
使用材料
★★
163ページ
No.350

黒板には設置箇所・部位、機器の能力を記入。水槽内のピットに設置される前に、機器の仕様がわかるように撮影。

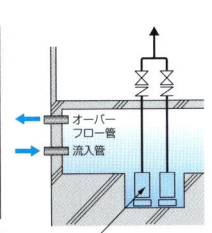

オーバーフロー管
流入管
排水ポンプ 600L・3.7kW
水中ポンプの据付け(例)

No.400 天井吊りファンの据付け
施工状況
★★
182ページ
No.396

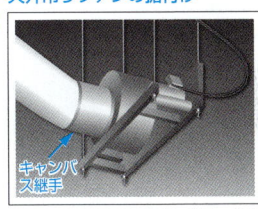

天井吊りファンの据付け
天井内に設置するため、工事竣工後のメンテナンス用点検口を設置する。ファン本体とファンの吊りボルト等が接触していると振動が発生するので注意する。ファンとダクトの接続部分はキャンバス継手を使用し、ファンの振動を伝えないようにする。

キャンバス継手

黒板には施工箇所・部位、機器の仕様を記入。ファンの防振、ファンベルトのメンテナンススペースの状況を撮影。

工事写真記録のポイント

☞ 水槽のピット内および天井内に設置される機器類は、設置前に型式、能力が仕様書の内容に適合しているかを確認する。
☞ 小型設備機器の据付けでは、吊り・固定状況、水平状況、銘板等を記録する。
☞ 天井吊りファンの据付けでは、ファンの防振、振れ止め、ファンベルトのメンテナンススペースが確保されている状況を記録する。
☞ 配管等にごみが入らないよう養生されている状況を記録する。

機械設備

⑮ 衛生器具の取付け

No.401 和風大便器の取付け
施工状況
★★

185ページ
No.403
No.405

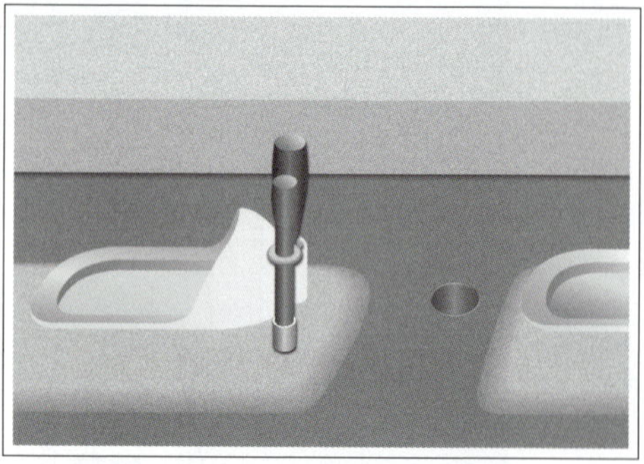

①タイトル
②施工箇所・部位
③材料の仕様

```
和風大便器取付け ←①
C-4工区3階男子便所 ←②
和風大便器 ←③
  材 質 陶器
```

撮影時期／頻度
施工中／施工箇所・部位ごと
撮影対象
黒板には施工箇所・部位、機器の種類、材質、数量等を記入。便器の埋戻しが防水に対して適切に施工されている状況がわかるように撮影。

No.402 和風大便器耐火材の詰込み
施工状況
★★

185ページ
No.404

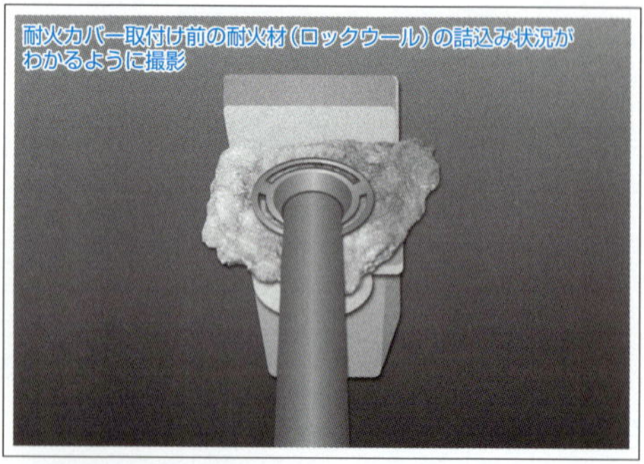

耐火カバー取付け前の耐火材（ロックウール）の詰込み状況がわかるように撮影

①タイトル
②施工箇所・部位
③材料の仕様
④大臣認定番号

```
和風大便器耐火材詰込み ←①
C-3工区2階天井内(3階男子便所下) ←②
耐火材 ←③
  材 質 ロックウール
耐火カバー 大臣認定番号 ←④
```

撮影時期／頻度
施工中／施工箇所・部位ごと
撮影対象
黒板には施工箇所・部位、材料の仕様を記入。耐火材の詰込み状況、耐火カバーを用いる場合には取付け状況がわかるように撮影。

設備工事

No.403 和風大便器
使用材料 ★★
184ページ No.401

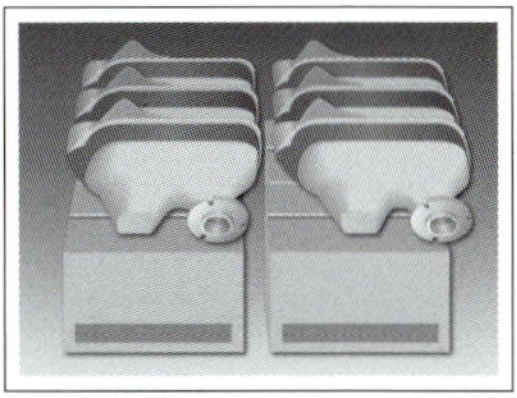

黒板には施工箇所・部位、材質、数量を記入。形状、コンクリート接触部のアスファルト保護状況、付属品等を撮影。

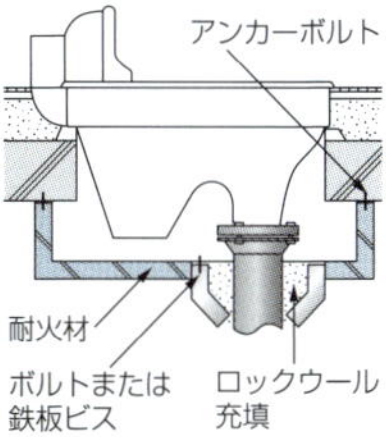

耐火材を用いる場合の和風大便器の取付け（例）
（アンカーボルト、耐火材、ボルトまたは鉄板ビス、ロックウール充填）

No.404 耐火カバー
使用材料 ★★
184ページ No.402

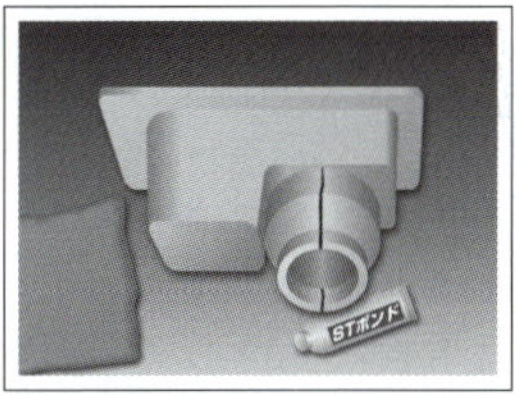

黒板には施工箇所・部位、床上施工タイプか床下施工タイプの別、大臣認定番号を記入し撮影。

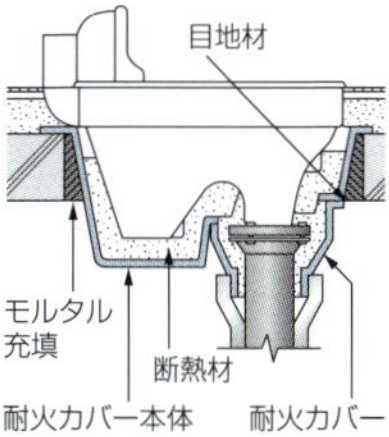

耐火カバーを用いる場合の和風大便器の取付け（例）
（目地材、モルタル充填、断熱材、耐火カバー本体、耐火カバー）

No.405 洋風大便器の取付け
施工状況 ★★
184ページ No.401

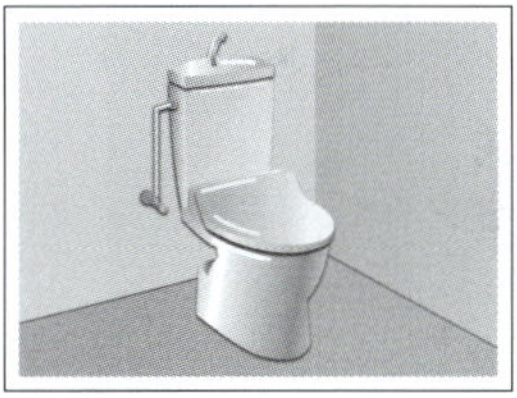

黒板には施工箇所・部位、機器の形式、仕様を記入。取付け状況がわかるように撮影。

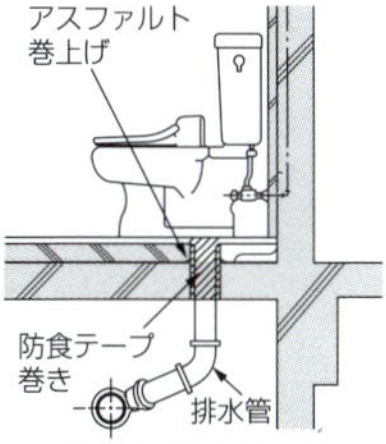

床下排水形洋風大便器の取付け（例）
（アスファルト巻上げ、防食テープ巻き、排水管）

工事写真記録のポイント

☞ 衛生器具の取付けでは、基準墨からスケールを当てて取付け位置が確認できるように記録する。
☞ 衛生器具の埋戻しが、防水に対して適切に施工されている状況を記録する。
☞ 和風大便器の耐火カバーは、便器の下から取付け状況がわかるように記録する。
☞ ロックウール等の耐火材の詰込み状況がわかるように記録する。

機械設備

⑯ パネル水槽の組立て

No.406 パネル水槽架台の組立て

施工状況
★★

186ページ
No.407

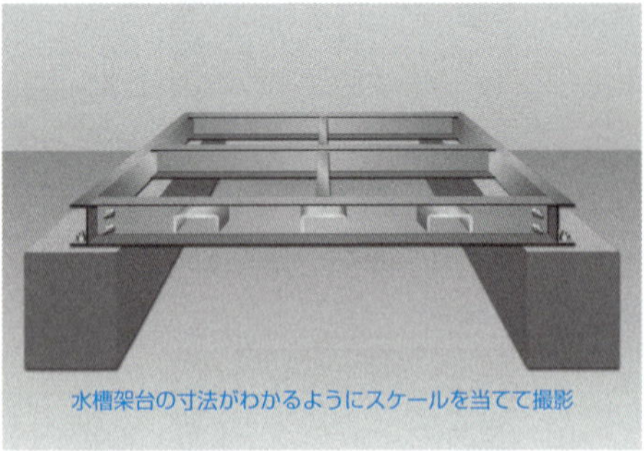

水槽架台の寸法がわかるようにスケールを当てて撮影

①タイトル
②施工箇所・部位
③材料の仕様

パネル水槽架台組立て状況←①
B-3工区地下1階機械室←②
材料の仕様←③
　材　質　亜鉛めっき鉄骨
　寸　法　2,000×2,000

撮影時期／頻度
施工中／施工箇所・部位ごと
撮影対象
黒板には施工箇所・部位、架台の材質、寸法を記入。基礎ボルトの設置状況および寸法がわかるようにスケールを当てて撮影。

No.407 パネル水槽の組立て

施工状況
★★

186ページ
No.406
187ページ
No.408

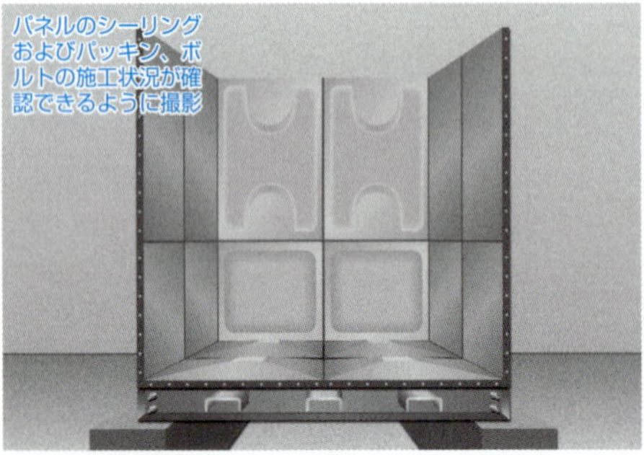

パネルのシーリングおよびパッキン、ボルトの施工状況が確認できるように撮影

①タイトル
②施工箇所・部位
③材料の仕様

パネル水槽組立て状況←①
B-3工区地下1階機械室←②
材料の仕様←③
　材　質　FRP複合板
　サイズ　2,000×2,000×2,500(H)
　容　積　10m³

撮影時期／頻度
施工中／施工箇所・部位ごと
撮影対象
黒板には施工箇所・部位、パネル水槽の材質、容積を記入。パネルのシーリング、パッキン、ボルトの施工状況がわかるように撮影。

設備工事

No.408 受水槽回りのサクション管の取付け
施工状況 ★★
187ページ No.410

受水槽回りのサクション管の取付け
ポンプのサクション管は、各水槽より平均に採水できるか、メンテナンススペースは確保されているか、フレキシブルジョイントの機能が果たされているか等を確認し記録する。

黒板には施工箇所・部位、配管材料の仕様を記入。サクション管、バルブ等の取付け状況を撮影。

No.409 受水槽の排水管と集水ます
施工状況 ★★
187ページ No.408

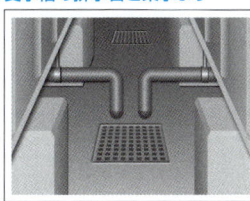

受水槽の排水管、集水ますの設置
受水槽の清掃などで、定期的に水槽内の水を排水することがあるため、排水管および集水ますを設置する。また、水槽内の水を流した際に、集水ます以降の排水が十分に可能であることも確認する。

黒板には施工箇所・部位、受水槽回りメンテナンススペースの寸法を記入。排水管、集水ますの設置状況を撮影。

No.410 高置水槽回りの配管とバルブ
施工状況 ★★
187ページ No.408

高置水槽回りの納まり
高置水槽回りの配管固定方法、バルブ、フレキシブルジョイントの配置、オーバーフロー管の管末処理等について確認する。また、水槽の耐震対策が施されていることも確認する。

黒板には施工箇所・部位を記入。高置水槽回りの緊急遮断弁、フレキシブルジョイント、止水弁の取付け状況を撮影。

工事写真記録のポイント

☞ パネル水槽の材料搬入時に、材質、型式、製造者名等も記録する。
☞ 水槽組立て作業では、シーリング、パッキン等の状況を記録する。
☞ 水槽架台の寸法、長さ、基礎ボルトの状況を記録する。
☞ 受水槽回りのサクション管、バルブ、フレキシブルジョイントの施工状況を記録する。
☞ 受水槽回りのメンテナンススペース、排水の状況を記録する。
☞ 高置水槽回りの配管、バルブの施工状況を記録する。

機械設備

⑰ 消火設備

No.411 消火ポンプ

施工状況
★★

188ページ No.412
189ページ No.413
　　　　 No.415
206ページ No.456

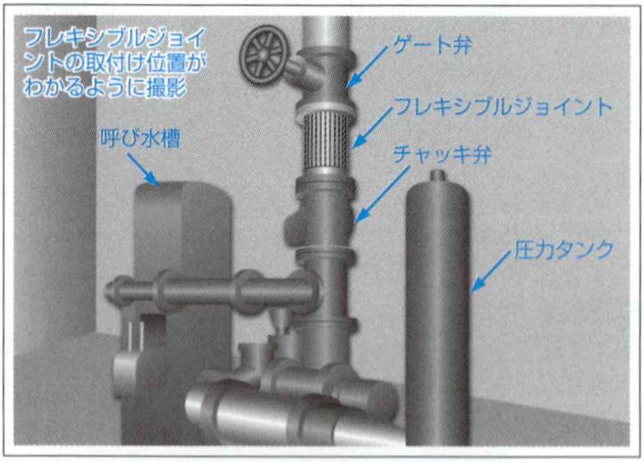

画像内ラベル：
- フレキシブルジョイントの取付け位置がわかるように撮影
- 呼び水槽
- ゲート弁
- フレキシブルジョイント
- チャッキ弁
- 圧力タンク

①タイトル
②施工箇所・部位
③機器の仕様

```
消火ポンプの据付け ←①
B-2工区地下1階機械室 ←②
消火ポンプの仕様 ←③
　ポンプ 50φ×300l/分×45m
　モータ 3φ 200V 3.7kW
```

撮影時期／頻度
施工中／施工箇所・部位ごと
撮影対象
黒板には施工箇所・部位、ポンプの仕様等を記入。ポンプ本体およびポンプ回りの配管状況、メンテナンススペースの確保がわかるように撮影。

No.412 消火用補助水槽

施工状況
★★

188ページ No.411

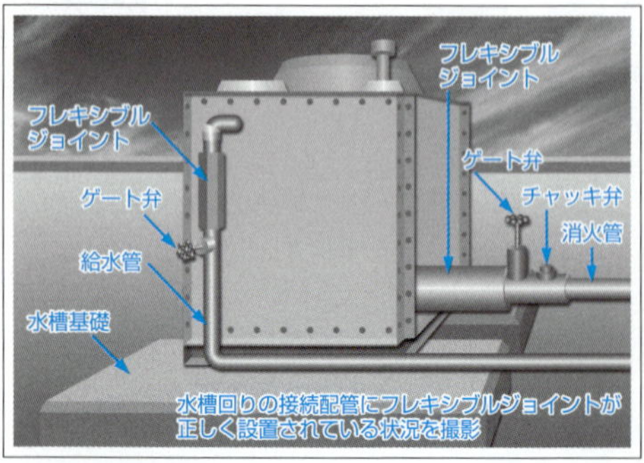

画像内ラベル：
- フレキシブルジョイント
- ゲート弁
- チャッキ弁
- 消火管
- フレキシブルジョイント
- ゲート弁
- 給水管
- 水槽基礎
- 水槽回りの接続配管にフレキシブルジョイントが正しく設置されている状況を撮影

①タイトル
②施工箇所・部位
③機器の仕様

```
消火用補助水槽の据付け ←①
屋上 ←②
消火用補助水槽 ←③
　材 質 FRP製
　容 量 1.0m³
```

撮影時期／頻度
施工中／施工箇所・部位ごと
撮影対象
黒板には施工箇所・部位、消火用補助水槽の仕様を記入。水槽回りの配管状況およびメンテナンススペースの確保がわかるように撮影。

設備工事

No.413 屋内消火栓箱・配管
施工状況 ★★
205ページ No.453

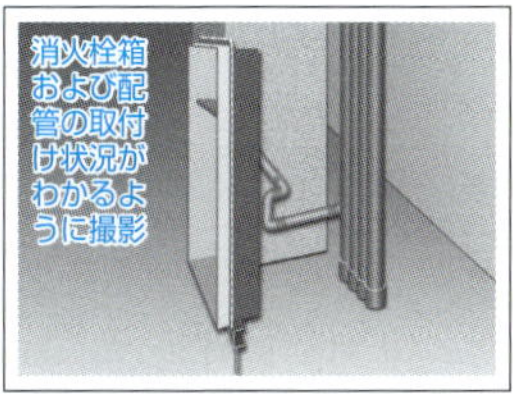

消火栓箱および配管の取付け状況がわかるように撮影

黒板には施工箇所・部位を記入。消火栓箱が取付け枠に確実に取り付けられている状況と裏側の配管状況を撮影。

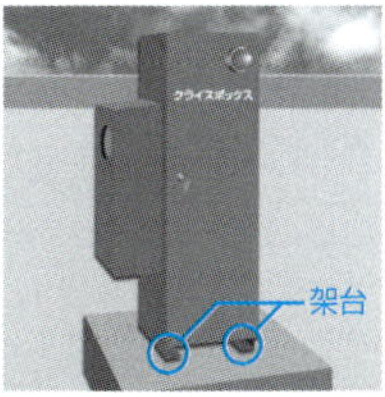

屋外消火器 / 架台

No.414 連結送水管箱
施工状況 ★★
204ページ No.452

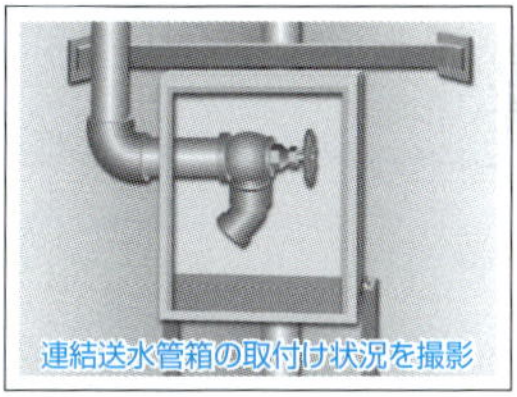

連結送水管箱の取付け状況を撮影

黒板には施工箇所・部位を記入。連結送水管箱が確実に取り付けられている状況を撮影。

連結送水管放水口格納箱

No.415 スプリンクラー設備
施工状況 ★★
206ページ No.456

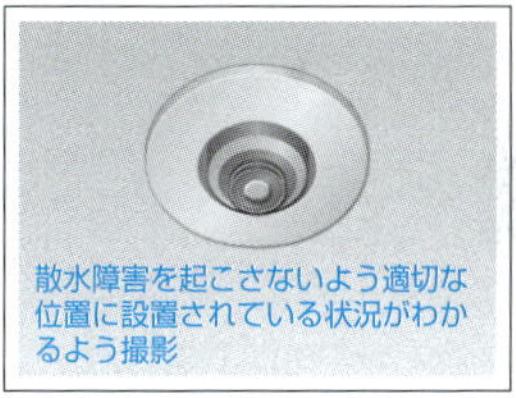

散水障害を起こさないよう適切な位置に設置されている状況がわかるよう撮影

黒板には施工箇所・部位、スプリンクラーヘッドの種類、有効散水半径を記入。適切な位置に設置している状況を撮影。

泡消火設備

工事写真記録のポイント

☞ 消火ポンプ設置では、メンテナンススペースの状況を記録する。
☞ 屋内消火栓箱、連結送水管箱は、取付け枠等に確実に取り付けられている状況を記録する。
☞ 消火設備配管の水圧試験圧力は種類によって異なるため、事前に確認のうえ実施し、その状況を記録する。
☞ 隠ぺい部の配管の施工状況については、消防検査時に写真の提出を求められる場合があるため、記録しておく。

機械設備

⑱ 自動制御設備

No.416 中央監視センター
施工状況
★★
190ページ
No.417

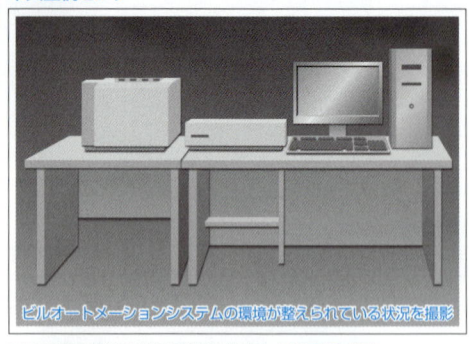

ビルオートメーションシステムの環境が整えられている状況を撮影

①タイトル
②施工箇所・部位
③機器の仕様

- 中央監視センター装置 ←①
- 1階監視室 ←②
- 建物管理システム ←③
- 中央処理装置、ディスプレイ、入力装置、プリンタ
  最大管理点数 30,000点

撮影時期/頻度
施工中/施工箇所・部位ごと
撮影対象
黒板には施工箇所・部位、建物管理システムの機器の仕様等を記入。建物の監視室内の全景と、各機器の仕様がわかるように個々に撮影。

No.417 空調機用コントローラ
使用材料
★★
190ページ
No.416

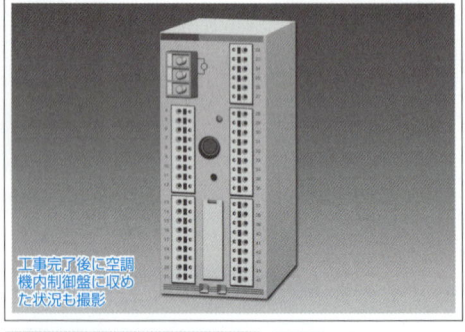

工事完了後に空調機内制御盤に収めた状況も撮影

①タイトル
②施工箇所・部位
③機器の仕様

- 空調機用コントローラ ←①
- H-4工区3階空調機室 ←②
- 空調制御用デジタルコントローラ ←③

撮影時期/頻度
搬入時/施工箇所・部位ごと
撮影対象
黒板には施工箇所・部位、機器の仕様等を記入。機器の仕様がわかるよう、また、工事完了後の空調機内制御盤に収めた状況を撮影。

設備工事

No.418 電動二方弁
使用材料 ★★
191ページ
No.419
No.420

電動二方弁
冷温水および蒸気の制御に使用できる比例動作の電動弁。許容温度は水用で0〜150℃、蒸気用で0〜200℃が標準。天井内に取り付ける場合は、保守用の点検口を設置する。

黒板には施工箇所・部位、接続口径等を記入。電動二方弁の形状および仕様がわかるように撮影。

No.419 配管温度検出器
使用材料 ★★
191ページ
No.418

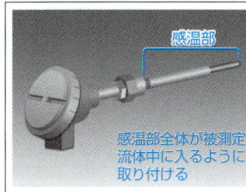

感温部
感温部全体が被測定流体中に入るように取り付ける

配管温度検出器
配管温度検出器は、各種電子式計器との組合せにより、配管内の温度検出に使用される。計測範囲は−50〜200℃で、水のほか蒸気の温度検出にも使用される。流体に対して斜交または直交に取り付ける。おもに機械室に設置されるが、天井内に取り付ける際には、保守用点検口を設置する。

黒板には施工箇所・部位、配管温度検出器の仕様、適用流速に対する挿入長さを記入。

No.420 室内形温度・湿度センサー
使用材料 ★★
191ページ
No.418
No.419

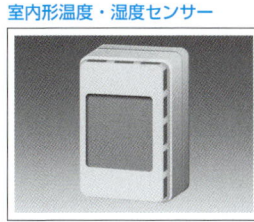

黒板には施工箇所・部位、室名等を記入。機器の仕様および形状がわかるように撮影。

窓側の空間などで放射温度を天井から測定し、空調機の設定値に反映させる。
放射温度センサー

工事写真記録のポイント

☞ 中央監視センターは、室内全景および各監視機器を記録する。
☞ 空調機用制御盤内に空調機用コントローラが設置されている状況がわかるように全景を記録する。
☞ 電動二方弁は、空調配管中に設置されるため、配管の系統、サイズとともに記録する。
☞ 温・湿度センサーは内装仕上げ完了後に、壁や天井に取り付けられるため、黒板には階数、室名等を記入し記録する。

機械設備

⑲ 配管・ますの敷設

No.421 給水配管敷設

施工状況
★★

195ページ
No.428

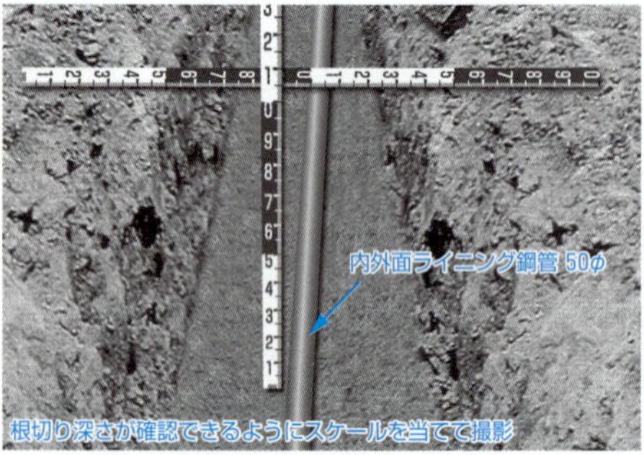

内外面ライニング鋼管 50φ

根切り深さが確認できるようにスケールを当てて撮影

①タイトル
②施工箇所・部位
③材料の仕様

給水管埋設 ←①
西側外構部 ←②
内外面ライニング鋼管 ←③
　管　径　50φ
　規　格　JWWA K116
　深　さ　管上端600以上
　　　　　（一般車両通行）

撮影時期／頻度
施工中／施工箇所・部位ごと
撮影対象
黒板には施工箇所・部位、材料、管径、規格、根切り深さ等を記入。根切り深さおよび給水管の敷設状況がわかるように撮影。

No.422 汚水配管敷設

施工状況
★★

192ページ
No.421
208ページ
No.461

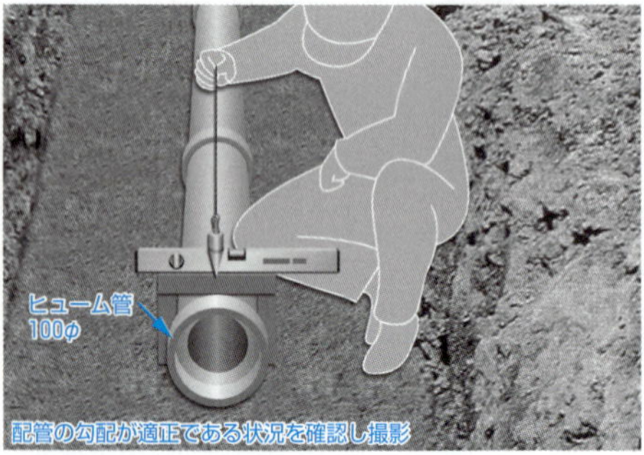

ヒューム管 100φ

配管の勾配が適正である状況を確認し撮影

①タイトル
②施工箇所・部位
③材料の仕様

汚水配管埋設 ←①
北側外構部 ←②
ヒューム管 ←③
　管　径　100φ
　規　格　JIS A 5372
　深　さ　管上端600以上
　　　　　（一般車両通行）

撮影時期／頻度
施工中／施工箇所・部位ごと
撮影対象
黒板には施工箇所・部位、材料、管径、規格、根切り深さ等を記入。汚水配管の位置および勾配を確認し、施工状況がわかるように撮影。

設備工事

No.423 給水配管の埋設砂厚確認
施工状況 ★★
192ページ No.421

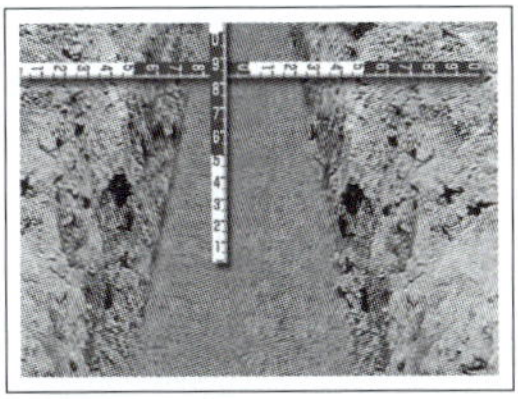

給水配管の埋設砂厚
管の地下埋設深さは、一般部で管の上端300mm以上、一般車両通路で600mm以上、重量車両通路で1,200mm以上とする。ただし、寒冷地では凍結線以下とする。埋設には一般的に山砂が使用されるので記録する。

黒板には施工部位・箇所、埋設深さ、転圧状況、転圧後の深さを記入。埋設状況を工程ごとに数回に分けて撮影。

No.424 埋設配管表示シート
施工状況 ★★
130ページ No.268
195ページ No.429

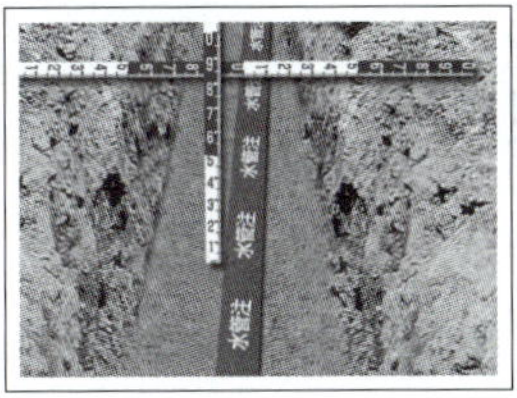

黒板には施工部位・箇所、埋設配管表示シートの深さを記入。埋設配管表示シートの敷設状況がわかるように撮影。

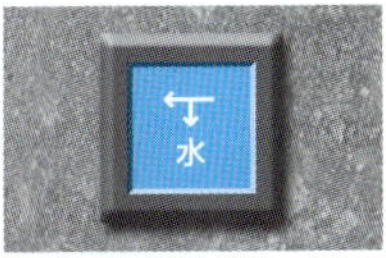

給水配管埋設標識の設置例

直線　曲り　マーカー
地表部埋設標識の表示（例）

No.425 排水ます
施工状況 ★★
154ページ No.328

排水ます
排水ますは、ますに接続する排水管のサイズ、数量、深さに対応した大きさとし、下水道条例および所轄の下水道局の規程がある場合には、これに適合するものとする。また、排水ますは容易にメンテナンス可能な場所に設置していることを確認し記録する。

黒板には施工箇所・部位、排水ます外形・内のり寸法を記入。排水管開口位置・寸法がわかるように内側も撮影。

工事写真記録のポイント

- 給水管は、埋設状況、根切り深さ・幅が確認できるようにスケールを使用して記録する。
- 排水管・汚水管は、勾配の確認と不動点からの位置を記録する。
- 屋外配管は、埋設砂厚、転圧状況、転圧後の深さが確認できるように、工程ごとに数枚に分けて記録する。
- 埋設配管表示シートは、敷設状況、深さが確認できるようにスケールを使用して記録。埋戻し後に、地表面に埋設標識を設置する。

機械設備

❷⓪ ガス設備

No.426 床埋設ガス配管

施工状況 ★★
161ページ No.343

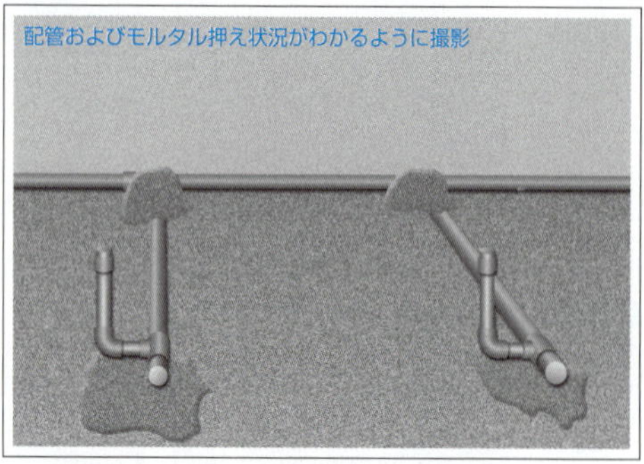

配管およびモルタル押え状況がわかるように撮影

①タイトル
②施工箇所・部位
③材料の仕様

床埋設ガス配管施工 ←①
K-5工区地下1階機械室床 ←②
材料の仕様 ←③
　材　質　塩化ビニル被覆鋼管
　サイズ　20A

撮影時期／頻度
施工中／施工箇所・部位ごと
撮影対象
黒板には施工箇所・部位、配管の材質、サイズを記入。配管の防食処理状況および施工状況、モルタル押え状況がわかるように撮影。

No.427 天井内ガス配管

施工状況 ★★
158ページ No.336

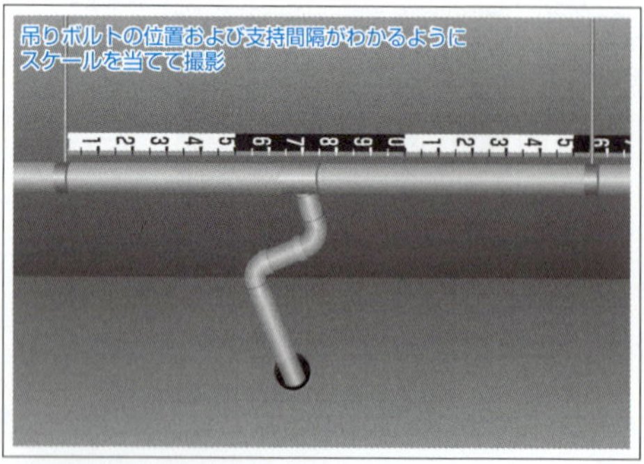

吊りボルトの位置および支持間隔がわかるように
スケールを当てて撮影

①タイトル
②施工箇所・部位
③材質の仕様

天井内ガス配管施工 ←①
K-5工区地下1階機械室天井 ←②
材料の仕様 ←③
　材　質　配管用炭素鋼鋼管
　サイズ　32A
　支持間隔　1.5m

撮影時期／頻度
施工中／施工箇所・部位ごと
撮影対象
黒板には施工箇所・部位、配管の材質、サイズ、支持間隔を記入。配管の支持状況と、支持間隔がわかるようにスケールを当てて撮影。

設備工事

No.428 埋戻し前配管
施工状況 ★★
192ページ No.421

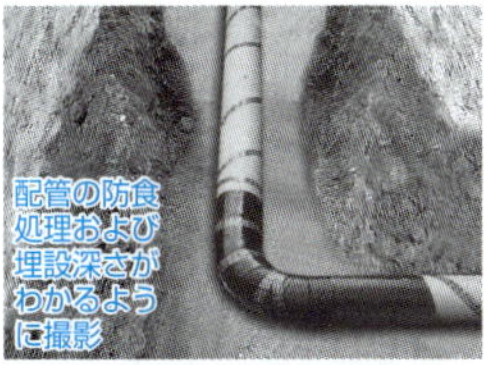

（写真内テキスト：配管の防食処理および埋設深さがわかるように撮影）

黒板には施工箇所・部位、配管の種類、系統を記入。防食処理状況、埋設深さ、表示テープ巻きがわかるように撮影。

屋外配管の埋設深さ
埋設ガス配管はガス供給事業者の規程によるほか、一般的には以下の埋設深さ（管の上端）とする。
①一般部分：300mm以上
②一般車両通路：600mm以上
他の埋設管との離隔距離は、50Aを超える配管では並行で離隔距離300mm以上、交差では離隔距離150mm以上。

No.429 ガス配管敷設後の埋設表示
施工状況 ★★
130ページ No.268
131ページ No.271
193ページ No.424

（写真内テキスト：埋設深さおよびガス配管埋設シートの敷設状況がわかるように撮影）

黒板には施工箇所・部位、管の種類、管径を記入。ガス配管埋設シートが敷設されている状況を撮影。

ガス配管埋設シートの敷設
配管埋設シートは、配管の上約300mmに敷設する。将来配管箇所を掘削する際に、ガス管の破損を防ぐための確認用となる。また、給水管、消火管等も同様の埋設シートを敷設し、舗装後の地表面には配管位置を表示する。

No.430 ガス緊急遮断弁／都市ガス用
使用材料 ★★

黒板には施工箇所・部位、口径、製造者名を記入。弁の形状がわかるように撮影。

ガス緊急遮断弁
緊急時に遠隔操作により、ただちに、かつ、確実にガスの供給を遮断することができる弁で、ガス事業者が認定したもの。

工事写真記録のポイント

☞ 床埋設ガス管は、施工状況、位置等が確認できるように記録する。
☞ 天井内ガス管は、施工状況、吊り間隔、位置等が確認できるように記録する。
☞ 屋外ガス配管は、防食状況、埋設深さ、埋設テープ巻きの状況、埋設シートが適切な位置に敷設されている状況を記録する。
☞ 竣工引渡し前のガス器具の点火テスト時には、外気が流入することを確認する。

機械設備

21 さく井設備

No.431 ボーリングマシーン
施工状況
★★

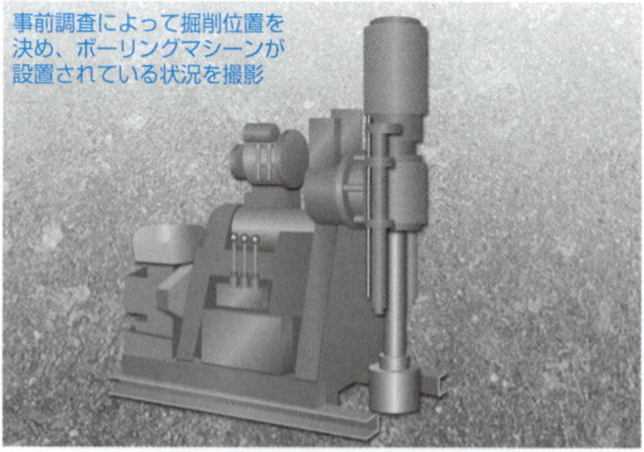

事前調査によって掘削位置を決め、ボーリングマシーンが設置されている状況を撮影

①タイトル
②施工箇所・部位
③機器の仕様

```
ボーリングマシーン ←①
敷地東側 ←②
呼称深度     300m ←③
スピンドル内径  93mm ←③
最大給圧力   58.2kN ←③
```

撮影時期／頻度
搬入時／施工箇所・部位ごと

撮影対象
黒板には施工箇所・部位、機器の型式、能力等を記入。ボーリングマシーン周囲の状況および機器の仕様がわかるように撮影。

No.432 ケーシングパイプ
使用材料
★★
197ページ
No.433

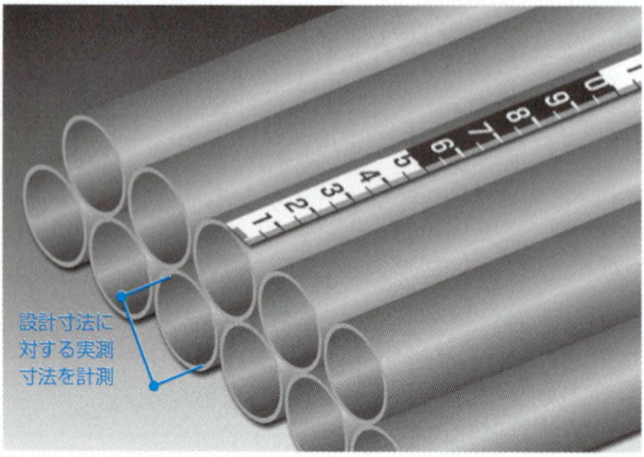

設計寸法に対する実測寸法を計測

①タイトル
②施工箇所・部位
③材料の仕様

```
ケーシングパイプ ←①  敷地東側 ←②
材料の仕様 ←③
  設計寸法  200Aφ l=100.0m
         t=5.8
  実測寸法  200Aφ l=103.5m
         t=5.8
  材 質  黒管 22本  JIS G 3452
```

撮影時期／頻度
搬入時／施工箇所・部位ごと

撮影対象
黒板には施工箇所・部位、配管の種類、設計寸法、実測寸法、数量、規格等を記入。表示マークが確認できるように撮影。

設備工事

No.433 スクリーンパイプ
使用材料
★★
196ページ
No.432

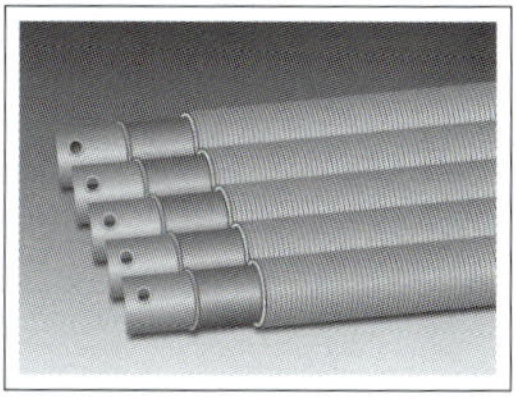

黒板には施工箇所・部位、配管の種類、系統、数量等を記入。スクリーン部の形がわかるように撮影。

スクリーンパイプ
掘削完了後の孔を保護し地下水を採取するために、ケーシングパイプやスクリーンパイプを設置する。スクリーンパイプは、ケーシングパイプに丸孔や縦のスリットを開けて地下水を取り込むために使用するパイプで、鉄管やステンレス製鋼管、塩ビパイプが使用される。

No.434 孔内洗浄作業
施工状況
★★
197ページ
No.433

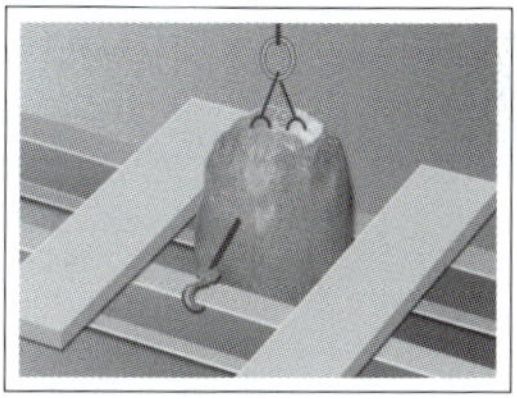

黒板には施工箇所・部位を記入。井戸内の状況によりブラッシングや薬液を併用し、井水洗浄の状況を撮影。

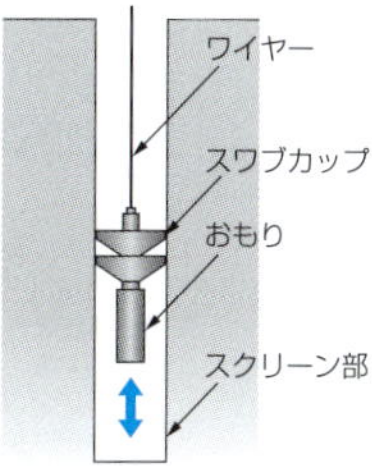

(図：ワイヤー、スワブカップ、おもり、スクリーン部)
スワッピング工法（例）

No.435 揚水試験
試験状況
★★
197ページ
No.434

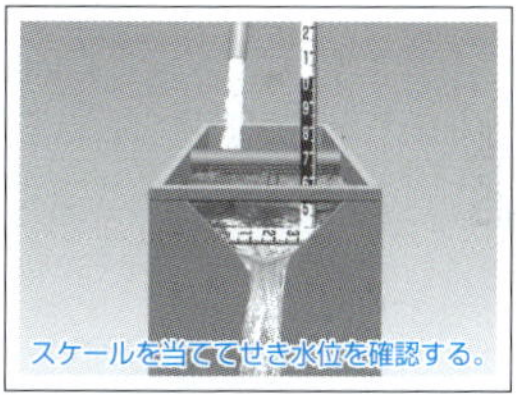

スケールを当ててせき水位を確認する。

黒板には試験箇所・部位、水量、口径を記入。予備・段階・連続揚水試験、水位回復試験状況を撮影。

揚水試験
井戸掘削後のケーシングパイプ、スクリーンパイプの設置が完了した後、どのくらいの水量をくみ上げられるかを確認するために実施する試験。試験には、段階揚水試験、連続揚水試験、水位回復試験の3種類がある。

工事写真記録のポイント

- ☞ 事前調査の状況を掘削場所ごとに記録する。
- ☞ 掘削機による掘削状況がわかるように記録する。
- ☞ 黒板には掘削機の型式・能力を記入し記録する。
- ☞ ケーシングの管の種類、寸法、数量、JIS規格がわかるように記録する。
- ☞ 孔内洗浄作業は、井水洗浄の状況がわかるように記録する。
- ☞ 揚水試験の各段階および水位回復試験の状況を記録する。

機械設備

㉒ し尿浄化槽設備

No.436 ユニット型浄化槽の据付け

施工状況
★★

198ページ
No.437

流入管・放流管底位置を確認し、浄化槽本体が水平に据え付けられている状況を撮影

①タイトル
②施工箇所・部位
③機器の仕様

```
ユニット型浄化槽据付け ←①
北側外構部 ←②
機器の仕様 ←③
  処理対象人員 30人
  W2,120×L4,210×H2,190
  (L:最大長さ)
  流入・放流管径 φ25  送気口 φ20
```

撮影時期／頻度
施工中／施工箇所・部位ごと
撮影対象
黒板には施工箇所・部位、機器の仕様を記入。浄化槽が水平に据え付けられている状況、流入管・放流管のレベルがわかるように撮影。

No.437 ユニット型浄化槽内部品の取付け

施工状況
★★

198ページ
No.436

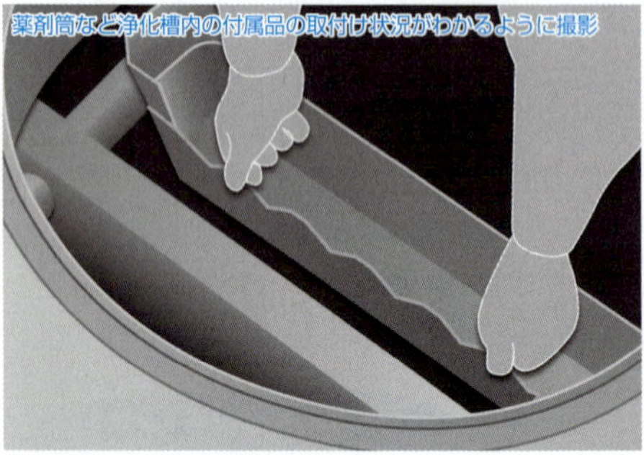

薬剤筒など浄化槽内の付属品の取付け状況がわかるように撮影

①タイトル
②施工箇所・部位
③機器の仕様

```
ユニット型浄化備据付け ←①
北側外構部 ←②
機器の仕様 ←③
  処理対象人員 30人
  W2,120×L4,210×H2,190
  (L:最大長さ)
  流入・放流管径 φ25  送気口 φ20
```

撮影時期／頻度
施工中／施工箇所・部位ごと
撮影対象
黒板には施工箇所・部位、機器の仕様を記入。取付け順序を確認のうえ、工具等で部品を損傷しないよう取付け状況を撮影。

設備工事

No.438 基礎工事／コンクリート打込み完了
施工状況 ★★
179ページ No.388

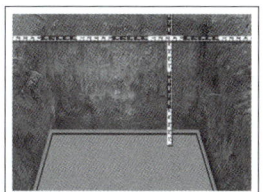

基礎工事
ユニット型浄化槽の基礎工事では、根切り、砂利地業、捨てコンクリート打込み、配筋、型枠、コンクリート打込みと、工程ごとの施工状況を撮影する。

黒板には施工箇所・部位、基礎の深さを記入。コンクリート硬化後、基礎部の水平確認、墨出し状況を撮影。

No.439 ユニット型浄化槽の埋戻し
施工状況 ★★
198ページ No.436

埋戻し
浄化槽回りの埋戻し作業に支障がないよう、施工計画段階において掘削範囲を検討しておく。埋戻し土の締固めには深さ1/3程度ずつ機器による締固めおよび水締めを行う。

黒板には施工箇所・部位を記入。埋戻し深さの1/3程度ずつ、締固め・水締めを行っている状況を撮影。

No.440 ユニット型浄化槽の水張り試験
試験状況 ★★
198ページ No.437

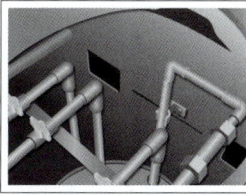

水張り試験
浄化槽の水準線まで水を張り、24時間後に水位の低下がないことを確認する。一般的には工場出荷前に水張り試験は実施されているが、輸送中あるいは施工中になんらかの原因で漏水する可能性があるため、据付け完了後にも水張り試験を実施する。

黒板には試験箇所・部位、試験内容を記入。水準線まで水張りし、24時間経過後の水位の低下がない状況を撮影。

工事写真記録のポイント

☞ 浄化槽本体の水平確認状況、流入管・放流管のレベル、槽内付属品の取付け状況を記録する。
☞ 浄化槽の基礎工事は、根切り、砂利地業、捨てコンクリート打込み、配筋、型枠、コンクリート打込みと工事の経過ごとに記録する。
☞ 浄化槽の埋戻し工事は、1/3程度ずつ行い、段階ごとに記録する。
☞ 浄化槽の水張り試験では、水張り完了時の状況と、24時間経過後の水位の低下がない状況を記録する。

機械設備

㉓ 昇降機設備

No.441 エレベーター巻上げ機の据付け
施工状況 ★★

巻上げ機の据付け状況がわかるように撮影

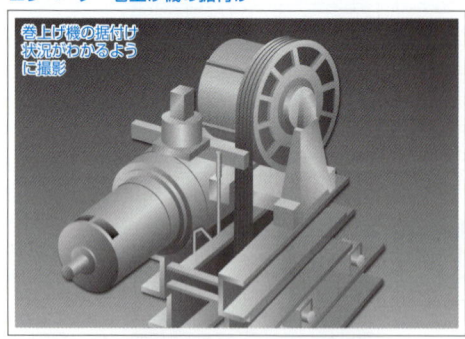

①タイトル
②施工箇所・部位
③型式・容量

```
エレベーター巻上げ機据付け ←①
屋上エレベーター機械室 ←②
エレベーター巻上げ機 ←③
  型 式  A-XX-00
  容 量  750kg 11人乗り
  電動機  AC 3φ 200V 3.5kW
```

撮影時期/頻度
施工中/施工箇所・部位ごと
撮影対象
黒板には施工箇所・部位、機器の名称、型式、容量、電動機の仕様を記入。巻上げ機が水平に取り付けられている状況がわかるように撮影。

No.442 エレベーターガイドレールの設置
施工状況 ★★

昇降路内の安全を確認し、主ロープおよびガイドレールが適切に取り付けられている状況を撮影

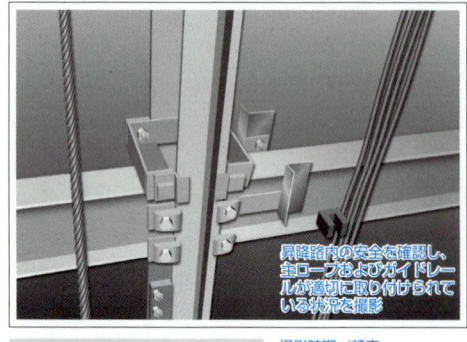

①タイトル
②施工箇所・部位
③材料の仕様

```
エレベーターガイドレール設置 ←①
昇降路内 ←②
ガイドレール ←③
  サイズ  40×70
```

撮影時期/頻度
施工中/施工箇所・部位ごと
撮影対象
黒板には施工箇所・部位、部材のサイズ、製造者名等を記入。ガイドレールおよびブラケットが適切に設置されている状況がわかるように撮影。

設備工事

No.443 エレベーター乗場開口部養生
施工状況 ★★

エレベーター乗場開口部養生
エレベーター工事中の開口部は、現場において危険な場所の一つで、転落事故を防ぐための養生が必要である。エレベーター工事関係者以外の立入りを禁止するなど、安全対策について周知徹底を図ること。

黒板には施工箇所・部位を記入。乗場開口部が、仮の扉でふさがれており、安全管理が徹底されている状況を撮影。

No.444 エスカレーター駆動装置の据付け
施工状況 ★★

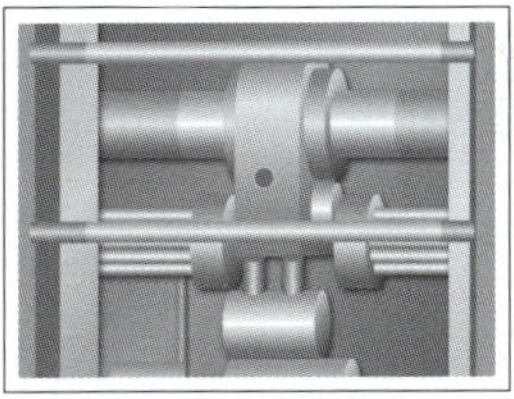

エスカレーター駆動装置の据付け
駆動チェーンおよび駆動輪、踏段チェーン、安全装置等の各部品の撮影のほか、駆動装置部分の全景も記録する。

黒板には施工箇所・部位、駆動装置の仕様を記入。移動手すり駆動装置、駆動チェーンの据付け状況を撮影。

No.445 エスカレーター踏板据付け状況
施工状況 ★★

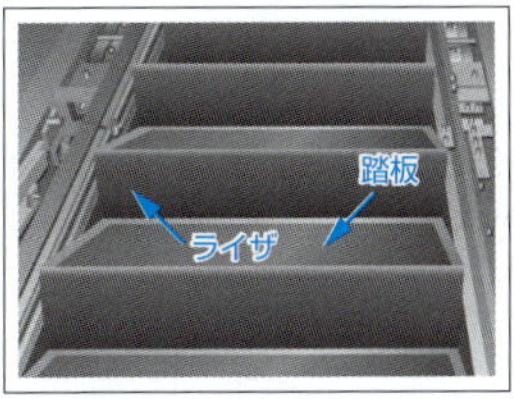

エスカレーターの全景撮影
エスカレーターの全景撮影では、上部および下部、側面から行い、非常停止ボタンの位置が確認できるように記録する。据付け完了後は、使用者への取扱い説明が必要となるため、説明手順を考慮に入れた撮影を心がけること。

黒板には施工箇所・部位を記入。踏板およびライザ、移動手すりの取付け完了状況がわかるように撮影。

工事写真記録のポイント

☞ エレベーター巻上げ機、マシンビームの取付け状況を記録する。
☞ エレベーター昇降路内のガイドレール、ブラケット等が適切に施工されている状況を記録する。
☞ エレベーター昇降路内など危険をともなう場所での撮影は、安全を確認してから行うこと。
☞ エスカレーターの電動機ほか機器類が、適切に施工されている状況を記録する。

機械設備

24 機械式駐車場設備

No.446 駆動装置の据付け

施工状況 ★★

202ページ No.447

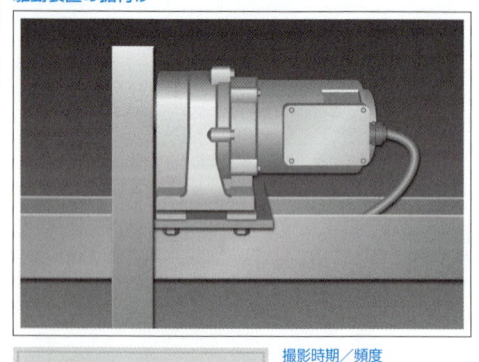

①タイトル
②施工箇所・部位
③機器の仕様

駆動装置据付け ←①
地下1階機械式駐車場ピット内 ←②
機器の仕様 ←③
　駆動装置　ローラーチェーン方式
　電動機　　2.2kWブレーキ付き
　　　　　　ギヤードモータ

撮影時期／頻度
施工中／施工箇所・部位ごと
撮影対象
黒板には施工箇所・部位、機器の仕様を記入。駆動装置の据付け状況および構造体の組立状況、落下防止装置の取付け状況がわかるように撮影。

No.447 伝動用チェーンの取付け

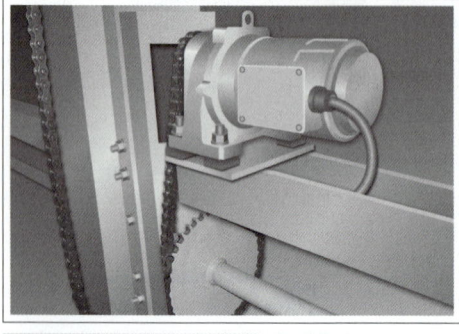

施工状況 ★★

202ページ No.446

①タイトル
②施工箇所・部位

伝動用チェーン取付け ←①
地下1階機械式駐車場ピット内 ←②

撮影時期／頻度
施工中／施工箇所・部位ごと
撮影対象
黒板には施工箇所・部位を記入。本体に伝動用チェーンおよび落下防止装置が正しく取り付けられ状況がわかるように撮影。

設備工事

No.448 支柱の取付け
施工状況
★★
202ページ
No.447

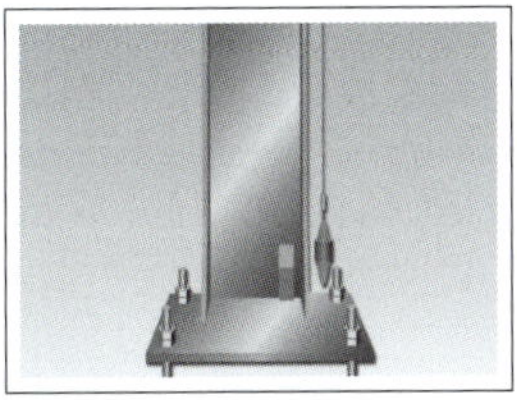

本体支柱の取付け
支柱の取付けでは水平、垂直を確認し、アンカーボルトを支柱ベースプレートに取り付ける。支柱の水平、垂直度はその後の機器類の取付けに影響するので確認のうえ施工する。また、支柱は施工完了後に塗装仕上げを行うので、塗装状況を撮影する。

黒板には施工箇所・部位を記入。アンカーボルトと支柱ベースプレートの取付け状況、支柱の垂直度を確認し撮影。

No.449 荷重試験
試験状況
★★
202ページ
No.447

荷重試験
荷重試験は実際に規定重量の車を乗せて実施する。荷重試験は製造会社の技術者立会いのもとで実施する。駆動装置の電圧、電流値も測定し記録する。

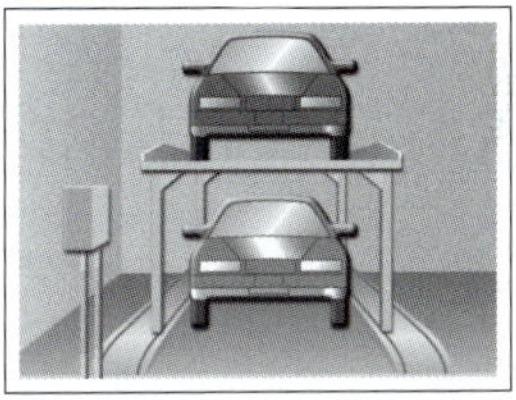

黒板には試験箇所・部位、車の重量、台数を記入。電圧、電流値の測定状況、機器の作動状況がわかるように撮影。

No.450 操作盤の設置
施工状況
★★

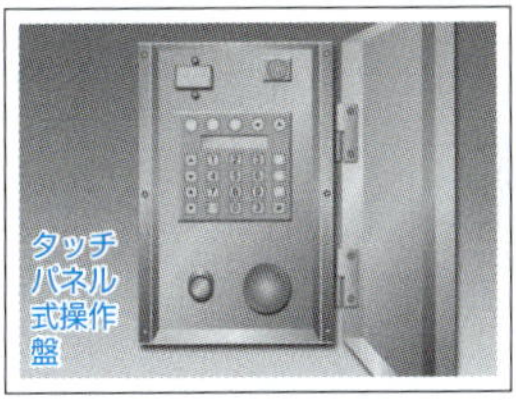

タッチパネル式操作盤

黒板には施工箇所・部位、寸法、製造者名を記入。操作盤の設置状況および適正に機能する状況を撮影。

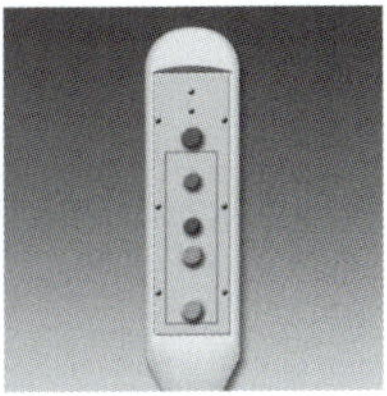

押しボタン式作動装置

工事写真記録のポイント

☞ 機械式駐車場設備の駆動装置据付けでは、本体ならびに伝動用チェーンが適切に取り付けられている状況を記録する。
☞ 支柱の据付けでは、アンカーボルトの取付け状況と支柱が垂直であることを確認して記録する。
☞ 機械式駐車場設備の荷重試験では、黒板に試験内容を記入し、電圧、電流値を測定し記録する。
☞ ピット内での撮影では、安全を確認のうえ撮影を行う。

機械設備

25 総合試験・調整

No.451 冷温水発生機着火試験

試験状況
★★

181ページ
No.393

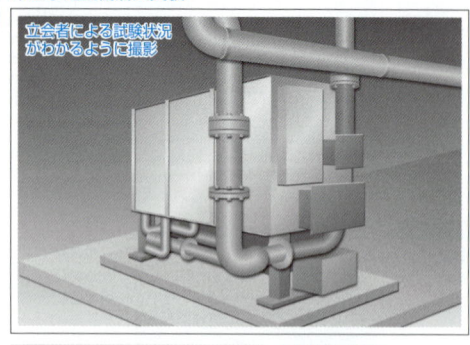

立会者による試験状況がわかるように撮影

①タイトル
②試験箇所・部位
③機器の仕様
④当日の外気温

```
冷温水発生機着火試験 ←①
B-2工区地下1階機械室 ←②
冷温水発生機 ←③
  型  式  XXX-Y-300型
  冷房能力 1,055kW
  暖房能力 844kW
21℃ ←④
```

撮影時期／頻度
試験中／試験箇所・部位ごと
撮影対象
黒板には試験箇所、機器の仕様、当日の外気温を記入。事前に製造会社と試験手順の打合せを行い、試験当日は立会者とともに試験状況を撮影。

No.452 連結送水管圧力試験

試験状況
★★

189ページ
No.414
205ページ
No.453

送水口に設置した圧力計の目盛りが確認できるように撮影

①タイトル
②試験箇所・部位
③試験内容

```
連結送水管圧力試験 ←①
東側入口外壁 ←②
送水圧力  1.72MPa（17.5kg/cm²） ←③
保持時間  60分 ←③
```

撮影時期／頻度
試験中／試験箇所・部位ごと
撮影対象
黒板には試験箇所・部位、送水圧力、保持時間を記入。圧力計を設置し、水圧試験器等により1.75MPaで加圧し、60分以上保持の状況を撮影。

設備工事

No.453 屋内消火栓の放水圧力試験
試験状況
★★
189ページ No.413
204ページ No.452

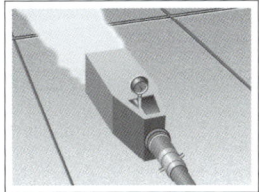

黒板には試験箇所・部位、放水ノズルの口径、放水圧力、放水量を記入。圧力計の目盛りが読めるように撮影。

屋内消火栓の放水圧力試験
屋内消火栓の場合、ポンプ締切り圧力の1.5倍の水圧で、60分間保持する。圧力試験の場所は屋上や屋外の安全な場所を選んで行う。

No.454 空調吹出し口の風量測定
試験状況
★★
205ページ No.455

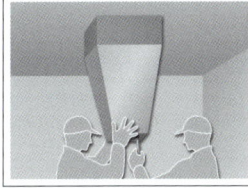

黒板には試験箇所・部位を記入。空調吹出し口からの風量を測定している状況がわかるように撮影。

空調吹出し口の風量測定
空調吹出し口の風量測定では、吹出し口の寸法および風速を記録する。また、吸込み口の風量測定も行い、吹出し量と吸込み量の風量バランスを確認する。

No.455 空調吹出し口の温度測定
試験状況
★★
205ページ No.454

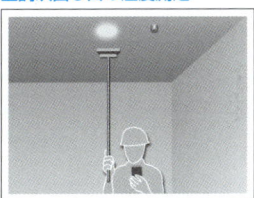

黒板には試験箇所・部位を記入。空調吹出し口からの温度を測定している状況がわかるように撮影。

空調吹出し口の温度測定
温度測定および風量測定、騒音測定は同時に行う。空調吹出しの温度を測定し、設計値との照合を行う。

工事写真記録のポイント

☞ 冷温水発生機の着火試験では、立会者のもとでの試験状況がわかるように記録する。
☞ 連結送水管圧力試験・屋内消火栓放水圧力試験では、所定の位置に設置した圧力計の目盛りが確認できるように記録する。
☞ 総合試験では、試験の流れを事前に確認し、試験ごとに内容を記録する。また、試験結果に不具合が発生した場合には、その内容を記録する。

機械設備

26 消防検査

No.456 スプリンクラー設備運転状況
検査状況 ★★
189ページ No.415

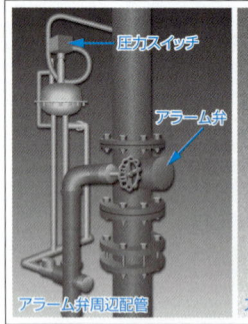

（写真左）アラーム弁周辺配管（圧力スイッチ、アラーム弁）
（写真右）スプリンクラーヘッド

①タイトル
②検査箇所・部位

```
スプリンクラー設備消防検査前確認 ←①
地下1階機械室 ←②
スプリンクラー設備設置階 ←②
```

撮影時期／頻度
消防検査前確認時／設置箇所・部位ごと
撮影対象
黒板には試験箇所・部位等を記入。アラーム弁周辺配管類、スプリンクラーヘッドの設置状況および試運転状況を撮影。

No.457 床置き型消火器の表示
検査状況 ★★

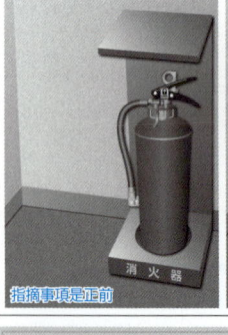

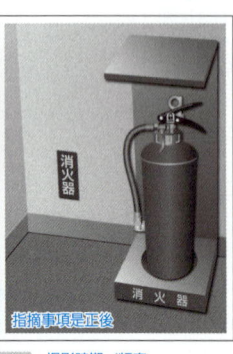

（写真左）指摘事項是正前
（写真右）指摘事項是正後

①タイトル
②検査箇所・部位
③指摘事項（是正前／是正後）

```
消防検査指摘事項 ←①
1階管理事務室 ←②
消火器表示なし ←③
　消火器表示板設置
```

撮影時期／頻度
消防検査時／是正前・是正後
撮影対象
黒板には消防検査箇所・部位、指摘事項を記入。消防検査における指摘事項について、是正前および是正後の状況がわかるように撮影。

設備工事

No.458 常時閉鎖型扉への仕様変更
検査状況 ★★

指摘事項 是正前

指摘事項 是正後

黒板には施工箇所・部位、指摘事項を記入。是正前の状況と是正後の状況が確認できるように撮影。

①ドアクローザーのストッパー解除。②子扉にドアクローザーと順位調整器の取付け。

常時閉鎖型扉への仕様変更

No.459 誘導灯の設置確認
検査状況 ★★
145ページ No.306

黒板には検査箇所・部位、検査内容を記入。誘導灯が仕様に適合しているとともに、検査状況がわかるように撮影。

避難口誘導灯および通路誘導灯の設置箇所

避難口誘導灯および通路誘導灯は以下の箇所に設置し、設置する前に所轄消防署と打合せ・確認を行う。
①屋内から直接地上に通じる出入口
②直通階段の出入口
③避難口に通じる廊下
④避難通路に通じる出入口

No.460 避難はしごの機能確認
検査状況 ★★

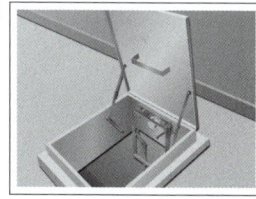

黒板には検査箇所・部位、避難はしごの仕様を記入。避難ハッチの開閉状況、はしごの機能が良好である状況を撮影。

避難はしごの機能を確認するとともに、直下周辺には物品を置かないよう建物使用者に説明する。

避難はしごの機能確認

工事写真記録のポイント

☞ 消防検査では、検査項目、検査日、消防署名、検査員等を黒板に記入し記録する。
☞ 消防検査前に消防関連設備の試運転状況を記録する。
☞ 消防検査時の指摘事項は、是正報告として写真の提出を求められるため、是正前・是正後の状況写真を撮影し報告書に添付する。
☞ 防火区画の配管・ダクト回りについては、すき間なく穴埋めが施されている状況がわかるように記録する。

11章 外構工事

① 雨水排水・舗装工事

No.461 雨水排水・舗装工事
施工状況 ★★
192ページ
No.421
No.422

排水管の敷設状況および土かぶり寸法がわかるように撮影

①タイトル
②施工箇所・部位
③材質・径・JIS規格・名称

排水管敷設←①
東側外構植栽部←②
VP管←③
　200φ
　JIS K 6741 硬質塩化ビニル管
　排水管敷設勾配 1/200
　土かぶり 300mm以上

撮影時期／頻度
施工中／施工箇所・部位ごと
撮影対象
黒板には施工箇所・部位、使用材料の材質（材種）、規格、形状、寸法、勾配、土かぶり寸法を記入。排水管敷設の施工状況がわかるように撮影。

No.462 舗装路盤
施工状況 ★★
209ページ
No.464

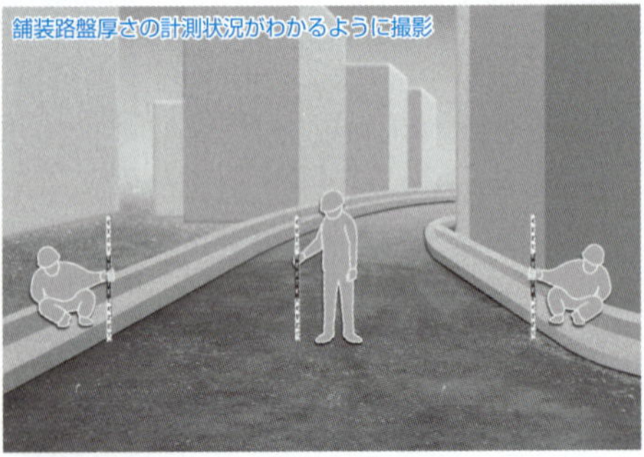

舗装路盤厚さの計測状況がわかるように撮影

①タイトル
②施工箇所・部位
③路盤材料・厚さ・JIS規格・名称

舗装路盤出来形確認←①
東側構内道路←②
粒度調整砕石←③
　厚さ 150mm
　JIS A 5001 道路用砕石

撮影時期／頻度
施工中／施工箇所・部位ごと
撮影対象
黒板には施工箇所・部位、使用材料、規格、路盤厚さの設計値と実測値を記入。転圧状況では締固め機器が確認できるように撮影。

撮影準備 **外構工事写真の撮り方**
　①使用材料や施工機械の表示等により、極力施工状況がわかるように撮影する。
　　　📎 完成してからでは隠れて見えなくなる部分については、どのような仕様・寸法で施工されたのかが後日でも確認できるように撮影しておく。
　②施工開始以降と同様に、施工着手前の状況も撮影しておく。
　③施工精度については、スケールや下げ振り等を用いて目標値と比較して撮影する。
　④撮影する周囲の整理整頓、清掃をする。
　　　📎 周辺で稼働する施工機械の動きに十分注意し、また、周辺で作業にあたる作業員の不安全行動をチェックする。

No.463 埋設管用根切り
施工状況 ★★
192ページ No.421 No.422

根切り
遠心力鉄筋コンクリート管の場合の根切り底は、排水管の下端より100〜150mm程度の深さに、それ以外の排水管の根切り底は、排水管の下端とし、勾配付きに仕上げる。

黒板には根切り深さ・幅等の設計値と実測値を記入。掘削出来形は遣り方を設け、計測状況がわかるように撮影。

No.464 路盤転圧
施工状況 ★★
208ページ No.462

路盤の締固め
8t以上のマカダムローラや8〜20tのタイヤローラ、またはこれらと同等以上の効果のある締固め機械2種以上を併用して十分に締め固め、狭小部はランマ等を用いて所定の形状に平らに仕上げる。

黒板には路盤の厚さの設計値および実測値を記入。締固め機器および締固め状況がわかるように撮影。

工事写真記録のポイント

☞ 屋外雨水排水工事に使用する排水管、側塊、排水ます、グレーチング、埋戻し材料などと発生土の処理を記録する。
☞ 排水管の埋戻し前に行う排水・漏水の確認と、すべての系統が完了した後に行う通水試験結果を記録する。
☞ 舗装工事の路床・路盤・舗装の仕様・寸法、試験による路床締固め度、路盤締固め度、路盤厚さ、舗装締固め度・舗装厚さを記録する。
☞ 道路の横断勾配、透水性舗装の透水試験結果を記録する。

外構工事

② 擁壁・塀・柵工事

No.465 擁壁用遣り方・捨てコンクリート
施工状況
★★

39ページ
No.047
199ページ
No.438

①タイトル
②施工箇所・部位
③寸法

PC板L型擁壁用遣り方・
捨てコンクリート←①
西側構内道路側壁←②
L型擁壁H1,750mm×
底版W1,200mm←③

撮影時期／頻度
施工中／施工箇所・部位ごと
撮影対象
黒板には施工箇所・部位、砂・砂利・地肌地業の別、捨てコンクリート地業の材料、厚さ、呼び強度を記入。捨てコンクリートの施工状況を撮影。

No.466 擁壁部材据付け
施工状況
★★

211ページ
No.467

①タイトル
②施工箇所・部位
③寸法

PC板L型擁壁部材据付け←①
西側構内道路側壁←②
L型擁壁H1,750mm×
底版W1,200mm←③

撮影時期／頻度
施工中／施工箇所・部位ごと
撮影対象
黒板には施工箇所・部位、使用材料、寸法、工法、宅地造成等規制法施行令第15条認定工法であることを記入。擁壁部材据付け施工状況を撮影。

外構工事

No.467　PC板L型擁壁目地・水抜き孔フィルター
[施工状況]
★★
210ページ
No.466
211ページ
No.469

擁壁の水抜き孔
水抜き孔は3m²以内ごとに千鳥に配置し、擁壁高さ1m未満は内径50mmφ、1m以上の擁壁については内径75mmφ以上を、水勾配を付けて裏込め透水層に達するように設ける。

黒板には施工箇所・部位、材質、形状、寸法、製品名、品番を記入。フィルターの施工状況がわかるように撮影。

No.468　高尺ネットフェンス用PC基礎
[施工状況]
★★
34ページ
No.033
211ページ
No.469

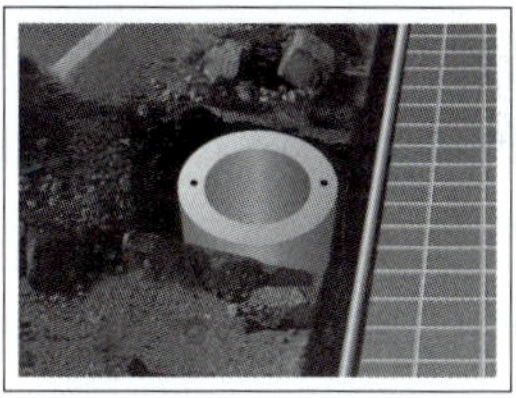

黒板には施工箇所、フェンスの仕様、高さ寸法、基礎の仕様と寸法、工法を記入。施工状況がわかるように撮影。

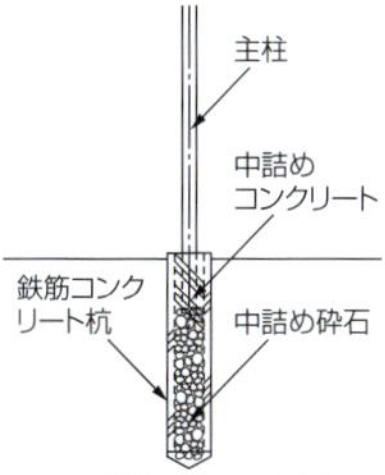

PC基礎の納まり（例）
主柱／中詰めコンクリート／鉄筋コンクリート杭／中詰め砕石

No.469　アルミ縦格子フェンス用主柱取付け
[施工状況]
★★
211ページ
No.467
No.468

黒板には施工箇所、フェンスの仕様、寸法、基礎の仕様と寸法を記入。施工状況がわかるように撮影。

手すり支柱基礎の取合い（例）

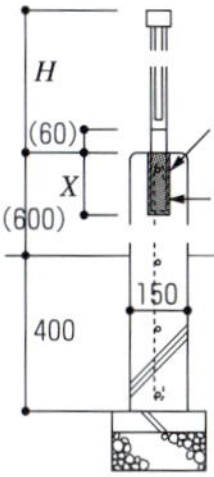

H	X
800	180
1,200	230

工事写真記録のポイント

☞ 擁壁は、形状、寸法、勾配、地業、基礎、裏込め、水抜き、伸縮目地等を記録する。PC擁壁等は、宅地造成等規制法施行令第15条の認定擁壁であることを記録する。

☞ 敷地境界石標の据付けは、土地所有者および隣地所有者、道路管理者等の立会いのうえ行い、確認の状況を記録する。

☞ 塀・柵工事において、使用材料、基礎の形状・寸法・工法、主要部材と基礎取合い状況を記録する。

外構工事

③ 植栽工事

No.470 掘取り・根巻き
施工状況
★★

212ページ
No.471

掘取りおよび根巻きの作業状況がわかるように撮影

①タイトル
②施工箇所
③移植用掘取り樹木名・寸法

移植用樹木の掘取り・根巻き←①
敷地南側既存樹木←②
ヤマモモ←③
　樹高 3.5m　葉張り 2.4m
　幹周 55cm　根鉢(根巻き)径 1.4m

撮影時期／頻度
施工中／移植樹木すべて
撮影対象
黒板には施工箇所、樹種名、寸法、掘取り・根巻き日を記入。掘取り・根巻きの状況がわかるように移植樹木すべて撮影。

No.471 植付け
施工状況
★★

212ページ
No.470
213ページ
No.473

植込み用土の埋戻しおよび水きめの状況がわかるように撮影

①タイトル
②施工箇所・部位
③植付け樹木名・寸法

樹木の植付け←①
敷地東側外構植栽部←②
ネズミモチ←③
　樹高 2.8m　葉張り 1.2m
　幹周 22cm　根鉢(根巻き)径 55cm

撮影時期／頻度
施工中／指定樹木
撮影対象
移植樹木すべてと、新植樹木ではシンボルツリーのすべて、そのほか高・中・低木の樹種ごと、地被類種別ごとに、植付け状況がわかるように撮影。

外構工事

No.472 鉢土
施工状況 ★★
213ページ No.473

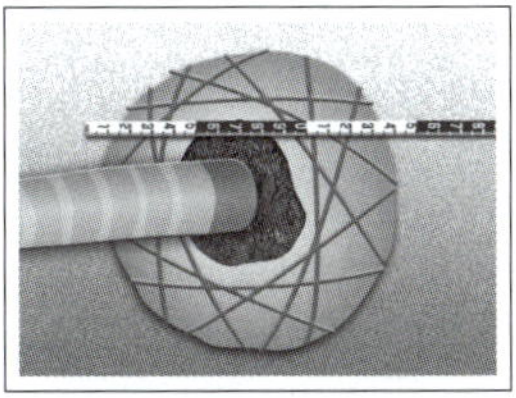

鉢土
鉢土の大きさは、常緑樹にあっては根元径の5倍程度、落葉樹にあっては6倍程度の直径とし、乾燥と根鉢の崩れ防止のため、わら縄またはこも等で堅固に根巻きして搬入する。

黒板には施工箇所、根元径、根鉢（鉢土・根巻き）径を記入。根巻きの状況がわかるように撮影。

No.473 幹巻き
施工状況 ★★
213ページ No.472

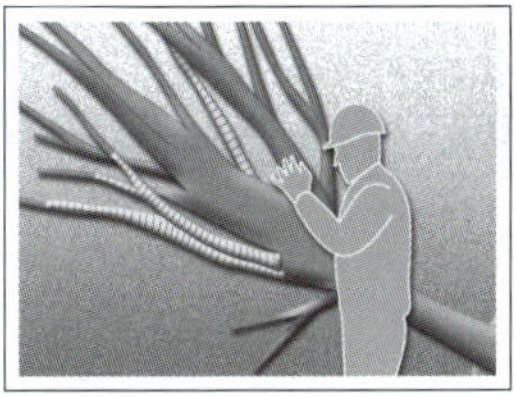

幹巻き
幹巻きはわらまたはこも等を用いて、主幹および主枝を覆い、しゅろ縄2本で100mm程度の間隔をとりながら巻き上げる。近年では天然繊維製の幹巻き用テープが多く使用されている。

黒板には施工箇所、樹種名、樹木の形状寸法を記入。幹巻きの状況がわかるように撮影。

No.474 支柱
施工状況 ★★
212ページ No.471

支柱形式
支柱形式には、樹木の種類や大きさにより、二脚鳥居、三脚鳥居、十字鳥居、八ッ掛け・布掛け・ワイヤ掛け等がある。周囲の状況や美観上から同形式の支柱に統一して用いる。

（八ッ掛け支柱／丸太）

黒板には施工箇所、支柱の形式および支柱材の材種、防腐処理仕様を記入。樹木全体の状況がわかるように撮影。

工事写真記録のポイント

☞ 植栽基盤は、植込み用土、土壌改良材、有効土層、工法を記録する。透水性試験や硬度試験を実施した場合には、その結果も記録する。
☞ 植栽樹木の樹種、寸法、支柱形式、植付け日を記録する。
☞ 敷地内既存樹木の移植は、掘取り・根巻き日、植付け日を記録する。
☞ 屋上緑化は、植栽基盤とその仕様、有効土層、倒木対策を記録する。
☞ 屋上緑化薄層軽量システムの場合の仕様、ならびに屋上防水との取合いを記録する。

12章 解体工事

1 アスベスト（石綿）の撤去

No.475 ポリエチレンシート養生
施工状況
★★

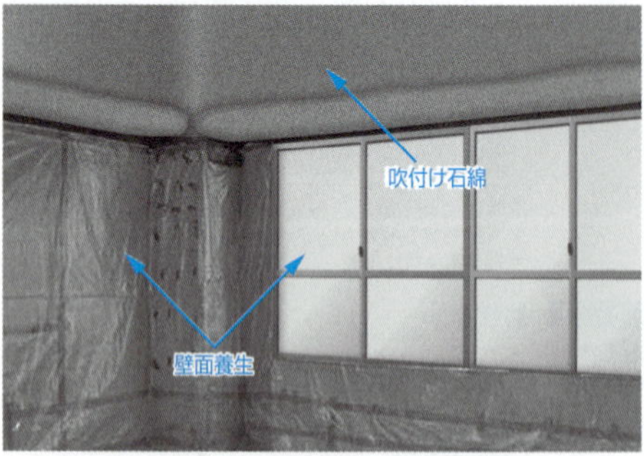

吹付け石綿
壁面養生

①タイトル
②施工箇所・部位
③養生の仕様

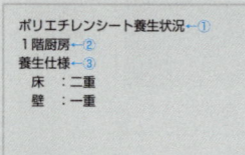

ポリエチレンシート養生状況←①
1階厨房←②
養生仕様←③
　床　：二重
　壁　：一重

撮影時期／頻度
作業前／作業箇所・部位ごと
撮影対象
黒板には作業箇所、シート養生の仕様を記入。作業空間全景のほか、壁貫通配管等がある場合には、貫通部分の養生状況を撮影。

No.476 環境測定
検査状況
★★

22ページ
No.005

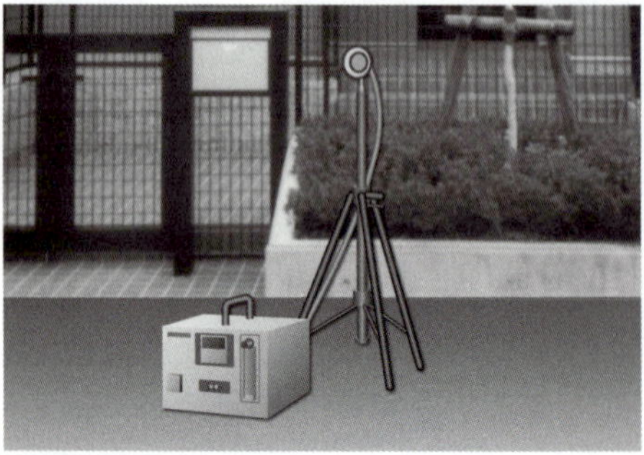

①タイトル
②測定箇所
③敷地略図

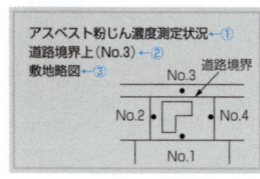

アスベスト粉じん濃度測定状況←①
道路境界上(No.3)←②
敷地略図←③

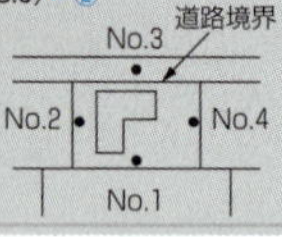

　　　　　道路境界
　　　　No.3
No.2　┓┏　No.4
　　　┗┛
　　　No.1

撮影時期／頻度
作業前・中・後／測定箇所ごと
撮影対象
黒板には敷地の略図、撮影箇所、撮影時期（作業前・中・後のいずれか）、測定値、立会者名を記入。測定状況がわかるように撮影。

撮影準備 **解体工事写真の撮り方**

①関係法令等の事前確認

アスベスト撤去やダイオキシン類除染作業では、各作業段階における制約事項などが関係法令によって定められている。これらを事前に確認しておき、各作業の撮影に備える。

②処理施設、処理機器等の確認

初めて取引きする業者の場合は、処理施設の管理状況を立会確認するとともに、場内の様子や許可取得業者名、廃棄物の種類がわかる看板等を立会者とともに撮影する。解体作業で使用する保護具や薬剤、標示類などの資器材を事前に撮影しておく。また、解体工事の進捗に応じて使用重機や装置も合わせて撮影する。

No.477 石綿撤去
施工状況 ★★
217ページ No.482

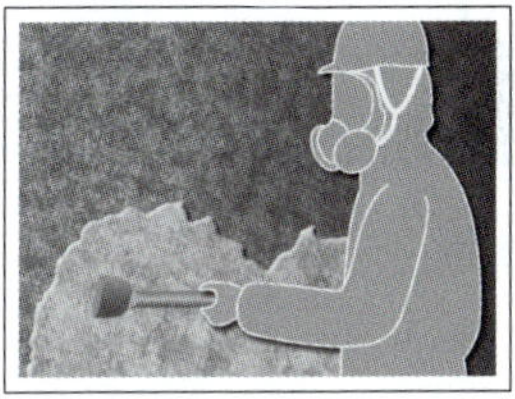

石綿撤去状況
飛散石綿の撤去作業だけでなく、粉じん飛散抑制剤の吹付け状況、除去石綿の集積状況、除去石綿粉じん飛散防止材の吹付け状況等を撮影する。

黒板には石綿撤去箇所(室名等)、作業レベル、立会者名を記入。石綿撤去状況がわかるように撮影。

No.478 廃石綿の保管
施工状況 ★★
217ページ No.481

黒板には廃棄物保管状況と記入。保管場所に表示の「アスベスト除去中 立入禁止」標識が確認できるように撮影。

全身を撮影

石綿撤去用防護服(レベル1)

工事写真記録のポイント

☞ 石綿等の撤去等の対象作業には、レベル1~3があるので、黒板には作業レベルを記入し記録する。

☞ 石綿等が吹き付けられたレベル1では、「撤去」、「封じ込め」、「囲い込み」の3種類があり、黒板にはその種類を記入し記録する。

☞ 作業前・中・後におけるアスベスト粉じん濃度測定の撮影では、黒板に敷地の略図、撮影箇所、立会者がいる場合はその氏名を記入し記録する。

解体工事

② ダイオキシン類の除去

No.479 煙突解体前の仮設養生
施工状況
★★

28ページ
No.019

①タイトル
②施工概要
③仮設材の種類

煙突解体（仮設養生全景）←①
施工概要←②
　H＝55m　φ＝2.4m
仮設材←③
　防音シート　枠組足場

撮影時期／頻度
着工前／施工箇所ごと
撮影対象
黒板には、煙突の概略図、仮設養生材の種類と寸法を記入。全景写真は定点撮影とし、煙突解体の進捗状況が把握できるよう定期的に撮影。

No.480 煙突解体
施工状況
★★

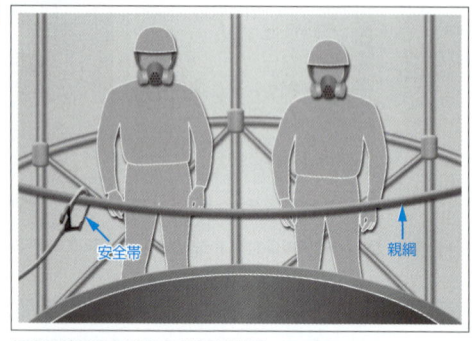

安全帯
親綱

①タイトル
②施工箇所・部位

煙突切断状況←①
煙突頂部←②
　切断位置＝45m　φ＝2.4m

撮影時期／頻度
着工前／施工箇所ごと
撮影対象
黒板には、煙突の切断位置概略図と立会者名を記入。安全面（安全帯を設ける親綱など）に配慮した施工状況がわかるように撮影。

解体工事

No.481 中間処理施設・最終処分施設
施工状況 ★★
215ページ No.478
217ページ No.483
219ページ No.487

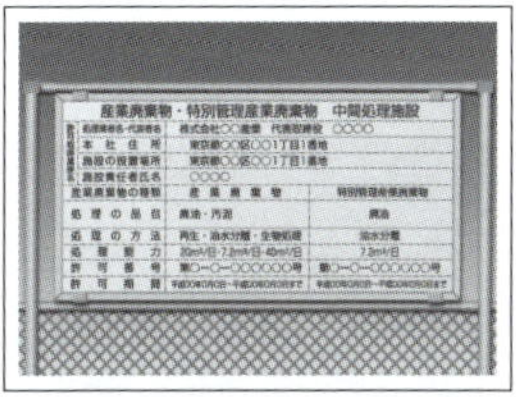

中間処理施設・最終処分施設での確認事項
①初めて取引する業者の場合は、現場から処理施設までの車両運搬経路、処理施設の管理状況を確認する。
②建設廃棄物の種類に応じて、それぞれ専門の処理施設を確認する。

施設の現地確認のため、許可取得業者名と取扱い品目、処理能力、許可期間がわかるよう、立会者とともに撮影。

No.482 耐火レンガの採取
施工状況 ★★
215ページ No.477

ダイオキシン類の濃度測定
ダイオキシン類の濃度測定は、耐火レンガの採取時だけでなく、除去作業前の気中濃度も必ず測定する。

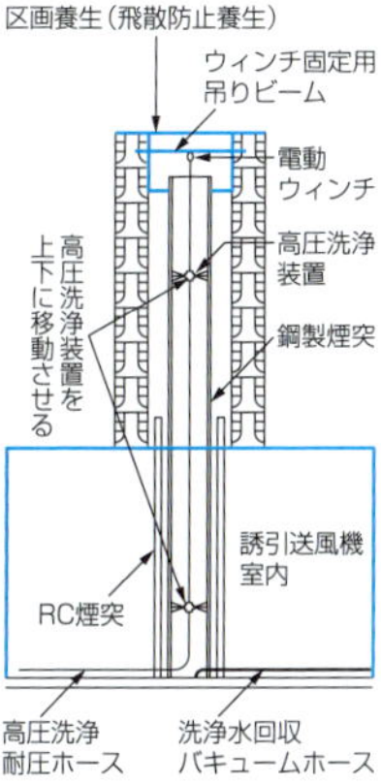

黒板には耐火レンガの採取位置、採取者を記入。安全に配慮して耐火レンガの採取状況が確認できるように撮影。

No.483 ダイオキシン類の除染
施工状況 ★★
217ページ No.481

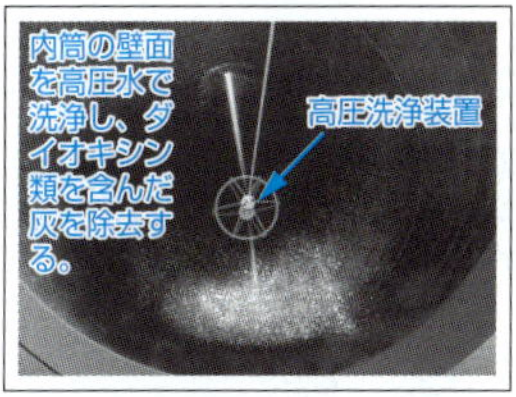

内筒の壁面を高圧水で洗浄し、ダイオキシン類を含んだ灰を除去する。
高圧洗浄装置

黒板にはダイオキシン類の作業箇所、除染方法、除染範囲、立会者名を記入。除染状況がわかるように撮影。

区画養生(飛散防止養生)
ウィンチ固定用吊りビーム
電動ウィンチ
高圧洗浄装置
鋼製煙突
高圧洗浄装置を上下に移動させる
誘引送風機
室内
RC煙突
高圧洗浄耐圧ホース
洗浄水回収バキュームホース

除染工法の概要(例)

工事写真記録のポイント

☞ ダイオキシン類の汚染調査は、解体の対象となる設備だけでなく周辺設備についても調査状況を記録する。
☞ 分析結果に応じて、管理区域および汚染物除去方法を決定したら、作業で使用する保護具や使用薬剤等の撮影も事前に行う。
☞ ダイオキシン類の除去作業では、換気装置、空気清浄機、洗身設備等クリーンルームの設置状況を記録する。また、除染完了後は、周辺環境の気中濃度の測定状況も記録する。

13章 総合評価落札方式

1 技術提案

No.484 生コンの単位水量測定
品質管理 ★★

52ページ
No.076
No.077
53ページ
No.079

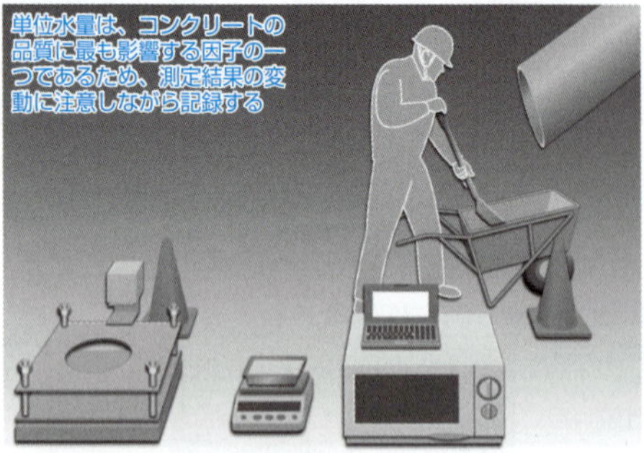

単位水量は、コンクリートの品質に最も影響する因子の一つであるため、測定結果の変動に注意しながら記録する

①タイトル
②施工箇所・部位
③単位水量
④試験方法・測定結果
⑤管理値

レディミクストコンクリートの単位水量測定←①
A-2工区3階スラブ←②
単位水量 175kg/m³←③
電子レンジ法←④
測定結果 178kg（+3kg）←④
管理値 ±10kg←⑤

撮影時期／頻度
コンクリート打込み前／生コン100m³ごとに2回

撮影対象
黒板には施工箇所・部位のほか、調合計画書に基づいた所定の単位水量と管理値、試験方法と測定結果を記入。

No.485 CO_2排出量削減
環境管理 ★★

36ページ
No.038
37ページ
No.040
No.042

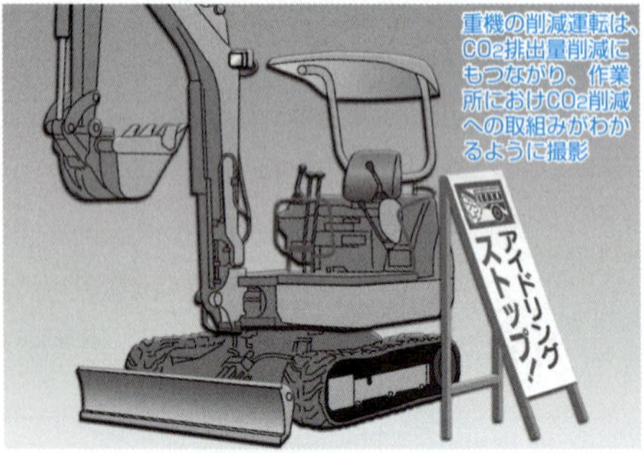

重機の削減運転は、CO_2排出量削減にもつながり、作業所におけるCO_2削減への取組みがわかるように撮影

①タイトル
②施工箇所・部位
③施工機械

掘削工事・CO_2排出量削減対策←①
C工区事務所←②
施工機械　バックホー←③

撮影時期／頻度
施工時／随時

撮影対象
黒板には工種と作業内容、使用重機を記入。掘削重機のほか、掘削残土搬出用ダンプトラックや低燃費型重機による作業を撮影。

撮影準備 **総合評価落札方式（技術提案）における工事写真の撮り方**

入札物件ごとにいくつかの技術課題が与えられる「総合評価落札方式」は、各社がその技術課題ごとにどのように取り組むかを「技術提案」として事前に提出するものである。落札後は有効と認められた技術提案を実施するために、提案内容を十分吟味し、撮影対象、撮影時期を確認して撮影計画を立案することが大切である。

技術提案の内容はどれかの工事に属するが、有効と認められた項目に対しては、提案通りに実施したうえで提案通りの効果が得られたかを実証しなければならない。そのため、撮影対象ごとに施工前・中・後を漏れなく撮影し、総合評価落札方式の関連としてまとめておくこと。

No.486 第三者に対する安全配慮
安全対策
★★
25ページ
No.013

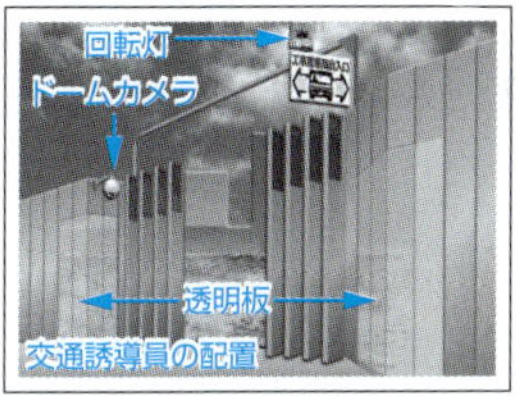

黒板には安全配慮で設けた設備機器名を記入。安全設備の設置状況、交通誘導員の様子がわかるように撮影。

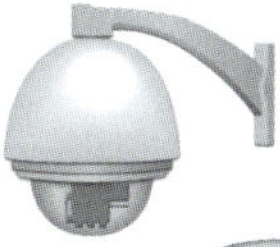

ドームカメラ

回転灯

No.487 再資源化
環境管理
★★
217ページ
No.481

黒板には分別ボックスの設置箇所を記入。分別処理を推進する看板とともに保管状況がわかるように撮影。

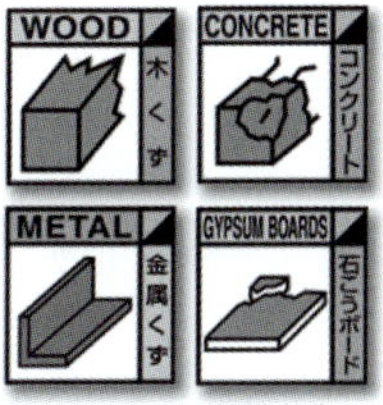

建設廃棄物分別標識（例）／（社）建築業協会認定

工事写真記録のポイント

☞ コンクリートの品質確保に大きく関わる単位水量の測定では、測定結果の変動に注意しながら記録する。

☞ CO_2排出量削減では、作業所内で事前にCO_2削減に関する勉強会等を開催し、その様子も記録する。

☞ 第三者への安全配慮では、設備等の配置のみならず、歩行者の通行に支障をきたしていない状況を記録する。

☞ 建設廃棄物処理では、分別ヤードの確保と処理状況を記録する。

14章 付録

① 撮影対象チェックリスト／着工準備

チェックリストの見方
①撮影対象に記載した青字は記録必須項目、黒字は記録推奨項目を示す。
②撮影対象に記載した□は✓(チェック)記入欄を示す。
③時期・頻度は、写真撮影の時期や数量、頻度を示す。
④参照写真欄に記載した数字は、本書に収載した写真Noを示す。

着工準備

	撮影対象	時期・頻度	撮影のポイント	参照写真
着工前現地調査	□敷地境界標識、敷地境界線の確認	着工前	撮影場所および方向、関係者の立会確認を記録。	001
	□敷地の確認	着工前	工事中に点検撮影する場合の位置設定に注意し、寸法、高低、面積等を記録。	
	□敷地内障害物の確認	着工前	形状寸法、数量等を記録(障害物の処理状況とも記録)。	004
	□地縄張りによる建物位置の確認	着工前	縄張りの全体、関係者の立会確認を記録。	002
	□ベンチマークの確認	着工前	関係者の立会確認を記録(ベンチマーク養生状況とも記録)。	003
	□周辺道路、隣地、河川の確認	着工前	道路標識、電柱、マンホール、街路樹等、公共施設物を記録。	008
	□近隣建物の状況確認	着工前	建物の位置、調査内容および状況、関係者の立会確認を記録。	007
	□環境調査(騒音・振動・土壌等)	着工前	調査内容および状況、関係者の立会確認を記録。	005 006
準備工事	□仮囲いの設置	着工前	仮設道路、工事表示板、敷地周辺との関係等を記録(共通仮設)。	010 013 486
	□仮設事務所の設置	着工前	仮設上下水道、仮設電気、下小屋等の設置状況を記録(共通仮設)。	012
	□式祭(地鎮祭・起工式)	着工前	式祭の内容および状況を記録。	

memo

2 撮影対象チェックリスト／仮設工事

仮設工事

	撮影対象	時期・頻度	撮影のポイント	参照写真
共通仮設	**□施工機械等**	設置完了時	揚重機ごとに施工能力がわかるように記録。	011
	□施工機械等の施工路盤	施工完了時	地盤改良の仕様、鉄板敷きの状況を記録。	
	□工事用エレベーター設置	設置完了時	荷取りステージの様子とも記録。	
	□工事用エレベーター完成検査	検査時	積載荷重がわかるように記録。	
	□透明板仮囲い設置	設置完了時	透明板の設置位置がわかるように記録。	013 486
	□オーバーブリッジ架設	設置完了時	全景がわかるように記録。	
仮設電気	□仮設電力引込み （低圧架空引込み）	仮設電力引込み時	電力会社の電柱位置、仮設引込み位置がわかるように記録。	014
	□仮設キュービクル （高圧引込み）	設置完了時	容量、設置状況、メンテナンススペース、フェンスの高さがわかるように記録。	015
	□仮設用発電機	設置完了時	容量、供給負荷名称、使用期間を記録。	016
	□仮設分電盤	設置完了時	動力用分電盤および電灯用分電盤の設置状況がわかるように記録。	017
	□仮設用照明	設置完了時	照明の種類、設置箇所がわかるように記録。	018
直接仮設	□外部足場全景	設置完了時	作業床の最大積載荷重表示が見えるように記録。	019 021
	□山留め壁全景	設置完了時	山留め壁周囲に設置の手すり等も含めて記録。	
	□切梁架設	設置完了時	切梁交差部の支柱とブラケットの溶接状況を記録。	020
	□朝顔	設置完了時	設置基準との整合性を記録。	021
	□架設通路	設置完了時	昇降設備、通路表示を設ける。	022
	□鉄骨吊り棚足場架設	設置完了時	吊り材（ワイヤーロープまたはチェーン）に損傷がないことがわかるように記録。	
	□乗入れ構台全景	設置完了時	手すりの設置、作業床の積載最大荷重表示を記録。	023

memo

付録

③ 撮影対象チェックリスト／地業工事

杭工事／場所打ちコンクリート杭

<table>
<tr><th colspan="2">撮影対象</th><th>時期・頻度</th><th>撮影のポイント</th><th>参照写真</th></tr>
<tr><td rowspan="4">材料</td><td>□ケーシング</td><td>搬入時、種別ごと</td><td>径、長さを記録。</td><td></td></tr>
<tr><td>□鋼管</td><td>搬入時、種別・規格ごと</td><td>種別、規格、径、長さを記録。</td><td></td></tr>
<tr><td>□鉄筋</td><td>搬入時、種別・規格ごと</td><td>ラベル、ロールマークを記録。</td><td>048</td></tr>
<tr><td>□コンクリート試し練り</td><td>試験練り時</td><td>試験状況、試験結果、立会者がわかるように記録。</td><td>076</td></tr>
<tr><td rowspan="20">施工</td><td>□杭心セット</td><td>施工中、種別・箇所ごと</td><td>杭心や逃げ杭の確認状況、杭心へのセット状況を記録。</td><td></td></tr>
<tr><td>□施工機械</td><td>杭打ち機種ごと</td><td>施工計画書通りの重機か確認し記録。</td><td></td></tr>
<tr><td>□ケーシング建込み</td><td>施工中、種別ごと</td><td>建入れ確認状況がわかるように記録。</td><td></td></tr>
<tr><td>□**安定液投入**</td><td>施工中、種別ごと</td><td>安定液試験で合格したものを使用。</td><td></td></tr>
<tr><td>□掘削径</td><td>施工中、種別ごと</td><td>バケットを開け、リボンテープで径がわかるように記録。</td><td>024</td></tr>
<tr><td>□**掘削**</td><td>施工中、種別ごと</td><td>掘削速度が施工計画書通りか確認し記録。</td><td></td></tr>
<tr><td>□支持層</td><td>施工中、種別・箇所ごと</td><td>地質調査資料との対比確認状況がわかるように記録。</td><td>026</td></tr>
<tr><td>□掘削深さ</td><td>施工中、種別・箇所ごと</td><td>設計GLや現状の施工地盤との関係、深さを記録。</td><td>025</td></tr>
<tr><td>□1次スライム処理</td><td>施工中、種別・箇所ごと</td><td>施工計画書通りのスライム処理が実施されているか確認し記録。</td><td>027</td></tr>
<tr><td>□鉄筋かご配筋</td><td>施工中、種別・箇所ごと</td><td>鉄筋本数やピッチ、補強筋、長さ等と、帯筋の溶接状況を記録。</td><td>030</td></tr>
<tr><td>□鉄筋かご継手長さ</td><td>施工中、種別・箇所ごと</td><td>撮影部位を明確にし、継手ごとに記録。</td><td>028</td></tr>
<tr><td>□鉄筋かご高さ</td><td>施工中、種別・箇所ごと</td><td>検尺状況を確認。高さの間違いがないように注意。</td><td></td></tr>
<tr><td>□トレミー管セット</td><td>施工中、種別ごと</td><td>コンクリート打込み高さに応じて、適した長さか確認し記録。</td><td></td></tr>
<tr><td>□**プランジャー投入**</td><td>施工中、種別ごと</td><td>投入状況を記録。</td><td></td></tr>
<tr><td>□コンクリート打込み</td><td>施工中、種別ごと</td><td>トレミー管を使用したコンクリート打込み状況を記録。</td><td></td></tr>
<tr><td>□コンクリート天端</td><td>施工中、種別ごと</td><td>施工計画書通りの余盛りであるか、鉄筋かごの内外部をマーキング。</td><td></td></tr>
<tr><td>□杭頭余盛り出来形</td><td>施工中、種別・箇所ごと</td><td>杭頭処理高さをマーキングし、余盛り高さを確認し記録。</td><td>032</td></tr>
<tr><td>□杭頭処理</td><td>施工中、種別ごと</td><td>施工計画書通りの処理方法か確認し記録。</td><td></td></tr>
</table>

(つづき)

	撮影対象	時期・頻度	撮影のポイント	参照写真
施工	□杭頭処理完了	施工中、種別・箇所ごと	杭頭にコンクリートの脆弱部やひび割れ等がないか確認し記録。	029
	□杭心ずれ測定	施工中、種別・箇所ごと	杭心のずれが要求水準内か確認し記録。	029
	□杭頭補強筋	施工中、種別ごと	施工方法に応じて、溶接形状や溶接長さ等を記録。	
試験	□安定液試験	試験ごと	施工計画書通りの要求水準内か確認し記録。	031
	□孔壁測定	試験ごと	適正に測定が行われているか確認し記録。	
	□コンクリート受入れ検査	試験時、箇所・部位ごと	要求水準内か確認し、立会者とともに記録。	077

杭工事／既製コンクリート杭・鋼管杭

	撮影対象	時期・頻度	撮影のポイント	参照写真
材料	□既製杭材料	搬入時、種別・規格・径・長さごと	設計図書、施工計画書通りの材料か、材料に不具合がないか確認し記録。	037
	□既製杭の表示マーク	搬入時、種別・規格・径・長さごと	表示マークがわかるように記録。	037
施工	□杭心セット	施工中、種別・箇所ごと	杭心や逃げ杭の確認状況、杭心へのセット状況を記録。	033
	□施工機械	杭打ち機種ごと	施工計画書通りの施工機械か確認し記録。	
	□掘削	施工中、種別ごと	直角2方向からのトランシットなどによる確認状況を記録。	
	□支持層	施工中、種別・箇所ごと	地質調査資料との対比確認状況がわかるように記録。	
	□杭の建入れ	施工中、種別ごと	直角2方向からのトランシットなどによる確認状況を記録。	034
	□継手	施工中、種別・箇所ごと	工法ごとに施工計画書に基づく確認ポイントを記録。	035
	□根固め液・杭周固定液注入	施工中、種別・箇所ごと	試験において合格したものを使用。	
	□杭心ずれ測定	施工中、種別・箇所ごと	杭心のずれが要求水準内か確認し記録。	
	□杭頭補強筋	施工中、種別ごと	施工方法に応じて、溶接形状や溶接長さ等を記録。	
試験	□根固め液・杭周固定液サンプル採取	試験ごと	施工計画書通りの要求水準内か確認し記録。	036

付録

土工事／掘削・埋戻し・地下水処理

	撮影対象	時期・頻度	撮影のポイント	参照写真
施工	□施工状況	施工中、場所ごと	周囲の状況もわかるように記録。	040
	□施工機械	機械ごと	低騒音型・低排出ガス対策型などがわかるようにステッカーも記録。	040 042 485
	□排水処理	施工中、排水処理部	排水処理施設・設備がわかるように記録。	039
	□根切り底検尺	施工中、部位ごと	設計GLとの関係がわかるように記録。	041
	□根切り完了	施工中、部位ごと	完了状況、床付け状態がわかるように記録。	
	□埋戻し	施工中、埋戻し層ごと	埋戻し高さがわかるように記録。	038
	□転圧	施工中、転圧層ごと	転圧高さ、層がわかるように記録。	038
	□転圧機械	施工中、転圧機械ごと	転圧機械の機種がわかるように記録。	038
試験	□地耐力確認試験	試験中、箇所ごと	試験方法、試験箇所がわかるように記録。	

地盤改良・砂利地業・捨てコンクリート

	撮影対象	時期・頻度	撮影のポイント	参照写真
材料	□地盤改良材の受入れ	搬入時、種別ごと	種類、品質、数量を記録。	043
	□砂利・砕石の受入れ	搬入時、種別ごと	種類、品質、数量を記録。	
	□防湿シート材料の受入れ	搬入時、種別ごと	種類、品質、数量を記録。	
	□断熱材の受入れ	搬入時、種別ごと	種類、品質、数量を記録。	
施工	□地盤改良施工	施工中、種別・箇所ごと	施工方法、施工手順、施工状況がわかるように記録。	044
	□地盤改良施工機械	施工中、機械ごと	施工計画書通りの重機か確認し記録。	044
	□砂利・砕石締固め	施工中、箇所ごと	締固め状況がわかるように記録。	045
	□砂利・砕石締固め機械	施工中、機械ごと	施工計画書通りの重機か確認し記録。	045
	□砂利・砕石厚	施工中、箇所ごと	転圧完了後、施工計画書通りの寸法か確認し記録。	045
	□防湿シート施工	施工中、箇所ごと	施工状況がわかるように記録。	046

(つづき)

	撮影対象	時期・頻度	撮影のポイント	参照写真
施工	□防湿シートの重ね・のみ込み寸法	施工中、箇所ごと	仕様通りの重ね・巻込み寸法か確認し記録。	
	□断熱材	施工中、箇所ごと	仕様通りの敷込み方法か確認し記録。	046
	□捨てコンクリート打込み	施工中、種別ごと	施工状況がわかるように記録。	047
	□捨てコンクリート出来形	出来形確認時、箇所ごと	施工計画書通りの寸法か確認し記録。	047
試験	□地盤の載荷試験	試験時、箇所ごと	試験方法、試験箇所がわかるように記録。	

memo

付録

④ 撮影対象チェックリスト／躯体工事

鉄筋工事

	撮影対象	時期・頻度	撮影のポイント	参照写真
材料	□鉄筋のラベル、ロールマーク	搬入時	鉄筋の種類ごとに記録。	048
	□場内での鉄筋保管	施工中	施工工区、施工部位ごとに記録。	049
加工・組立て	**□鉄筋業者（加工場）の加工**	加工時	加工部位を記録。	051
	□基礎、耐圧版の配筋	施工中	施工工区、施工部位ごとに記録。	052 053 054 055 056
	□柱、梁の配筋	施工中	施工工区、施工部位ごとに記録。	057 058 059 060 061
	□壁、スラブ、開口補強の配筋	施工中	施工工区、施工部位ごとに記録。	062 063 064 065 066
	□試験・検査立会い	検査時	検査部位を記録。	
養生	**□配筋養生**	施工中	施工工区、施工部位ごとに記録。	
ガス圧接	□圧接機器	施工前	圧接器具名称、性能を記録。	068
	□圧接面	施工中	鉄筋径ごとに記録。	067
	□圧接	施工中	施工工区、施工部位ごとに記録。	068
	□圧接後の状況（外観）	施工後	圧接の膨らみが適正であることを確認し記録。	
	□試験片抜取り試験	施工中	抜取り部位を記録。	069
	□超音波探傷試験	検査時	検査部位を記録。	070
特殊継手	□施工状況	施工中	施工部位、継手の種類を記録。	071
	□試験・検査立会い	検査時	検査部位を記録。	

memo

型枠工事

	撮影対象	時期・頻度	撮影のポイント	参照写真
材料	□型枠材料	搬入時、材種ごと	規格表示や寸法、種類等を記録。	073
	□型枠材料品質マーク	搬入時、材種・厚さごと	品質、規格の表示を記録。必要に応じて接写撮影を実施。	073
	□構造スリット	搬入時、種別・規格ごと	種類、品質、寸法を記録。	
	□型枠デッキプレート	搬入時、種別・規格ごと	種類、品質、寸法を記録。	075
施工	**□型枠建入れ検査**	検査時	検査方法、検査状況、測定値がわかるように記録。	072
	□型枠通り検査	検査時	検査方法、検査状況、測定値がわかるように記録。	
	□型枠組立て検査	検査時	検査状況を表示のうえ、型枠組立て状況がわかるように記録。	
	□構造スリット	施工中、種別ごと	施工位置、取付け状況がわかるように記録。	074
	□型枠デッキプレート	施工中、種別ごと	溶接など取付け状況がわかるように記録。	

コンクリート工事

	撮影対象	時期・頻度	撮影のポイント	参照写真
材料	□コンクリート試し練り	試し練り時	立会者、試し練り状況がわかるように記録。	076
	□補修材料	補修施工前	種類、品質を記録。	
施工	□打込み前清掃	打込み前、打込み部位ごと	不要な資材等がないか確認し、清掃および片付け状況がわかるように記録。	
	□打込み前鉄筋保護・養生	打込み前、打込み部位ごと	鉄筋保護、養生が適切である状況を記録。	
	□打込み前型枠散水	打込み前、打込み部位ごと	施工状況および型枠の水湿し具合がわかるように記録。	082
	□コンクリート圧送機械	打込みごと	施工計画書通りの圧送機械か確認し記録。	
	□圧送配管保持	打込み時、打込み部位ごと	型枠や鉄筋に対し適正な保護状態で保持されている状況を記録。	
	□先送りモルタルの廃棄	廃棄時	施工計画書通りの方法で適切に廃棄されている状況を記録。	083
	□打込み	打込み時、打込み部位ごと	打込み状況、配置人員がわかるように記録。	080
	□タンピング	打込み・タンピング時、打込み部位ごと	施工計画書通り適切に施工されているか確認し記録。	081

付 録

(つづき)

	撮影対象	時期・頻度	撮影のポイント	参照写真
施工	□締固め	打込み・締固め時、打込み部位ごと	施工計画書通りの施工方法、人員配置か確認し記録。	
	□こて押え	施工中	施工状況がわかるように記録。	
	□コンクリート養生	養生時	施工計画書通りの時期に適切な養生を行っている状況を記録。	
	□コンクリート補修	補修前、補修施工中、補修完了時	施工計画書通りの補修方法、材料か確認し、補修前、補修中、補修後それぞれを記録。	
	□Pコン埋め	施工中	施工計画書通りの材料か確認し記録。	
	□セパレータ錆止め	施工中	施工計画書通りの材料か確認し記録。	
試験	□コンクリート受入れ検査	試験中	受入れ検査ごとに立会者、検査結果がわかるように記録。適宜、遠景・近景を記録。	077 079
	□テストピース養生	養生時	養生方法ごとに状況を記録。	078
	□コンクリート圧縮強度試験	試験立会時	供試体番号、試験結果がわかるように記録。	088
	□コンクリート出来形検査	検査時	検査部位・状況、検査者、検査結果がわかるように記録。	085

鉄骨工事

	撮影対象	時期・頻度	撮影のポイント	参照写真
材料	□鋼材の表示マーク	搬入時	鋼材の種類ごとに記録。	
	□高力ボルトの表示マーク	搬入時	ボルトの種類、数量を記録。	101
	□高力ボルトの保管	保管中	養生状態がわかるように記録。	101
	□溶接材の表示マーク	搬入時	溶接材の種類ごとに記録。	
工場製作(材料・製品検査)	□テープ合せ	検査時	照合状況がわかるように記録。	090
	□製品検査	検査時	検査対象を記録。	091
	□製作状況	作業時	製作部材名を記録。	091
	□材料の保管	保管中	養生状態がわかるように記録。	
	□組立て時の開先状況	検査時	ゲージの使用状況を記録。	093

(つづき)

	撮影対象	時期・頻度	撮影のポイント	参照写真
工場製作（材料・製品検査）	□仮付け溶接	製作中	組立て箇所の名称を記録。	092
	□本溶接	製作中	組立て箇所の名称を記録。	092
	□有害物の除去、母材の状況	製作中	組立て箇所の名称を記録。	
	□超音波探傷試験	検査時	検査部位を記録。	
アンカーボルト	□ボルトの形状・寸法	搬入時	アンカーボルトの径、長さを記録。	096
	□ボルトの保持および埋込み状況	施工中	精度よく設置されている様子を記録。	096
	□柱底ベースモルタル	施工中	大きさ、高さを記録。	097
現場施工（鉄骨搬入・建方準備・建方）	□現場の仮置き	施工中	養生状態がわかるように記録。	
	□建方	施工中	全体がわかるように記録。	098
	□仮ボルト	施工中	所定本数以上であることを確認し記録。	
	□建入れ検査	施工中	柱部位、検査用具、方法、許容差を記録。	095
	□スタッドボルトの形状・寸法	搬入時	スタッドボルトの径、長さを記録。	
	□スタッドボルト	施工中	全体を記録。	094
	□スタッドボルト曲げ試験	検査時	15°曲げ試験の様子とともに電流値も記録。	094
	□溶接機器	施工前	エンジン溶接機本体の性能を記録。	106
	□開先状況の測定	検査時	ゲージの使用状況を記録。	104
	□現場溶接	施工中	溶接部位を記録。	105
	□超音波探傷試験	検査時	検査部位を記録。	107
	□染色浸透探傷検査	検査時	検査部位を記録。	108
	□外観検査	検査時	状況がわかるように全体を記録。	

付 録

(つづき)

	撮影対象	時期・頻度	撮影のポイント	参照写真
高力ボルト接合	□張力確認試験	施工前	ボルト径ごとに記録。	099
	□摩擦面の処理、錆の状況	締付け前	摩擦接合部は、浮き錆がないことを確認し記録。	102
	□締付け機器の確認	締付け前	締付け機器の名称を記録。	
	□予備締めおよびマーキング	予備締め後	予備締めトルク値も記録。	103
	□本締め	本締め後	部位、使用ボルトを記録。	100
	□締付け検査	検査時	共回りの確認、マーキングのずれの状況を記録。	100

memo

5 撮影対象チェックリスト／仕上工事

コンクリートブロック（帳壁）工事

	撮影対象	時期・頻度	撮影のポイント	参照写真
材料	□コンクリートブロック	搬入時、種別・規格ごと	表示マークを記録。	111
	□混和材料	搬入時、種別ごと	種類、名称を記録。	
	□充填モルタル、コンクリート	施工中	調合、スランプ等を記録。	077 079
	□仮置き保管	保管中	適切に保管している状況を記録。	111
施工	□縦遣り方の状況	施工中	自立構造となっている状況を記録。	
	□積み方および配筋、継手	施工中、箇所・部位ごと	径・間隔、継手の状況、端部配筋状況を記録。	109
	□モルタル、コンクリート充填	施工中、箇所・種別ごと	充填・突き固め状況、縦筋の振れ止め状況を記録。	112
	□目地処理	施工中（目地押え時）	伸縮目地など特殊目地がある場合は取合い納まりを記録。	
	□全景	施工完了時	施工完了時の状況を記録。	110

ALCパネル工事

	撮影対象	時期・頻度	撮影のポイント	参照写真
材料	□ALCパネル	搬入時、種別・規格ごと	表示マーク、欠けやひび割れの状況を記録。	115
	□取付け金物	搬入時	材質、寸法、表面処理状況を記録。	116
	□補修材	搬入時	種類、名称を記録。	
	□接着剤	搬入時	種類、名称を記録。	
	□目地材	搬入時	種類、名称を記録。	
	□仮置き保管	保管中	適切に保管している状況を記録。	115
施工	□揚重	荷揚げ時	荷揚げ専用機具、損傷防止状況を記録。	
	□運搬	場内運搬時	場内運搬台車、損傷防止状況を記録。	
	□パネルの建込み	施工中、箇所・部位ごと	主要パネル寸法、工法、取付けの測定結果を記録。	113
	□取付け金物	施工中、箇所・部位ごと	取付け間隔がわかるようにリボンテープを当て、溶接箇所の溶接状況、錆止め塗装を記録。	113

付録

(つづき)

	撮影対象	時期・頻度	撮影のポイント	参照写真
施工	□開口部の補強	施工中、箇所・部位ごと	開口寸法、補強部材寸法、溶接箇所の溶接状況、錆止め塗装を記録。	117
	□目地	施工中、箇所・部位ごと	一般目地の状況を記録。	
	□伸縮目地	施工中、箇所・部位ごと	隅角部・異種材料取合い目地とも、取合い納まりを記録。	114
	□全景	施工完了時	施工完了時の状況を記録。	

押出成形セメントパネル工事

	撮影対象	時期・頻度	撮影のポイント	参照写真
材料	□押出成形セメントパネル	搬入時、種別・規格ごと	表示マーク、欠け等の状況を記録。	120
	□取付け金物	搬入時	材質、寸法、表面処理状況を記録。	121
	□補修材	搬入時	種類、名称を記録。	
	□目地材	搬入時	種類、名称を記録。	
	□仮置き保管	保管中	適切に保管している状況を記録。	120
施工	□揚重	荷揚げ時	荷揚げ専用機具、損傷防止状況を記録。	
	□パネルの建込み	施工中、箇所・部位ごと	主要パネル寸法、工法、取付けの測定結果を記録。	118
	□取付け金物	施工中、箇所・部位ごと	取付け間隔がわかるようにリボンテープを当て、溶接箇所の溶接状況、錆止め塗装を記録。	118
	□開口部の補強	施工中、箇所・部位ごと	開口寸法、補強部材寸法、溶接箇所の溶接状況、錆止め塗装を記録。	122
	□目地	施工中、箇所・部位ごと	一般目地の状況を記録。	
	□伸縮目地	施工中、箇所・部位ごと	隅角部・異種材料取合い目地とも、取合い納まりを記録。	119
	□全景	施工完了時	施工完了時の状況を記録。	

memo

空胴プレストレストコンクリートパネル工事

	撮影対象	時期・頻度	撮影のポイント	参照写真
材料	□空胴プレストレストコンクリートパネル	搬入時、種別・規格ごと	表示マーク、欠け等の状況を記録。	125
	□取付け金物	搬入時	材質、寸法、表面処理状況を記録。	126
	□補修材	搬入時	種類、名称を記録。	
	□目地材	搬入時	種類、名称を記録。	
	□仮置き保管	保管中	適切に保管している状況を記録。	125
施工	□揚重	荷揚げ時	荷揚げ専用機具、損傷防止状況を記録。	
	□パネルの建込み	施工中、箇所・部位ごと	主要パネル寸法、工法、取付けの測定結果を記録。	123
	□取付け金物	施工中、箇所・部位ごと	取付け間隔がわかるようにリボンテープを当て、溶接箇所の溶接状況・錆止め塗装を記録。	123
	□開口部の補強	施工中、箇所・部位ごと	開口寸法、補強部材寸法、溶接箇所の溶接状況、錆止め塗装を記録。	
	□目地	施工中、箇所・部位ごと	一般目地の状況を記録。	127
	□伸縮目地	施工中、箇所・部位ごと	隅角部・異種材料取合い目地とも、取合い納まりを記録。	124
	□全景	施工完了時	施工完了時の状況を記録。	

アスファルト防水工事

	撮影対象	時期・頻度	撮影のポイント	参照写真
材料	□プライマー	搬入時	表示マークを記録。	
	□アスファルト	搬入時、施工後	表示マーク、入荷数量、施工後の残数量を記録。	
	□アスファルトルーフィング類	搬入時、施工後	表示マーク、入荷数量、施工後の残数量を記録。	130
	□断熱材	搬入時、種別・規格ごと	表示マーク、寸法を記録。	
	□絶縁用シート	搬入時、種別・規格ごと	表示マークを記録。	
	□伸縮目地	搬入時、種別・規格ごと	種類、寸法、名称を記録。	
	□溶接金網	搬入時、種別・規格ごと	JIS規格、線径・網目を記録。	

付録

(つづき)

	撮影対象	時期・頻度	撮影のポイント	参照写真
材料	□仮置き保管	保管中	適切に保管している状況を記録。	
施工	□下地	施工中、箇所・部位ごと	水勾配・突起の除去・欠損部の補修状況、出・入隅の面取り状況、下地乾燥状況(含水率)を記録。	128
	□プライマー塗り	施工中、箇所・部位ごと	塗布量、塗り工法、塗り範囲がわかるように記録。	
	□アスファルトの溶融	施工中、箇所・部位ごと	軟化点、溶融温度を記録。	131
	□コンクリート打継ぎ部処理	施工中、箇所・部位ごと	処置内容を記録。	129
	□アスファルトルーフィング類の張付け	施工中、箇所・部位ごと	刷毛塗りや流し張りの回数・塗布量、ルーフィングの層数・重ね代寸法等を記録。	132
	□ドレン回り	施工中、箇所・部位ごと	処置(補強張り)方法、寸法を記録。	
	□立上り	施工中、箇所・部位ごと	処置内容を記録。	128
	□断熱材敷込み	施工中、箇所・部位ごと	寸法表示し、施工状況を記録。	
	□防水層押え	施工中、箇所・部位ごと	伸縮目地、溶接金網敷込み、平場コンクリート押え、立上り部押え(保護層)等の状況を記録。	
	□全景	施工完了時	施工完了時の状況を記録。	
試験	□水張り試験	試験中、指定箇所	水張り試験状況、判定を記録。	

シート防水工事

	撮影対象	時期・頻度	撮影のポイント	参照写真
材料	□プライマー	搬入時	表示マークを記録。	
	□接着剤	搬入時、施工後	表示マーク、入荷数量、施工後の残数量を記録。	
	□防水シート	搬入時、施工後	表示マーク、入荷数量、施工後の残数量、工法名、商品名を記録。	
	□断熱材	搬入時、種別・規格ごと	表示マーク、寸法を記録。	
	□固定金具	搬入時、種別ごと	材質、寸法、表面処理状況を記録。	
	□仮置き保管	保管中	適切に保管している状況を記録。	

(つづき)

	撮影対象	時期・頻度	撮影のポイント	参照写真
施工	□下地	施工中、箇所・部位ごと	水勾配・突起の除去・欠損部補修状況、出・入隅状況、下地乾燥状況(含水率)を記録。	
	□プライマー塗り	施工中、箇所・部位ごと	塗布量、塗り範囲がわかるように記録。	
	□接着剤塗布	施工中、箇所・部位ごと	塗り範囲がわかるように記録。	
	□断熱材敷込み	施工中、箇所・部位ごと	寸法表示し施工状況を記録。	
	□防水シートの張付け(平場)	施工中、箇所ごと	材質・重ね代寸法を表示(機械的固定工法の場合、処置内容、寸法等がわかるように)し記録。	
	□防水シートの張付け(立上り)	施工中、箇所ごと	出・入隅および立上り端部の処置状況、増し張りシートの材質を記録。	133
	□**全景**	施工完了時	施工完了時の状況を記録。	
試験	□**水張り試験**	試験中・指定箇所	水張り試験状況、判定を記録。	134

塗膜防水工事

	撮影対象	時期・頻度	撮影のポイント	参照写真
材料	□プライマー	搬入時	表示マークを記録。	
	□接着剤	搬入時、施工後	表示マーク、入荷数量、施工後の残数量を記録。	
	□補強布	搬入時、施工後	表示マーク、入荷数量、施工後の残数量を記録。	
	□通気緩衝シート	搬入時、施工後	表示マーク、入荷数量、施工後の残数量、工法名、商品名を記録。	
	□塗膜防水材	搬入時、施工後	表示マーク、入荷数量、施工後の残数量、工法名、商品名を記録。	135
	□仮置き保管	保管中	適切に保管している状況を記録。	
施工	□下地	施工中、箇所・部位ごと	水勾配・突起の除去・欠損部補修状況、出・入隅状況、下地乾燥状況(含水率)を記録。	
	□プライマー塗り	施工中、箇所・部位ごと	塗布量、塗り範囲がわかるように記録。	136
	□通気緩衝シートの張付け	施工中、箇所・部位ごと	張付け範囲、施工状況、工法名を記録。	
	□防水材の塗布(平場)	施工中、箇所ごと	塗布量、工法名、施工手順を記録。	137

付録

(つづき)

	撮影対象	時期・頻度	撮影のポイント	参照写真
施工	□防水材の塗布(立上り)	施工中、箇所ごと	塗布量、工法名、施工手順を記録。	137
	□防水の保護層	施工中、箇所・部位ごと	工法名、施工手順を記録。	
	□**全景**	施工完了時	施工完了時の状況を記録。	
試験	□水張り試験	試験中、指定箇所	水張り試験状況、判定を記録。	

シーリング工事

	撮影対象	時期・頻度	撮影のポイント	参照写真
材料	□**プライマー**	搬入時	表示マークを記録。	
	□シーリング材	搬入時、施工後	表示マーク、入荷数量、施工後の残数量、商品名、ロット番号、製造年月日を記録。	
	□**バックアップ材、ボンドブレーカー**	搬入時、種別ごと	表示マークを記録。	
	□仮置き保管	保管中	適切に保管している状況を記録。	
施工	□下地	施工中、箇所・部位ごと	清掃状況、目地形状、寸法がわかるように記録。	
	□バックアップ材、ボンドブレーカー装着	施工中、箇所・部位ごと	目地深さがわかるように記録。	140
	□**マスキングテープ張り**	施工中、箇所・部位ごと	施工範囲がわかるように記録。	141
	□プライマー塗布	施工中、箇所・部位ごと	種別、商品名を記録。	142
	□練混ぜ(2成分形)	施工中、箇所・部位ごと	練混ぜ方法を記録。	
	□シーリング材充填	施工中、箇所・部位ごと	目地形状・寸法、種別、商品名を記録。	139
	□**へら仕上げ**	施工中、箇所・部位ごと	施工状況がわかるように記録。	
	□**マスキングテープ除去、目地回りの清掃**	施工中、箇所・部位ごと	施工状況がわかるように記録。	
	□**全景**	施工完了時	施工完了時の状況を記録。	
試験	□接着性試験	試験中、指定部位	試験状況、試験結果を記録。	138

石工事

<table>
<tr><th colspan="2">撮影対象</th><th>時期・頻度</th><th>撮影のポイント</th><th>参照写真</th></tr>
<tr><td rowspan="7">材料</td><td>□石</td><td>搬入時、箇所・部位ごと</td><td>形状寸法、品質、材種、仕上げの種類を記録。</td><td>145</td></tr>
<tr><td>□取付け金物</td><td>搬入時、工法、種別ごと</td><td>材質、寸法、表面処理状況を記録。</td><td>146</td></tr>
<tr><td>□目地材</td><td>搬入時、種別ごと</td><td>商品名（既調合セメントモルタル市販品使用の場合）を記録。</td><td></td></tr>
<tr><td>□吸水防止材</td><td>搬入時、種別ごと</td><td>材質、商品名を記録。</td><td></td></tr>
<tr><td>□ドレンパイプ</td><td>搬入時、種別ごと</td><td>材質、商品名を記録。</td><td></td></tr>
<tr><td>□だぼ穴充填材</td><td>搬入時、種別ごと</td><td>材質、商品名を記録。</td><td></td></tr>
<tr><td>□仮置き保管</td><td>保管中</td><td>適切に保管している状況を記録。</td><td>145</td></tr>
<tr><td rowspan="4">施工</td><td>□下地</td><td>施工中、箇所・部位ごと</td><td>下地組み状況、取付け金物の状況、床石張りの場合は敷きモルタル調合を記録。</td><td>143
147</td></tr>
<tr><td>□吸水防止材塗布</td><td>施工中、箇所・部位ごと</td><td>施工状況がわかるように記録。</td><td></td></tr>
<tr><td>□石の取付け</td><td>施工中、箇所・部位ごと</td><td>工法・施工部位、作業内容を記録。</td><td>144</td></tr>
<tr><td>□全景</td><td>施工完了時</td><td>施工完了時の状況を記録。</td><td></td></tr>
</table>

タイル工事

<table>
<tr><th colspan="2">撮影対象</th><th>時期・頻度</th><th>撮影のポイント</th><th>参照写真</th></tr>
<tr><td rowspan="7">材料</td><td>□タイル</td><td>搬入時、箇所・部位ごと</td><td>種類、形状、寸法、表示マークを記録。</td><td></td></tr>
<tr><td>□タイルの裏足</td><td>搬入時、箇所・部位ごと</td><td>タイルの形状・寸法、裏足の形状・高さを記録。</td><td>150</td></tr>
<tr><td>□マスク</td><td>搬入時、工法、タイルの大きさごと</td><td>工法名、タイルの大きさを記録。</td><td></td></tr>
<tr><td>□張付けモルタル</td><td>搬入時</td><td>既調合モルタル使用の場合は商品名を記録。</td><td></td></tr>
<tr><td>□接着剤</td><td>搬入時</td><td>表示マークを記録。</td><td></td></tr>
<tr><td>□目地材</td><td>搬入時</td><td>色調、商品名を記録。</td><td></td></tr>
<tr><td>□仮置き保管</td><td>保管中</td><td>適切に保管している状況を記録。</td><td></td></tr>
<tr><td>施工</td><td>□下地モルタルの乾燥状況</td><td>施工中、箇所・部位ごと</td><td>接着剤張り工法の場合、下地の乾燥状況(含水率)を記録。</td><td></td></tr>
</table>

付録

(つづき)

	撮影対象	時期・頻度	撮影のポイント	参照写真
施工	□散水	施工中、箇所・部位ごと	タイル張り前日の散水状況を記録。	
	□タイルの張付け	施工中、箇所・部位ごと	工法、施工部位、張付けモルタルの調合表示、作業内容がわかるように記録。	149
	□伸縮調整目地	施工中、箇所・部位ごと	寸法、施工状況がわかるように記録。	
	□**目地詰め**	施工中、箇所・部位ごと	工法、施工部位、タイル形状・寸法を記録。	151
	□**全景**	施工完了時	施工完了時の状況を記録。	
検査・試験	□打診検査（下地モルタル面）	検査時、箇所・部位ごと	打診検査状況、結果を記録。	
	□打診検査（タイル面）	検査時、箇所・部位ごと	打診検査状況、結果を記録。	152
	□接着力試験	施工完了時、指定箇所	試験状況、試験結果を記録。	148

木工事

	撮影対象	時期・頻度	撮影のポイント	参照写真
材料	□木材、集成材	搬入時、箇所・部位ごと	部材名称、樹種、形状、寸法、等級を記録。	155
	□防腐処理材	搬入時	JIS規格、種類を記録。	
	□防虫処理材	搬入時	防虫処理材および規格を記録。	
	□**接着剤**	搬入時	種類、ホルムアルデヒド放散量、商品名を記録。	
	□木材の乾燥状況	搬入時、部材ごと	測定状況を記録。	
	□仮置き保管	保管中	適切に保管している状況を記録。	155
施工	□防腐処理	施工中、箇所・部位ごと	施工箇所、塗り回数、部材名称を記録。	
	□継手・仕口の組立て	施工中、箇所・部位ごと	継手・仕口の工法、寸法等を記録。	
	□金物・アンカーボルトの設置	施工中、箇所・部位ごと	材質、形状、寸法を記録。	
	□床組	施工中、箇所ごと	部材名、樹種名、間隔、部材寸法を記録。	153

(つづき)

	撮影対象	時期・頻度	撮影のポイント	参照写真
施工	□壁組	施工中、箇所ごと	部材名、樹種名、間隔、部材寸法を表示し、土台・頭つなぎを入れ全体がわかるように記録。	154 156
	□枠組	施工中、箇所ごと	樹種名、枠幅寸法・建入れ計測結果を記録。	
	□天井組	施工中、箇所ごと	部材名、樹種名、間隔、部材寸法を記録。	157
	□**全景**	施工完了時	施工完了時の状況を記録。	

屋根・樋工事

	撮影対象	時期・頻度	撮影のポイント	参照写真
材料	□屋根材料	搬入時	種類、材質、形状、寸法、表示マークを記録。	160
	□樋	搬入時	種類、材質、形状、寸法、表示マークを記録。	162
	□ルーフドレン	搬入時	種類(防水層種別)、材質、形状、寸法を記録。	
	□防露材料	搬入時	材質、規格、寸法を記録。	
	□仮置き保管	保管中	適切に保管している状況を記録。	160
施工	□下地	施工中	下地の溶接等、施工状況を記録。	158
	□屋根	施工中	材質、形状、寸法、留付け間隔、重ね寸法等を記録。	159 161
	□横(軒)樋	施工中、部位ごと	材質、形状、寸法、支持間隔、継手の状況を記録。	
	□縦樋	施工中、箇所・部位ごと	材質、形状、寸法、支持間隔、継手の状況、防火区画貫通処理状況、防露材料、施工手順を記録。	
	□**全景**	施工完了時	施工完了時の状況を記録。	
試験	□通水試験	試験中、指定箇所	試験状況、試験結果を記録。	
	□満水試験(屋内部分)	試験中、指定箇所	試験状況、試験結果を記録。	

memo

付録

金属工事

	撮影対象	時期・頻度	撮影のポイント	参照写真
材料	□アンカーボルト	搬入時	材質、形状、寸法を記録。	
	□あと施工アンカー、発射打込みびょう	搬入時	種類、形状、寸法を記録。	
	□金属製天井下地	搬入時	JIS規格、種類、ロールマークを記録。	
	□金属製壁下地	搬入時	JIS規格、種類、ロールマークを記録。	
	□製作金物	搬入時、種別ごと	金属パネル、笠木、タラップ等の材質、形状、寸法、表面処理、精度等を記録。	
	□仮置き保管	保管中	適切に保管している状況を記録。	
施工	□アンカーボルト	施工中、箇所	型枠先付け状況、アンカー位置・精度を記録。	
	□あと施工アンカー、発射打込みびょう	施工中、箇所・部位ごと	断面、埋込み深さ、へりあき寸法、間隔等を記録。	
	□金属製天井下地	施工中、箇所ごと	吊りボルト、野縁受け、野縁、斜め補強等の取付け状況、溶接部分の錆止めの施工状況を記録。	163
	□金属製壁下地	施工中、箇所ごと	ランナー、スタッド、振れ止め、スペーサー等の取付け状況、溶接部分の錆止めの施工状況を記録。	165
	□壁・天井下地の開口補強	施工中、種別ごと	開口寸法、補強部材寸法、溶接箇所の溶接状況、錆止め塗装を記録。	117 122 166
	□製作金物	施工中、種別・箇所ごと	金属パネル、笠木、手すり等、取付け状況がわかるように、特に見え隠れ部分の施工状況を記録。	164 167
	□**全景**	施工完了時	施工完了時の状況を記録。	

左官工事

	撮影対象	時期・頻度	撮影のポイント	参照写真
材料	□セメント	搬入時、施工後	表示マーク、入荷数量、施工後の残数量を記録。	
	□細骨材（砂・左官用軽量骨材）	搬入時、施工後	種類、粒度種別、既製骨材の種類、規格、商品名、工法、防火認定番号、表示マークを記録。	
	□混和材料	搬入時、施工後	種類、規格、商品名、表示マーク、入荷数量、施工後の残数量を記録。	
	□吸水調整材	搬入時、施工後	商品名、表示マーク、入荷数量、施工後の残数量を記録。	

240

(つづき)

	撮影対象	時期・頻度	撮影のポイント	参照写真
材料	□仮置き保管	保管中	適切に保管している状況を記録。	
施工	□下地処理、水洗い	施工中、箇所ごと	下地清掃、目荒し、水洗い、吸水調整材塗り（希釈割合）、下地補修状況を記録。	168 170 171
	□異種下地接続部の処理	施工中、部位ごと	全工程を表示し、施工中の工程がわかるように記録。	
	□下塗りの表面、乾燥状況	施工中、箇所ごと	下塗り荒し目（櫛目）、放置期間、塗り厚さを記録。	169
	□ひび割れ・浮き箇所の補修	施工中、箇所ごと	処置状況を記録。	
	□水勾配の確認	施工中、箇所ごと	水勾配を記録。	
	□左官塗り・吹付け等の施工	施工中、箇所ごと	水湿し、各工程および下・中塗り放置期間、塗り厚さを記録。	172
	□全景	施工完了時	施工完了時の状況を記録。	

建具工事

	撮影対象	時期・頻度	撮影のポイント	参照写真
材料	□工場製作品	搬入日	種類、材質、形状、寸法、表面処理、性能値を記録。	
	□取付け用金物	搬入日	種類、材質、形状、寸法を記録。	
	□建具用金物	搬入日	種類、材質、形状、寸法を記録。	
	□錆止め塗料	搬入日	JIS規格、種類等を記録。	
	□見え隠れ部の塗装材	搬入日	種類、規格、商品名を記録。	
	□仮置き保管	保管中	適切に保管している状況を記録。	
施工	□見え隠れ部の塗装	施工中、種別ごと	塗装仕様等を記録。	
	□沓ずり裏等への先モルタル詰め	施工中	施工状況を記録。	176
	□建具の取付け	施工中、種別ごと	建入れ精度（測定値と許容値）、アンカー取付け間隔を錆止め塗装後に記録。	174 175 177
	□枠回りのモルタル詰め	施工中、種別ごと	施工状況を記録。混和材使用の場合は記録。	
	□全景	施工完了時	施工完了時の状況を記録。	

付録

(つづき)

	撮影対象	時期・頻度	撮影のポイント	参照写真
検査・試験	□工場製作品	工場出荷前、指定箇所	検査状況を記録。	
	□性能確認試験	試験中、指定箇所	試験状況、試験結果を記録。	173

ガラス工事

	撮影対象	時期・頻度	撮影のポイント	参照写真
材料	□ガラス	搬入日	種類、規格、厚さ、寸法を記録。	179
	□ガラスブロック	搬入日	種類、規格、厚さ、形状、寸法等を記録。	
	■網(線)入りガラスの小口防錆処理材	搬入日	種類(ガラス用防錆塗料・防錆テープ)、商品名を記録。	
	□グレイジングチャンネル、グレイジングビード類	搬入日	グレイジングチャンネル、グレイジングビード、ジッパーガスケットの種類、規格、材質、寸法を記録。	
	□セッティングブロック	搬入日	種類、材質、硬度、寸法を記録。	
	□仮置き保管	保管中	適切に保管している状況を記録。	179
施工	□網(線)入りガラスの小口防錆処理	施工中	防錆処理材の種類、商品名、処理範囲を記録。	181
	□ガラス取付け	施工中	施工箇所、ガラスの種類、板厚、ガラスはめ込み溝寸法、セッティングブロックを記録。	178 180
	□ガラスブロック積み	施工中	施工箇所、種類、規格、厚さ、形状、寸法、工法等を記録。	182
	■映像調整(熱線反射ガラス等)	取付け調整完了後	立会い確認状況を記録。	
	□全景	施工完了時	施工完了時の状況を記録。	

カーテンウォール工事／PC・メタル

	撮影対象	時期・頻度	撮影のポイント	参照写真
材料	□工場製作品	搬入日	種類、材質、形状、寸法、表面処理、性能値を記録。	183 191
	□取付け用金物	搬入日	種類、材質、形状、寸法を記録。	
	■錆止め塗料	搬入日	JIS規格、種類等を記録。	

(つづき)

	撮影対象	時期・頻度	撮影のポイント	参照写真
材料	□**層間ふさぎ材**	搬入日	種類、規格、商品名を記録。	
	□仮置き保管	保管中	適切に保管している状況を記録。	184 191
施工	□躯体先付け金物（アンカー）	施工中、種別ごと	コンクリート打込み、鉄骨部材取付け等を記録。	187
	□支持金物の取付け	施工中	先付け金物との取合い、溶接部の錆止め塗装を記録。	187
	□カーテンウォール部材の取付け	施工中	材質、表面処理、形状寸法、建入れ精度（測定値と許容値）、取付け状況を錆止め塗装後に記録。	185 186 189 192
	□ジョイント部等の止水・二次排水処理	施工中	材質、形状寸法を記録。	
	□層間ふさぎ	施工中	材質、形状寸法を記録。	
	□**全景**	施工完了時	施工完了時の状況を記録。	
検査・試験	□工場製作製品	工場出荷前、指定箇所	検査状況を記録。	190
	□性能確認試験	試験中、指定箇所	試験状況、試験結果を記録。	188

塗装工事

	撮影対象	時期・頻度	撮影のポイント	参照写真
材料	□塗装材料	搬入時、施工後	使用部位、JIS規格、製造年月日、商品名、入荷数量、施工後の残数量を記録。	195
	□**塗り工具**	搬入時	刷毛、ローラーブラシ、吹付け機を記録。	
	□仮置き保管	保管中	適切に保管している状況を記録。	195
施工	□素地調整	施工中	下地材質、素地調整種別、湿式下地の乾燥状況（含水率）を記録。	193 194 196
	□錆止め塗装	施工中	下地材質、素地調整種別、塗装材料規格、塗り回数を記録。	
	□見え隠れ部の施工	施工中	塗装仕様等を記録。	
	□仕上塗装	施工中	塗装種別ごとの施工状況、各工程、塗り回数を記録。	197
	□塗膜厚測定	測定中、指定箇所	外部鉄部錆止め塗装等測定状況、測定結果を記録。	

付録

(つづき)

	撮影対象	時期・頻度	撮影のポイント	参照写真
施工	□全景	施工完了時	施工完了時の状況を記録。	

仕上塗材工事

	撮影対象	時期・頻度	撮影のポイント	参照写真
材料	□下地塗材	搬入時、施工後	使用部位、JIS規格、製造年月日、商品名、防火認定の有無、入荷数量、施工後の残数量を記録。	
	□仕上塗材	搬入時、施工後	使用部位、JIS規格、製造年月日、商品名、防火認定の有無、入荷数量、施工後の残数量を記録。	199 200
	塗り工具	搬入時	吹付け機、ローラーブラシ、こて等を記録。	198
	□仮置き保管	保管中	適切に保管している状況を記録。	200
施工	□下地	施工中	下地処理の状況を記録。	201
	□下塗り	施工中	下塗り材の種類、呼び名、湿式下地の乾燥状況(含水率)を記録。	
	□仕上塗材	施工中	仕上塗材の種類、呼び名を記録。	202
	□全景	施工完了時	施工完了時の状況を記録。	

内装工事

	撮影対象	時期・頻度	撮影のポイント	参照写真
材料	□各種内装材	搬入時、施工後	使用部位、規格、種別、商品名、防火認定の有無、各材料の材質、形状、寸法、表示マークを記録。	210 211
	□接着剤	搬入時	規格、種類、名称、ホルムアルデヒド放散量を記録。	206
	□プライマー	搬入時	表示マークを記録。	
	□釘、固定用ピン+ボタン	搬入時	材質、寸法、表面処理を記録。	
	□仮置き保管	保管中	適切に保管している状況を記録。	206
施工	□下地	施工中、箇所・部位ごと	下地の乾燥状況(含水率)を記録。	205
	□プライマー塗り	施工中	塗り範囲がわかるように記録。	
	□接着剤塗布	施工中	塗り範囲がわかるように記録。	203

(つづき)

	撮影対象	時期・頻度	撮影のポイント	参照写真
施工	□床シート類・床タイル類の張付け	施工中	シート仮敷き状況、張付け状況（室温表示）を記録。	204
	□カーペット敷き	施工中	工法を記録。	207
	□塗り床	施工中	種別、工程を記録。	
	□フローリング張り	施工中	種別、工程を記録。	
	□畳敷き	施工中	畳の種類を記録。	
	□石膏ボード・その他ボード・合板張り	施工中	ボード張り方向、継目処理、ビス間隔を記録。	208 209
	□壁紙張り	施工中	工法、ジョイント仕舞いを記録。	212
	□断熱・防露	施工中	固定ピンの間隔等を記録。	
	□全景	施工完了時	施工完了時の状況を記録。	

耐火被覆工事

	撮影対象	時期・頻度	撮影のポイント	参照写真
材料	□各種耐火被覆材	搬入時、施工後	使用部位、規格、種別・商品名、耐火認定番号、各材料の材質、形状、寸法、表示マークを記録。	215
	□接着剤	搬入時	規格、種類、名称を記録。	
	□釘・かすがい、固定ピン	搬入時	材質、寸法、表面処理を記録。	
	□仮置き保管	保管中	適切に保管している状況を記録。	
施工	□耐火被覆施工	施工中	耐火性能、工法、半乾式工法の場合の表面こて押え状況（押え回数とも）を記録。	213 216
	□層間ふさぎ	施工中	隠ぺい部の施工状況を記録。	214
	□全景	施工完了時	施工完了時の状況を記録。	214
検査	□品質確認	施工完了後	吹付け工法の場合は、厚さ、付着強度、かさ比重の確認状況を記録。	217

付録

ユニット・その他工事

	撮影対象	時期・頻度	撮影のポイント	参照写真
材料	□各種ユニット材ほか	搬入時	使用部位、規格、種別、商品名、各種認定の有無、各材料の材質、形状、寸法、表示マークを記録。	
	□接着剤	搬入時	規格、種類、名称、ホルムアルデヒド放散量を記録。	
	□プライマー	搬入時	表示マークを記録。	
	□固定用金物類	搬入時	材質、寸法、表面処理を記録。	
	□仮置き保管	保管中	適切に保管している状況を記録。	
施工	□下地	施工中、箇所・部位ごと	下地の乾燥状況(含水率)を記録。	
	□プライマー塗り、接着剤塗布	施工中	種類、塗り範囲がわかるように記録。	
	□フリーアクセスフロア	施工中	工法、種別、工程を記録。	218
	□可動・移動間仕切り、トイレブース	施工中	工法、種別、工程を記録。	219 221
	□階段ノンスリップ	施工中	工法、取付けビス(アンカー)間隔等を記録。	
	□床目地棒	施工中	種別、工法、工程を記録。	
	□黒板、ホワイトボード	施工中	種別、工程を記録。	
	□鏡	施工中	種類、寸法、取付け方法を記録。	
	□サイン・表示	施工中	形状、寸法、材質、取付け方法を記録。	
	□煙突ライニング	施工中	材質、厚さ、内径、工法を記録。	222
	□ブラインド、ロールスクリーン等	施工中	寸法、形式、材質、種類、取付け方法等を記録。	
	□全景	施工完了時	施工完了時の状況を記録。	

memo

6 撮影対象チェックリスト／電気設備工事

接地工事

	撮影対象	時期・頻度	撮影のポイント	参照写真
材料	□接地板	搬入時、種別ごと	種類、寸法(大きさ・板厚)を記録。	225
	□接地棒	搬入時、種別ごと	種類、寸法(径・長さ)を記録。	225
	□接地抵抗低減材	搬入時	種類を記録。	
施工	□接地板の埋設	施工中、箇所・部位ごと	接地板の仕様、寸法、埋設深さ等を記録。	223
	□接地棒の埋設	施工中、箇所・部位ごと	接地棒の仕様、寸法等を記録。	224
	□接地抵抗低減材の処置	施工中、箇所・部位ごと	接地抵抗低減材の種類を表示し記録。	
	□全景	施工完了時	箇所ごとに接地板、接地棒の位置関係がわかるように記録。	
検査	□接地抵抗の測定	検査時、測定箇所ごと	各接地の接地抵抗を測定し、目標値を下回っていることを表示し記録。	226

スリーブ工事

	撮影対象	時期・頻度	撮影のポイント	参照写真
材料	□止水つば付き防水鋳鉄管	搬入時	サイズ(径・長さ)、つばの位置・大きさを記録。	229
料	□止水つば付き電線管	搬入時	サイズ(径・長さ)、つばの位置・大きさを記録。	230
施工	□地中外壁貫通用スリーブ(止水つば付き防水鋳鉄管)	施工中、箇所・部位ごと	サイズ(径・長さ)、取付け高さ、本数、離隔、用途等を記録。	227
	□地中外壁貫通用スリーブ(止水つば付き電線管)	施工中、箇所・部位ごと	サイズ(径・長さ)、取付け高さ、本数、離隔、用途等を記録。	228
	□全景	施工完了時	スリーブの位置、高さ関係がわかるように記録。	

電気配管工事／合成樹脂可とう電線管

	撮影対象	時期・頻度	撮影のポイント	参照写真
材料	□CD管	搬入時、サイズごと	サイズを記録。	234
	□PF管	搬入時、サイズごと	サイズを記録。	234
	□アウトレットボックス	搬入時	種類、寸法を記録。	235

付録

(つづき)

	撮影対象	時期・頻度	撮影のポイント	参照写真
施工	□床埋込み配管	施工中、箇所・部位ごと	配管の種類、サイズ (CD管22mm以下、金属管25mm以下)、配管どうしの離隔 (40mm以上) がわかるように記録。	232
	□立上り配管	施工中、箇所・部位ごと	配管の種類、サイズ、位置がわかるように記録。	233
	□管端の処理	施工中、箇所・部位ごと	配管の端末処理の状況がわかるように記録。	236
	□全景	施工完了時	配管どうしの離隔、立上り配管の位置がわかるように記録。	

建込み配管

	撮影対象	時期・頻度	撮影のポイント	参照写真
材料	□CD管	搬入時、サイズごと	サイズを記録。	234
	□PF管	搬入時、サイズごと	サイズを記録。	234
	□アウトレットボックス	搬入時	種類、寸法を記録。	235
施工	□アウトレットボックス (壁・柱)	施工中、箇所・部位ごと	アウトレットボックスの種類、高さ・寄り寸法を記録。	237 238
	□電話用・コンセント用アウトレットボックス	施工中、箇所・部位ごと	アウトレットボックスの種類、高さ・寄り寸法を記録。	239 241
	□分電盤用仮枠	施工中、箇所・部位ごと	仮枠の取付けと配管、分電盤の取付けと管端処理・ボンディングの状況を記録。	240
	□全景	施工完了時	ボックス類の位置、高さ関係がわかるように記録。	

間仕切り配管

	撮影対象	時期・頻度	撮影のポイント	参照写真
材料	□VVFケーブル	搬入時、サイズごと	仕様、サイズ、表示マークを記録。	274
	□PF管	搬入時、サイズごと	サイズを記録。	234
	□スイッチボックス	搬入時	仕様、サイズを記録。	
施工	□間仕切り配管 (PF管)	施工中、箇所・部位ごと	PF管の固定がきちんとされていることがわかるように記録。	242

(つづき)

	撮影対象	時期・頻度	撮影のポイント	参照写真
施工	□間仕切り配管（VVFケーブル）	施工中、箇所・部位ごと	VVFケーブルを直に配線する場合、スタッド貫通部にブッシングが施されている状況を記録。	245 246
	□スイッチボックス	施工中、箇所・部位ごと	スイッチボックスが固定されていることがわかるように記録。	242
	□全景	施工完了時	ボックス類の位置、高さ関係がわかるように記録。	

幹線工事／金属電線管

	撮影対象	時期・頻度	撮影のポイント	参照写真
材料	□金属電線管	搬入時、サイズごと	サイズを記録。	249
	□プルボックス	搬入時、サイズごと	サイズ、材質、用途等を記録。	
施工	□金属電線管の支持	施工中、箇所・部位ごと	サイズ、支持間隔、取付け高さ等を記録。	247
	□躯体貫通部	施工中、箇所・部位ごと	壁・床貫通部がモルタルで穴埋めされている状況を記録。	248
	□プルボックス	施工中、箇所・部位ごと	プルボックスと金属電線管とのボンディング状況と、プルボックス内の電線収納状況および回路種別、表示を記録。	250 251
	□全景	施工完了時	配管、プルボックスの位置、高さ関係がわかるように記録。	

幹線工事／ケーブルラック

	撮影対象	時期・頻度	撮影のポイント	参照写真
材料	□CVケーブル	搬入時、サイズごと	仕様、サイズ、表示マークを記録。	254
	□ケーブルラック	搬入時、サイズごと	大きさ（幅・長さ）を記録。	
施工	□ケーブルラックの支持	施工中、箇所・部位ごと	支持間隔の状況がわかるように記録。	252
	□ケーブルラックのボンディング	施工中、箇所・部位ごと	接続のボンディング状況がわかるように記録。	255 256
	□ケーブルの敷設	施工中、箇所・部位ごと	ケーブルラックへのケーブルの敷設状況がわかるように記録。	253
	□全景	施工完了時	ケーブルラックの支持間隔、高さ、ボンディング状況がわかるように記録。	

付録

防火区画貫通処理／ケーブルラック

	撮影対象	時期・頻度	撮影のポイント	参照写真
材料	□ケーブルラック	搬入時、サイズごと	大きさ（幅・長さ）を記録。	
	□繊維混入けい酸カルシウム板	搬入時、サイズごと	大きさ、厚さを記録。	259
	□耐熱シーリング材	搬入時	大きさ、厚さを記録。	259
施工	□不燃材の充填	施工中、箇所・部位ごと	ケーブルラックの施工後、不燃材の充填状況がわかるように記録。	257
	□繊維混入けい酸カルシウム板の施工	施工中、箇所・部位ごと	不燃材の充填後、繊維混入けい酸カルシウム板の施工状況がわかるように記録。	258
	□ケーブル（片側工法）	施工中、箇所・部位ごと	ケーブル回りに耐熱シーリング材を追加巻きした状況を記録。	260
	□ケーブル（金属電線管による工法）	施工中、箇所・部位ごと	金属電線管回りのモルタル充填状況を記録。	261
	□全景	施工完了時	防火区画の最終処理状況がわかるように記録。	

防火区画貫通処理／金属電線管・金属ダクト

	撮影対象	時期・頻度	撮影のポイント	参照写真
材料	□鋼板枠、化粧プレート	搬入時、サイズごと	寸法（縦×横）を記録。	264
	□貫通金属ダクト	搬入時、サイズごと	寸法（縦×横×長さ）を記録。	
	□繊維混入けい酸カルシウム板	搬入時	大きさ（縦×横）、厚さを記録。	259
施工	□鋼板枠の取付け	施工中、箇所ごと	鋼板枠を躯体に打ち込んだ後、ロックウールの充填状況を記録。	262
	□化粧プレートの取付け	施工中、箇所ごと	ロックウール充填後、化粧プレートの取付け状況を記録。	263
	□金属ダクトの貫通処理	施工中、箇所ごと	貫通金属ダクトの施工後、モルタル充填状況、金属ダクトの接続・通線状況を記録。	265
	□繊維混入けい酸カルシウム板の施工	施工中、箇所ごと	繊維混入けい酸カルシウム板の取付け状況、耐熱シーリング材の施工状況を記録。	265
	□全景	施工完了時	防火区画の最終処理状況がわかるように記録。	

屋外埋設ケーブル

	撮影対象	時期・頻度	撮影のポイント	参照写真
材料	□波付き硬質ポリエチレン管	搬入時、サイズごと	サイズを記録。	269
	□ポリエチレンライニング鋼管	搬入時、サイズごと	サイズを記録。	270
	□ケーブル埋設シート	搬入時	ケーブル埋設シートに電圧、埋設年月日、施工業者名等が印刷されていることがわかるように記録。	271
施工	□波付き硬質ポリエチレン管の敷設	施工中、箇所・部位ごと	サイズ、埋設深さがわかるように記録。	267
	□ケーブル埋設シートおよび埋設表示	施工中、箇所・部位ごと	配管敷設後、転圧後の締固め状況および埋設表示シートを敷いている状況を記録。埋戻し後は、埋設表示を設置して記録。	268
	□全景	施工完了時	地表面の埋設表示の位置がわかるように記録。	

電線の接続／アウトレットボックス内

	撮影対象	時期・頻度	撮影のポイント	参照写真
材料	□600Vビニル絶縁電線、VVFケーブル	搬入時、種別・サイズごと	仕様、サイズ、表示マークを記録。	274 280
	□アウトレットボックス	搬入時、サイズごと	仕様、サイズを記録。	235
	□電線コネクタ	搬入時、種別ごと	種類を記録。	275
施工	□電線・ケーブルの接続（壁・天井）	施工中、箇所・部位ごと	電線・ケーブルがアウトレットボックス内で収まり、接続されている状況を記録。	272 273
	□アウトレットボックス	施工中、箇所・部位ごと	アウトレットボックス内で、電線・ケーブルの接続が電線コネクタ処理されている状況を記録。	272 273
	□全景	施工完了時	アウトレットボックス内のケーブルの収納および接続状況を記録。	

電線の接続／プルボックス内

	撮影対象	時期・頻度	撮影のポイント	参照写真
材料	□600Vビニル絶縁電線	搬入時、サイズごと	仕様、サイズ、表示マークを記録。	274 280
	□プルボックス	搬入時、サイズごと	サイズ、材質、用途等を記録。	279
	□ボンディング材	搬入時	仕様、サイズ、用途等を記録。	

付録

(つづき)

	撮影対象	時期・頻度	撮影のポイント	参照写真
施工	□プルボックス	施工中、箇所・部位ごと	プルボックスの大きさに応じた支持点数となっている状況と、プルボックス内の電線収納状況および回路種別、表示を記録。	277 278
	□ボンディング	施工中、箇所・部位ごと	プルボックスと金属電線管とのボンディング状況を記録。	281
	□**全景**	施工完了時	プルボックス内の電線の収納および金属電線管の接続状況を記録。	

ケーブル配線

	撮影対象	時期・頻度	撮影のポイント	参照写真
材料	□各種ケーブル	搬入時、種類・サイズごと	仕様、サイズ、表示マークを記録。	284
	□ちょう架線（亜鉛めっき鋼より線）	搬入時、種類ごと	ちょう架線の壁等への支持状況、保護管の不燃材充填状況を記録。	
	□支持金物	搬入時、種類ごと	仕様を記録。	285
施工	□ちょう架配線	施工中、箇所・部位ごと	ちょう架配線の状況、ケーブル支持のバインド線の間隔（0.5m以下）が適切である状況を記録。	282
	□支持金物による配線	施工中、箇所・部位ごと	支持金物の間隔（2m以下）が適切である状況を記録。	283
	□VVFケーブル配線	施工中、箇所・部位ごと	VVFケーブル配線の本数（7本以下）が適切である状況を記録。	286
	□**全景**	施工完了時	ケーブル支持金物の間隔、高さ、配線状況がわかるように記録。	

OAフロア内配線

	撮影対象	時期・頻度	撮影のポイント	参照写真
材料	□電源用ケーブル	搬入時、種別・サイズごと	種別、サイズ、表示マークを記録。	
	□情報通信用ケーブル	搬入時、種別・サイズごと	種別、サイズ、表示マークを記録。	289
	□各種配線器具	搬入時、種別ごと	種別を記録。	290
施工	□電源用配線	施工中、箇所・部位ごと	二重床でころがす配線が、二重床の支持によって損傷していない状況を記録。	287
	□情報通信用配線	施工中、箇所・部位ごと	電源用ケーブルと情報通信用ケーブルが直接接触してない状況を記録。	288 291
	□空調床吹出し口	施工中、箇所・部位ごと	空調吹出し口（床面）付近にケーブルが集中してない状況を記録。	

(つづき)

	撮影対象	時期・頻度	撮影のポイント	参照写真
施工	□**全景**	施工完了時	各ケーブルが整然と敷設されていることがわかるように記録。	

天井取付け照明器具／蛍光灯

	撮影対象	時期・頻度	撮影のポイント	参照写真
材料	□蛍光灯の構成部品	搬入時、種類ごと	種類、構成部品を記録。	294
施工	□蛍光灯（本体）の取付け	施工中、箇所・部位ごと	蛍光灯本体の支持（吊り）状況と、接続ボックスがしっかり固定されている状況を記録。	292
	□蛍光灯（内部）の取付け	施工中、箇所・部位ごと	電源線と安定器、端子台などの接続、接地線の接続状況を記録。	293
	□**全景**	施工完了時	天井面での納まりが目地に合っていることがわかるように記録。	295

天井埋込み照明器具／ダウンライト

	撮影対象	時期・頻度	撮影のポイント	参照写真
材料	□ダウンライト	搬入時、種類ごと	種類を記録。	
施工	□ダウンライトの設置	施工中、箇所・部位ごと	ダウンライトの固定状況と、接続ボックスの固定状況を記録。	297 299 300 301
	□**全景**	施工完了時	天井面での納まりが目地に合っていることがわかるように記録。	298

床・壁埋込み照明器具／誘導灯

	撮影対象	時期・頻度	撮影のポイント	参照写真
材料	□床埋込み誘導灯	搬入時、種別ごと	種類、構成部品を記録。	304
材料	□壁埋込み誘導灯	搬入時、種別ごと	種類、構成部品を記録。	
施工	□床埋込み誘導灯の設置	施工中、箇所・部位ごと	誘導灯用ボックスの寄り寸法や深さが規定通りか、また電源線等が接続されている状況を記録。	302 303 305
	□壁埋込み誘導灯の設置	施工中、箇所・部位ごと	誘導灯用ボックスの高さや寄り寸法が規定通りであることがわかるように記録。	306
	□**全景**	施工完了時	床埋込み誘導灯は、床材と同じレベルに収まり、また床材の目地と調和がとれている状況を記録。壁埋込み誘導灯は、高さ、離隔が適切である状況を記録。	305 306

付録

テレビ共聴設備

	撮影対象	時期・頻度	撮影のポイント	参照写真
材料	□テレビ共聴アンテナ・ポール	搬入時	アンテナが用途に合っていることと、ポールの材質、径、高さを記録。	
	□同軸ケーブル	搬入時、種別・サイズごと	種別、サイズを記録。	
	□端末ユニット	搬入時	種別を記録。	
施工	□テレビ共聴アンテナ・ポールの設置	施工中、箇所・部位ごと	コンクリート基礎にきちんと固定されている状況を記録。	307 308
	□端末ユニットの設置	施工中、箇所・部位ごと	適切な場所に取り付けられている状況を記録。	
	□**全景**	施工完了時	施工完了時の状況を記録。	
検査	□受信点の電界強度測定	屋上工事完了後	チャンネルごとの電界強度測定値と、チャンネルごとに映像を写したときの電波妨害の程度を記録。	309
	□端末ユニットの出力レベル測定	施工完了後	測定場所、部位、チャンネルごとの出力レベルと、チャンネルごとに受信画像が適切かどうかを記録。	310

避雷設備

	撮影対象	時期・頻度	撮影のポイント	参照写真
材料	□避雷突針・ポール	搬入時	避雷突針の仕様と、ポールの材質、径、高さを記録。	314
	□接地端子箱	搬入時、サイズごと	仕様、サイズを記録。	315
	□水切り端子	搬入時、種別ごと	種別、大きさを記録。	315
施工	□避雷突針・ポールの設置	施工中、箇所・部位ごと	避雷突針用ポールが外壁支持金物で3箇所固定されている状況を記録。	312
	□避雷導線の設置	施工中、箇所・部位ごと	パラペットへの接続状況を記録。	313
	□水切り端子の設置	施工中、箇所・部位ごと	水切り端子の施工状況が適切であることがわかるように記録。	316
	□**全景**	施工完了時	施工完了時の状況を記録。	
検査	□接地抵抗測定	検査時	各接地の接地抵抗を測定し、目標値を下回っていることを表示し記録。	226

memo

キュービクルの設置

<table>
<tr><th colspan="2">撮影対象</th><th>時期・頻度</th><th>撮影のポイント</th><th>参照写真</th></tr>
<tr><td rowspan="2">材料</td><td>☐チャネルベース</td><td>搬入時、箇所・部位ごと</td><td>大きさ、材質を記録。</td><td></td></tr>
<tr><td>☐キュービクル</td><td>搬入時、箇所・部位ごと</td><td>事前に建物内に取り込む場合、キュービクルの設置場所を記録。</td><td></td></tr>
<tr><td rowspan="4">施工</td><td>☐基礎の設置</td><td>施工中、箇所・部位ごと</td><td>チャネルベースの設置、アンカーボルトの取付け状況を記録。</td><td>317</td></tr>
<tr><td>☐キュービクルの搬入・据付け</td><td>施工中、箇所・部位ごと</td><td>キュービクルを構成する盤ごとに、搬入・据付け状況を記録。</td><td>318</td></tr>
<tr><td>☐変圧器の搬入・据付け</td><td>施工中、箇所・部位ごと</td><td>変圧器ごとに、取込み・搬入・据付け状況を記録。</td><td>319</td></tr>
<tr><td>**☐全景**</td><td>施工完了時</td><td>施工完了時の状況を記録。</td><td></td></tr>
<tr><td>試験</td><td>☐各種試験</td><td>試験中、箇所ごと</td><td>各種試験(接地抵抗、継電器特性、耐圧、絶縁抵抗)の状況および測定目標値に適合していることがわかるように記録。</td><td>320</td></tr>
</table>

外灯の設置

<table>
<tr><th colspan="2">撮影対象</th><th>時期・頻度</th><th>撮影のポイント</th><th>参照写真</th></tr>
<tr><td rowspan="3">材料</td><td>☐外灯</td><td>搬入時、種類ごと</td><td>種類ごとに記録。</td><td></td></tr>
<tr><td>☐ケーブル</td><td>搬入時、種類ごと</td><td>種類、サイズを記録。</td><td></td></tr>
<tr><td>☐コンクリート製ます</td><td>搬入時</td><td>寸法、用途等を記録。</td><td>324</td></tr>
<tr><td rowspan="4">施工</td><td>☐基礎工事(コンクリート製ます)</td><td>施工中、箇所・部位ごと</td><td>掘削・地業工事後、ますの設置状況、設置深さを記録。</td><td>322</td></tr>
<tr><td>☐外灯ポールの取付け</td><td>施工中、箇所・部位ごと</td><td>打込み時は外灯ポールが垂直に建っている状況を、打込み後は根巻きコンクリートに勾配があることがわかる状況を記録。</td><td>323
325
326</td></tr>
<tr><td>☐配管</td><td>施工中、箇所・部位ごと</td><td>ますの設置後、配管の立上り状況がわかるように記録。</td><td></td></tr>
<tr><td>**☐全景**</td><td>施工完了時</td><td>施工完了時の状況を記録。</td><td></td></tr>
</table>

ハンドホールの設置

<table>
<tr><th colspan="2">撮影対象</th><th>時期・頻度</th><th>撮影のポイント</th><th>参照写真</th></tr>
<tr><td rowspan="2">材料</td><td>☐ブロックハンドホール</td><td>搬入時</td><td>大きさ、数を記録。</td><td>329</td></tr>
<tr><td>☐ベルマウス</td><td>搬入時</td><td>径、数を記録。</td><td></td></tr>
</table>

付 録

(つづき)

	撮影対象	時期・頻度	撮影のポイント	参照写真
材料	□緩衝パイプ	搬入時	径、数を記録。	
施工	□掘削と砂利地業	施工中、箇所・部位ごと	掘削および砂利地業状況が確認できるように記録。	327
	□ブロックハンドホールの設置	施工中、箇所・部位ごと	設置高さ、水平状態に加え、接続部のエポキシ系樹脂接着材による接着状態を記録。	328 330
	□配管との接続	施工中、箇所・部位ごと	ブロックハンドホールと配管との接続状況を記録。	331
	□全景	施工完了時	プルボックス内の電線の収納および金属電線管の接続状況を記録。	

memo

7 撮影対象チェックリスト／機械設備工事

スリーブ工事

	撮影対象	時期・頻度	撮影のポイント	参照写真
材料	□つば付き鋼管スリーブ	搬入時	寸法、つばの位置、サイズを記録。	334
	□ダクト実管スリーブ	搬入時	寸法を記録。	335
施工	□梁貫通スリーブ（つば付き鋼管スリーブ）	施工中、箇所・部位ごと	サイズ、取付け高さ、本数、離隔、補強状況を記録。	332
	□壁貫通スリーブ（ダクト実管スリーブ）	施工中、箇所・部位ごと	サイズ、取付け高さ、数、離隔、補強状況を記録。	333
	□全景	施工完了時	施工完了時の状況を記録。	

配管施工／給水設備

	撮影対象	時期・頻度	撮影のポイント	参照写真
材料	□水道用硬質塩化ビニルライニング鋼管	搬入時、種類・サイズごと	配管材の種類、口径、記号、表示マーク等を記録。	338
	□バルブ類	搬入時、種類・サイズごと	バルブの種類、仕様、規格を記録。	339
施工	□配管のねじ切り	施工中、箇所・部位ごと	切断、ごみの除去、油落し、面取りなど、ねじ切りの工程を記録。	337
	□配管の接続（ねじ接合）	施工中、箇所・部位ごと	配管のねじ切り工程後に、ねじシール材の使用状況、パイプレンチによる接合状況を記録。	340
	□給水管の施工	施工中、箇所・部位ごと	配管の支持間隔、ねじ部の錆止め塗装状況を記録。	336
	□全景	施工完了時	施工完了時の状況を記録。	

配管施工／給湯設備

	撮影対象	時期・頻度	撮影のポイント	参照写真
材料	□ガス湯沸器	搬入時	仕様、号数、規格を記録。	
	□電気湯沸器	搬入時	仕様、能力等を記録。	
	□配管材（架橋ポリエチレン管）	搬入時、サイズごと	種類、サイズを記録。	
施工	□ガス湯沸器の設置	施工中、箇所・部位ごと	取付け状況、取付け高さ、配管の接続状況を記録。	341
	□電気湯沸器の設置	施工中、箇所・部位ごと	取付け状況、取付け高さ、配管の接続状況を記録。	342

付録

(つづき)

	撮影対象	時期・頻度	撮影のポイント	参照写真
施工	□給湯管の施工	施工中、箇所・部位ごと	配管の接続状況、給水管と給湯管の交差部の保温の状況を記録。	343 344
	□全景	施工完了時	施工完了時の状況を記録。	

配管施工／排水設備

	撮影対象	時期・頻度	撮影のポイント	参照写真
材料	□排水ポンプ	搬入時、形式・サイズごと	型式、能力、サイズを記録。	
	□配管材（排水管）	搬入時、種類・サイズごと	種類、サイズを記録。	
施工	□排水ポンプの設置（水中ポンプ）	施工中、箇所・部位ごと	ポンプの形式、能力および槽内の設置状況を記録。	350
	□排水管の施工	施工中、箇所・部位ごと	管材の種類、支持間隔、勾配を記録。	347 348 349
	□排水ポンプ上部の弁類の設置	施工中、箇所・部位ごと	弁類が所定の位置に設置されている状況と、排水ポンプの銘板が取り付けられている状況を記録。	346
	□全景	施工完了時	施工完了時の状況を記録。	

配管施工／冷温水管

	撮影対象	時期・頻度	撮影のポイント	参照写真
材料	□伸縮継手	搬入時、型式・サイズごと	型式、仕様、サイズを記録。	
	□配管材（冷温水管）	搬入時、種類・サイズごと	種類、サイズを記録。	
施工	□伸縮継手	施工中、箇所・部位ごと	配管の支持が伸縮継手に支障がない状況と、他の配管との離隔、メンテナンススペースが確保されている状況を記録。	354 355
	□冷温水管の施工	施工中、箇所・部位ごと	管材の種類、支持間隔、ねじ部の錆止め塗装の状況、断熱支持材の施工状況を記録。	351 352
	□全景	施工完了時	施工完了時の状況を記録。	

配管施工／冷媒管

	撮影対象	時期・頻度	撮影のポイント	参照写真
材料	□配管材（冷媒管）	搬入時、種類・サイズごと	種類、サイズを記録。	

(つづき)

	撮影対象	時期・頻度	撮影のポイント	参照写真
材料	□配管材（ドレン）	搬入時、種類・サイズごと	種類、サイズを記録。	
施工	□天井吊り型エアコン回りの冷媒管	施工中、箇所・部位ごと	冷媒管と機器との接続状況および接続部の保温状況を記録。	356
	□防火区画貫通部の冷媒管	施工中、箇所・部位ごと	防火処理の種類、立上り高さ、貫通部の埋戻しの状況を記録。	357
	□冷媒管の施工	施工中、箇所・部位ごと	配管支持部の保温状況（断熱欠損がない状態）がわかるように記録。	358 359
	□天井吊り型エアコン回りのドレン管	施工中、箇所・部位ごと	機器とドレン管との接続状況および接続部の保温状況、通水テスト口、配管勾配がわかるように記録。	360
	□全景	施工完了時	施工完了時の状況を記録。	

水圧・気密・満水試験

	撮影対象	時期・頻度	撮影のポイント	参照写真
試験	□水圧試験（給水）	試験中、箇所・部位ごと	試験の種類がわかり、圧力計が所定の値を指示していることが読み取れるように記録（防露施工前）。	361
	□水圧試験（給湯）	試験中、箇所・部位ごと	試験の種類がわかり、圧力計が所定の値を指示していることが読み取れるように記録（保温施工前）。	363
	□気密試験	試験中、箇所・部位ごと	試験の種類、使用冷媒がわかり、圧力計が所定の値を指示していることが読み取れるように記録。	362 365
	□満水試験	試験中、箇所・部位ごと	満水試験継手を使う場合、浮子を浮かべて満水状態が確認できるように記録。	364

ダクト工事

	撮影対象	時期・頻度	撮影のポイント	参照写真
材料	□角ダクト、フレキシブルダクト	搬入時、種類・サイズごと	種類、サイズを記録。	
	□キャンバス継手	搬入時、種類・サイズごと	種類、サイズを記録。	
	□防火ダンパ	搬入時、種類・サイズごと	種類、サイズを記録。	
施工	□角ダクト	施工中、箇所・部位ごと	吊り間隔および振れ止め金具の取付け状況を記録。	366 367
	□フレキシブルダクト	施工中、箇所・部位ごと	接続状況および天井下地や天井材に接触していないことが確認できるように記録。	368

付録

(つづき)

	撮影対象	時期・頻度	撮影のポイント	参照写真
施工	□キャンバス継手	施工中、箇所・部位ごと	ファンとダクトの心が合っている状況や、キャンバスにゆとりのあることが確認できるように記録。	369
	□防火ダンパの取付け	施工中、箇所・部位ごと	吊り・支持状況および適合マークが確認でき、またメンテナンスが可能なことがわかるように記録。	370
	□全景	施工完了時	施工完了時の状況を記録。	

保温材料

	撮影対象	時期・頻度	撮影のポイント	参照写真
材料	□保温材料	搬入時、種類・サイズごと	ポリスチレンフォーム保温筒、ロックウール保温板など使用材料の名称、サイズ、数量、形状、JIS規格、表示マーク等を記録。	371 372 373
	□保温補助材	搬入時、種類・サイズごと	スピンドル鋲など使用材料の名称、JIS規格、品番等を梱包材とともに記録。	374
	□保温外装材	搬入時、種類・サイズごと	アルミガラスクロスなど使用材料の名称、サイズ、JIS規格等、仕様がわかるように記録。	375

保温施工

	撮影対象	時期・頻度	撮影のポイント	参照写真
施工	□配管類の保温（給水管）	施工中、箇所・部位ごと	グラスウール保温筒、ポリエチレンフィルム等の材料および施工状況がわかるように記録。	376
	□ダクトの保温	施工中、箇所・部位ごと	グラスウール保温材および厚さ、鋲打ちピッチ、フランジ部分の施工状況がわかるように記録。	377
	□防火区画貫通部の蒸気管の保温	施工中、箇所・部位ごと	保温材の材質が不燃材（ロックウール保温筒）であることがわかるように記録。	378
	□消音内張り	施工中、箇所・部位ごと	内張り保温材の種類、鋲打ちピッチ、保温材の施工状況がわかるように記録。	379
	□熱源機器の保温	施工中、箇所・部位ごと	保温材および厚さがわかるようにスケールを当てて記録。	379
	□全景	施工完了時	施工完了時の状況を記録。	

memo

塗装施工

	撮影対象	時期・頻度	撮影のポイント	参照写真
材料	□塗装材料	搬入時、種類ごと	工程ごとに種類、名称、JIS規格、表示マーク等を記録。	383
施工	□配管の塗装 (錆止め塗装)	施工中、箇所・部位ごと	配管のねじ切り部に錆止め塗装が施されている状況を記録。	384
	□鋼製架台の塗装 (下塗り)	施工中、箇所・部位ごと	ボルト穴や鋼材の裏側および下側にも塗装が施されている状況を記録。	385
	□室内配管の塗装 (中塗り)	施工中、箇所・部位ごと	綿布巻き、目止め塗装、中塗り塗装の状況がわかるように記録(工程ごとに記録するとよい)。	381
	□室内ダクトの塗装 (中塗り)	施工中、箇所・部位ごと	前工程を含め、中塗りの状況がわかるように記録(工程ごとに記録するとよい)。	382
	□全景	施工完了時	施工完了時の状況を記録。	

機器類の基礎

	撮影対象	時期・頻度	撮影のポイント	参照写真
施工	□コンクリート基礎 (鉄筋・型枠・打込み前)	施工中、箇所・部位ごと	鉄筋の施工状況、型枠の組立て状況、アンカーボルト取付け用スリーブの設置状況および基礎寸法(W×L×H)がわかるように記録。	386
	□コンクリート基礎 (打込み中)	施工中、箇所・部位ごと	受入れ検査を実施のうえ、コンクリート打設状況、締固め状況がわかるように記録。	387
	□コンクリート基礎 (打込み完了)	施工中、箇所・部位ごと	打込み後の基礎寸法、表面の仕上がり、アンカーボルトの位置がわかるように記録。	388
	□砕石敷均し	施工中、箇所・部位ごと	砕石を入れ、十分に転圧されていることがわかるように記録。	389
	□捨てコンクリート打込み	施工中、箇所・部位ごと	上に載る機器類を考慮し、鉄筋のサイズ、本数がわかるように記録。	390
	□全景	施工完了時	施工完了時の状況を記録。	

大型設備機器の搬入・据付け

	撮影対象	時期・頻度	撮影のポイント	参照写真
施工	□クレーンによる搬入	施工中、箇所・部位ごと	安全対策、玉掛け、機器の養生状況を、有資格者の指揮により作業がされていることを表示し記録。	391
	□建物内水平移動	施工中、箇所・部位ごと	搬入経路の安全確保、養生状況がわかるように記録。	392
	□機器の据付け (冷温水機)	施工中、箇所・部位ごと	ボルトの固定状況、機器の設置・養生状況がわかるように記録。	393

付録

(つづき)

	撮影対象	時期・頻度	撮影のポイント	参照写真
施工	□機器の据付け(オイルタンク)	施工中、箇所・部位ごと	固定バンドの状況、機器本体の防錆被覆状況、タンクの設置状況がわかるように記録。タンク室設置の場合は、周囲空間のスペースを記録。	394
	□機器の据付け(空調機)	施工中、箇所・部位ごと	ボルトの固定状況、機器の設置状況がわかるように記録。	395
	□全景	施工完了時	施工完了時の状況を記録。	

小型設備機器の保管・据付け

	撮影対象	時期・頻度	撮影のポイント	参照写真
材料	□送風機	搬入時、種類・大きさごと	各送風機に表示をし、型式、能力がわかるように保管状況を記録。	398
	□水中ポンプ	搬入時、種類・サイズごと	銘板、型式、能力がわかるように保管状況を記録。	399
施工	□天井埋込み形ファンコイルユニットの据付け	施工中、箇所・部位ごと	ファンコイルユニットの仕様および吊り、支持状況がわかるように記録。	396
	□冷温水ポンプの据付け	施工中、箇所・部位ごと	種類、型式およびポンプの設置状況、防振架台、ストッパーの取付け状況がわかるように記録。	397
	□天井吊りファンの据付け	施工中、箇所・部位ごと	型式、能力およびファンの吊り、支持状況がわかるように記録。	400
	□全景	施工完了時	施工完了時の状況を記録。	

衛生器具の取付け

	撮影対象	時期・頻度	撮影のポイント	参照写真
材料	□和風大便器	搬入時、種類ごと	種類、材質、数量、付属品を記録。	403
	□洋風大便器	搬入時、種類ごと	種類、材質、数量、付属品を記録。	
	□耐火カバー	搬入時	種類、材質、数量、大臣認定番号を記録。	404
施工	□和風大便器の取付け	施工中、箇所・部位ごと	便器回りの埋戻しが適切であり、便器が水平に取り付けられていることがわかるように記録。床下の耐火処理が適切であることがわかるように記録。	401 402
	□洋風大便器の取付け	施工中、箇所・部位ごと	取付け状況が適切であることがわかるように記録。	405

(つづき)

	撮影対象	時期・頻度	撮影のポイント	参照写真
施工	□全景	施工完了時	施工完了時の状況を記録。	

パネル水槽の組立て

	撮影対象	時期・頻度	撮影のポイント	参照写真
材料	□パネル	搬入時、箇所・部位ごと	材質、型式、製造者名、サイズを記録。	
	□水槽架台	搬入時	材質、寸法を記録。	
施工	□水槽架台の組立て	施工中、箇所・部位ごと	基礎ボルトの設置状況および水槽架台の寸法がわかるようにスケールを当てて記録。	406
	□パネル水槽の組立て	施工中、箇所・部位ごと	容積およびパネルのシーリング、パッキン、ボルトの施工状況がわかるように記録。	407
	□サクション管の取付け	施工中、箇所・部位ごと	受水槽回りのサクション管、バルブ等の施工状況を記録。	408
	□排水管と集水ますの設置	施工中、箇所・部位ごと	排水管、集水ますの設置状況および受水槽回りのメンテナンススペース、排水の状況を記録。	409
	□配管とバルブ	施工中、箇所・部位ごと	高置水槽回りの配管、バルブの施工状況、水槽の耐震対策の状況を記録。	410
	□全景	施工完了時	施工完了時の状況を記録。	

消火設備

	撮影対象	時期・頻度	撮影のポイント	参照写真
施工	□消火ポンプの据付け	施工中、箇所・部位ごと	仕様、ポンプ本体およびポンプ回りの配管状況、メンテナンススペースの状況を記録。	411
	□消火用補助水槽の据付け	施工中、箇所・部位ごと	仕様、水槽回りの配管状況、メンテナンススペースの状況を記録。	412
	□屋内消火栓箱の取付け・配管	施工中、箇所・部位ごと	取付け枠に確実に取り付けられている状況と裏側の配管状況を記録。	413
	□連結送水管箱の取付け	施工中、箇所・部位ごと	正しい高さで確実に取り付けられている状況を記録。	414
	□スプリンクラー設備	施工中、箇所・部位ごと	スプリンクラーヘッドの種類、有効散水半径を表示し、適切な位置に設置されている状況を記録。	415
	□全景	施工完了時	施工完了時の状況を記録。	

付録

自動制御設備

	撮影対象	時期・頻度	撮影のポイント	参照写真
材料	□空調機用コントローラ	搬入時	機器の仕様、工事完了後の耐震固定状況および操作・メンテナンスができる状況も記録。	417
	□電動二方弁	搬入時、種類・サイズごと	種類、サイズ、形状を記録。	418
	□配管温度検出器	搬入時、種類ごと	種類、サイズ、形状を記録。	419
	□室内形温度・湿度センサー	搬入時、種類ごと	種類、型式および取付け箇所や室名等を表示し記録。	420
施工	□中央監視設備	施工完了時	各機器の仕様、また、中央監視センター内で使い勝手上の適切な設置位置、レイアウトになっている状況を全体がわかるように記録。	416

配管・ますの敷設

	撮影対象	時期・頻度	撮影のポイント	参照写真
施工	□給水管の敷設	施工前~完了後、箇所・部位ごと	敷設前に埋設砂厚の確認を行い、給水管の種類、サイズ、埋設深さがわかるように記録。敷設後は埋設表示シートの敷設状況、さらに埋戻し後は地表部に設置した埋設標識の表示を記録。	421 423 424
	□汚水管の敷設	施工中、箇所・部位ごと	種類、サイズ、埋設深さ、配管の勾配等がわかるように記録。	422 424
	□排水ますの設置	施工中、箇所・部位ごと	配水管とますの接続状況、メンテナンス可能な場所に設置されている状況を記録。汚水ますの場合は、内部にインバートが切られている状況を記録。	425

ガス設備

	撮影対象	時期・頻度	撮影のポイント	参照写真
材料	□ガス配管	搬入時、種類・サイズごと	種類、サイズを記録。	
	□ガス配管埋設シート	搬入時	埋設年月日、施工業者名など埋設シートの表示内容を確認し記録。	
	□ガス緊急遮断弁	搬入時、種類ごと	種類、サイズ、形状を記録。	430
施工	□床埋設ガス配管	施工中、箇所・部位ごと	防食状況、配管およびモルタル押え状況がわかるように記録。	426
	□天井内ガス配管	施工中、箇所・部位ごと	吊りボルトの位置、支持間隔がわかるようにスケールを当てて記録。	427
	□屋外ガス配管（埋戻し前）	施工中、箇所・部位ごと	防食状況、埋設深さ、表示テープ巻きの状況を記録。	428

(つづき)

	撮影対象	時期・頻度	撮影のポイント	参照写真
施工	□埋設表示	施工中、箇所・部位ごと	配管敷設後、埋設深さおよびガス配管埋設シートの敷設状況を記録。舗装後は地表面に埋設表示を設置して記録。	429

さく井設備

	撮影対象	時期・頻度	撮影のポイント	参照写真
材料	□ケーシングパイプ	搬入時、種類・サイズごと	種類、寸法（設計・実測）、数量、JIS規格、表示マークを記録。	432
材料	□スクリーンパイプ	搬入時、種類ごと	種類、系統、数量、スクリーン部の形状を記録。	433
施工	□事前調査	施工前、箇所ごと	事前調査の状況を各調査ごとに記録。	
施工	□掘削機（ボーリングマシーン）	施工中、箇所・部位ごと	機器の型式、能力を表示し、掘削位置および周囲の状況や機器の仕様がわかるように記録。	431
施工	□掘削	施工中、箇所・部位ごと	工法、掘削状況がわかるように記録。	
施工	□孔内洗浄	施工中、箇所・部位ごと	井戸内の状況に応じた井水洗浄の状況を記録。	434
施工	**□全景**	施工完了時	施工完了時の状況を記録。	
試験	□揚水試験	試験中、箇所・部位ごと	試験の種類および状況を、せき水位がわかるようにスケールを当てて記録。	435

し尿浄化槽設備

	撮影対象	時期・頻度	撮影のポイント	参照写真
材料	□ユニット型浄化槽	搬入時	仕様、能力、槽内付属品等を記録。	
施工	□基礎工事	施工中、箇所ごと	根切り、砂利地業、捨てコンクリート打設、配筋、型枠、コンクリート打設までの工程ごとの施工状況および基礎の深さ、基礎部の水平確認、墨出し状況を記録。	438
施工	□ユニット型浄化槽の据付け	施工中、箇所ごと	浄化槽本体の水平な設置状況、流入管・放流管のレベルを記録。	436
施工	□ユニット型浄化槽内部部品の取付け	施工中、箇所ごと	取付け順序や損傷の有無を確認のうえ、各部品の取付け状況を記録。	437
施工	□ユニット型浄化槽の埋戻し	施工中、箇所ごと	埋戻し深さの1/3程度ずつ機器による締固め・水締めの状況を記録。	439
試験	□水張り試験	試験中	水張り完了時の状況と、24時間後の水位の低下がない状況を記録。	440

付録

昇降機設備

	撮影対象	時期・頻度	撮影のポイント	参照写真
材料	□各種機材（エレベーター）	搬入時	配線、かご、操作盤、乗り場ボタン、地震感知器等の名称、規格、仕様、数量、使用部位等を記録。	
	□各種機材（エスカレーター）	搬入時	構造体、駆動装置、踏板、欄干、乗降口、安全装置等の名称、規格、仕様、数量、使用部位等を記録。	
施工	□エレベーター巻上げ機の据付け	施工中、箇所・部位ごと	機器の型式、容量、電動機の仕様および巻上げ機が水平に取り付けられている状況を記録。	441
	□エレベーターガイドレールの設置	施工中、箇所・部位ごと	昇降路内の安全を確認のうえ、ガイドレール、ブラケット等が適切に施工されている状況を記録。	442
	□エレベーター乗場開口部の養生	施工中、箇所・部位ごと	転落事故防止のための養生（立入禁止）など、安全対策が講じられている状況を記録。	443
	□エスカレーター駆動装置の据付け	施工中、箇所・部位ごと	駆動チェーン、駆動輪、踏段チェーン、安全装置など各部品の据付け状況と駆動装置の全景を記録。	444
	□エスカレーター踏板の据付け	施工中、箇所・部位ごと	昇降路内の安全を確認のうえ、踏板、ライザ、移動手すりの取付け完了状況がわかるように記録。	445

機械式駐車場設備

	撮影対象	時期・頻度	撮影のポイント	参照写真
材料	□各種機材	搬入時	構造体、駆動装置、搬器、操作盤等の名称、規格、仕様、数量、使用部位等を記録。	
施工	□支柱の取付け	施工中、箇所・部位ごと	アンカーボルトと支柱ベースプレートの取付け状況と、支柱が垂直であることがわかるように記録。	448
	□駆動装置・伝動用チェーンの取付け	施工中、箇所・部位ごと	駆動装置の据付け状況、構造体の組立て状況、落下防止装置の取付け状況および伝動用チェーンの取付け状況がわかるように記録。	446 447
	□操作盤の設置	施工中、箇所ごと	操作盤の設置状況および適正に機能する状況を記録。	450
	□全景	施工完了時	ピット内の安全を確認のうえ、施工完了時の状況を記録。	
試験	□荷重試験	試験中、箇所ごと	車の重量と台数を表示し、製造会社の技術者立会いのもとで、駆動装置の電圧、電流値の測定状況、機器の作動状況がわかるように記録。	449

総合試験・調整

	撮影対象	時期・頻度	撮影のポイント	参照写真
機器試験	□着火試験 (冷温水発生機)	試験中、指定箇所	機器の仕様、当日の外気温を表示し、製造会社の立会者とともに試験状況を記録。	451
配管試験・検査	□圧力試験 (連結送水管)	試験中、指定箇所	所定の位置に設置した圧力計の目盛りが確認できるように記録。	452
	□放水圧力試験 (屋内消火栓)	試験中、指定箇所	所定の位置に設置した圧力計の目盛りが確認できるように記録。	453
	□水質検査	試験中、指定箇所	検査状況がわかるように記録。	
総合試験	□風量測定 (空調吹出し口)	試験中、指定箇所	測定状況と試験結果、不具合が発生した場合はその内容も記録。	454
	□温度測定 (空調吹出し口)	試験中、指定箇所	測定状況と試験結果、不具合が発生した場合はその内容も記録。	455
	□騒音測定	試験中、指定箇所	測定状況と試験結果、不具合が発生した場合はその内容も記録。	
	□湿度測定	試験中、指定箇所	測定状況と試験結果、不具合が発生した場合はその内容も記録。	
	□水量測定	試験中、指定箇所	測定状況と試験結果、不具合が発生した場合はその内容も記録。	
	□振動測定	試験中、指定箇所	測定状況と試験結果、不具合が発生した場合はその内容も記録。	

消防検査

	撮影対象	時期・頻度	撮影のポイント	参照写真
検査	□スプリンクラー設備運転状況	試験時、指定箇所	検査項目、検査日、消防署名、検査員を表示し、検査状況および指摘事項に対する是正前・是正後の状況がわかるように記録。	456
	□床置き型消火器の表示	試験時、指定箇所	検査項目、検査日、消防署名、検査員を表示し、検査状況および指摘事項に対する是正前・是正後の状況がわかるように記録。	457
	□常時閉鎖型扉の仕様変更	試験時、指定箇所	検査項目、検査日、消防署名、検査員を表示し、検査状況および指摘事項に対する是正前・是正後の状況がわかるように記録。	458
	□誘導灯の設置確認	試験時、指定箇所	検査項目、検査日、消防署名、検査員を表示し、検査状況および指摘事項に対する是正前・是正後の状況がわかるように記録。	459
	□避難はしごの機能確認	試験時、指定箇所	検査項目、検査日、消防署名、検査員を表示し、検査状況および指摘事項に対する是正前・是正後の状況がわかるように記録。	460

付録

8 撮影対象チェックリスト／外構工事

雨水排水・舗装工事

	撮影対象	時期・頻度	撮影のポイント	参照写真
材料	□排水管・側塊・排水ます、街きょ・側溝・縁石	搬入時	材料の表示マークを記録。	
	□路床改良材、路盤材、表層材	搬入時	材料、品質、数量を記録。	
	□仮置き保管	保管中	適切に保管している状況を記録。	
施工	□排水工事	施工中	掘削・深さ、根切り底、山留め、排水管・ます・グレーチング、埋戻し等の状況を記録。	461
	□舗装工事（路床）	施工中、計測時	締固め、締固め後の高さ計測、支持力比試験等の状況を記録。	463
	□舗装工事（路盤）	施工中、計測時、検査時	各層の敷均し厚さ（回数）、締固め後の高さ・厚さ計測および検査状況等を記録。	462 464
	□舗装工事（アスファルト舗装）	施工中、検査時	アスファルト乳剤散布、アスファルト混合物敷均し（温度）・締固め、切取り検査状況等を記録。	
	□舗装工事（コンクリート舗装）	施工中、検査時	溶接金網、コンクリート打込み、目地の施工状況および厚さ検査状況等を記録。	
	□舗装工事（特殊舗装）	施工中	工法、種別、工程を記録。	
	□舗装工事（砂利敷き）	施工中	厚さを記録。	
	□全景	施工完了時	施工完了時の状況を記録。	
試験	□通水試験	試験中、指定箇所	試験状況、試験結果を記録。	

擁壁・塀・柵工事

	撮影対象	時期・頻度	撮影のポイント	参照写真
材料	□擁壁、塀、柵、境界ブロック	搬入時	間知石・コンクリート間知ブロック、コンクリートブロック、万代塀、金属フェンス、地先境界ブロックなど、使用部位、規格、種別、商品名および各材料の材質、形状、寸法、表示マークを記録。	
	□仮置き保管	保管中	適切に保管している状況を記録。	
施工	□擁壁（間知石積み）	施工中	裏込めコンクリート、裏込め透水層、水抜き穴の状況等を記録。	465 466 467

(つづき)

	撮影対象	時期・頻度	撮影のポイント	参照写真
施工	□塀	施工中	コンクリートブロック塀、鉄筋コンクリート組立て塀の施工状況を記録。	
	□柵	施工中	金属フェンスの施工状況を記録。	468 469
	□敷地境界石標	確認時	設置位置の確認状況を記録。	
	□全景	施工完了時	施工完了時の状況を記録。	

植栽工事

	撮影対象	時期・頻度	撮影のポイント	参照写真
材料	□樹木	選定時	葉張り、樹高、幹周り寸法(実測値)を表示し、設計値と比較できるように記録。	
	□樹木	搬入時	樹木名および養生の状態がわかるように記録。	472
	□客土	搬入時	土質がわかるように記録。	
	□支柱	搬入時	材種、防腐処理、末口・長さ寸法(実測値)を表示し、設計値と比較できるように記録。	
	□仮置き保管	保管中	適切に保管している状況を記録。	
施工	□客土	施工中	測点No.、客土の設定値・実測値、耐根シート、土壌改良材を記録。	
	□植樹	施工中	植穴の深さ、幅実測値、根巻き(形状・寸法)、鉢土の形状(樹木根元径・鉢土径実測値)、支柱の形式を記録。	471 474
	□芝張り 吹付けは種 地被類	施工中～完了	工法、種別、工程を記録。	
	□全景	施工完了時	施工完了時の状況を記録。	

memo

付録

9 撮影対象チェックリスト／解体工事

解体工事

	撮影対象	時期・頻度	撮影のポイント	参照写真
アスベスト（石綿）撤去	□除去工事準備状況	施工前	「撤去」「封じ込め」「囲い込み」のいずれの工事かを表示し記録。	
	□ポリエチレンシート養生	施工前	壁貫通配管等の養生状態も記録。	475
	□環境測定	測定時	撮影時期（作業前・中・後）を表示し記録。	476
	□使用資器材	施工前	名称、性能を記録。	
	□石綿撤去	施工中	石綿撤去場所（部屋名）、作業レベルを記録。	477
	□粉塵飛散抑制剤の吹付け	施工中	石綿撤去場所（部屋名）、粉塵飛散抑制剤の名称を記録。	
	□除去面の粉塵飛散防止材の吹付け	施工中	石綿撤去場所（部屋名）、粉塵飛散防止材の名称を記載する。	
	□廃石綿保管	保管時	立入禁止の標識が見えるように記録。	478
ダイオキシン類除去	□煙突養生	養生完了時	煙突の略図、仮設養生材の種類と寸法を記録。	479
	□煙突切断	施工中	煙突切断位置の略図を表示し記録。	480
	□中間処理・最終処分場の現地確認	施工前	現場から処理施設までの車両運搬経路も確認し記録。	481
	□ダイオキシン類の濃度測定	測定時	採取位置、採取者を表示し記録。	482
	□気中濃度測定	測定時	事前、事後の濃度を測定する。	482
	□ダイオキシン類の除染	施工前	除染方法と除染範囲を記録。	483
	□換気装置、空気清浄機、洗身設備等、クリーンルームの設置	施工前	周辺設備の設置状況と性能を記録。	

memo

MEMO

[索 引]

あ～お

アウトレットボックス
　…… 117、118、132、133、120、121
朝顔 ………………………………… 29
アスファルトの溶融温度 ………… 75
アスファルト防水 ………………… 74
アスファルトルーフィング ……… 75
アスベスト(石綿)撤去 ……214、215
圧延マーク …………………… 40、41
圧縮強度試験 ……………………… 57
圧接端面 …………………………… 48
圧着端子 …………………………… 133
網入りガラス小口防錆処理 ……… 95
泡消火設備 ……………………… 189
アンカーボルト
　…… 61、146、150、153、178、203
安全掲示板 ………………………… 25
安全対策 ……………………… 15、219
安定液試験 ………………………… 33
安定器 …………………………… 141
石 …………………………………… 80
石張り ……………………………… 80
石引きアンカー …………………… 81
隠ぺい部 …………………………… 12
植付け …………………………… 212
雨水排水 ………………………… 208
打継ぎ ……………………………… 55
埋戻し …………………… 36、195、199
裏込めモルタル …………………… 80
衛生器具 ………………………… 184
エスカレーター駆動装置 ……… 201
エポキシ樹脂系接着剤 ………… 155
エレベーター巻上げ機 ………… 200
塩化物量 …………………………… 52
鉛管 ……………………………… 163
エンドカバー …………………… 117
煙突解体 ………………………… 216
オイルタンク …………………… 181
オーバーブリッジ ………………… 25
大梁 ………………………………… 45
屋外埋設ケーブル ……………… 130
屋内消火栓箱 …………………… 189
押出成形セメントパネル ………… 70
汚水配管 ………………………… 192

か～こ

カーテンウォールの取付け ……… 99
開口補強 ………………… 47、69、71、73、89
開先 ………………………………… 59

回転灯 …………………………… 219
外灯用基礎 ……………………… 152
外部足場 …………………………… 28
外壁貫通 ………………………… 114
架橋ポリエチレン管 …………… 161
角ダクト ………………………… 170
重ね寸法 …………………………… 75
ガス圧接 …………………………… 48
ガス圧接部の抜取り試験 ………… 49
ガス緊急遮断弁 ………………… 195
ガス設備 ………………………… 194
ガス湯沸器 ……………………… 160
過積載 ……………………………… 37
仮設事務所 ………………………… 25
架設通路 …………………………… 29
仮設電力引込み …………………… 26
仮設分電盤 ………………………… 27
仮設補強材 ………………………… 61
仮設用照明 ………………………… 27
仮設用発電機 ……………………… 27
片側工法 ………………………… 127
片持ち階段 ………………………… 47
型枠 ………………………………… 50
可動間仕切り …………………… 111
加熱器バーナ ……………………… 48
かぶり厚さ …………………… 43、45
壁 …………………………………… 46
壁紙張り ………………………… 107
壁下地組 …………………………… 84
ガラス取付け ……………………… 94
ガラスの掛かり代 ………………… 95
ガラスブロック …………………… 95
仮置き保管 …………………… 94、99
仮囲い ……………………………… 24
環境型プラスチック製ドラム … 125
環境測定 ………………………… 214
環境対策 …………………………… 15
環境調査 …………………………… 22
含水率 …………………… 74、85、100
乾燥状態 ………………… 100、103
管端処理 …………………… 117、119
岩綿吸音板 ……………………… 106
機械式駐車場設備 ……………… 202
機械式継手 ………………………… 49
技術提案 ………………… 218、219
既製コンクリート杭 ……………… 35
既製調合目地材 …………………… 83
基礎 ……………… 42、146、153、178、179
キッチンユニット ……………… 111
気密試験 ………………… 168、169

272

逆富士形蛍光灯	141	鋼製煙突	111
逆光	13	鋼製下地	88、120、121
キャンバス継手	171	合成樹脂可とう電線管	116
給水設備	158	構造スリット	51
給湯設備	160	高置水槽	187
キュービクル	26、150	交通誘導員	219
強化ガラスヒートソーク処理	95	孔内洗浄作業	197
供試体養生	53	勾配	153
切梁支保工	28	鋼板製メラミン焼付け塗装	140
記録メモリー容量	16、17	鋼板枠	129
金属製笠木	88	孔壁測定	31
金属製手すり	89	高力ボルト	63
金属電線管	…122、123、127、128、129、134、135	黒板記載事項	12
近接構造物	23	小梁	45
杭心	34	コンクリート受入れ検査	52
杭心ずれ	32	コンクリート打込み	54、178
杭頭処理	32	コンクリート打継ぎ部処理	74
空気量	52	コンクリート製ます	153
空調吹出し口の風量・温度測定	205	コンクリートブロック積み	66
空調プレストレストコンクリートパネル	72	**さ−そ**	
掘削	36	最終処分施設	217
掘削機械	37	砕石敷均し	178
掘削径	30	左官仕上げ	54
掘削深さ	30	先送りモルタル	55
沓ずり	93	柵	210
グラスウール	174	サクション管	187
グラスウール保温板	107	さく井設備	196
蛍光灯	140	撮影	16
継電器特性試験	151	撮影計画	13、14、18、19
警報ケーブル	137	撮影計画書	14、15
ケーシング	30	撮影時期	14
ケーシングパイプ	196	撮影者	14
ケーブル保護管	121	撮影準備	12、16
ケーブル埋設シート	131	撮影対象項目	14
ケーブルラック	124、126	撮影頻度	14
化粧プレート	128	撮影モード	16
結露防止アウトレットボックス	119	撮影目的	12
検査記録写真	59	撮影用具類	13、14
現寸検査	58	錆止め塗料	81
建設廃棄物分別標識	219	仕上塗材	103
建柱工事	152	シート防水	76
現場溶接	35、64	シーリング材	78
研磨	101	敷地境界	20
コア供試体	57	仕切り弁	159
硬化物比重	77	自在継手	125
硬質塩化ビニルライニング鋼管	162	支持金物	136、137
工事用機械	24	支持管	149
高尺ネットフェンス	211	支持間隔	122
		支持脚	139

273

支持層	31
支持点数	135
指触乾燥	77
止水つば付き鋼管スリーブ	115、156、157
止水つば付き電線管	114、115
止水つば付き防水鋳鉄管	114、115
下地コンクリート面の目荒し	91
下地の乾燥	75、100、105
下塗り	90
下張りボード	107
下面開放形蛍光灯	140
支柱	213
湿潤養生	55
室内形温度・湿度センサー	191
指定仮設	25
自動制御設備	190
地縄張り	20
し尿浄化槽設備	198
地盤改良	38
斜光線	13
写真の構図	13、16
写真の整理・保存	14、16
写真の提出	14
シャッタースピード	16
砂利地業	39
充填モルタル	67、73
周辺道路状況	23
樹種	85、212、213
主剤塗り	103
受信画質	147
受信点	147
受水槽	187
出力レベル測定	147
シュミットハンマー	57
障害物	21
消火設備	188
消火ポンプ	188
消火用補助水槽	188
定木摺り	91
昇降機設備	200
昇降装置	143
常時閉鎖型扉	207
消防検査	206
情報通信	138
植栽工事	212
除染	217
白管	164、176
伸縮継手	165
伸縮目地	67、68、70、72

振動	22
水圧試験	168、169
水中ポンプ	163、183
スイッチボックス	120、121
水道用硬質塩化ビニルライニング鋼管	158、159
スクリーンパイプ	197
スタッドバー	119
スタッドボルト	60
捨てコンクリート	39、179、210
ステンレス管溶接接合	159
スピンドル鋲	173
スプライスプレート	63
スプリンクラー設備	189、206
スペーサー	43
スライム処理	31
スラブ	46
スランプ	52
スリーブ工事	114
スリーブ類	133
精度規準	69、71、73
性能確認試験	92、98
絶縁キャップ	133
絶縁処理	123、132
絶縁抵抗試験	151
接続ボックス	141
接地極	113
接地工事	112
接地端子箱	149
接地抵抗	113
接地抵抗試験	151
接地抵抗低減材	113
接地板	112、113
接地棒	112、113
接着剤	81、104、105
接着性試験	78
説明図	12
セパレータ	139
繊維混入けい酸カルシウム板	126、127
染色浸透探傷検査	65
騒音	22
層間区画処理	108
総合試験	204
総合評価落札方式	219
送風機	183
素地調整	100
素地の乾燥放置期間	101、103

た-と

項目	ページ
ターンバックル	137
耐圧試験	151
耐圧版	42、43
ダイオキシン類除去	216
耐火カバー	185
耐火材	184
耐火仕切り板	127
耐火被覆材	108
耐火レンガ	217
耐熱シーリング材	127、129
タイル	82
タイルカーペット	105
タイル接着力試験	82
タイルの裏足	83
タイルの吸水率	83
タイル張り	82
タイル張り工法	83
ダウンライト	142
ダクト	129、170、171、174、176
ダクト実寸スリーブ	156、157
打診検査	83
打設後養生	55
打設前養生	55
立会確認者	20、21、22、23
立上り配管	116
脱落防止金具	143
建入れ検査	50、60
建入れ測定	34
建方	61
建具の取付け	92
縦格子フェンス	211
建込み配管	118
建物位置の確認	20
だぼ穴充填材	81
試し練り	52
単位水量試験	53
単位水量測定	218
端子台	141
炭素被覆銅棒	113
単独貫通処理	129
断熱材	39
タンピング	54
端末	147
地下水処理	36
地中障害物	37
中梁	44
チャンネル	147
チャンネルベース	150
中央監視センター	190
中間処理施設	217
超音波探傷試験	49、65
ちょう架配線	136
ディープウェル工法	36
庭園灯	153
ティグ接合	159
定着	43
テープ合せ	58
出来形	39、56
出来形検査	56
テストピース	53
出隅補強	47
デッキプレート	51
鉄筋かご	33
鉄筋加工場	41
鉄筋材料	40
鉄筋継手長さ	32
鉄筋の現場内保管	40
鉄骨製作検査	58
テレビ視聴用アンテナ	146
転圧	36、39
電界強度測定	147
電気湯沸器	160
電源線	141
天井埋込み照明器具	141
天井下地	88
天井下地組	85
天井吊りファン	183
電子レンジ法	218
電線の接続	123、132、134
電動二方弁	191
樋	87
トイレブース	110
同軸ケーブル	137
銅被覆鋼棒	113
銅棒	113
透明板仮囲い	25、219
道路公共施設物	23
道路自費工事	23
ドームカメラ	219
塗装	101、176
塗装材料	101
塗膜厚	77
塗膜防水	76
塗膜防水材	77
トラックスケール	37
取付け金物	69、71、73、81
取付けファスナー	97
トルシア形高力ボルト	62

な－の

項目	ページ
波付き硬質ポリエチレン管	131、155
逃げ杭	34
逃げ墨	97
二重床	139
塗り工具	102
塗材の使用量	102、103
塗りしろカバー	117
根固め液	35
根切り	37
ねじ節鉄筋継手	49
熱源機器	175
ネットワーク管理	18
根巻き	212
根巻きコンクリート	153
乗入れ構台	29

は－ほ

項目	ページ
配管温度検出器	191
配管用炭素鋼鋼管	164、176
排水設備	162
排水ポンプ	162
排水ます	193
廃石綿	215
パイプ切断ねじ切り機	158
はかま筋	43
バケット	30
場所打ちコンクリート杭	30
柱	44
はぜ締め	86
パターン付け	103
鉢土	213
バックアップ材	79
パネル水槽	186
反射光	16、17
ハンドホール	154
被写界深度	17
被写体	16
被着体	79
避難はしご	207
ビニル床タイル	104
ひび割れ測定	57
ひび割れ補修	56
表示マーク	67、69、71、73、75、77、85、87、101、103、105、107、109
避雷設備	148
避雷突針	148
避雷誘導	148
ファンコイルユニット	182
吹付け厚さ	109
吹付けロックウール	109
ブッシング材	121
不燃材	126、128
プライマー	77、79
ブラスト処理	63
フリーアクセスフロア	110
プルボックス	123、134
プレート	145
フレキシブルダクト	171
分電盤用仮枠	119
分別ヤード	219
塀	210
ベースプレート	153
ベースモルタル	61
変圧器	151
ベンチマーク	21
防火区画壁	127
防火区画貫通処理	126、128、129
防火ダンパ	171
防蟻剤	84
防湿シート	39
放射温度センサー	191
防振架台	182
放水圧力試験	205
防水下地	74
防水層立上り	76
防腐剤	85
ボード下張り	106
ボーリングマシーン	196
保温材料	172
保護管	137
舗装工事	208
舗装路盤	208
歩道切下げ	23
ポリエチレンシート養生	214
ポリエチレンライニング鋼管	131
ポリスチレンフォーム保温筒	172
掘取り	212
ホルムアルデヒド放散量	85、105、107
本締め	62
ボンディング	119、123、125、135

ま－も

項目	ページ
マーキング	63
埋設管用根切り	209
埋設砂厚	195
埋設配管表示シート	193、195
埋設表示	130

埋設深さ	131
巻付け工法	108
巻付け材	109
膜厚・外観検査	99
摩擦接合部	63
間仕切り壁下地	89
間仕切り配管	120
マスキングテープ	79
満水試験	169
幹巻き	213
水切り端子	149
水勾配	74、75、115
水湿し	91
水抜き孔	211
水張り試験	76、199
無溶接継手工法	35
目荒し	90、91
目地詰め	83
メタルタグ	40
モールド変圧器	151
木	84
木製下地	121
木れんが	85
モニター	147

や・ゆ・よ

屋根材取付け用下地	86
屋根折板棟部	87
屋根用鋼板	87
山留め壁	28
遣り方	210
有効断面素数	16
誘導灯	144、207
誘導標識板	145
床根太組	84
ユニット型浄化槽	198
揚重機	24
揚水試験	197
溶接	59
溶接継手工法	35
溶接部	81
洋風大便器	185
擁壁	210
余盛り	33

ら-ろ

裏面処理材	81
ルート間隔	64
ルーフドレン	76
ルーフィング類の張付け	75
冷温水管	164
冷温水発生機着火試験	204
冷温水ポンプ	182
冷媒管	166
連結送水管圧力試験	204
連結送水管箱	189
ロールマーク	40、41
ロックウール	126、128
ロックウール保温板	172
600Vビニル絶縁電線	133、135
路盤転圧	209
路盤の締固め	209
和風大便器	184

A-Z

ALCパネル	68
CD管	116、117
CO_2排出量削減対策	218
CVケーブル	125
ISO感度	16
JAS規格	50、51
JIS規格	35、51、67
	69、71、73、75、77、79、85、105、107
LED灯	143
OAフロア	138
PC板L型擁壁	211
PC板のストック	96
PC板の製作	96
PC板の建起こし	97
PC板の取付け	97
PF管	116、117
VVFケーブル	133、137

[参考文献]

1) 国土交通省大臣官房官庁営繕部監修『営繕工事写真撮影要領による 工事写真撮影ガイドブック 建築工事編及び解体工事編』公共建築協会、令和5年版
2) 国土交通省大臣官房官庁営繕部監修『営繕工事写真撮影要領による 工事写真撮影ガイドブック 機械設備工事編』公共建築協会、令和5年版
3) 国土交通省大臣官房官庁営繕部監修『営繕工事写真撮影要領による 工事写真撮影ガイドブック 電気設備工事編』公共建築協会、令和5年版
4) 国土交通省大臣官房官庁営繕部監修『建築工事監理指針 令和4年版(上巻)』公共建築協会
5) 国土交通省大臣官房官庁営繕部監修『建築工事監理指針 令和4年版(下巻)』公共建築協会
6) 国土交通省大臣官房官庁営繕部監修『電気設備工事監理指針 令和4年版』公共建築協会
7) 国土交通省大臣官房官庁営繕部監修『機械設備工事監理指針 令和4年版』公共建築協会
8) 国土交通省大臣官房官庁営繕部監修『公共建築工事標準仕様書 建築工事編 令和4年版』公共建築協会
9) 国土交通省大臣官房官庁営繕部監修『公共建築工事標準仕様書 電気設備工事編 令和4年版』公共建築協会
10) 国土交通省大臣官房官庁営繕部監修『公共建築工事標準仕様書 機械設備工事編 令和4年版』公共建築協会
11) 『建築工事標準仕様書・同解説 JASS 1 一般共通事項』日本建築学会、2002
12) 『建築工事標準仕様書・同解説 JASS 2 仮設工事』日本建築学会、2006
13) 『建築工事標準仕様書・同解説 JASS 3 土工事および山留め工事 JASS 4 地業および基礎工事』日本建築学会、2022
14) 『建築工事標準仕様書・同解説 JASS 5 鉄筋コンクリート工事』日本建築学会、2022
15) 『建築工事標準仕様書 JASS 6 鉄骨工事』日本建築学会、2018
16) 『建築工事標準仕様書・同解説 JASS 7 メーソンリー工事』日本建築学会、2009
17) 『建築工事標準仕様書・同解説 JASS 8 防水工事』日本建築学会、2022
18) 『建築工事標準仕様書・同解説 JASS 9 張り石工事』日本建築学会、2009
19) 『建築工事標準仕様書・同解説 JASS 10 プレキャスト鉄筋コンクリート工事』日本建築学会、2013
20) 『建築工事標準仕様書・同解説 JASS 11 木工事』日本建築学会、2005
21) 『建築工事標準仕様書・同解説 JASS 12 屋根工事』日本建築学会、2023
22) 『建築工事標準仕様書・同解説 JASS 14 金属工事』日本建築学会、1998
23) 『建築工事標準仕様書・同解説 JASS 14 カーテンウォール工事』日本建築学会、2012
24) 『建築工事標準仕様書・同解説 JASS 15 左官工事』日本建築学会、2019
25) 『建築工事標準仕様書・同解説 JASS 16 建具工事』日本建築学会、2008
26) 『建築工事標準仕様書・同解説 JASS 17 ガラス工事』日本建築学会、2003
27) 『建築工事標準仕様書・同解説 JASS 18 塗装工事』日本建築学会、2013
28) 『建築工事標準仕様書・同解説 JASS 19 セラミックタイル張り工事』日本建築学会、2022
29) 『建築工事標準仕様書・同解説 JASS 21 ALCパネル工事』日本建築学会、2018
30) 『建築工事標準仕様書・同解説 JASS 23 吹付け工事』日本建築学会、2006
31) 『建築工事標準仕様書・同解説 JASS 24 断熱工事』日本建築学会、2013
32) 『建築工事標準仕様書・同解説 JASS 25 ユニット類工事』日本建築学会、1994
33) 『建築工事標準仕様書・同解説 JASS 26 内装工事』日本建築学会、2006
34) 『建築工事標準仕様書・同解説 JASS 27 乾式外壁工事』日本建築学会、2011
35) 『建築工事標準仕様書 JASS 101 電気設備工事一般共通事項 JASS 102 電力設備工事 JASS 103 通信設備工事』日本建築学会、2000
36) 『鉄筋コンクリート造建築物等の解体工事施工指針(案)・同解説』日本建築学会、1998
37) ものつくりの原点を考える会編『建築携帯ブック 現場管理 改訂2版』井上書院、2015
38) 建築業協会施工部会編『建築携帯ブック クレーム』井上書院、2003
39) 建築業協会施工部会編『建築携帯ブック 防水工事』井上書院、2006
40) 現場施工応援する会編『建築携帯ブック 配筋 改訂2版』井上書院、2016
41) 現場施工応援する会編『建築携帯ブック コンクリート 改訂3版』井上書院、2019
42) 現場施工応援する会編『建築携帯ブック 設備工事 改訂版』井上書院、2017
43) 建物の施工品質を考える会編『建築携帯ブック 自主検査』井上書院、2006
44) 建物のロングライフを考える会編『建築携帯ブック 建物診断 改訂版』井上書院、2016
45) 現場施工応援する会編『建築携帯ブック 安全管理 改訂2版』井上書院、2017

ものつくりの原点を考える会
● 執筆
主査　遠藤勝三　元株式会社竹中工務店
　　　表　幸雄　元株式会社竹中工務店
　　　小林宏充　株式会社淺沼組
　　　菅原忠弘　株式会社フジタ
　　　長坂　昇　元株式会社フジタ
　　　渡辺　健　元株式会社竹中工務店

建築携帯ブック 工事写真

2009年3月10日　第1版第1刷発行
2025年4月20日　第1版第13刷発行

編　者　ものつくりの原点を考える会 ©
発行者　石川泰章
発行所　株式会社 井上書院

東京都文京区湯島2-17-15　斎藤ビル
電話(03)5689-5481　FAX(03)5689-5483
https://www.inoueshoin.co.jp/
振替00110-2-100535

印刷所　株式会社ディグ
製本所　誠製本株式会社
装　幀　川畑博昭

・本書の複製権・翻訳権・上映権・譲渡権・公衆送信権(送信可能化権を含む)は株式会社井上書院が保有します。
・ JCOPY 〈(一社)出版者著作権管理機構 委託出版物〉
本書の無断複写は著作権法上での例外を除き禁じられています。複写される場合は、そのつど事前に、(一社)出版者著作権管理機構(電話03-5244-5088, FAX03-5244-5089, e-mail:info@jcopy.or.jp)の許諾を得てください。

ISBN978-4-7530-0548-2 C3052　Printed in Japan